AF543661

Arnold Esch

HISTORISCHE LANDSCHAFTEN ITALIENS

Arnold Esch

HISTORISCHE LANDSCHAFTEN ITALIENS

Wanderungen zwischen Venedig und Syrakus

C.H.Beck

Mit 60 Abbildungen

1. und 2. Auflage. 2018

3. Auflage. 2019

Umschlagabbildung: Alessio Baldovinetti, Geburt Christi (1460–62), Ausschnitt. Florenz, SS. Annunziata, Chiostrino
Umschlaggestaltung: Rothfos & Gabler, Hamburg
Satz: Fotosatz Amann, Memmingen
Druck und Bindung: CPI – Ebner & Spiegel, Ulm
Gedruckt auf säurefreiem, alterungsbeständigem Papier
(hergestellt aus chlorfrei gebleichtem Zellstoff)
Printed in Germany
ISBN 978 3 406 72565 4

www.chbeck.de

für Doris

Inhaltsverzeichnis

LANDSCHAFTEN ITALIENS

ANTIKE IN DER LANDSCHAFT

Einführung

Die folgenden Beobachtungen sind das Ergebnis von Wanderungen vieler italienischer Jahre. Sie wollen kein Reiseführer zu Landschaftsidyllen sein, sondern der Versuch, Natur und Geschichte – die in diesem Land beide ihre höchste Steigerung erfahren haben – in ihrem innigen Zusammenhang zu sehen. In einem ersten Teil erscheint italienische Landschaft im Durchgang durch die historische Zeit: Wandel des Landschaftsbildes und Wandel der Wahrnehmung von der Antike bis ins 20. Jahrhundert. Ein zweiter Teil betrachtet italienische Landschaft in ihrer unvergleichlichen Vielfalt als historischen Raum. Endlich Antike in der Landschaft: römische Monumente, soweit sie vollkommen in der Landschaft aufgegangen sind.

Man erwarte keine systematische Abhandlung von historischen Abläufen, Stadtgeschichten, antiken Monumenten: Von Geschichte wird nur die Rede sein, soweit sie vor Augen ist. Wieviel Gegenwart – samt Zersiedlung und Verwahrlosung – in historischer Landschaft enthalten ist, wird einem in Italien überall entgegentreten. Sechs der 21 Landschaftsbilder sind zuvor in der *Frankfurter Allgemeinen Zeitung* (Geisteswissenschaften) erschienen und für diesen Rahmen überarbeitet worden.

Unser Vorhaben erfordert, nicht nur den Gesamteindruck einer Landschaft zu erfassen, sondern auch Details in den Blick zu nehmen, präzise einzubeziehen und zu belegen. Die folgenden Beobachtungen werden in freier Landschaft zu entlegenen Punkten führen, deren Position und Zugänglichkeit oft nur über ihre Koordinaten zu vermitteln ist. In Text oder Anmerkungen angegeben, kann man sie dann mit dem Smartphone und einer Karten-App im Gelände ansteuern.

Zu den Freuden solcher Wanderungen gehört immer auch die Begegnung mit den Menschen in ihrer Landschaft. Wer aufgegebene Straßen, verfallene Aquädukte oder die alten Trassen des Viehtriebs im Gelände verfolgt, wird zwangsläufig mit anderen Menschen – oder: mit Menschen anders – in Berührung kommen als der Reisende von der Fahrstraße aus. Das lebendige Gespräch, der währenddessen beiläufig aus dem Boden gestochene und ohne Aufhebens überreichte Salatkopf, die aus dem Weinlaub gegriffene Traube, der freie ruhige Blick auf den Fremden: auch das ist, noch heute, Italien.

Ein Buch, das im Gelände entstand, ist vielen zu Dank verpflichtet. Ich danke allen, die uns in der Landschaft begrüßt, bewirtet, miteinbezogen haben. Ich danke den Freunden und Kollegen, die Feldforschung auch in entlegener Gegend auf sich nehmen und scheinbar Unansehnliches zum Leben bringen. Ich danke den Mitarbeitern und Stipendiaten des römischen Instituts und den Teilnehmern der Rom-Kurse für Aufmerksamkeit und Ausdauer auf unseren Exkursionen rings um Rom. Ich danke Detlef Felken für sein frühes und verständnisvolles Interesse an diesem Vorhaben. Vor allem aber danke ich meiner Frau: keine Wanderung ohne ihre Begleitung, ihren Anteil, ihre Ermutigung. So sei das Buch ihr gewidmet.

Rom, im Herbst 2017 — Arnold Esch

LANDSCHAFT IN IHRER ZEIT

I

∽ ▲▲▲ ∼

Wie Ruinenlandschaft entsteht

Die letzten Bewohner von Ostia

Antike Ruinen gehören zum Landschaftsbild Italiens, ganze Ruinenlandschaften sind immer wieder beschrieben, gemalt, bedichtet worden. Der elegischen Stimmung, die davon ausgeht, kann man sich schwer entziehen. Aber der Historiker sollte, bevor er sich solcher Stimmung hingibt, erst einmal die menschlichen Schicksale ins Bewußtsein bringen, die mit jedem Verfall einhergehen. So soll hier nicht Ruinenlandschaft beschrieben werden, sondern wie – im weiten Niemandsland zwischen Antike und Mittelalter – Ruinenlandschaft *entsteht*.

Dazu sollte man zunächst einmal den elementaren Vorgang baulichen Verfalls vor Augen haben. Um eine Vorstellung zu gewinnen, wie ein verlassenes Gebäude in der Landschaft ohne menschliches Zutun allmählich zerfällt, braucht man nur ein und dasselbe verlassene Casale viele Jahre lang in seinem natürlichen Verfall regelmäßig zu beobachten (wie ich es an zwei *casali* in der römischen Campagna über Jahre verfolgt habe). Ist erst einmal ein Teil des schützenden Daches eingebrochen, bricht bald auch der erste Tragbalken und schüttet den Dachboden ins Erdgeschoß. Noch läßt sich Verwertbares aus den Trümmern bergen. Pflanzen, die sich in den Fugen einnisten, bewirken zunächst noch nicht viel. Aber wenn dann ein im Innern wachsender Baum den Rest des Daches abhebt und eine Gebäudeecke auseinanderdrängt, findet die Mauer keinen Halt mehr, oder Halt nur noch in dem ansteigenden eigenen Schutt, aus dem man sie später ausgraben wird.

Ähnlich lassen sich auch Einsichten in den natürlichen Verfall von Landschaft gewinnen. Wenn man eine aufgegebene oder verwahrloste Agrarlandschaft durchstreift, eine zwei Generationen alte 1:25 000-Karte in der Hand, erkennt man den Wandel leicht: eine Baumallee, nun lückenhaft, führt zu keinem erkennbaren Ziel mehr; ein Fahrweg, den man als ein Stück römischer Trasse auf der Karte verfolgt hatte, ist inzwischen aus der Landschaft verschwunden, ein ausgetrockneter Wasserlauf nur noch am begleitenden Gebüsch zu erkennen. Ein Wald, auf der Karte noch mit klarer Grenze, ist in den Acker vorgedrungen, der Acker zur Brache geworden. Und weitere Indizien für eine Archäologie des Geländes.

Wie eine verlassene Stadt zerfällt und allmählich in der umgebenden Landschaft aufgeht, ließe sich bereits nach dem geschilderten gewöhnlichen Ablauf von Verfall erschließen und ausmalen. Aber das soll uns hier nicht genügen, denn Verfall ist nicht nur ein natürlicher, sondern auch ein historischer Prozeß. Der Vorgang sollte darum aus dem Grabungsbefund einer bestimmten Stadt zu belegen sein. Und das sei am Beispiel von Ostia versucht, der Hafenstadt Roms an der Tibermündung.

Zuvor noch eine Überlegung. Ruinenstädte werden gern mit Pompeji gleichgesetzt. Doch darin liegt keine Erkenntnis, denn eine plötzlich untergegangene Stadt ergibt andere Ruinen als eine allmählich verlassene. Erkenntnis wird daraus erst, wenn man, im Gegenteil, Ostia und Pompeji vergleichend gegeneinandertreibt. Pompeji eine Stadt, die – 24. August des Jahres 79 n. Chr. – binnen 48 Stunden von der Asche versiegelt wurde, sozusagen eine dem historischen Prozeß enthobene Musterprobe antiken Alltags; Ostia eine Stadt, die im Laufe von drei Jahrhunderten allmählich verlassen wurde, und wo der Grabungsbefund auch diesen Hergang der Verödung sichtbar macht und entsprechende Fragen erlaubt: Welche Stadtviertel wurden als erste aufgegeben? Welches Material wird wo zu neuer Verwendung entnommen? Was zerstört der Mensch, und was zerstört die Zeit?

Und Erkenntnis wird daraus auch, wenn man, in kühnem Gedankenspiel, den historischen Prozeß auf das versiegelte Pompeji losläßt, den Film der Geschichte nicht weiter anhält und sich einmal fragt, wie das da denn wohl ohne Vesuv-Ausbruch in gewöhnlichem Ablauf weitergegangen wäre. Vielleicht hätte sich in den verfallenden Gewölben des Amphitheaters die Kapelle eines – dort hingerichteten – lokalen Märtyrers eingerichtet, die dann zur Stadtkirche geworden und aus den Ruinen herausgewachsen wäre. Die Gebäude an der Hauptachse, dem Decumanus, wären nahe der Tore in der agrarisch werdenden Welt des frühen Mittelalters wahrscheinlich zu Stallungen geworden. Der Jupitertempel wäre wohl spurlos vergangen, von seinen Kapitellen vielleicht eines, ausgehöhlt, zum Weihwasserbecken in einer Kirche, ein anderes zum Prellstein an einer zentralen Kreuzung geworden. Irgendwann wäre auch die letzte noch über der Erde verbliebene heidnische Statue verschwunden und zu Kalk gebrannt worden. Kurz: ein unbeachtetes Landstädtchen, das, nach seinen zahlreichen antiken Gewölben, heute vielleicht S. Maria delle Grotte hieße.

Und nun das Gegenbild, Ostia, als Beispiel einer ansehnlichen, tätigen Stadt, deren Dahinsterben sich über Jahrhunderte hinzog, wie sich am Grabungsbefund Schritt um Schritt verfolgen läßt. Denn die Archäologie ergräbt nicht mehr nur Zustände, sie ergräbt auch Entwicklungen und verschmäht nicht mehr die nachklassischen Schichten. Und so läßt sich am Fall dieser gut untersuchten, nicht überbauten antiken Stadt ersehen und belegen, wie Niedergang vor sich geht, bis endlich auch die letzten Bewohner das verödete Stadtgelände verlassen und sich die Natur darüber hermacht.

Der Niedergang von Ostia, der alten Hafenstadt Roms an der Tibermündung, beginnt mit dem Aufstieg von Portus, der neuen Hafenstadt Roms am anderen, dem künstlichen Tiberarm. Ostia, das in seiner besten Zeit, dem 1. und 2. Jahrhundert n. Chr., wohl 50 000 Einwohner erreicht haben dürfte, vermochte den Hafenbetrieb, der im wesentlichen aus der Zwischenlagerung großer Getreidemengen und dem Umladen von Seeschiffen auf flußgängige Schiffe bestand, lange Zeit zu bewältigen. Davon zeugen die großen, zum Tiber orientierten Speichergebäude schon republikanischer Zeit; ein Hafenbecken mit Schiffshäusern und einem Tempel darüber konnte jüngst zwischen Tor Boacciana (dem mutmaßlichen Leuchtturm) und dem sogenannten Palazzo Imperiale festgestellt werden, also unmittelbar an der damals noch nahen Mündung ins Meer, die sich im Laufe der Jahrhunderte um 4½ km hinausschieben wird. (Abb. 1)

Als sich für die Getreidezufuhr der rasch wachsenden Hauptstadt der Hafen von Ostia dann endlich als unzureichend erwies, ergriffen Kaiser Claudius und vor allem Trajan (98–117 n. Chr.) Maßnahmen zum Bau eines neuen Hafens. So verlagerte sich der Hafenbetrieb allmählich hinüber zu dem neuen, großzügig ausgestatteten Großhafen Portus mit seinem sechseckigen trajanischen Hafenbecken im Innern, dem ins Meer vorgelagerten Claudius-Hafen, dem neu gegrabenen Tiberarm der *Fossa Traiana* (‹Fiumicino›) und den in severischer Zeit noch gewaltig erweiterten Speicherbauten.

Nicht daß es darum mit Ostia schon zu Ende gewesen wäre. Leitungsfunktionen des Gesamtbetriebes, repräsentative Auftritte, der Sitz einzelner Behörden und hoher *Annona*-(Getreide-)Beamter: solche Aufgaben scheinen teilweise noch in Ostia verblieben zu sein, so daß sich Ostia und Portus, nur 3½ km voneinander entfernt, eine Zeitlang in ihren Funktionen ergänzt haben mögen. Indiz dafür ist eine bauliche Transformation, auf die die Ausgräber früh aufmerksam wurden. Denn die beobachteten Eingriffe zeigten einen sozialen Wandel an, den mit archäologischen Mitteln festzustellen sonst selten so klar gelingen wird. Die Grabungen ergaben nämlich, daß mehrere der großen Wohnkomplexe meist hadrianischer Zeit, die sogenannten *insulae*, mit Schlichtwohnungen oben und Läden unten, seit dem späten 3. und vor allem im 4. Jahrhundert in herrschaftliche Wohnsitze umgewandelt, aus *insulae* zu *domus* wurden.

Das waren, eingebaut in das Erdgeschoß von (ganz oder teilweise) abgetragenen Mietskasernen, reiche Wohnungen mit allen Erfordernissen abgeschirmten, luxuriösen Lebensstils, gewissermaßen eine Rückkehr zum herrschaftlichen Atriumhaus republikanischer Zeit: die Ladenzeile unten wird gegen außen zugemauert und nach innen zu Kammern umgekrempelt; aus lichtlosen Höfen werden helle Hausgärten, deren kunstvolle Wasserspiele und statuenbevölkerte Nischenwände rücksichtslos alte Binnenmauern beiseite schieben. Schlichte Ziegelwände werden mit feiner Marmortapete verkleidet, die man

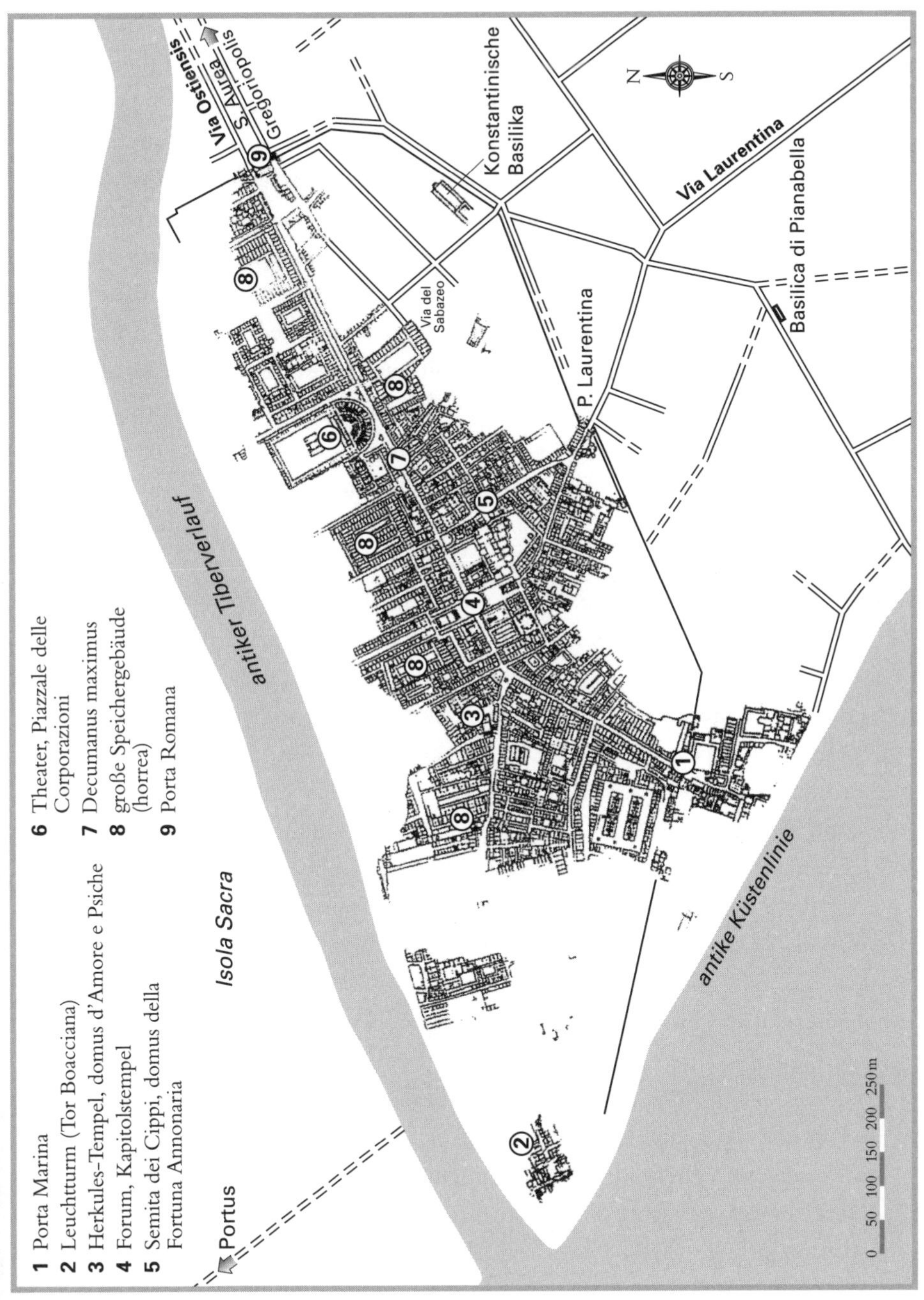

Abb. 1. Ostia, Gesamtplan (nach Bauer, Heinzelmann u. a. 1999)

sich, zu zweiter Verwendung, wohl aus bereits aufgegebenen öffentlichen Gebäuden beschafft hatte; schlichte Fußböden werden (besonders ansehnlich etwa in der Domus di Amore e Psiche) neu belegt mit zusammengeklaubten, zu *opus sectile* zersägten Buntmarmoren aus allen mittelmeerischen Ländern: das warme Gelb des Giallo antico aus Tunesien, das von dunkelroten Adern durchzogene Schwarz ‹Afrikanischen› Marmors aus der Ägäis, usw. Ein heizbarer Raum wird eingerichtet, womöglich auch ein repräsentativer Bereich mit Apsis und Nymphäum, der Gast wird auf langem, wohlüberlegtem Weg durchs Haus geführt, der Haupteingang erhält ein Säulenportal. Und das alles (oder wenigstens einige dieser Ausstattungselemente, denn es gab auch schlichtere *domus*) herausgeholt aus dem bescheidenen Vorgängerbau, denn keine *domus* ist völlig neu gebaut. Man betrete, weil unter den gut ein Dutzend Fällen besonders lohnend, etwa die Domus della Fortuna Annonaria – 19 Skulpturen fand man dort – oder die Domus di Amore e Psiche (spätes 3. bzw. spätes 4. Jahrhundert) und bestaune diese nachträgliche Ausstattung. Eine *domus* hinterläßt andere Ruinen als eine *insula*.

Als Bauherren und Bewohner dieser reichen Privathäuser wird man sich hohe staatliche Getreide-Beamte wie den *praefectus annonae* vorstellen dürfen, oder reiche Reeder, kurz: Personen, deren Macht und Einfluß weiterhin bis Portus reichten und die es sich leisten konnten, statt im lärmigen Großhafen Portus komfortabler im stiller gewordenen Ostia zu residieren und von hier aus Kontrolle auszuüben. Aber auch Angehörige der römischen Senatsaristokratie wie die Acilii, Anicii, Ceionii, Symmachi, die nachweislich in Ostia begütert waren und vielleicht wenigstens einen Teil des Jahres hier lebten. Sie und ihre Gäste. Als Augustinus sich im Herbst 388, gewiß von Portus aus, mit seiner Mutter Monica nach Afrika einschiffen wollte, aber die Zeit bis zur Abfahrt lieber *remoti a turbis*, «fern von der Menge» im ruhigeren Ostia verbrachte und dabei, mit seiner Mutter am Fenster stehend, die in den *Confessiones* IX 10, 23 beschriebene Vision erlebte («Wir beide standen allein an einem Fenster, das auf den inneren Garten des Hauses hinausging, in dem wir dort in Ostia wohnten ...» – und in dem Monica sterben wird), da war es gewiß kein Hotel, sondern vermutlich die *domus* einer befreundeten senatorischen Familie wie der Anicii, aus der sie in den Hausgarten blickten.

Wie das Reich – und viele Städte des Reiches –, so scheint auch Ostia sich nach der Krise des 3. Jahrhunderts dann im 4. Jahrhundert noch einmal gefangen zu haben. Natürlich war die Verlagerung aller Aktivitäten in das gut gerüstete, auch besser befestigte Portus, war die Konzentration auf nur einen Platz auf die Dauer unvermeidlich. Durch die Erhebung zur *civitas* unter Konstantin erreichte Portus dann auch seine Unabhängigkeit von Ostia, während Ostia selbst herabgestuft scheint, wie das Verschwinden von Stadtrat und lokalen Magistraten aus den öffentlichen Inschriften seit dem späten 3. Jahrhundert vermuten läßt. Die immer noch bezeugte Restaurierung öffentlicher Gebäude ist nicht mehr vom Stadtrat oder den Berufskorporationen veranlaßt, sondern vom kaiserlichen *praefectus annonae*, etwa dem tätigen, in vielen Inschriften genannten Ragonius Vincentius Celsus (385–389 n. Chr.). Noch verstellt der Bau jener ansehnlichen *domus* den Blick auf den Verfall zahlreicher Wohnblöcke; noch wird am Forum eine Statue wiedererrichtet, die man laut Sockelinschrift *ex sordentibus locis* hervorgezogen hatte, «vom Müllplatz» oder «aus der Kanalisation». Noch steht die sullanische Stadtmauer, aber wirklich instand gehalten wird sie längst nicht mehr.

Eine erste Folge der Verlagerung des Hafenbetriebs nach Portus mußte sein, daß die *horrea*, die großen Speichergebäude in Ostia, großenteils aufgegeben wurden und sich die Wohngebäude der Hafenarbeiter leerten. Daß die große Feuerwehrkaserne, die vor allem dem Schutz der *horrea* diente, wohl schon im späten 3. Jahrhundert leer stand, ist da ein wichtiges Indiz; und auch, daß an den Gebäuden längs des Tiberquais, auf die die republikanischen und frühkaiserzeitlichen Speicher ausgerichtet waren, keine Restaurierungen mehr vorgenommen wurden. Auf dem Piazzale delle Corporazioni, dem weiträumigen Geschäftszentrum am Theater, umgeben von Kontor an Kontor, von Schiffsagenturen und Gewerbevertretungen, war zu der Fülle der den Platz umgebenden Ehrenstatuen schon seit den Severern keine mehr hinzugekommen; nun beginnt man damit, die Statuen abzuräumen. Mit den Statuen-Basen konnte man mehr anfangen als mit

Abb. 2 a. Die Reparaturen werden nachlässiger. Man nahm die Mosaiksteinchen, wie sie gerade zur Hand waren, so daß die schwarzen Steine nun nicht mehr Ranken und Figuren, sondern den Verlauf der geflickten Wasserleitungen abbilden. Aber immerhin noch mit Mosaiksteinen und nicht mit Inschriftfragmenten oder Ziegeln restauriert.

Abb. 2 b. Türen und Fenster aufgegebener Gebäudeteile werden roh zugemauert, die begehrten Bipedalen (Großziegel) aus dem Türsturz entfernt (I. XII,8).

den Statuen, so warf man die Statuen vom Sockel und verrammelte mit den Sockeln die unteren Bögen des nahen Theaters (Theater eigneten sich überall in Italien in gefährlicher Zeit am besten, sich gegen den Feind zu verbarrikadieren). Die Bedachungen der Kontore stürzen allmählich herab auf die Bodenmosaiken: auf den Elefanten im Büro von Sabratha in Afrika, auf das Handelsschiff im Büro der Kaufleute von Narbonne; auf Leuchtturm-, Umlade- und Getreidemeß-Szenen, die in Ostia nun alle keinen praktischen kommerziellen Hintergrund mehr hatten.

Auch die Bevölkerung nahm ab. Dafür gibt es ein sprechendes Indiz: die Nekropolen vor Porta Romana und Porta Laurentina wachsen nicht mehr: wo nicht mehr viel gestorben wird, wird auch nicht mehr viel gelebt. Mit dem Schwinden der Bevölkerung aber schwin-

Abb. 2 c. Oratorium des Märtyrers Cyriacus, die Apsis im Frühmittelalter roh auf eines der beiden Theater-Nymphäen (II. VII,7) gesetzt und in den Decumanus maximus (vorn) hineinragend.
Abb. 2 d. Hoher runder Kalkofen, im Mittelalter eingebaut in den Wohnkomplex der Insula del Serapide. Unter den antiken Skulpturen, die darin aus Marmor zu Kalk gebrannt werden sollten, fanden sich, noch unverbrannt, auch die prächtigen Marmorköpfe von Trajan und Hadrian, heute im Museum.

det auch die Nachfrage, leeren sich darum auch die *tabernae*, die bis dahin so zahlreich die Straßen begleitenden Läden im Erdgeschoß der Wohnblocks; die Wohnstockwerke darüber stehen gleichfalls ganz oder teilweise leer, die separat hinaufführenden Treppen werden geschlossen, Korridore unterteilt. Rohe, leicht erkennbare Zumauerung von Türen und Fenstern grenzt aufgegebene Gebäudeteile aus und dient zugleich der Stabilisierung der Wände, die begehrten Bipedalen (Großziegel) werden aus dem Türsturz gebrochen (Abb. 2 b). Abgebrannte Gebäude werden nicht mehr wiederaufgebaut, nicht einmal die Großbäckerei in der Via dei Molini; Produktionsbetriebe werden eingestellt oder ihre Räume verkleinert; und weitere Indizien nicht für ein rasches Ende, sondern für notdürftige Anpassung und gesunkenen Lebensstandard.

Bei all dem sei noch einmal mit Nachdruck hervorgehoben, daß diese Abfolge zunehmenden Niedergangs hier nicht aus einer allgemeinen, linearen Vorstellung von Verfall geschildert wird, sondern in jedem einzelnen Punkt aus Grabungsbefund zu belegen ist: sorgfältige Grabungen, deren frühe sich mit den Namen von Vaglieri, Calza, Becatti verbinden.

Nicht daß nicht noch einiges gebaut und restauriert worden wäre. Theater und öffentliche Thermen werden noch instand gehalten (nicht alle, und in einigen wurde wohl die übliche Abfolge des Badevorgangs reduziert), an der Via della Foce werden sogar neue Mini-Thermen errichtet, zusammengepappt aus viel Mörtel und schlechten Ziegeln. Denn auch die Mauerwerksstruktur wird sichtlich eine andere. Sieht man an Wänden trajanischer Zeit neuwertige, scharfkantige Ziegel mit Mörtel bestrichen dünn wie Butter, so wachsen die Mörtelschichten nun unmäßig an, ja erreichen zuletzt die Dicke der Lagen aus oft zweitverwendeten, bestoßenen Ziegeln – unordentliche Lagen, die die Horizontale nicht halten können. Neben die Ziegelfassade tritt seit dem frühen 4. Jahrhundert zunehmend die aus Lagen von Ziegeln und Lagen von Tuffblöcken geschichtete Wand: das ziegelsparende *opus listatum* oder *vittatum*.

Noch wird hier und da eine repräsentative Brunnenanlage oder eine Exedra errichtet. Aber schon werden nicht mehr immer die Häuserfluchten respektiert, schieben sich Anbauten in die Straße hinein, sogar in die einst vielbefahrene Semita dei Cippi, die von der Porta Laurentina zum Tiberquai führte; stellenweise werden ganze Straßenzüge blockiert.

Reparaturen werden nur noch nachlässig ausgeführt. Bei Mosaiken nahm man, etwa nach Reparatur einer Rohrleitung darunter, die Mosaiksteinchen einfach so wie sie gerade zur Hand waren, so daß die schwarzen Steine nun nicht mehr eine Figur, sondern den Verlauf der geflickten Wasserleitungen abbilden (Abb. 2 a). Die Mosaiksteine werden größer und gröber. Bei dem allgemeinen Flickwerk behalf man sich gern mit Wiederverwendung. So wird in der Casa del Protiro eine Grabinschrift zum Gully, ohne daß die Buchstaben getilgt worden wären. Sogar die auf Marmor geschriebenen *fasti*, Ostias offizieller Amts- und Festkalender, wurden, handlich gestückelt, nun als Wandverkleidung oder zum Flicken von Fußböden in privaten Häusern verwendet: in 60 Stücken gefunden über das ganze Stadtgebiet verteilt, vom Forum bis zur Porta Marina! Schon gegen 400 wird das Zunfthaus der Bäcker ausgeschlachtet. Die große Latrine hinter der Südmauer des Forums verwendet sogar Reliefs als Sitz (hoffentlich – anders als heute gezeigt – nicht mit dem Relief nach oben). Ostia beginnt sich selbst zu verzehren.

Das widersprüchliche Bild, das sich aus dem Grabungsbefund ergab – Verfall hier, und zugleich Restaurierungen dort – , erklärt sich leicht daraus, daß eine solche Stadt ja nicht gleichmäßig zerfiel: mochten ganze Stadtteile veröden, so gab es doch andere, die gerade so ansehnlich blieben, daß selbst römische Senatorenfamilien bei ihren Aufenthalten dort noch wohnen mochten.

In dieses 4. Jahrhundert fällt auch die letzte Auseinandersetzung zwischen Heidentum und Christentum, die in Ostia mit bemerkenswerter Entschiedenheit ausgetragen wurde. Daß es in diesen Hafenstädten früh Christen gegeben hat, wird man voraussetzen dürfen, christliche Märtyrer werden sowohl für Ostia wie für Portus genannt, auf ihren Kult in der Verödung des frühen Mittelalters wird noch zurückzukommen sein. Mit dem Toleranzedikt von 313 n. Chr. traten die Christen auch hier an die Öffentlichkeit. Die Bischofskirche von Ostia, als Stiftung Konstantins mit reicher Ausstattung im *Liber Pontificalis* genannt (und, etwas anders akzentuiert, in den *acta* des Konsuls, dann Märtyrers S. Gallicano als Mitstifter) und lange im Stadtgebiet gesucht, konnte endlich 1996, nach magnetometrischer Prospektion des weiten noch unausgegrabenen Geländes, nahe der südöstlichen Stadtmauer festgestellt und dann ergraben werden: eine ansehnliche dreischiffige Basilika mit großem Atrium und Baptisterium, errichtet auf den Fundamenten einer zuvor wegplanierten *insula* mit Läden, einem großen Wohnblock, dessen Innenhof im Atrium der Kirche sozusagen weiterlebte. In gleicher Richtung, knapp 400 m vor der Porta Laurentina in der Flur Pianabella, lag eine Grabbasilika wohl des frühen 5. Jahrhunderts; von hier stammen viele christliche Inschriften.

Heidnische Angehörige der römischen Senatsaristokratie wie Quintus Aurelius Symmachus, *praefectus Urbi* 384/85, der in Ostia begütert war (in seinen Briefen spricht er mehrmals von seinem *Ostiense praedium*), leisteten dem Christentum auch in Ostia Widerstand. Noch im Jahre 359 opfert der Stadtpräfekt im Tempel der Dioskuren; noch setzt der Getreidepräfekt, um 385, eine letzte Rom-Statue; ja noch im Jahre 393/94 läßt der *praefectus annonae* Numerius Proiectus den Herkules-Tempel bei der Verzweigung des Decumanus restaurieren, *cellam Herculis restituit*. Die Inschrift nennt Kaiser Theodosius und Eugenius noch zusammen, doch im gleichen Jahr 394 kam es am Frigidus zur letzten Schlacht zwischen einem heidnischen und einem christlichen römischen Heer: Eugenius, der am Schlachtfeld eine Jupiterstatue aufstellen und Herkules-Bilder auf den Feldzeichen anbringen ließ, unterlag. Da wird der frisch restaurierte Herkules-Tempel in Ostia sofort geschlossen worden sein, war es auch hier mit dem Heidentum zu Ende. Kein Tempel war in Ostia in eine Kirche verwandelt worden. Aber mindestens drei der Mithräen zeigen deutliche Spuren gewaltsamer Zerstörung gewiß durch Christen.

Mochte es die Regel sein, daß man fürs Bauen und Ausstatten spontan Material aus leerstehenden Gebäuden entnahm, so gibt es doch auch Indizien für systematische Ausschlachtung des Verfallenen und wohlsortiertes Angebot des noch Verwertbaren (wer in jungen Jahren ganze zerstörte Städte über und unter der Erde durchstreifen und nach Verwertbarem durchsuchen konnte, kann sich vorstellen, was da vor sich ging). Abgesehen von Lagern neuer, erst halb bearbeiteter Stücke (wie im Kolleghaus der *fabri navales*, der für eine Hafenstadt so unentbehrlichen Schiffszimmerleute, die nun sogar ihren Sitz aufgaben) gibt es nämlich Depots wie bei den Horrea Epagathiana, wo Spolien zu zweiter Verwendung gelagert wurden: Säulenschäfte, Wandverkleidungen unterschiedlichen Marmors usw., kurz: demontiertes Ostia in allen Zubereitungen zur gefälligen Wiederverwendung. Aber das Material blieb liegen, offensichtlich überstieg selbst dieses bescheidene Angebot jetzt die Nachfrage.

Brachte die Mitte des 3. Jahrhunderts eine erste Zäsur (bis dahin überwogen in Ostia noch die Zeichen von Vitalität), so das frühe

5. Jahrhundert eine zweite, und nun entscheidende. Erst jetzt beginnt der eigentliche, unaufhaltsame Niedergang, zieht sich durch den Grabungsbefund ein düsterer Horizont. Öffentliche Gebäude werden aufgegeben, Fußbodenheizungen nicht mehr repariert, verlassene Häuser mit Müll gefüllt, über zusammengebrochene Häuser führen Trampelpfade. Die Straßen werden nicht mehr freigeräumt, wie Schutt und Abfall über dem Pflaster zeigen, oder der Schutt wird (auch das läßt der Grabungsbefund erkennen) von der Straße durch die Fenster in nun leerstehende Gebäude hineingeschaufelt; Schlaglöcher werden mit zerstampften Scherben ausgefüllt. Kümmerliche Behausungen lehnen sich an zerfallende Wohnblöcke, von Neubauten keine Spur. Auch die Fernversorgung mit Wasser durch den bei der Porta Romana eintretenden Aquädukt hatte aufgehört. Also mußte man Brunnen graben, und so ragen roh aufgemauerte Brunnenschächte nun mitten aus dem Pflaster des Decumanus maximus, mitten aus dem Pflaster der einst verkehrsreichen Semita dei Cippi, die also nicht mehr befahren wurde.

Mit äußeren Anlässen wie der kurzen Besetzung Roms durch Alarich 410 oder dem Plünderungszug der Vandalen 455 wird dieser endgültige Niedergang der Stadt nichts zu tun haben. Zwar spricht eine Inschrift von S. Ippolito in Portus ausdrücklich von der *Vandalica rabies* (und Ostia lag auf Sichtweite dieses Wütens), aber ein ganzes Stadtbild dürfte ein kurzer Plünderungszug nicht beschädigt haben. Entscheidend war vielmehr, daß Ostia eben alle seine Funktionen verloren hatte. Und so konnte die Verödung beginnen.

Doch blieb das Stadtgelände immer noch stellenweise bewohnt, und es ist äußerst interessant zu sehen, daß die Siedlung nicht einfach ausdünnte, sondern sich an wenigen Stellen konzentrierte, kurz: einige Quartiere länger überlebten als andere. Nicht der Rom zugewandte Bereich im Osten hält sich zunächst, wie man denken könnte, sondern das küstennahe Viertel im Westen, das sich im 1. Jahrhundert n. Chr. vor der Porta Marina, also außerhalb der Stadtmauer gegen den Strand gebildet hatte (von Strandspaziergängen hier erzählen lebhaft schon Gellius und Minucius Felix). Hier werden noch im 3. und 4. Jahrhundert eine Therme und eine Schänke errichtet, ja die Thermen an der Porta Marina wurden, laut Ziegelstempeln des Ostgotenkönigs Theoderichs des Großen, noch im frühen 6. Jahrhundert restauriert, späteste (dokumentierte und nicht nur erschlossene) Restaurierung in Ostia! In die strandnahen Ruinen wird, wie ihre Sandschichten zeigten, bald das noch nahe Meer branden.

Daß sich in diesem meernahen Viertel so lange Leben hielt, erklärt sich aus der hier vorbeiführenden Küstenstraße, der Via Severiana, die Ostia nordwärts mit Portus und südwärts mit Anzio verband, das im 6. Jahrhundert noch Hafenbetrieb hatte und zeitweilig sogar Bischofssitz war. Die Straße zog auf dem schmalen Streifen zwischen Stadtmauer und damaligem Strand vorbei; man begeht sie vor der Synagoge, die noch im 4. Jahrhundert restauriert wurde, und kann der Straße, in Richtung Anzio, auf ihrem intakten Pflaster in der Pineta di Castelfusano noch heute aufs schönste folgen. Es war nur folgerichtig, daß jene Terme di Porta Marina nun einen direkten Zugang auch von dieser Via Severiana erhielten.

Aber auch im zentralen Stadtbereich beim Forum hielt sich noch etwas Siedlung, das Macellum an der Verzweigung des Decumanus maximus wurde noch im frühen 5. Jahrhundert restauriert, die Domus della Fortuna Annonaria scheint noch lange bewohnt geblieben zu sein. Neuere Grabungen haben sogar ergeben, daß man noch im 5. Jahrhundert die beiden seitlichen Portiken des Forums wiedererrichtete und pflasterte, wobei man die marmornen Dachziegel des nahen Roma- und Augustus-Tempels verwendete. Aber trotz letzter Reparaturen (die notdürftig geflickten Pflasterungen wurden bald von herabstürzenden Architraven zerschmettert) wurde das Leben hier kümmerlich. Keine Spur von Wirtschaftsleben, der Münzumlauf hörte auf, wie das Versiegen der Münzfunde zeigt. In einigen beobachteten Fällen nisteten sich Menschen sogar über zusammengebrochenen Stockwerken ein – so wuchs der Boden in Ostia schon unter den Füßen der Lebenden! Bestattet wurde bereits in verlassenen öffentlichen Gebäuden: in der Feuerwehrkaserne, in mehreren Thermen (Neptuns- und Mithrasthermen, Terme marittime, nicht zu verwechseln mit den Terme di Porta Marina), auch in der Nähe des Theaters im Areal der vier republikanischen Tempelchen, das doch noch gar nicht ganz verlassen war: die Toten rückten nahe an die Lebenden. *Misera agonia*, kümmerliches Dahinsterben einer Stadt.

In diesen zentralen Bereich, zwischen Forum und Theater, scheinen sich die letzten Bewohner von Ostia – zuletzt auch die des Küstenviertels – zurückgezogen zu haben. Von hier werden im gefährdeten Frühmittelalter einige Allerletzte in das feste *Gregoriopolis* umgesiedelt werden. Ob man das (wie neuerdings gern betont) «Siedlungskontinuität bis ins 9. Jahrhundert» nennen darf, bleibe dahingestellt.

Wie Ostia anfangs dem neuen Hafen Portus Leben gegeben hatte, so gab zuletzt also Portus Ostia noch ein wenig Überleben. Ein Blick auf Leben und Sterben von Portus zeigt naheliegende Unterschiede und Phasenverschiebungen, bis auch hier am Ende alles in einer großartigen Ruinenlandschaft aufgeht.

Den Hafenbetrieb für Rom trug nun also Portus, eine belebte Stadt (das Areal zuletzt mit modernsten Prospektionsmethoden untersucht von der British School) mit wachsender Nekropole auf der Isola Sacra beidseits der Verbindungsstraße nach Ostia. Daß sich der Fernhandel nun hier abspielte, zeigt schon bei den Keramikfunden, im Vergleich zu Ostia, der eindrucksvolle Anteil von Importware: Amphoren als Nahrungsmittel- (und nicht nur Wein-)Container des in Nordafrika und dem östlichen Mittelmeerbecken üblichen Typs kommen noch bis ins 7. Jahrhundert nach Porto herein. Güterverkehr und Personenverkehr: ein Pilgerhospiz am Hafen – das vielgesuchte *Xenodochium Pammachii* – wird im späten 4. Jahrhundert gestiftet; damals, im Spätsommer 385, geht Hieronymus hier an Bord (*navim in romano portu securus ascendi*), und wenig später beschreibt er bewegt, wie die römische Dame Paula, die wie er das Leben im Hl. Land beschließen wollte, von ihren hohen Verwandten aufs Schiff gebracht wird und sich von ihren Kindern verabschiedet.

Noch 376 wird in Portus das Isis-Heiligtum restauriert, noch um 425 die monumentale *Porticus Placidiana* errichtet. Aber die sogenannten konstantinischen (jedoch erst um 400 erbauten) Stadtmauern bezeichnen bereits eine Kontraktion des Siedlungsgebiets, beschränken sich auf den Schutz des Hafenbereichs, ja lassen stellenweise schon

Magazinbauten außerhalb. Daß man aufgegebene staatliche Speicher in Portus privatisierte (*in usus translata privatos cognovimus*) und sich in ihren leerstehenden Kammern einrichtete, wird schon am Ende des 4. Jahrhunderts beklagt (Cod. Theod. XV 1.12). Der Verfall der großen Magazinbauten wird von der Forschung in Zusammenhang gebracht mit dem Übergang der Getreideversorgung Roms vom Staat an die Kirche (abgeschlossen mit Papst Gregor der Große um 600) und hat natürlich mit der drastischen Verminderung der Bevölkerung Roms durch Kriege und Pest im 6. Jahrhundert zu tun. Denn wie Ostia bezieht auch Portus seine Funktion und seine Existenz allein aus Rom: schrumpft Rom, dann schrumpft auch Portus. Wenn eine arbeitsteilige Verkehrswirtschaft an ihr Ende kommt, das Reich in Regionen zerfällt, sogar Rom sich nun zunehmend aus seinem Umland ernährt, dann sollte das hier wohl seine sichtbaren Folgen haben. Nun füllen sich, wie die Grabungen zeigen, die aufgegebenen Speichergebäude mit Schutt und Abfällen, ja man entsorgt dort sogar die Toten: Gräber im Fußboden, unter bereits zusammengebrochener Rampe, zwischen Speicher-Amphoren.

Den Hafen noch in vollem Betrieb beschreibt Cassiodor, der Staatssekretär Theoderichs des Großen (Var. VII 9), doch darf man da der Rhetorik des Staatsbriefs mißtrauen. Verläßlich aber ist die bekannte Szene, in der Prokop, Geschichtsschreiber im Gefolge des byzantinischen Oberkommandierenden Belisar, anläßlich der Eroberung von Portus durch die Ostgoten im Jahre 537 n. Chr. und ihres Handstreichs gegen die für das belagerte Rom bestimmte Getreideflotte, den Hafen noch in Funktion schildert (Get. I 26, 6–17; III 15, 10–12). Dabei stellt Prokop – und nichts könnte uns willkommener sein – seinen Eindruck von Portus und von Ostia einander gegenüber. Ostia schildert er, im Unterschied zu Portus, als eine verkümmerte, von keiner intakten Mauer mehr umgebene Stadt. Während beide Tiberarme noch schiffbar seien und von Portus die Getreideschiffe nach Rom getreidelt würden, könnten in Ostia Schiffe nicht mehr anlanden. Und die Via Ostiensis sei «zugewachsen (ὑλώδης ist, gegen O. Veh, nicht mit ‹führt durch Wälder› zu übersetzen) und auch sonst vernachlässigt».

Die Straße von Portus hinüber nach Ostia, die sich dann in der Küstenstraße nach Anzio fortsetzte, war damals noch in Betrieb: die Straßenbrücke gleich vorn über den Fiumicino, der *Pons Matidiae*, wurde laut Inschriften, die dann für ein Grab in der Brückenrampe verwendet wurden, noch im frühen 5., ja nach einer dritten Inschrift noch im frühen 6. Jahrhundert repariert (*florentissimo statu imperii Romani*, sagt die zweite Inschrift: je mehr es mit dem Reich zu Ende ist, desto lauter verkünden Inschriften und Münzen seine Blüte). Kurz nach der Brücke passierte die Straße die im späten 4. Jahrhundert auf römischen Gebäuderesten errichtete Kirche S. Ippolito, zeitweilig die Bischofskirche von Portus (der Bischofssitz wird im hohen Mittelalter nach Rom auf die Tiberinsel verlegt werden): das war im Mittelalter das einzige höhere Gebäude der Isola Sacra zwischen den beiden Tiberarmen.

Aber auch in Portus hatte, wie am Grabungsbefund gezeigt, der Verfall schon begonnen. Dazu bedarf es keiner Zerstörung, keiner Goten und Vandalen. Ein römischer Hafen ist ein künstliches Gebilde ebenso wie eine römische Straße mit ihren (durch den schnurgeraden Verlauf erforderlichen) Kunstbauten – sie werden beide zugrunde gehen, sobald ihre geregelte Instandhaltung aufhört. Portus schrumpfte immer mehr auf den schmalen Bereich zwischen dem Becken der sogenannten *Darsena* (Arsenal), dem sechseckigen trajanischen Hafenbecken, und dem Trajanskanal (Fiumicino), wendete sich sozusagen vom Seehafen ab und dem Flußverkehr zu; und nur dieser engste Stadtbereich wird dann noch durch eine innere Mauer geschützt sein. Am längsten überlebte, bis ins frühe Mittelalter, eben diese begrenzte Zone. Nur hier findet sich der spezifische frühmittelalterliche Mörtel verwendet, der noch kleine Arbeiten an Gebäuden und Stadtmauern und somit, ebenso wie die Fundkeramik, fortdauernde Bewohntheit anzeigt. Hier lag denn auch die kleine, im 4./5. Jahrhundert erbaute Basilika, die den Heiligen Peter und Paul geweiht war, und in der man wohl die früheste Bischofskirche von Portus sehen darf. Ein gewisser Hafenbetrieb wird bis ins 7. Jahrhundert angenommen, Siedlungsspuren sind mit dem 9. Jahrhundert nicht mehr festzustellen. Das weite Hafengelände wandelte sich in eine großartige Ruinenlandschaft, wie sie dann Antonio Danti 1582 malte (Abb. 3), und die noch heute zu den eindrucksvollsten zählt, die man in Italien durchstreifen kann.

Zurück nach Ostia. Die letzten Bewohner, so nimmt man heute an, hausten nördlich des Decumanus maximus in dem Areal zwischen Kapitolstempel und Forum im Westen, Theater und Aurea-Oratorium im Osten; aber einige auch eingenistet in den verlassenen republikanischen Speichern auf der Südseite des Decumanus. *Ad arcum ante theatrum*, sagt die Legende von Ostias Märtyrerin Aurea, sei der Bischof Cyriacus zum Märtyrer geworden, und so wird ihm im Frühmittelalter hier ein kleines Oratorium errichtet: aus wiederverwendeten Stücken schrecklich roh auf eines der beiden Theater-Nymphäen gesetzt und in den Decumanus maximus hineinragend, lag dieses kümmerliche Kirchlein schon hoch über dem Niveau der nahen republikanischen Speicher, ja hoch über dem kaiserzeitlichen Niveau des Decumanus (Abb. 2 c). Im hohen Mittelalter wird hier manchmal noch Messe gelesen, war dieses kleine Heiligtum wohl einsames Ziel von Prozessionen, gewiß nicht mehr als ein dünner Zug von Menschen zwischen den zusammengebrochenen, überwucherten Fassaden der antiken Hauptstraße. Die Bischofskirche hingegen war damals, ja schon um 800, bereits zerstört, nachdem sie zuvor schon ihrer Wandverkleidung beraubt worden war, also offensichtlich leergestanden hatte. Für eine Bischofskirche gab es hier keine Gemeinde mehr.

Wohl im 5. Jahrhundert war der Hl. Aurea in der – nun auch christlichen – Nekropole an der Via Ostiensis 500 m vor dem Rom-Tor der Stadt eine Kirche errichtet worden (nahebei hat man 1945 die Grabinschrift von Augustins in Ostia verstorbener Mutter Monica gefunden, von der es 1161 in einem Reisebericht heißt, Monica geistere durch Ostias Ruinen auf der Suche nach einem besseren Grab). Die Kirche S. Aurea, im späten 15. Jahrhundert verwandelt in einen Frührenaissancebau, halb Kirche halb Tempel, wird zu hohen Ehren kommen und zur Titelkirche des ranghöchsten Kardinalbischofs werden (so daß man, bei seiner Einführung 2002, Kardinaldekan Joseph Ratzinger mit schüchternem Lächeln aus dieser Kirche treten sah).

Als im 9. Jahrhundert sarazenische Einfälle dauernd die Küste unsicher machten und sogar Rom bedrohten, ließ Papst Gregor IV.

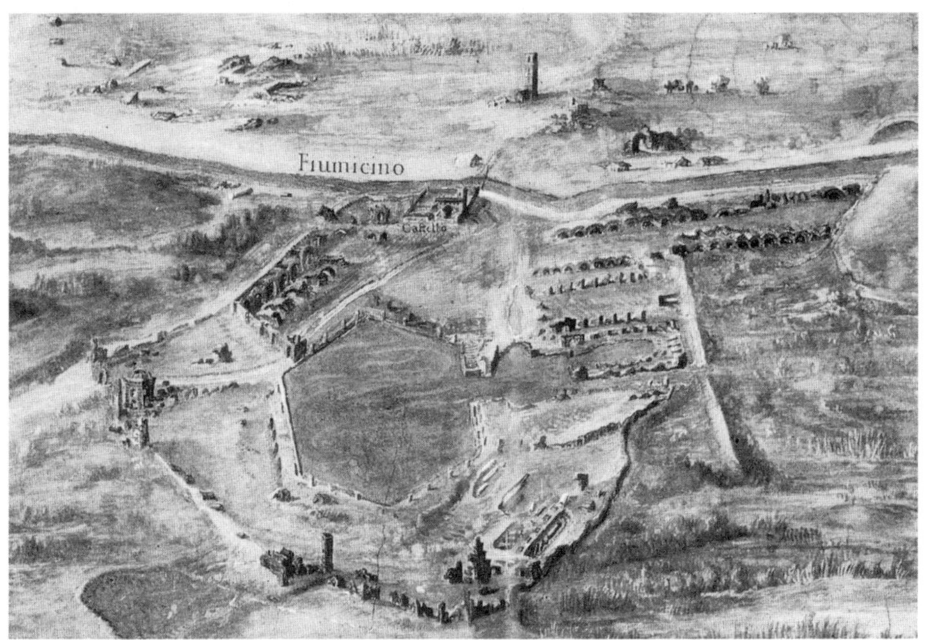

Abb. 3. Das Ruinengelände von Portus. Antonio Danti, Fresko datiert 1582, Ausschnitt (Musei Vaticani, Galleria delle carte geografiche). Norden ist unten. In der Mitte das trajanische Becken, rechts anschließend das Arsenal, und die verlandete Zufahrt aus dem Claudius-Hafen. Oben am Fiumicino das Episcopio (‹Castello›), dort statt des Pons Matidiae nun eine Fähre hinüber nach S. Ippolito. Links der sogenannte Portunus-Tempel noch innerhalb der Konstantinischen Mauern, rechts davon die innere Mauer, die den engsten, am längsten überlebenden Stadtbereich schützte.

(827–844) hier eine befestigte Siedlung anlegen, «weil die früher erbaute Stadt – sagt der *Liber Pontificalis* – durch großes Alter zerfallen, nun völlig zerstört ist». Dieses *Gregoriopolis* lag sehr wahrscheinlich an der Stelle des heutigen Borgo bei S. Aurea und nahm die letzten, umgesiedelten Bewohner von Ostia auf: wenn da hineinpaßte, was in Ostia noch gelebt hatte, muß die Restbevölkerung sehr klein gewesen sein. Fortan war Ostia gänzlich verlassen, bevölkert nur noch von zahllosen Statuen, die im Dämmer verfallender Gewölbe vor sich hin starrten (solch beunruhigende Erscheinung kann man noch heute haben, wenn man in den unteren Gewölben der Mithrasthermen auf die Mithrasfigur stößt).

Und so breitete sich über Ostia endlich eine dichte Pflanzendecke, holte sich die Natur das Stadtgelände zurück und ließ es zu dem werden, was wir als Ruinenlandschaft empfinden.

Das Gelände vereinsamte, und diese Geschichtslosigkeit hatte zur natürlichen Folge, daß die Chronisten nichts mehr von hier zu berichten wissen – es sei denn, ein Papst habe im entlegenen Ostia die Kirche (immerhin nomineller, wenn auch nicht realer Sitz eines Bischofs und Kardinals) restaurieren lassen, oder ein König sei des Weges gekommen wie Richard Löwenherz im August 1190 die Küste herab auf dem Weg zum dritten Kreuzzug: «Er lief in den Tiber ein. An der Mündung steht einsam ein schöner Turm [Tor Boacciana, an der Stelle des römischen Leuchtturms], da gibt es ganz hohe Ruinen von alten Mauern»: dort begrüßt der Kardinalbischof den König. Der Begleiter bemerkt auch die Via Severiana, eine «marmorne, gepflasterte Straße», die hier durch den Wald an der Küste führe.

Wo die erzählenden Quellen schweigen, muß sich der Historiker anderes einfallen lassen, um an historische Anschauung zu kommen. Einen Gang durch solches Ruinengelände, sei es Ostia oder Portus, erlaubt eine Quellengattung, der man einen solchen Dienst gar nicht zutraut. Mittelalterliche Grundstücksurkunden gelten als das Trockenste von der Welt. Aber wenn man sie richtig behandelt, können sie einem zum Begleiter durch die Landschaft werden. Denn da bei größeren Grundstücken oder Territorien die Vertragspartner genau die Grenzen bestimmen müssen, können wir mit ihnen die Grenzen im Gelände abgehen, von einer Landmarke zur anderen: eine große Eiche, ein kleiner Bach, eine römische Ruine – das waren unübersehbare Marken, die nicht in einer Nacht wegzuräumen waren wie (gleichfalls genannte) Grenzsteine. «Wir gingen persönlich (*personaliter accessimus*) an den betreffenden Ort und nahmen ihn selbst in Augenschein», heißt es manchmal ausdrücklich, und man sieht die Personen geradezu durchs hohe Gras waten und durchs dichte Gebüsch brechen von einer Ruine zur anderen, wir müssen sie nur begleiten.

So bei der Grenzbeschreibung des Bistums Portus 1018. Die weitläufige Begehung nennt das Hafenbecken des Trajanshafens (aus *lacus Traiani* wird nun *lacus Troiani*); nennt als Grenzmarken einige *cisternae antiquae* und die Stadt selbst, *civitas ipsa vetustissima*, abermals mit dem Trajanshafen, und, in der *civitate Constantiniana,* bei der bereits zerfallenden Peter- und Pauls-Kirche einige «antike Gewölbe (*crypte*), die dem Vieh der Kirche als Ställe dienen»; dann «ein Gebäude, das ‹Bad der Venus› genannt wird» (in solchen Urkunden immer ein unfehlbares Indiz für eine unverstandene römische Ruine), und so fort. Ein regelrechter Gang also durch die Ruinenlandschaft der Hafenstadt Portus fast 400 Jahre nach Ende des Hafenbetriebs.

Romantisch war das überwachsene Ruinengelände dennoch nicht. Längst hatte sich der verwertende Blick römischer Bauleute darauf gerichtet: Ostia ein Steinbruch, in dem man Steine nicht brechen mußte, sondern schon schön zugerichtet vorfand, in allen Größen und in allen Formen, so daß man sie nur zum Verladen an den vorbeiführenden Tiber schaffen mußte (oder gleich zur See exportierte, wie Ostia-Inschriften als Spolien im Dom von Pisa oder im Baptisterium von Florenz belegen). Angesichts solcher Auswahl konnte der Auftraggeber gewiß auch Vorgaben machen, etwa: ‹10 Säulen, aber bitte alle gleich dick und hoch›, oder ‹das Stück muß möglichst viele Zierleisten übereinander haben, mindestens vier›, usw. Man fuhr auch aus Rom an die Tibermündung *per cavar marmi ad Ostia*, suchte für päpstliche Bauvorhaben Säulen gleicher Größe, riß Portiken ein, meißelte aus Marmorblöcken Kanonenkugeln (*marmorariis pro octingentis lapidibus bumbardarum existentium in Ostia*, 1423), wie Rechnungen der Apostolischen Kammer zeigen.

Und die Beschaffung von Mörtel durch das Brennen von Marmor zu Kalk. Gleich neben den zu verwertenden Ruinen rauchten die Kalköfen, 1191 erstmals genannt. Bisher hat man in Ostia deren 19 festgestellt, vor allem in der Nähe von Tiber und Decumanus zu leichterem Abtransport, der ansehnlichste heute ist der in die Insula des Serapis eingebaute hohe Kalkofen mit seinen vom Feuer glasierten Wänden (Abb. 2 d). Hatten Kalköfen das Monument verzehrt, rückten sie vor das nächste. Und nicht nur kleingeschlagene Architekturstücke fanden sich im Innern unter den unverbrannten Resten, auch schöne Skulpturen (denn was sollte das Mittelalter mit Venus, Artemis, Silvanus, Bacchus anfangen?), etwa die schönen Marmorköpfe von Trajan und Hadrian: Antike reduziert auf ihren bloßen Materialwert.

Vom Meer her war das Ruinengelände von Ostia wie von Portus gut zu erkennen für Schiffe, die in den Fiumicino oder in den Tiber einliefen. Ein Küstenhandbuch des 15. Jahrhunderts, der sogenannte Portolan des Cadamosto (der wie alle Portolane nicht nur die Schiffbarkeit, sondern auch die Erkennbarkeit eines Küstenpunktes angeben muß) erkennt den Fiumicino, *fuxa* [foce] *picola de Roma*, an einem landeinwärts gelegenen *edificio antiquo de gran muraglia* namens *la Troia de Roma*, dem Hafen der alten Römer, der ihnen, man denke, von Papst Gregor dem Großen zerstört worden sei.

Doch liefen die meisten Schiffe durch die Tibermündung ein. Der Tiber floß damals noch nah am Ruinengelände vorbei zum Kastell; erst bei einer Sturmflut 1537 wälzte sich der Tiber dann in sein heutiges Bett und schnitt die Flußschleife am Kastell ab: der alte Verlauf ist als flache grüne Geländerinne, «Fiume morto», zwischen Wiesen, Gemüsegärten, Bäumen noch zu erkennen. Dort am Kastell bei S. Aurea hatten die Schiffe bereits ihre für Rom bestimmte Fracht zu deklarieren. Wir kennen sie für einige Jahrzehnte des 15. Jahrhunderts alle aus den römischen Zollregistern, jeden Tag mehrere Schiffe mit ihrer Ladung, und haben uns also vorzustellen, wie Schiffe jeden Typs dicht unter den Ruinen von Ostia vorbeizogen: Barken überquellend von Gemüse aus dem nahen Sperlonga; die schnelle, häufig genannte *saettia*; das größere, aber gerade noch flußgängige *navilio* aus Genua oder Palermo; selten eine Karavelle, dann aber beladen mit den Schätzen der portugiesischen Vorentdeckungen an der afrikanischen Westküste (Elefantenzähne, Affen, Papageien für höhere Kunden in Rom); vollbefrachtete Weinschiffe, denen die Fässer noch *socto la pupa* oder *a prua*, unter Heck oder Bug, hängen, wie eigens vermerkt wird. Ganze Waffenschiffe, Apfelsinenschiffe, Zuckerschiffe, und natürlich auch Schiffe mit *pellegrini*: Pilger schauen herüber. Auch vom Sturm mitgenommene Schiffe, ihre Fracht sichtlich *guasto*, verdorben. Und vielleicht wäre auch die *Niña* des Christoph Columbus hier vorbeigezogen, denn wir wissen, daß sie zwischen zweiter und dritter Amerikafahrt gegen Columbus' Willen für eine Fahrt nach Rom verchartert werden sollte.

Welchen Anblick diese Ruinenlandschaft in den langen Jahrhunderten zwischen Verödung und Ausgrabung bot (und heute bietet) und wie man sich das Ensemble von Monument und Vegetation vorzustellen hat, ist auch für Ostia von jenem Zweig der Botanik untersucht worden, der sich mit Ruinenflora befaßt. Zunächst einmal muß man sich, da erst bei den Ausgrabungen gepflanzt, den schönen, überlegt verteilten Bestand hoher Pinien wegdenken, der Ostia heute so anziehend macht, weil er dem dunklen Rot römischer Ziegelwände durch das dunkle Grün dichter Pinien einen malerischen Hintergrund gibt; wegdenken auch die zahlreichen – erst für die Trockenlegung eingeführten – Eukalyptusbäume. Man muß sich das Gelände also kahler und weniger baumreich vorstellen als heute, und ebenso skizzieren es auch die wenigen Maler, die vor den Grabungen nach Ostia fanden, wie Johann Christian Reinhart 1810 oder Carl Blechen 1829; ebenso beschreiben es auch Reisende wie Karl Victor von Bonstetten 1802 («peu ou point d'arbres»). Hinzu kommt, daß die Vegetation noch im 19. und im frühen 20. Jahrhundert ohnehin weniger üppig war als heute: eine Feststellung, die grüne Überzeugung nicht wahrhaben will, die aber jedem Gewißheit ist, der mit frühen Grabungsphotos umgeht.

In Ostias weitflächigem Gelände gibt es verschwenderisch all die Bedingungen, die Ruinenflora hervorbringen und die uns die Botanik benennt, typische Standorte und Pflanzenarten einander zuordnend: Was wächst an schattigen und was an besonnten Mauern? Was wächst aus dem reichen Mörtel zerbröselnder Ziegelwände, und was im Mikroklima dunkler feuchter Ruinengewölbe? Wo wachsen hier Moose, Flechten, Farne? Ja man hat in den Ritzen von Marmorstufen eine Pflanzenart festgestellt, die in Italien nur hier anzutreffen ist (*Micromeria microphylla*) und von der die Botaniker darum annehmen, daß sie mit dem Marmortransport in der Antike von Osten hierhergekommen sei. Ein schöner Anblick, wenn nun Efeu ein Gebälk herabwächst und sich, in seltsamer Verdoppelung, ein Blätterzweig in den Blattstab der marmornen Zierleiste schmiegt. Zum alten und spontanen Bewuchs hier werden Steineiche, Pinie und Feige gerechnet; die Feige wird man überall in der Landschaft an antikem Gemäuer finden, schön, aber besonders zerstörerisch.

Was aus den grasüberzogenen Schutthügeln noch hoch hervorragte, waren etwa die roten Ziegelwände des Kapitolstempels, die oberen Stockwerke der Isola del Serapide und anderer mehrgeschossiger *insulae,* die massiven Pfeiler der Thermen an der Porta Marina und anderes, wie frühe Stiche zeigen. Das Theater hingegen war nicht so respektabel als Ruine, wie es heute wirkt, denn es wurde erst wieder von den Archäologen hoch aufgemauert. All das war vom Tiber her (hier galt der Wasserweg, kein Landweg) gut zu sehen. Die Tiberufer bebuschten sich wieder, seit der – noch für das 6. Jahrhundert bezeugte – Treidelverkehr nach Rom zum Erliegen kam.

Eine öde, düstere Stimmung legten über diese Landschaft die Salinen, die es an der Tibermündung immer schon gegeben hatte, die aber nun – weit und breit keine menschliche Siedlung mehr – mit ihren monotonen grauweißen Flächen das Landschaftsbild dominierten und nur kargen Bewuchs zuließen (ein Zeugenverhör von 1385 über strittige Rechte an den Salinen von Ostia im Kapitelsarchiv von St. Peter benennt das weite Geflecht der Becken und Gräben professionell nach Funktion und Dimension: *fossatum, filum, ganglia*). Spätere Reiseberichte sprechen betroffen vom Eindruck dieser trostlosen Öde, Galeerensträflinge verreckten malariaverseucht in den Gefängniskellern des vereinsamten Kastells.

In diese Einöde der Tibermündung *dove l'acqua di Tevere insala,* «wo sich der Salzflut mischt das Tiberwasser», setzte Dante den Eingang (zwar nicht in die Hölle, aber) ins Fegefeuer (Purg. II 100–105). Und da ihm der Hafen von Civitavecchia verwehrt war, mußte Papst Gregor XI. bei seiner Rückkehr im Januar 1377 ausgerechnet hier an Land gehen (*Tiberim introivimus, Ostiam ingressi fuimus*) – für einen solch historischen Schritt, wie es die Rückkehr des Papsttums aus Avignon tatsächlich war, eine seltsam triste Szenerie: Ostia als *civitas venerabilis nullius existentiae,* ein «ehrwürdiger Ort ohne Dasein».

Erzählende Quellen gibt es zu Ostia und Portus erst wieder, als im

15. Jahrhundert mit dem Humanismus antike Reste als solche berichtenswert werden. Poggio Bracciolini durchstreift mit Cosimo Medici im Frühjahr 1427 Ostia und Portus; auch Lorenzo il Magnifico läßt sich aus Ostia berichten und durch die römische Medici-Filiale lohnende Skulpturenfunde nach Florenz schicken, etwa eine *testa intera di naso et orecchi*. Und von solchen Köpfen, «vollständig noch mit Nase und Ohren dran», fand sich hier eine ganze Menge.

Das Ruinengelände von Ostia und Portus besuchten im 15. Jahrhundert sogar Päpste, da die Tibermündung mit den antiken Ruinen recht nah war und bequem mit dem Schiff zu erreichen, und sich ein Ausflug nach Ostia oder Portus leicht mit einer Einladung des amtierenden Titelkardinals arrangieren ließ. So besuchte Eugen IV. 1446 Ostia (*se mosse da palazzo per vedere alcuna cosa*); so machte Sixtus IV. im November 1483 mit drei Kardinälen (darunter natürlich der *Ostiensis* und der *Portuensis*, Giuliano della Rovere und Rodrigo Borgia, zwei künftige Päpste) eine dreitägige Exkursion nach Ostia und Portus, mit prächtigem Essen (*prandium vere plus quam pontificium*, «ein Essen mehr als päpstlich») und anschließendem Spaziergang zum Meer mit Besichtigung des antiken Leuchtturms von Porto (oder was seine humanistischen Begleiter damals dafür hielten).

Die schönste, ja die erste wirkliche Beschreibung dieser Ruinenlandschaft aber ist die, die Pius II. von seinem Besuch am 12.–14. Mai 1463 in seiner Autobiographie gibt (*Commentarii* XI 19). Man durchstreift das ausgedehnte Ruinenfeld zwischen herumliegenden Säulen und bemerkt, daß den Ziegelwänden des Kapitolstempels die Marmorverkleidung fehlt. Sogar die kleine mittelalterliche Nachfolgesiedlung (Gregoriopolis) wird in ihrer Kümmerlichkeit beschrieben: die alte Bischofskirche verfallen, hier gebe es nur einige Fischer, die Behausungen seien teilweise direkt auf den antiken Aquädukt gebaut. Daneben nur ein von Martin V. für den Schiffszoll errichteter, schon wieder halb abgetragener Turm; die Fahrrinne des vorbeiführenden Tiber sei ohne Lotsen nicht auszumachen. Gleich angrenzend die weiten flachen Salzbecken der Salinen, durch die hindurch nach Rom zu kommen der antike Aquädukt nun als Brücke diene. Manchmal bilden Meer und Salinen eine einzige Fläche, *stagnum inflatum cum mari idem efficit corpus.* In der Nacht rast ein Sturm über die weite Küstenebene und fegt die Zelte des Gefolges hinweg.

Dann mit der Barke hinüber nach Portus, wo schon der andere Titelkardinal wartet, der zu diesem Anlaß «über den Ruinen der zerstörten Stadt Zelte und Laubhütten errichtet hatte». Auch hier wird uns die Ruinenlandschaft geschildert: die Reste von Stadttor, Stadtmauern, Tempeln. «In der Mitte war das Hafenbecken, das Trajan zugeschrieben wird und das die Leute statt trajanisch ‹trojanisch› nennen (*vulgo pro Traiano Troianum vocant*), mit Platz für viele Schiffe. Jetzt sieht es aus wie ein Tümpel voller Schlamm». Noch stünden an seinen Quais Säulen zum Vertäuen der Schiffe, dahinter die Reste riesiger Speichergebäude. Man bemerkte sogar, wie Flavio Biondo, auf herumliegenden Marmorblöcken die (aus Plinius bekannten) Gewichts- bzw. Lieferungsnummern. Dann Fragen, die die Archäologen noch heute stellen und nicht beantworten können: nach dem Leuchtturm, nach dem von Hieronymus genannten Pilgerhospiz des Pammachius. Das Gelände zwischen den beiden Tiberarmen von Ostia und Portus sei eine große Viehweide «so niedrig, als ob die Weiden weitergingen ohne daß man Wasser sieht»: das ist Ruinenlandschaft beschrieben mit Sinnen und Verstand.

Die letzten Bewohner von Ostia. Man sollte Epochen nicht einfach mit Handbuchdaten schließen, wie sie der Historiker mit seinem Wissen des Nachhinein setzt (das Römische Reich endend mit der Absetzung des letzten weströmischen Kaisers, Ostia mit dem letzten genannten Präfekten), sondern die Empfindungen der Menschen einbeziehen, für die diese Zeit Gegenwart war: Als die Menschen in Ostia eines Nachts das Feuer auch auf dem Leuchtturm von Ostia nicht mehr auflodern sahen, mögen sie geahnt haben, daß es nie wieder aufleuchten werde, und daß eine Zeit zu Ende gegangen sei.

II

∽ ▲▲▲ ∼

Landschaft des frühen Mittelalters

Zwischen den alten Landkirchen des südlichen Umbrien

Wer frühmittelalterliche Landschaft vor Augen führen will, muß bei der Wahl der aufzusuchenden Region einige Voraussetzungen bedenken. Es sollte ein Gebiet sein, wo der Bestand an Monumenten und frühen Schriftquellen aussagekräftig genug ist; wo straßenerschlossene und entlegene ländliche Zonen vergleichbar nebeneinander bestehen; und wo der Zusammenhang der lokalen mit den großen Entwicklungen noch spürbar ist. Das südliche Umbrien ist solch eine Region. Hier ist auch die Nähe zur benachbarten und wesensverwandten Sabina von Nutzen («la Sabine est presque ombrienne», Toubert), weil deren frühmittelalterliche Verhältnisse durch die reiche Überlieferung der Abtei Farfa gut dokumentiert sind. Und da Farfas Besitz weit in das südliche Umbrien hineinreichte und auch manche unserer Landkirchen und -klöster umfaßte, läßt sich aus diesem ungewöhnlich frühen und dichten Urkundenbestand nicht nur das ländliche Kirchen-System, sondern auch die Landschaft rekonstruieren.

Vor allem sollte man der Versuchung widerstehen, frühmittelalterliche Landschaft nur als antike Ruinenlandschaft zu sehen, nur das Vergehende, das NOCH, und nicht auch das Entstehende, das SCHON wahrzunehmen. Zunächst aber tat sich zwischen Antike und Mittelalter ein breites Niemandsland auf, in dem Neues tatsächlich nicht zu erkennen ist. Die verheerenden Gotenkriege und die furchtbaren

Pestepidemien des 6. Jahrhunderts führten, durch die drastischen Bevölkerungsverluste nicht nur in den Städten, zur Ausbreitung des Ödlands, der Versumpfung, des Waldes.

Diese Verwahrlosung der Landschaft wird seit dem 8., verstärkt seit dem 10. Jahrhundert rückgängig gemacht, das Land wieder kultiviert, angeeignet, «verbessert», Grundstücke *ad meliorandum, ad plantandum* («zum Verbessern», «zum Anpflanzen») von den weltlichen und überwiegend klösterlichen Grundbesitzern in Pacht gegeben. Die Urkunden lassen uns in offener Landschaft Grenzen abwandern, von Eiche zu Waldrand zu römischer Ruine, Bachrinnen (*rigularia*) oder Landwege entlang. Und sie bezeichnen zunehmend differenziert das *incultum* einerseits und das *cultum* andererseits, vom extensiv genutzten Weideland bis zum intensiv bearbeiteten *horticellus subtus muros*, dem stadtnahen Garten, die spärlich genannten Fruchtbäume gewiß kümmerlicher als die der antiken Gartenkultur, obwohl deren Fachschriftsteller – Varro, Columella – von den Mönchen in diesen grundbesitzenden Klöstern getreulich abgeschrieben wurden.

Und natürlich öffnen auch die Orts- und Flurnamen den Blick auf die alte Landschaft: *podium* ‹Poggio› zeigt die Hügellage einer Siedlung, die sich auf ihrer Höhe dicht um Kirche und Kastell windet (anders als in den vulkanischen Zonen Latiums liegen die Siedlungen hier nicht auf einem Tuffsporn hoch über dem Zusammenfluß zweier Gewässer, sondern auf Anhöhen); oder *cerretum* ‹Zerr-Eiche› neben allen möglichen anderen Eichenarten: das bezeichnet den damals und oft noch heute vorherrschenden Baumbewuchs; *cesi* ‹abgehauen›, wohl eine Rodung; die *gualdo*-Orte – von langobardisch ‹Wald› – begegnen an der Flaminia häufiger (Umbrien ist, mit einem Flächenanteil von gut einem Drittel, noch heute eine der waldreichsten Regionen Italiens, und obendrein läßt sich auch hier – wie in vielen Zonen mit abwandernder Landbevölkerung – eine Wiederausbreitung des Waldes beobachten); *maccla* ‹Macchie› (vom klassischen *macula,* der auffallende ‹Fleck› anderen Bewuchses) kommt erst spät, vielleicht fiel Macchie in kaum bestellter Landschaft noch nicht auf.

Im Zusammenhang mit dieser Rückeroberung der Agrarlandschaft ist nun auch der Bestand an ländlichen Kirchen zu sehen, zwischen denen wir uns hier bewegen wollen. Denn die Arbeiten der Wiedererschließung hatten zum Kern immer eine (meist von den grundbesitzenden Klöstern geschaffene) Kirche oder Kapelle, oder die Kirchen kleiner mönchischer Gemeinschaften, die zur Erschließung des Landes bekanntlich viel beigetragen haben. Natürlich waren die ersten Landkirchen älter und reichen in die Spätantike zurück, denn das Problem war ja, daß mit der Ausbreitung des Christentums aufs Land die kirchliche Betreuung der Gläubigen nicht mehr direkt vom Bischof, von seiner *civitas* aus, zu gewährleisten war und darum – vor allem für die Taufen – «Pieven» (*plebes*), Taufkirchen geschaffen wurden, die allmählich auch die anderen geistlichen Amtshandlungen übernahmen und Mittelpunkt der ländlichen Pfarrbezirke waren.

Für den dann beginnenden Landesausbau waren die Pieven aber zu dünn gesät, und ihre Verteilung entsprach nicht immer den Zonen, die nun – neu oder wieder – bearbeitet wurden. Darum bedurfte es neuer Kirchen, um den arbeitenden Menschen näher zu sein. Sie traten neben die alten Pieven bzw. wurden ihnen unterstellt und haben im übrigen oft auch nicht mehr die Patrozinien der alten Pieven (Apostel und andere große Heilige). Es sind vor allem die Kirchen dieser zweiten Phase, denen wir in der Landschaft begegnen werden.

Zieht man die Linie noch ein wenig aus, gerät man in eine weitere Dynamik des Siedlungswandels: das *incastellamento*, das Zusammensiedeln in Burg-Orten. In der Anarchie der nachkarolingischen Zeit, unter dem Eindruck der Sarazenen- und Ungarn-Einfälle, vor allem aber auf Geheiß von (weltlichen wie geistlichen) lokalen Herrschaften, die so Kontrolle und Nutzung ihrer Untertanen festigen wollen, zieht seit dem frühen 10. Jahrhundert die – bis dahin noch verstreut oder in lockerer Konzentration siedelnde – Landbevölkerung hinauf in bestehende oder neu geschaffene feste Orte (*castra*, die mit deutschen Burgen oder Dörfern oder Städten nichts gemein haben). Denn wo kein Reich mehr schützt, muß es die Natur oder die lokale Herrschaft tun. Ein wahrhaft umwälzender Vorgang (von Pierre Toubert für die nahe Sabina vortrefflich untersucht), der nicht auf den Landesausbau folgt, sondern mit ihm einhergeht. Und das hat nun Folgen auch für unsere Thematik: an die Stelle der ländlichen Pieve tritt die *ecclesia castri*, die Kirche folgt den Menschen in ihre neuen Kastellorte – und verdrängt allmählich die Pieven, die aber manchmal das Taufrecht behielten, aus ihren Pfarr-Rechten. Natürlich kamen damit das religiöse Leben außerhalb der neuen *castra* und der Kirchenbau draußen auf dem Lande nicht ganz zum Erliegen: der Landesausbau ging ja weiter, solange die Bevölkerungsvermehrung anhielt. Und die hatte ihren Höhepunkt noch gar nicht erreicht.

Diese grob skizzierte Entwicklung muß man vor Augen haben, wenn man hier frühmittelalterliche Landschaft aufsuchen will. Und noch eine allgemeine Frage stellt sich, wenn man eine entlegene Landkirche endlich gefunden hat: warum ist sie gerade hier erbaut worden?

Wir kennen die lokalen Bedingungen des frühen und hohen Mittelalters nicht genau genug, um diese Frage für solche Kirchen immer beantworten zu können. Aber eine allgemeine Überlegung hilft in vielen Fällen doch weiter. Da sie von stadtfernen Siedlungen, aber auch vom Bischofssitz aus zugänglich sein mußten, liegt es nahe, solche ländlichen Kirchen zu einem Wegenetz in Beziehung zu setzen, womöglich zu alten, also römischen Straßenzügen, die sich durch Pflasterung und straßenbegleitende Grabtürme auch zu erkennen geben, während die Rekonstruktion nachantiker Verbindungen oft hypothetisch bleiben muß. Tatsächlich haben Historiker einen Bezug zwischen frühen Pieven und römischen Straßen feststellen können, Settia für die Poebene, Maroni für die südliche Toskana. So hat man am Beispiel der Via Cassia beobachtet, daß die frühesten zentralen Kirchen außerhalb der Städte sich oft in der Nähe der antiken Fernstraßen und ihrer Nebenstraßen finden, ja manche direkt in den Straßenstationen (*statio, mansio, mutatio*), aber auch in den wichtigen römischen *vici* in Reichweite dieser Straßen. Neuere Forschung hat dem noch hinzugefügt, daß frühe ländliche Bischofssitze gern auch an Plätzen kaiserzeitlicher Besitzverwaltung errichtet wurden. So waren die Stützpunkte ländlicher Kirchenverfassung so entlegen nicht, oder wurden es erst im frühen Mittelalter.

In unserem Raum ist es die Via Flaminia, die diese Rolle übernehmen wird. Gleich auf ihrer ersten Strecke reihen sich frühe Bischofssitze (Aquaviva, Otricoli, Narni), ebenso an der etwas weiter westlich parallel verlaufenden Via Amerina (Nepi, Orte, Amelia, Todi). Und weitere Indizien frühen Christentums an dieser Straße: die Katakombe von Rignano, deren intakte *loculi*-Verschlüsse Konsulatsdatierungen von 339, 344, 345 n. Chr. tragen; die Katakombe von Villa San Faustino im südlichen Umbrien. Und so finden sich denn auch viele der Landkirchen im unmittelbaren Bereich der Via Flaminia, und wir wollen uns das zunutze machen.

Denn die Via Flaminia, eine der verkehrsreichsten Konsularstraßen («Nichts ist abgenutzter als die Schlaglöcher der Flaminia», meinte Martial IX 57), hatte auch nach dem Ende des Römischen Reiches ein kräftiges Nachleben, ja sie wird noch im hohen Mittelalter, anders als Via Cassia oder Via Aurelia, mit ihrem antiken Namen genannt. Der *Pilger von Bordeaux* kennt im Jahre 333 n. Chr. in seinem Itinerar noch alle Straßenstationen (allein sechs zwischen Rom und Narni); die Notwendigkeit von Straßenreparaturen beschreibt in den 530er-Jahren Cassiodor, Staatssekretär des Ostgotenkönigs Theoderich, am Beispiel eben der Flaminia (der Straßenkörper zerfurcht von Wasserläufen, *rivis sulcantibus exaratum*, die Straßenränder bereits überwuchert von dichtem Gebüsch; noch gibt es damals ein staatliches Preisedikt zum Schutz der Reisenden auf der Flaminia gegen Übervorteilung). Für das byzantinische Rom dann wird die Via Flaminia vom 6. bis ins 8. Jahrhundert zur wichtigsten, ja einzigen Verbindung hinauf zum byzantinischen Exarchat Ravenna: ein schmaler Korridor zwischen den neuen langobardischen Eroberungen in Mittelitalien (um 580) und von deren Herzogtum Spoleto ständig bedroht. Als diese Langobarden im frühen 8. Jahrhundert ihre Eroberungspolitik wiederaufnehmen, wandte sich das alarmierte Papsttum, von Byzanz nicht mehr hinreichend geschützt, an die Franken um Hilfe. Die Karolinger erobern unter Pippin und Karl der Große das Langobardenreich und geben dessen byzantinische Eroberungen an den Papst. Das sind die Anfänge des Kirchenstaates unter fränkischer Oberhoheit: in dieser Großprojektion ist die kleine Landschaft zu sehen, die wir nun betreten.

Es beginnt gleich beim Eintreten der Via Flaminia nach Umbrien, zwischen Otricoli und Narni. Fährt man bei km 1,7 der Strada statale

Abb. 4. S. Pudenziana di Visciano. Im frühen 11. Jahrhundert nahe der Via Flaminia unter Verwendung antiker Spolien gebaut.

3ter (‹3› meint immer die Flaminia bzw. eine Variante) links den Hang des Tibertals hinab, so erreicht man nach etwa 1,5 km S. Pudenziana di Visciano: ein zauberhafter, wohlgehaltener Platz auf letzter Terrasse über der breiten Talebene, mit weitem Blick auf die Monti Cimini und die ersten Berge Umbriens. Unter hohen Bäumen die kleine Kirche mit Porticus und unverhältnismäßig großem Campanile (Abb. 4). Sie wird in das beginnende 11. Jahrhundert datiert (frühe Quellen gibt es nicht), im Innern dreischiffig, Krypta, Ciborium der Zeit. Verwendetes Spolienmaterial (die Giebelfenster ruhen auf Inschriften, für das hintere hat man sogar eine antike Inschrift entzweigeschnitten) läßt römische Siedlung in der Nähe vermuten.

Am gleichen östlichen Talhang nur etwa 870 m weiter nördlich die nächste ländliche Kirche, S. Martino di Taizzano, von Visciano leicht auf gewundenem Landweg zu erreichen (man sehe jeweils die Koordinaten hier im Anhang und finde daraus den Weg, der bei so entlegenen Punkten nicht in Kürze beschrieben werden kann). Auf kleinem, gegen das Tal gerichtetem Vorsprung gelegen und umstanden

Abb. 5. S. Martino di Taizzano am Hang des Tibertals vor Narni. Bau des frühen 11. Jahrhunderts, aber mit Altar des 8. Jahrhunderts.

von Eichen, wirkt diese Kirche noch viel einsamer als S. Pudenziana (Abb. 5). Eine Klosterkirche wie zunächst S. Pudenziana (und das nahe S. Angelo in Massa, das in Farfenser Urkunden des 11. Jahrhunderts ausdrücklich als *monasterium* bezeichnet wird) scheint S. Martino nicht gewesen zu sein. Lange Zeit in Trümmern und 2004 neu geweiht, gehört auch diese Kirche ins frühe 11. Jahrhundert, hat im Innern aber die Seltenheit eines vollständig erhaltenen langobardischen Altars des 8. Jahrhunderts (das Original jetzt in Narni). Und Ähnliches werden wir auch in anderen aufgesuchten Kirchen erleben: weit überwiegend vor- oder frühromanisch, enthalten sie doch oft, *in situ* oder vermauert, Teile älterer Ausstattung (und nur das läßt sie in das wichtige *Corpus della scultura altomedievale* geraten). Solch wiederverwendete Ausstattung könnte in einigen Fällen auf frühmittelalterliche Vorgängerkirchen schließen lassen.

Solche entlegenen Landkirchen beleben sich einmal im Jahr, wenn zum Patronatsfest eine Bruderschaft das Gebäude aufs Schönste schmückt und nach der Messe im Schatten der umstehenden Bäume eine kleine Bewirtung bietet. Oder die Kirche geschmückt zu einer Hochzeitsfeier. Schon von weitem vernimmt man das fröhliche Lärmen der Hochzeitsgesellschaft, sieht Autos mit ihren Schnauzen tief im hohen Gras; die Braut, die sich den geworfenen Reis lachend aus dem Haar schüttelt, die Reiskörner gleich aufgepickt von den mitfeiernden Vögeln; aufgeputzte Kinder, die staunend einen Kopf aus einem vermauerten römischen Relief betasten; ein Tablett mit ausgetrunkenen Gläsern abgestellt auf langobardischer Schrankenplatte: Antike einfach genommen und nicht im Museum verwahrt.

Eine ganze *sacra rappresentazione* wird zum Fest des Hl. Victor geboten. Unterhalb des nahen Otricoli, dort wo das ausgedehnte Ruinengelände der antiken Stadt an den Tiber stößt, liegt gleich über einer alten Anlegestelle das Kirchlein S. Vittore, bescheidener Nachfolgebau einer von Bischof Fulgentius im 6. Jahrhundert errichteten Gedenkstätte. Jedes Jahr am Abend des 13. Mai wird hier in der Dunkelheit bei Fackelschein auf römischer Barke die Rückkehr des toten Märtyrers ins heimatliche Otricoli nachgespielt. Von solchen lokalen Heiligenfesten sind manche erst in letzter Zeit wiederbelebt oder neu geschaffen worden. Aber die Teilnahme ist echt.

Zu den ländlichen Kirchen hier an der Grenze zwischen Latium und Umbrien sollte man noch einen benachbarten Fall aus dem nördlichen Latium hinzunehmen, der besonders tief in die Geschichte und in die Landschaft führt: S. Eusebio bei Ronciglione, einsam gelegen in Sichtweite der Straße, die über die Monti Cimini nach Viterbo geht und vielbenutzte Alternative zur parallelen Via Cassia war. Besonders tief in die Geschichte: denn hier wurde aus dem Mausoleum, das sich ein hoher römischer Beamter, Flavius Eusebius, im 4. Jahrhundert n. Chr. auf eigenem Grund errichten ließ, in freier Landschaft die Kultstätte eines Hl. Eusebius. Das war gewiß die Wirkung der erhaltenen Grabinschrift, Eusebius heißt auch der früheste bekannte Bischof im nahen Sutri. Der tonnengewölbte antike Grabbau mit intakter Ziegelbedachung ist noch heute vollständig erhalten.

Dann nahm sich im 11./12. Jahrhundert die Kirche, die man heute betritt, das Mausoleum als Altarraum. Damals war die Wölbung des Mausoleums, auf Putz des 8. Jahrhunderts, bereits mit Besucher-Graffiti

Abb. 6. Manche der einsamen Landkirchen beleben sich nur einmal im Jahr, wenn das Hauptfest gefeiert wird – wie hier die Kirche S. Eusebio, die im frühen Mittelalter ein römisches Mausoleum zum Altarraum nahm.

vor allem des 8./9. Jahrhunderts übersät (*Sanctus Eusebius me Johannes presbiter peccator* und ähnlich schlichtes Latein). Die marmorne Schwelle ist Rest eines antiken Sarkophags, auch der Altarträger ist Spolie, die groben Kapitelle wollen in wüstem Geschlinge Voluten darstellen – so ist die Antike hier auch in den bescheidensten Kirchenbauten untergründig immer präsent. Ein Monument tief in der Geschichte, und tief in der Landschaft, abgeschieden auf einer Anhöhe umstanden von mächtigen Eichen. Tritt man aus der dunklen Kirche ins Freie, blickt man über ein Gewoge silbriger Ölbäume auf das majestätische Profil des Soracte.

Jeweils am Ostermontag belebt sich dieser entlegene Platz, die betreuende Bruderschaft in Ronciglione öffnet und schmückt die Kirche, der Bischof von Civita Castellana hält eine Predigt (deren lokale, auch kritische Anspielungen von den Gläubigen sichtlich verstanden werden); beim Friedensgruß der Messe drückt man kräftige Hände und sieht in gute Gesichter. Danach wird, an schlichten Holztischen unter den Bäumen, ein Glas des eigenen Weißweins gereicht, und – wenn ihnen der Fremde bekannt vorkommt – auch ein Porchetta-Brot (Abb. 6). Denn wir versäumen hier keinen 2. Ostertag, treffen uns mit gleichgestimmten Freunden, und freuen uns an den Menschen, der Landschaft, der *vita semplice.*

Zurück auf die Via Flaminia. Neben den Kirchen beachte man an der Straße beiläufig auch unscheinbare und doch charakteristische Spuren alter Siedlungsformen, darunter Kleinstorte in kompakter Gestalt: etwa Gualdo gleich hinter Otricoli, mit seinen nur 50 mal 70 m so klein, daß man es durch eine Haustür betritt. Oder Borgaria hoch über der Flaminia bei Visciano, mit seinen 80 mal 100 m so klein, daß es bis vor kurzem nicht einmal auf der Touring Club-Straßenkarte verzeichnet war. Mini, und doch vollständige, befestigte Siedlungen.

Bei Taizzano beginnt die Schlucht, durch die sich der Nera-Fluß, aus Umbrien kommend, den Weg zum Tiber bahnt. Am anderen, nördlichen Ende der Schlucht, unter den Mauern von Narni, die Reste der riesigen, vierbogigen Augustus-Brücke, die die Via Flaminia auf das westliche Ufer des Flusses führte und ihr so, auf dem Weg nach Norden, einen neuen, westlichen Zweig über Carsulae–Bevagna erschloß. Die vermutlich ältere, nun östliche Trasse über Terni–Spoleto blieb in Benutzung, ja gewann im Frühmittelalter an Bedeutung zurück, da Spoleto als (zunächst langobardisches) Herrschaftszentrum neue Anziehungskraft ausübte und der Einsturz der Augustus-Brücke im 11. Jahrhundert den westlichen Zweig der Flaminia schwächte. Von Narni öffnet sich der Blick auf die weite Talebene von Terni, gegen Norden abgeschlossen durch den Block der Monti Martani, vor deren steiler Südfront sich die Via Flaminia teilte: der östliche Zweig ging ins Gebirge hinein, der westliche zog, bequemer, unter der linken Außenkante des Gebirgsstocks vorbei. Diesem Zweig wollen wir nun nach Norden folgen.

Carsulae, heute ein ausgedehntes Ruinengelände von großem Reiz, war ein wichtiger Halt an der Via Flaminia, die zur Gründung der kleinen Stadt führte und sie in ihrer ganzen Länge durchzog. Gleich an der Straße kurz vor Erreichen des Forums – also im Zentrum der römischen Siedlung, die im Frühmittelalter weitgehend verlassen wurde – findet sich die kleine Kirche S. Damiano, ein schmuckloser Bau, dem gegen die Straße eine rohe, aus Spolien montierte Porticus angefügt wurde (die roten Platten als Stylobat dieser Vorhalle hat man sich wohl vom Podium der Tempelanlage gegenüber geholt). Wie die Entlastungsbögen aus Ziegeln in der rechten Außenwand zeigen, ist die Kirche, wohl im 11. Jahrhundert, in einem römischen Gebäude eingerichtet worden, das, in solcher Lage, gewiß öffentliche Funktion gehabt hatte.

Die Kirchen in den städtischen Siedlungen – S. Gemini, Acquasparta – lassen wir weiterhin beiseite und wenden uns wieder den alten ländlichen Kirchen im Einzugsgebiet der Via Flaminia zu, von denen hier natürlich nur eine Auswahl genannt werden kann. Manche sind schwer zu erreichen, etwa Santa Vittorina westlich von Acquasparta zwischen Sismano und Dunarobba. «Dahin schaffen Sie es nicht einmal mit Ihrem Panda», sagen uns Bauern, und tatsächlich sollte man die letzten 600 m rechts hinab von der Fahrstraße vor Sismano lieber zu Fuß nehmen (s. jeweils Koordinaten im Anhang). Wir fanden die romanische Kirche so dicht zugewachsen, daß sogar ein Eindringen in das Innere durch das Portal nicht möglich war. Santa Vittorina war eine alte Pieve, deren großer ländlicher Pfarrbezirk bis an die Flaminia reichte.

Etwas zugänglicher in diesem bewegten Gelände, und näher an der Via Flaminia, liegt San Lorenzo in Nifili (bei km 1,3 der Straße nach Avigliano rechts hinauf), einsam auf einer Anhöhe westlich von Montecastrilli, umgeben von Eichen, Hainbuchengebüsch, Holunder. Die Kirche, 1112 im Besitz von Farfa genannt, wird ins frühe 11. Jahrhundert datiert und ist in ihren Außenmauern aus ansehnlichen, gut geschnittenen Quadern errichtet, von denen einige nach Größe und Qualität wiederverwendet sein könnten, wenn auch eindeutige Spuren römischer Bearbeitung (Gußkanäle, Dübellöcher) fehlen. Spolie ist jedenfalls der Akanthusfries über Faszienarchitrav beiderseits des Portals.

Auch hier wird der Tag des Heiligen, der 10. August (es lohnt sich, die Festdaten dieser ländlichen Kirchen zu kennen), jedes Jahr festlich mit einer «merenda di S. Lorenzo» und einer *sacra rappresentazione* begangen, die je nach Martyrium des Heiligen sehr lebhaft ausfallen kann. Die beiden Männer, die mit der Vorbereitung beschäftigt sind, geben freundlich Auskunft auf unsere Fragen. Aus großen, flüchtig mit Namen beschrifteten Pappkartons kommen Requisiten hervor, aus dem Karton mit *Nerone* etwa eine grobe Harfe; daneben steht schon eine abgesessene Chaiselongue, auf der sich der böse Kaiser harfespielend räkeln wird. Lorenzos Rost ist eine ausrangierte *rete,* ein eisernes Bettgestell, darunter ein Stapel Holz: das Feuer, so erklärt man uns, könne freilich nur mit roten Lampen gemacht werden. Dann ein Karton *Valeriano*: das ist der «richtige» Kaiser des Martyriums – aber wer kennt schon Valerian, der Oberbösewicht Nero muß unbedingt mitmachen. Ob das Schaf, das aus dem Kofferraum zum Grasen neben die Kirche gesetzt wird, morgen auftreten oder gegessen werden wird, fragen wir lieber nicht.

Folgen wir der Via Flaminia nach Norden zu weiteren alten Pieven. Dabei müssen diese Pieven keineswegs alle frühmittelalterlich sein. Nicht selten war es hier so, daß sich am Platze erst eine mönchische Gemeinschaft niederließ; wenn sie im hohen Mittelalter ihr Kloster aufgab, wurde es oft zum Sitz einer Pieve, die von einem Kapitel von Weltgeistlichen betreut wurde, das sich an die Stelle des Klosters setzte. Das zeigen die *Rationes decimarum*, die kirchlichen Steuerverzeichnisse, die oft schon für das 13. Jahrhundert diesen Wandel belegen.

Eine römische Straße, die sich im Gelände nicht mehr durch Pflasterreste zu erkennen gibt, wird man am eindeutigsten wiedergewinnen, wenn man ihre Brücken feststellt. Und so auch hier bei Acquasparta. Gleich südlich des Ortes, bei km 28,8 der von San Gemini kommenden SP 3, sieht man ein erstaunliches Ensemble: mitten auf eine völlig intakte zweibogige Brücke der Via Flaminia hat sich im späten Mittelalter S. Giovanni de Butris gesetzt, das Kirchlein eines Johanniter-Gutes, dessen aufgegebene Wirtschaftsgebäude, auch sie auf dem römischen Pflaster errichtet, man vor der Restaurierung durchstreifen konnte. Nichts könnte das Ende einer römischen Fernstraße drastischer vor Augen führen als diese spektakuläre Privatisierung einer wohlerhaltenen, aber überflüssig gewordenen Brücke. Und nördlich von Acquasparta gleich die nächste Brücke der Via Flaminia: der Ponte Fondaia. Man verbinde die beiden Brücken, diese beiden Fixpunkte, auf der 1:25 000-Karte mit dem Lineal und wird in einer Abfolge von Landwegen eine perfekte Gerade finden: die Trasse der Via Flaminia.

Man erreicht den Ponte Fondaia (oder Fonnaia), indem man gleich nördlich von Acquasparta bei km 30,6 der SP 113 nicht die Rechtskurve der Fahrstraße nimmt, sondern geradeaus der Trasse der Flaminia folgt (‹Vecchia Flaminia›): eine Folge von Stücken schmaler, baumbestandener Landwege, die immer schlechter werden. Man kann diese Strecke – bis zum Ponte Fondaia 2,5 km Luftlinie – mit kleinem Wagen auch fahren, aber angeraten sei das niemandem (so erreiche man die Brücke zu Fuß oder eben von Norden, von der gleichen Straße die erste Schnellstraßen-Unterführung links hinauf).

Der Ponte Fondaia führt einen aus grünem Dickicht heraustretenden Wasserlauf nicht rechtwinklig, sondern diagonal unter der antiken Straße her: eindrucksvoller Anblick einer wohlerhaltenen Brücke, die wohl zu den in Augustus' Tatenbericht erwähnten Brückenrestaurierungen der Flaminia gehört (und, anders als Ponte Calamone und der prächtige Ponte Cardaro bei km 11,0 bzw. 13,4, auch den Zweiten Weltkrieg unbeschadet überstanden hat). Die Brücke wirkt für einen solchen (heute meist ausgetrockneten) Bach erstaunlich monumental und ergibt mit rund 19 m Länge des 3,4 m schmalen Durchlasses (auch wenn man seine Schrägführung in Rechnung stellt) eine Breite, die der Straßenkörper nicht gehabt haben kann. Die Brückenköpfe enthalten in beidseits völlig intakten Lagen gewaltige Quadern von bis zu 145 × 75 oder 135 × 85 cm, die so fugenlos versetzt sind, daß aus diesen monumentalen Wänden nicht einmal Pflanzen hervorwachsen.

350 m weiter nördlich, gleich westlich über der antiken Straße, eine frühchristliche, im 4. und 5. Jahrhundert belegte Katakombe, die einzige in Umbrien, und so ist es gewiß kein Zufall, daß sie sich, wie die Katakombe von Rignano, eben an der Via Flaminia findet. Von hier aus überblickt man schon den weiteren Verlauf mit der nächsten Pieve: während sich die heutigen Verkehrswege – die strada statale 3bis und die Eisenbahn – dem Flusse Naia folgend nun hart

nach Westen wenden, läuft die antike Flaminia (und ihre begleitende Fahrstraße nach Massa Martana) unbeirrbar weiter geradeaus nach Norden.

Jenseits des Flusses, auf der Höhe links über der Via Flaminia, die Reste der Abtei S. Faustino, die die Benediktiner hier, wohl im 10. Jahrhundert, über römischen Grundmauern errichteten: vielleicht einer Villa der *gens Marciana* von Todi, denn zwei Ehreninschriften, die die Bewohner von Todi einem Lucius Julius Marcianus und seiner Frau setzten, finden sich, nur noch mit CIL XI 4659–60 lesbar, in der Fassade der Kirche zur Rechten des Triforiums dekorativ vermauert; ähnlich weitere Inschriftspolien – doch wohl von hier – an anderen Stellen des Baus. Die Kirche wird in ihrer jetzigen Gestalt ins 12. Jahrhundert datiert, doch finden sich Fragmente einer ins 5./6. Jahrhundert datierten Chorschranke und wiederverwendete frühmittelalterliche Architekturstücke. Die der Kirche angebauten Gebäude sind die Reste des schlichten ländlichen Konvents. An seine Stelle trat dann auch hier ein Kapitel von Weltgeistlichen, das die Pieve betreute, deren Bezirk, mit gut zwei Dutzend Orten, ziemlich ausgedehnt war und, nimmt man die Flaminia als Achse, von Acquasparta bis hinauf nach Raggio vor Massa Martana reichte. In unmittelbarer Nähe der Kirche die kleine befestigte Siedlung von Villa S. Faustino, die inzwischen zum Zweithaus-Kastell geworden ist.

Von hier sollte man auf die nahe Via Flaminia zurückkehren, die man auf der den Ort gegen Nordosten verlassenden Straße nach 400 m (kurz vor der Fahrstraße bei deren km 39,7) leicht erreicht und an ihrer Geraden sogleich erkennt. Man kann sie von hier eine schattige Strecke entlangwandern, von einer Landkirche zur nächsten, von S. Faustino bis S. Maria in Pantano – und wenn der kurze Weg von S. Pudenziana di Visciano nach S. Martino di Taizzano ein erster Wandervorschlag sein könnte, so wäre dies ein zweiter.

Die Via Flaminia ist hier ein schmaler Landweg meist dicht bestanden mit hohen Eichen, die ihr Geäst ineinanderschlagen; ein Weg auffallend gerade, zwischen Äckern, Sonnenblumenfeldern und Brache, hin und wieder leicht ausschwingend und dann immer wieder zurückfallend in die römische Gerade. Ja man kann die Linie, die wir vorhin zwischen zwei römischen Brücken gezogen haben, mit dem Lineal auf der Karte in beide Richtungen weiter ausziehen und wird auf den 15 km zwischen Carsulae und Massa Martana, trotz des bewegten Geländes, eine Gerade finden, die man auf der 1:25 000-Karte und Google Earth dann auch erkennt und die, in der Nähe des Ponte Fondaia, nur einen kaum wahrnehmbaren Knick macht.

Man sollte nicht denken, daß sich in diesem unscheinbaren Landweg eine einstige Fernstraße abbildet. Aber Fernstraße war die Via Flaminia wirklich: ein in der Gegend gefundener frühchristlicher Sarkophag sagt in seiner Inschrift von einer Pontia, sie sei mit dem Wagen bis nach Trier gefahren (*tu Treviros pergens cursu subvecta rotarum*, CIL XI 4631). Pflasterreste finden sich auf dieser Strecke nicht. Aber der feste Straßenkörper hat sich stellenweise zu einer niedrigen Hangkante aufgewölbt, wenn nämlich (wie bei römischen Straßen öfters zu beobachten ist) im Laufe der Jahrhunderte von der höheren Geländeseite Erdreich gegen den Straßendamm geschwemmt worden ist. Denn die Straße führt durch bewegtes Gelände. Zur Linken das Hügelland gegen Todi, gleich zur Rechten der Gebirgsstock gegen Spoleto, der das Gebiet der *Terrae Arnulphorum* bildete, seit dem 10. Jahrhundert Lehnsherrschaft der Grafen Arnolfi und noch im spätmittelalterlichen Kirchenstaat eine eigene Verwaltungseinheit.

Daß sich in Spätantike oder frühem Mittelalter heidnischer Kult in abgelegenen ländlichen Plätzen noch einige Zeit hielt, wie manche Christen klagten, kann man sich vorstellen, wenn man von der römischen Straße aus, hier oder anderswo, einer Geländefalte folgt weit hinein zu einer Grotte, einem mächtigen Baum, einem antiken Gemäuer: da draußen mögen letzte heidnische Bauern eingeschüchtert ersten christlichen Landpriestern begegnet sein und verstohlen ihre Votivbänder und -lappen (*vittae*) in letzte heilige Bäume gehängt haben. Das hatte schon Kaiser Theodosius verboten, das mußte noch Kaiser Justinian verbieten.

Tritt man am Ende hinaus aus dem grünen Tunnel dieses Flaminia-Weges, so sieht man, in gleicher Linie, über der hier in die Flaminia einmündenden Fahrstraße nach Massa Martana bereits den Komplex von S. Maria in Pantano. Daß die Fassade der Kirche nicht genau auf

Abb. 7. S. Maria in Pantano bei Massa Martana, eingebaut in ein Gebäude der römischen Straßenstation *Ad Martis*, die Front darum sichtlich ausgerichtet nicht auf die heutige Fahrstraße, sondern auf die hier schräg schneidende antike Via Flaminia.

die – als «Via Flaminia» geltende – heutige Fahrstraße ausgerichtet ist, erklärt sich leicht: der Bau ist auf die *römische* Via Flaminia orientiert. Die aber geht hier in spitzem Winkel von der Fahrstraße ab, weil sie eine Fortsetzung der Geraden ist, die wir soeben begangen haben. Wir stehen hier nämlich vor einer antiken Straßenstation, der Station *Ad Martis*.

Daß es sich um einen öffentlichen römischen Bau handelt, erkennt man leicht an der großflächigen rechten Flanke in *opus incertum* mit drei Ziegelbändern (Abb. 7). In diesem Bau nun richtete sich im 8. Jahrhundert, so vermutet man, eine mönchische Gemeinschaft ein, die im hohen Mittelalter Farfa zugehörte. Die Mönche verlängerten die antike Aula, fügten eine Apsis an und teilten im 11./12. Jahrhundert den Innenraum in drei Schiffe, wobei für die Säulen recht altertümliche Kapitelle verwendet wurden. Wie bei vielen Straßenstationen, so war auch hier eine kleine Siedlung angewachsen, der *vicus Martis Tudertium.* Inschriften nennen nicht nur diesen Namen, sie sprechen auch von einer Korporation der Anspanner (*collegium iumentorum,* CIL XI 4749), wie sie an solchem Platz unentbehrlich waren. Anscheinend gab es auch eine Querverbindung zur nur 10 km westlich parallel verlaufenden Via Amerina und nach Todi, das für den *vicus* der zuständige Hauptort gewesen war und für die Gegend nun der zuständige Bischofssitz wurde.

Wie ansehnlich der *vicus* war (von hier stammt wohl auch das an der Fassadenseite vermauerte Relief mit der Opferung Iphigeniens), ist nicht recht zu erkennen, neue amerikanische Ausgrabungen haben in unmittelbarer Nähe der Kirche nicht viele feste Bauten und nicht viel Nachleben festgestellt. Es mag sein, daß sich die Bewohner im frühen Mittelalter zurückzogen und die nahe Anhöhe besetzten oder wiederbesetzten, auf der heute Massa Martana liegt.

Man würde, die Wanderung auf der römischen Straße wiederaufnehmend, bald auf weitere Pieven und Landkirchen treffen. Aber belassen wir es bei diesem Beispiel einer zur Kirche umgewandelten Straßenstation. Denn es führt die Frage von Kontinuität und Diskontinuität, von zentraler und dezentraler Kirchenverfassung, von antikem Fernverkehr und frühmittelalterlicher Regionalisierung besonders anschaulich vor Augen. Daß Straßenstationen an den Konsularstraßen zum Sitz früher kirchlicher Organisation wurden, lag im übrigen nahe und ist mehrmals zu beobachten: hier an der Via Flaminia; oder die *mansio* an der Verzweigung von Via Cassia und Via Amerina im Krater von Baccano; oder das wichtige *Forum Clodii* an der Via Clodia über dem Braccianer See, das bereits 313 Sitz eines Bischofs ist! Vielleicht war der erste Bischof ja aus der gleichen angesehenen Familie wie der letzte staatliche *curator* der Straßenstation.

III

∽ ▲▲▲ ∼

Venedig vor Venedig

Ein Streifzug durch die Lagunenlandschaft Venetiens

«Von weitem könnte man glauben, eure Schiffe glitten über Wiesen, weil man ihre Wasserrinne nicht sieht ...; mal läßt der Wechsel der Gezeiten die Felder sichtbar, mal überflutet er sie. Hier wohnt ihr wie die Wasservögel. Wer eben noch Festlandsbewohner war, wirkt bald darauf wie ein Inselbewohner ... Über die weite Wasserfläche verstreut sieht man Häuser, als hätte die Natur sie hervorgebracht, doch haben Menschen sie geschaffen. Flechtwerk hält das Terrain zusammen, und man findet eine solch leichte Befestigung ausreichend, weil flache Küste keine großen Wellen aufwerfen kann, wie es tiefes Wasser tut. Wer hier wohnt, hat zum Essen nur Fisch. Arm und Reich lebt unter denselben Bedingungen: sie essen gleich, sie wohnen ähnlich und können darum einander ihre Wohnungen nicht neiden ... Euer ganzer Einsatz geht auf die Salzgewinnung: statt Pflug und Sichel braucht ihr die Walze [für die Salzpfannen], daher kommt eure ganze Ernte. Denn damit habt ihr, als sei es Naturgeld, auch das, was ihr nicht produziert: auf Gold kann einer verzichten, auf Salz niemand ... Darum haltet eure Schiffe in Ordnung, die ihr am Haus anbindet wie andere ihre Haustiere».

So beschreibt Cassiodor, hoher Staatsbeamter im Italien des ostgotischen Reiches, 537/38 n. Chr. die Lagunenlandschaft Venetiens. Mag der hochrhetorische Stil eines spätantiken Staatsbriefes, der Naturallieferungen und ihren Transport an das Heer und an den Hof in Ravenna anfordert und dabei die – zu agrarischen Exporten geeignete – Fruchtbarkeit des Küstenlandes rühmt, dem Bild auch eine besondere Tönung gegeben und die angebliche soziale Gleichheit der Lagune allzusehr idealisiert haben: die Beschreibung der Lagunenwelt ist doch so konkret, daß wir sie vor Augen haben sollten, wenn wir nun in diese Welt aus Land und Wasser, aus Fischen und Menschen eintauchen, in dieses Gerinnsel der Elemente, um Anschauung zu gewinnen über die Anfänge von Venedig.

Doch bot die Lagunenlandschaft – und das ist für unsere Vorstellung von Fluchtbewegung und Fluchtsiedlung von großer Bedeutung – in römischer Zeit einen anderen Anblick als heute, und die neuere Forschung legt großen Wert auf diese Erkenntnis. Wo man heute über weite Flächen nur Schlammbänke, niedrige Landrücken und wenige baumbestandene Inseln sieht, ließ der Meeresspiegel, bevor er in frühmittelalterlicher Zeit anstieg und dabei vielleicht auch weitere Festlandsränder abtrennte, an und in der Lagune damals mehr Land, höhere Ufer und festeren Baugrund aus dem Wasser ragen: eben Land, das mehr Gebäude und Anpflanzungen trug als das heute vorstellbar wäre. Zwar hatte man einiges davon schon gewußt, aber gegen die venezianische Geschichtsschreibung, die Venedig gern aus dem Nichts hervorgehen ließ, war schwer anzukommen. Erst die archäologische Forschung, auf die wir in den von Quellen so wenig beleuchteten *dark ages* in besonderer Weise angewiesen sind, konnte da den Ausschlag geben und die Einzelbeobachtungen zusammenfügen. Klimaforschung, Geomorphologie, Paläobotanik boten den Ergebnissen der Archäologie einen festen – und passenden – Rahmen.

So mehrten sich die Indizien stärkerer Besiedlung in Kaiserzeit und Spätantike. Neben Martials bekanntem Vergleich der Strandvillen von Altinum mit denen von Baiae (Ep. IV 25, Rühmenderes konnte damals nicht gesagt werden) traten nun Funde in den Lagunen selbst: die Reste römischer Villen, wie man sie inzwischen in Torcello, bei Lio Piccolo, auf der Isola di Sant'Andrea gefunden und auch unter Wasser festgestellt hat; die zahlreichen römischen Kleinfunde wie Keramik und Münzen, deren Bedeutung man lange Zeit nicht genug beachtete; in Jesolo und vor Marano der überraschende Fund kleiner, mit Mosaikböden ausgestatteter christlicher Kulträume des 6. Jahrhunderts *vor* der großen Fluchtbewegung. Auch den natürlichen Bewuchs hat man sich anders vorzustellen: an der Küste und auf den Inseln Weide und Wald, denn sie werden, neben Fischfang und Wasservögel-Jagd, noch unter den Nutzungsrechten mittelalterlicher Urkunden genannt werden; Gartenland, Gemüse, Wein; während für ausgedehnten Getreideanbau die Inselflächen wohl zu klein waren.

Also nicht der Anblick unberührter Natur wie die Lagune und ihre Reservate heute, sondern ein stärker belebtes, spärlich besiedeltes, ins Umland der Küstenstädte integriertes Gelände, in dem städtische Patrone ihren Grundbesitz und ihre Villen hatten – und ihre Interessen, die gewiß nicht immer mit denen von Cassiodors idyllischen Fischern übereinstimmten. Salzpfannen zu betreiben: das ist für Fischer eine Nummer zu groß.

Nun hat man freilich auch schon in die andere Richtung übertrieben und die Probleme verharmlost, die eine Flucht in die Lagune mit sich brachte, da doch alles so schön besiedelt und so einladend trocken und zur Aufnahme von Menschen bereit gewesen sei. Aber eine Villa macht noch keine besiedelte Insel, und es ist doch ein Unterschied, ob ein Mann der städtischen Führungsschicht mit Familie und Klientel in sein Zweithaus flüchtet, oder ob sich nun ganze Bevölkerungsteile in Bewegung setzen und in der Lagune Zuflucht suchen.

Zum belebten Bild der Lagune in antiker Zeit gehört auch die Erkenntnis, daß der Schiffsverkehr nicht nur aus der Lagune und ihren Flußmündungen ins Meer führte, sondern – sozusagen quer dazu – von Lagune zu Lagune zu Lagune. Die dichte Abfolge der Lagunen von der Pomündung die Küste hinauf, in römischer Zeit die «Sieben Meere» genannt (*Septem mária*, Plinius), ermöglichte eine – anscheinend durchgehende – Schiffahrt im Schutze der *lidi*, also auch im Winter nach Altinum und weiter bis Aquileia. Eine innere Wasserstraße also, die in den Lagunen natürlich ihre Anlegestellen und ihre kleinen Stapelplätze haben mußte, etwa auf der Höhe von Flußmündungen und von Halteplätzen der parallelen Küstenstraße. Reste römischer Schiffe sind von Unterwasser-Archäologen allein im Bereich der Lagune von Marano mehrfach gefunden worden, bei Porto Buso, bei der Isola di Villanova, im Stella, im Canale Anfora.

Die Küstenstraße hier war die Via Annia, die von Adria (am Podelta) über Padua, Altinum, Concordia nach Aquileia führte und die Küstenzone gut vernetzte: in Altinum ging die Via Claudia Augusta über Verona und den Reschenpaß nach Augsburg ab, in Concordia (beim heutigen Portogruaro) vereinigte sich die Via Annia mit der Via Postumia, die von Genua und Cremona durch die Poebene heranzog. Der Verfall des römischen Straßensystems im frühen Mittelalter erhöhte, wie immer, die Bedeutung der Wasserwege. Tatsächlich ist die Via Annia aus dem Straßennetz weitgehend verschwunden, aber an mehreren Stellen luftarchäologisch festgestellt und auch ergraben worden. Wer ihr begegnen will, begebe sich in das kleine Malisana (bei S. Giorgio di Nogaro). Dort heißt das kurze Stück Straße einmal mit Recht «Via Annia», denn es liegt auf der Trasse der römischen Straße: Luftbilder zeigen, daß man praktisch einen geraden Strich ziehen könnte von der Kirche durch den Friedhof und geradeaus weiter bereits auf ihr Endziel zu, auf Aquileia, quer durch die weite, nur von fernen Baumreihen gegliederte Küstenebene, die untergründig – wie hier verschiedentlich festgestellt – noch von der Zenturiation, der römischen Landvermessung bestimmt ist.

In diese Welt brach nun die Völkerwanderung ein. Schon im 3. Jahrhundert n. Chr. hatten Einfälle von Alemannen und Juthungen Oberitalien aufgestört und zu ersten Ummauerungen von Städten – ja sogar von Rom! – geführt. Seit dem frühen 5. Jahrhundert aber quellen durch die Einfallspforten der Karnisch-Julischen Alpen aus dem Osten oder vom Balkan her Welle um Welle «barbarische» Völker in die Ebenen Venetiens und der Lombardei: 401 und 408 die Westgoten unter Alarich, 452 die Hunnen unter Attila (Zerstörung von Aquileia); 489 die Ostgoten unter Theoderich, endlich 568 die Langobarden unter Alboin. Dazwischen die endlosen Verwüstungen der Gotenkriege (535–552) mit ihren schrecklichen Bevölkerungsverlusten und entsprechender Verödung des Landes: die verlassenen Casali, die man heute in der Küstenzone zahlreich findet, Bäume und Büsche aus den geborstenen Dächern und Fensterhöhlen brechend, mögen einen Eindruck geben, wie sich das offene Land damals darbot. Die Alpen, die sich in der Ferne majestätisch über der

Ebene erheben, nimmt man anders wahr, wenn man weiß, daß von dort die Feinde herabkommen.

Daß schon die Ummauerungen des 3. und 4. Jahrhunderts eine tiefe Zäsur darstellen, in der Ausstattung der Städte wie im Lebensgefühl der Menschen, sollte man auf unserem Weg in die Lagune unbedingt vor Augen haben. Oft sind es hastig errichtete Notmauern, in die man, wie bei der sogenannten Gallienus-Mauer in Verona, alles hineinpackte, was gerade zur Hand war: ganze abgeräumte Gräberstraßen, Statuensockel, Reliefblöcke – oder am Beispiel einer Lagunenstadt, Aquileia: viele schöne Gebälke, die sogar noch eine Notmauer hätten ansehnlicher machen können. Aber da wären bei feindlichem Beschuß die Zierstäbe abgesplittert und den Verteidigern um die Ohren geflogen, und nach Architekturornamentik stand den Verteidigern in solchen Augenblicken sowieso nicht der Sinn. So packten sie die Gebälke lieber ins Innere wie bei der rasch auf die Kaianlagen des Flußhafens gesetzten Mauer des frühen 4. Jahrhunderts mit ihrem roh davorgelegten Turm. An anderen Stellen geht diese Mauer von Aquileia rücksichtslos über Gebäude und sogar Mosaikböden hinweg. In der Lagune wird man Mauern nicht mehr nötig haben, da wird das Wasser die Mauer. Aber das Empfinden, nach Jahrhunderten der *Pax Romana* nun ernster Gefahr ausgesetzt zu sein, war ein Vorgeschmack auf das, was kommen wird. Und diese Empfindung sollte nicht trügen. Es war der Anfang vom Ende.

Es waren diese verheerenden Einfälle, die die gepeinigte Bevölkerung zur Flucht aus ihren Städten bewogen. Darum müssen sie am Anfang unserer Beobachtungen stehen. Früher dachte man als Anlaß an den Einfall der Hunnen: so wollte es die venezianische Tradition, und so wollte es an vielen Orten die Lokalsage (wo Attila endlich umgekehrt sei, diese Stelle wird dem kleinen Carlino in Ippolito Nievos wunderbarem Roman *Le confessioni di un ottuagenario* ausdrücklich gezeigt). Doch verschwanden die Hunnen, damals bereits auf dem Rückzug, so schnell wie sie gekommen waren, und so wird man ein dauerhaftes Verlassen der Festlandsplätze für damals eher ausschließen können. Immerhin dürfte diese Erfahrung den Küstenbewohnern bereits eingegeben haben, daß eine Flucht in die Lagune nötig und auch

Abb. 8. Lagunenlandschaft: Schlammbänke, die bei jedem Gezeitenwechsel untertauchen, *barene* mit niedrigem Bewuchs, kleine Inseln auf denen man notfalls siedeln kann; dazwischen *canali*, *rii*, *ghebi*: große, mittlere, kleine Wasserrinnen. Am oberen Bildrand halblinks Burano, links davor Torcello. Blick von Nordwesten gegen das Meer.

möglich sein würde, besser eine Flucht ins Wasser als in die Berge: in die Lagunenlandschaft, wie Cassiodor sie – *vor* der großen Flucht! – beschrieben hat (Abb. 8).

Daß vielmehr erst der Langobardeneinfall von 568 die breite Fluchtbewegung in die Lagune ausgelöst habe, ist heute übereinstimmende Meinung, zumal auch neuere Grabungsergebnisse für diesen Datenhorizont sprechen. Damals muß sich, wie noch zu zeigen sein wird, die Siedlung innerhalb der Lagune verdichtet haben. Als die Langobarden nach zwei Generationen unter König Rothari ihre aggressive Eroberungspolitik wiederaufnahmen, wurde den Küstenbewohnern bewußt, daß die langobardische Landnahme nicht vorübergehend sein werde. Diese Einsicht führte zu einem weiteren Schub von Einwanderung in die Lagune.

Es lag nahe, daß die Bevölkerung der betroffenen Städte zunächst vor allem in die zugehörigen Hafenorte floh, denn diese Plätze waren vertraut, und hier fand man Gebäude zu erster (und vielleicht ja nur zeitweiliger) Aufnahme: aus Padua flohen die Menschen nach Malamocco, aus Concordia nach Caorle, aus Oderzo nach Heracliana und Jesolo. Gleiches taten die Bischöfe, wobei sie ihren Titel beibehielten, zumal ja die Hoffnung auf baldige Rückkehr in die alten Sitze bestand. Verlegte ein Bischof seinen Sitz nun hinaus an die Küste, so ist das ein Indiz nicht nur dafür, daß er sich am alten Ort bedroht fühlte, sondern auch, daß sich am neuen Ort bereits genug Menschen fanden, die eine Verlegung dorthin rechtfertigten und vielleicht, wie in Jesolo ergraben, schon einen würdigen Kultraum hatten.

Und Aquileia floh nach Grado, dem rund zehn Kilometer vorgelagerten Küstenhafen, der seinen Anlegekai (*gradus*) schon im Namen führte. Hierhin verlegte der Patriarch von Aquileia, wie zeitweilig bereits der Vorgänger beim Hunneneinfall 452, beim Langobardeneinfall 568 nun dauerhaft seinen Sitz. Der byzantinische Kaiser bestätigte die Verlegung, und dabei blieb es, bis im 12. Jahrhundert erst die Residenz, im 15. Jahrhundert auch das Patriarchat selbst an Venedig überging.

Aus dem offenen Küstenplatz Grado wurde ein befestigtes *castrum*. Ein langes, aber äußerst schmales, der Düne zwischen Lagune und Meer angepaßtes Trapez, hebt sich die kleine Festung in Stadtplan und Stadtbild deutlich im modernen Siedlungsgewebe ab, die Mauern verpackt zwischen den anhaftenden Häusern, nur der Mauerfuß in den Kellern ist noch spätantik. In der Mitte zwei Basiliken, S. Maria delle Grazie und die Kathedrale S. Eufemia, beide auf Vorgängerkirchen, vollendet und 579 geweiht unter dem Patriarchen Elias (571–586 n. Chr.). Eine dritte Basilika am Ostende des *castrum*, vielleicht die arianische, ist nur durch Grabungen festgestellt worden. Die Kathedrale ist voll von wiederverwendeten Stücken, von Spolien: gleich vorn ein monumentales Kapitell ausgehöhlt zum Weihwasserbecken (im Baptisterium ist es eine ausgehöhlte Säulenbasis); die Spoliensäulen sind, was das Material der Schäfte angeht, paarig versetzt (wenn

Abb. 9. Grado, Kathedrale S. Eufemia: Mosaikfußboden, Stifterinschriften. Dieser Stifter, der mit seiner Frau 25 Quadratfuß Mosaikboden gestiftet hat, nennt seine Truppeneinheit (*numerus*), vermutlich eine orientalische Einheit: *mil(es) de num(ero) Cadisiano*; also eine noch von Byzanz entsandte, noch nicht vor Ort rekrutierte Besatzung. So wirkt der Mosaikfußboden wie das aufgeschlagene Album einer Generation, die um 580 n. Chr. im *castrum Gradense* etwas darstellte.

grauer Granit links, dann auch rechts), während die Kapitelle darüber eine wüste Kollektion der verschiedensten Typen und Größen bilden. Vieles stammt gewiß vom Festland (wie auch Inschriftspolien hier Personen aus Aquileia nennen). Aber nicht alles ist Spolie, schließlich waren die Kontakte Grados nach Byzanz und zu den Kapitellfabriken dort am Marmarameer noch intakt.

Das gewaltige Fußbodenmosaik der Kathedrale mit seinen Stifterinschriften wollen wir hier nur historisch, nicht kunsthistorisch lesen. Wer einige Quadratmeter finanziert hatte, nannte sich im Mosaik bei Namen, und diese Namensfelder nehmen fast ebensoviel Raum ein wie die dekorativen Flächen. Es sind Personen unterschiedlichen

Ranges und unterschiedlichster Herkunft: Palastbeamte, Lektoren, Notare, ein Grieche, ein konvertierter Jude, ein Germane, ein Schiffer, ein Schuhmacher. So ist das Fußbodenmosaik wie ein Gruppenbild – oder wie das aufgeschlagene Album – einer Generation, die in der kleinen Festung Grado in der zweiten Hälfte des 6. Jahrhunderts etwas darstellte: darunter drei, die ihren *numerus*, ihre Truppeneinheit angeben (eine italische, eine persische und eine weitere, vermutlich orientalische Einheit, der *numerus Cadisianus*), die also zur militärischen Besatzung gehörten (Abb. 9). Offensichtlich war das noch eine spätrömisch entsandte, keine frühmittelalterlich lokale Truppe, von der wir in der Übergangszeit manchmal nicht einmal richtig wissen, wessen Befehlen sie noch gehorchte.

Geht man heute durch die engen Gassen des *castrum Gradense*, stelle man sich einmal vor, was es für die Flüchtlinge aus Aquileia bedeutete, sich nun in solche Festungsstädtchen zu zwängen: ein Vorgang, den man – und meist schon viel früher – an vielen exponierten Stellen in grenznahen Räumen Galliens und der Donauländer beobachten kann. Kleine Ufersiedlungen ummauern sich oder werden von kompakten Kleinkastellen neuen Typs abgelöst, in denen die Zivilbevölkerung kaum Platz findet; offene Städte schrumpfen auf verteidigungsfähiges Format oder schaffen sich in ihrem Innern durch Vermauern von Arkaden oder Portiken oder ganzer Theater ein Reduit, eine Zitadelle, die im Falle der Not auf kleinstem Raum Zuflucht bieten konnte. Der ganze Lebenszuschnitt dieser spätantiken Bevölkerung änderte sich damit schon. Mit einer starken Besatzung zusammenzuleben in einer düsteren Miniaturfestung war gewiß nicht einfach. Und so dürfen wir zwischen diesen Festungsmauern wohl glauben, daß wenigstens die ersten beiden Generationen diesen Unterschied noch fühlten – und Heimweh empfanden nach den weiten lichten Plätzen von Aquileia.

Eben erst, 552, hatte Byzanz in jahrelangen Kämpfen Italien und auch diese Region den Ostgoten wieder abgewonnen; nun, nur 25 Jahre später, war alles wieder verloren. Mit der langobardischen Eroberung schied sich das nordöstliche Italien in ein langobardisch gewordenes Land-Venetien und ein byzantinisch gebliebenes See-Venetien: Küstenzone und Lagunengürtel blieben auf das nahe

Ravenna orientiert, den Hauptort des byzantinischen Exarchats. Der Exarch, Statthalter des byzantinischen Kaisers, ernannte den *magister militum* als obersten militärischen Befehlshaber, und dieser wiederum die *tribuni,* die Kommandanten der *civitates* und *castra* wie etwa Grado. Als mit der Wiederaufnahme der langobardischen Eroberungspolitik gegen 640 der letzte byzantinische Festlandsplatz, *Opitergium*/Oderzo, verlorenging, verlegte Byzanz den Sitz von Militärgouverneur und Verwaltung hinaus in die neugegründete *civitas nova Heracliana* (nicht das heute sogenannte Heraclea, sondern weiter nördlich bei Cittanova, damals am Rand einer Lagune, gänzlich untergegangen aber ergraben), und schuf gegen 700, zu besserer Verteidigung vor Ort, regionale Kommandozonen, darunter einen *ducatus Venetiae* unter einem *dux* – womit wir bereits den Titel parat hätten, der uns hin zum Dogen und nach Venedig führen wird. Doch so weit sind wir hier noch nicht.

Begeben wir uns nun ins Innere der Lagunen von Grado, Marano und Venedig, um Anschauung zu gewinnen und aus der niedrigen Augenhöhe der Barke zu begreifen, welche Probleme sich den Menschen stellten, die damals in diesem seltsamen Reich zwischen Land und Meer Zuflucht und, buchstäblich, festen Boden suchten. Eine Beobachtung der natürlichen Gegebenheiten ohne die Anmaßung, sich in die Flüchtenden hineinversetzen zu können.

Die Lagune ist eine Landschaft, die ständig ummodelliert wird: durch die einmündenden Flüsse, die, zuletzt fast ohne Gefälle, Erdreich und Geröll träge in die Lagune schieben; durch die Gezeiten, die, wie in Atembewegungen der Lagune, in kurzen Abständen Land mal auftauchen, mal untergehen lassen; durch Sturmfluten, die auch unerreichbar scheinendes Land übersteigen. Eine amphibische Welt, die in ihrem Gemenge von Erde, Schlamm und Wasser, Vögeln und Fischen, Land- und Wasserpflanzen den dritten Schöpfungstag, die Trennung von Erde und Wasser, noch zu erwarten scheint.

Einen Eindruck von der Eigenart der Lagunenlandschaft gibt jede Fahrt auf den Motorschiffen, die die regelmäßige Verbindung zwischen den wenigen bewohnten Inseln herstellen. Doch dringt man in diese Welt wirklich nur ein, wenn man sich auf einem Boot mit flachem Boden, einem *battello*, gesteuert von einem mit der Lagune zutiefst vertrauten *barcaiolo,* mitten hinein begibt. Durch die flachsten Rinnen gleitend, begreift man die überlebenswichtige Unterscheidung von *velme* und *barene*: die *velme* Schlammrücken ohne Vegetation, die bei jeder Flut untertauchen; die *barene* niedrige, dicht von Salzpflanzen bedeckte und gefestigte Rücken, durchzogen von schmalen gewundenen Wasserrinnen, den *ghebi*, die Ränder oft etwas höher und trockener als das Innere; die *barene* geraten nur gelegentlich unter Wasser (Abb. 8). Oder *rio* und *canale* zu unterscheiden: den *rio* könnte man zuschütten, wenn man hier siedeln wollte (darum *rio terà,* nämlich interrato, später in Venedigs Gassenwelt), einen *canale* lieber nicht, auch wenn Kanäle so flach sein können, daß man langbeinige Wasservögel darin nicht nur schwimmen, sondern waten sieht. Dazwischen Geländewannen, die voll Wasser laufen und in frühen venezianischen Urkunden wohl die sumpfigen *piscine* würden. Höheres Ufer und somit Schutz aber versprechen nur die baumbestandenen Inseln: da konnte man es versuchen.

So kann man bei stiller Fahrt durch die intakte Lagune, neben der Freude am bloßen Schauen, leicht der Versuchung nachgeben, sogar aus dieser natürlichen Landschaft eine historische Landschaft zu machen. Dann wird aus diesem Niemandsland zwischen Land und Meer zugleich ein Niemandsland zwischen Antike und Mittelalter: Venedig vor Venedig. Denn was liegt bei solcher Fahrt näher, als spielerisch dem Gedanken nachzuhängen, wo man hier wohl siedeln könnte, wenn man müßte. Mag hier jeder sein Venedig entwerfen. Aber es muß auch ein Venedig *werden*, denn man begreift hier einmal mit den Augen auch, was es an Entschlossenheit, Augenmaß und Arbeitsaufwand erforderte, auf solch unsicherem Grund etwas dauerhaft Großes zu schaffen.

Der niedrige Blickpunkt vom Schiff aus läßt keinen Überblick zu, man sieht alles sukzessive, Landstriche und Wasserstriche in feinen Streifen abwechselnd übereinander, so daß man manchmal glaubt, das ferne Schiff fahre nicht im Wasser, sondern gleite über Land – ganz so, wie es Cassiodor beschreibt. Die Schiffe der Lagune müssen in diesen seichten Gewässern anders sein, aber sie dürfen auch anders sein, weil sie im Schutz der Lidi dem offenen Meer nicht ausgesetzt sind. Je nach Funktion sind sie von unterschiedlicher Gestalt: fürs Fischen die *topa*, für den raschen Transport von Personen und Gütern der *sandalo* mit spitzem Bug und geradem Heck, für schwere Güter die lange und schmale *caorlina* mit hochgebogenem Bug und Heck, am Bug oft farbige Holzscheiben, die einen im Nebel wie mit großen Augen anstarren. Man sieht diese charakteristischen Schiffstypen nicht mehr so häufig wie früher, aber doch immer noch, oder als hölzernes Gerippe verrottend an irgendeiner Insel.

Der *barcaiolo*, der die besonderen Interessen seines Gastes rasch begreift, weiß zu sagen, welche *rii* auch bei Niedrigwasser noch zu passieren sind, welche Insel zuletzt bei Sturmflut unter Wasser geriet, wo am ehesten fester Grund zu finden wäre, welche Inseln noch landwirtschaftlich genutzt werden, und in welchen *valli* sich die Wasservögel versammeln: hier finden sie genug Nahrung an Fischen und Muscheln. Doch gibt es in der Lagune inzwischen mehr (Sonntags-)Jäger als (Alltags-)Fischer. Der Gezeitenwechsel, in der Adria für mittelmeerische Verhältnisse durchaus wahrnehmbar, ist innerhalb der Lagune zwar mäßig, aber doch zu beachten, wenn man hier siedeln wollte.

So haben wir nun Anschauung genug beisammen, um uns plastisch vorstellen zu können, wie die breite, hastige Flucht vom Festland in die Lagune anläßlich des Langobardeneinfalls von 568 n. Chr. wohl vor sich ging, und was die Flüchtenden unter dem Sachzwang des Augenblicks sogleich zu bedenken und zu entscheiden hatten. Daß sich die Lagune damals anders darbot als heute, einladender und weniger öde, wurde bereits gesagt – aber auch, daß mit dem Hinweis auf festgestellte römische Villen die Probleme einer Massenbewegung nicht erfaßt sind. Doch sollte man jedenfalls vor Augen haben, daß die Lagune etwas besiedelter und den Festlandsbewohnern wohl auch vertrauter war, als man früher annahm.

Nun also die Fluchtbewegung vom Festland in die Lagune. Man könnte, um die Probleme noch schärfer hervortreten zu lassen, den Vorgang dramatisieren und auf die Frage zuspitzen, was in der ersten Nacht, in den ersten Tagen zu tun war, als man sich, das Festland hinter sich in Flammen, die bange Frage stellte, wie man denn nun die nächsten Herbstwochen hier verbringen solle. Wie zwischen diesen

Wassern und auf schwammig federndem Boden, der unter dem ersten Auftreten vor Wasser schmatzt, nun – im wörtlichen Sinn – «Fuß fassen»? Was im gewöhnlichen Verlauf der Gezeiten nur als flacher Schlammrücken aus dem Wasser tauchte und was sich als Insel auch bei Flut dauernd daraus erhob, das wußte man, gewiß. Wie sicher aber war das Fluchtgelände bei Sturmflut? Ein *rivo alto*, ein «hohes Ufer» mußte es sein. Vielleicht war erst noch eine Anlegestelle zu schaffen, und das ist nicht so einfach, denn sie muß vom Wasser her zugänglich und zugleich geschützt sein. Aber sie war dringend erforderlich, denn sowohl der versumpfte Innenrand der Lagune wie der flache sandige Rand der *lidi* machte das Anlegen schwierig. Wie trieb man in den wasserquellenden Boden Pfähle ein, die ersten vom schwankenden Boot aus, und ohne das Pioniergerät einer römischen Legion? Ein dringendes Problem schon der ersten Tage war das Trinkwasser: es konnte auf diesen Laguneninseln nicht ergraben werden, es konnte nur vom Himmel kommen, in Zisternen gesammelt, die erst noch errichtet sein wollten.

Aber auch wenn man sich die Flucht gelassener und geordneter denkt, waren die Schwierigkeiten des Anfangs erheblich. Und als endlich die lang gehegte Hoffnung erlosch, die Langobarden würden, wie einst Hunnen und Goten, doch bald wieder abziehen; als also endlich bewußt wurde, daß das Siedeln in der Lagune kein Provisorium sei – da begann eine neue große Aufgabe: in diesem permanent sich wandelndem Gelände etwas Dauerhaftes zu schaffen. Allein einen klaren Uferrand zu stabilisieren konnte Jahrzehnte dauern. Und Pfähle nicht nur für die Uferbefestigung, sondern auch für die Errichtung der Wohnbauten, zumal als man vom leichten Holzbau zum schweren Steinbau überzugehen wagte. Dicke Stämme mußten es nicht sein, aber viele (später rechnete man fünf bis zehn auf den Quadratmeter), und die mußten – aus den nahen, dann aus den ferneren Wäldern Venetiens – erst einmal hierhergeschafft werden.

Wie aber richten sich in solcher Welt Menschen ein, die doch Ansprüche auf städtisches Leben, Vorstellungen von geregelten bürgerlichen Verhältnissen und staatlicher Ordnung mitbrachten? Das waren ja Siedlungen ohne all die Requisiten, die bisher eine Stadt zur Stadt gemacht hatten: ohne Stadtmauern, ohne gepflasterte Straßen, ohne Theater, Thermen, Aquädukte. Mindestens die ersten Generationen hatten doch noch den städtischen Komfort vor Augen, in dem die eigene Familie in Altinum oder Concordia gelebt hatte, darunter Familien, die zuvor über Mosaikböden gewohnt hatten und nun über Holzbrettern hausten. Wann wird man über Pfahlrost ein erstes Mosaik verlegen? Wohin setzt man die erste Kirche, daß sie zentral und sicher genug stehe? (Kennzeichnend für das feuchte Gelände ist die bei frühen Kirchen im Lagunengebiet häufig festgestellte Höherverlegung des Fußbodens). Und vor der Kirche muß man einen Platz lassen, irgendwo mußte man sich ja auch versammeln können. Wie bringt man in solcher Siedlung eine erste bescheidene Fassadenfront zustande? Da die Hauseingänge zum Wasser hin orientiert waren, gewiß an einem Kanal.

Und wie gewinnt man Land hinzu? Welche Wasserrinnen kann man zuschütten, und welche besser nicht? Welche nahen *barene* ließen sich anfügen? Daß man, auch ohne großflächige *bonifica*, durch klugen Eingriff sogar darauf leben und seine Artischocken ziehen kann, erklärt man uns in Lio Piccolo inmitten der endlosen *barene* im Nordosten der Lagune von Venedig. Aber es müssen behutsame, bedachte Eingriffe sein. Das Leben in der Lagune erzwang auf das natürlichste ein Umweltbewußtsein: das Bewußtsein, zu eigenem Überleben die Umwelt in ihrem Gleichgewicht halten zu müssen, der Natur nichts Unnatürliches antun zu dürfen (man nannte es noch nicht so schön, aber man tat es). Denn andernfalls schlägt die Natur zurück, und in der Lagune tut sie es sofort.

So war das unfreiwillige Siedeln in der Lagune, das auch die Menschen zu amphibischem Leben zwang, in der hier beobachteten Übergangszeit mit großen Mühen und Gefahren verbunden. Es gelang denn auch nicht immer. Nicht all diese Pfahlsiedlungen schlugen wunderbarerweise Wurzeln, manche sind wieder untergegangen.

Für die spätantik-frühmittelalterliche Siedlung in der Lagune einige konkrete Fälle, die auch archäologisch gut untersucht sind.

Wichtigstes und lehrreichstes Beispiel bleibt Torcello. Die polnischen Grabungen von 1961/62 – stratigraphische Grabungen, die nicht mehr nur nach *anticaglie*, nach gestalteten Altertümern fahndeten – stießen unter der frühmittelalterlichen Schicht auf eine kaiserzeitliche Villa; ja sie gaben den Anstoß, in der Lagune stärker auf Zeugnisse vormittelalterlicher Siedlung zu achten. Hier heißt das: als der Bischof von Altinum im frühen 7. Jahrhundert die große Stadt verließ und seinen Sitz auf Torcello nahm, verlegte er den Bischofssitz nicht auf eine öde Laguneninsel, sondern auf einen einigermaßen vertrauten, geschützten Platz, auf dem inzwischen wahrscheinlich schon viele flüchtende Bewohner von Altinum akzeptable Lebensbedingungen vorgefunden hatten. Er behielt denn auch weiterhin für lange Zeit den Titel eines Bischofs von Altinum bei: aus Torcello wurde ein neues Altinum. Man transferierte Altinum auch in dem Sinn, daß viel Material hinübergeschafft wurde: was man in Torcello an antiken Spolien fand, stammt gewiß zum größeren Teil vom Festland. Die erhaltene Weihinschrift der neuen Kathedrale, datiert 639 n. Chr., ist endlich einmal ein fester Punkt im Nebel der frühen Überlieferung und wirft ein wenig Licht in diese dunkle Übergangszeit. Die Inschrift zeigt die frühe Lagunensiedlung noch ganz in byzantinischer Hand. Sie besagt, der *magister militum* Mauritius habe auf Befehl des Exarchen Isaac die Kirche auf seinem, Mauritius' Grundbesitz, *in hunc locum suum*, errichtet.

Schon der Anblick einer riesigen Kirche auf fast verlassener Insel – riesig und Kathedrale! – läßt erkennen, was hier einmal bestanden haben muß, um im 11. Jahrhundert einen solchen Bau errichten zu wollen und errichten zu können (die elegische Stimmung, die einen dabei überkommen kann, hat Julius von Schlosser aufs Schönste beschrieben). Die Grabungen der Universität Ca' Foscari von 2012 ergaben, in ihrem Ausschnitt, aus dem 9. bis 12. Jahrhundert komfortable Holzhäuser mit Gewerbe- und Magazinräumen unten und Wohnräumen oben längs der Kanäle, dazu einen *fondaco* des 7. Jahrhunderts mit Porticus am frühmittelalterlichen Hafen, mit Scherben von Amphoren auch afrikanischen und östlichen Typs. Denn Torcello war, bevor Venedig in diese Rolle hineinwuchs, der Mittler im Handel zwischen Byzanz, dem Orient und Oberitalien, von der Lagune die Flüsse aufwärts tief ins Hinterland hinein. Von den beiden Kaufleuten, die 828 kühn die

Reliquien des Hl. Markus aus Alexandria in Ägypten geraubt und zum Rialto gebracht haben sollen, war der eine aus Torcello. Erst als die führenden Familien Torcellos den Eindruck gewannen, im aufsteigenden Venedig mindestens ebensoviel zu gelten und dorthin abwanderten, war das Ende von Torcello gekommen.

Ein anderes – unscheinbares und darum vielleicht gerade typisches – Beispiel, San Lorenzo di Ammiana, eine Miniinsel von gerade mal 150 m Länge, schwer erreichbar zwischen Torcello und Lio Piccolo gelegen und in jüngsten ergiebigen Grabungen sorgfältig untersucht, bietet am konkreten, allerdings begrenzten Fall alle Elemente, die für Lagunensiedlungen zwischen Antike und Mittelalter typisch sind: die Änderungen (hier: Verminderung) in Größe und Konturen der Insel; die spärliche schriftliche Dokumentation; und vor allem die Abfolge der Nutzung, alles auf kleinster Fläche. Zuerst ein spätantikes Gebäude, in das sich um 600 n. Chr. ein Begräbnisplatz legt, dann die Errichtung vielleicht eines byzantinischen Wehrturms. Im Frühmittelalter anscheinend zeitweilig verlassen, dann Gebäude für die Unterkunft von Klerikern um eine Kirche, die zur Pieve wird: die kirchliche Durchdringung der Lagune mit Pieven ist für unsere Beobachtungen wichtig, da die Taufkirche Siedlung voraussetzt und anzieht. Darum herum, laut Urkunden, Garten- und Weinkultur, Fischfang und Vogeljagd. Endlich gegen 1200 ein kleines Benediktinerinnenkloster; seit dessen Ende 1438 liegt die Insel verlassen.

Von Grado auf dem östlichsten Lido seiner Lagune war bereits die Rede. Im nordwestlichen Winkel der gleichen Lagune dann Marano, in seiner Abgeschiedenheit klein geblieben: aber hier war es, daß im Jahre 590 die Bischöfe der Kirchenprovinz Aquileia zu der Synode zusammentraten, die im innerkirchlichen Streit über die Natur Christi («Dreikapitelstreit») große Bedeutung hatte. Heute ist das entlegene Städtchen von Naturreservaten umgeben, die dem Anblick der unberührten Lagune besonders nahekommen dürften: die nahe Riserva naturale «Valle Canal Novo», und eine weiter westlich gelegene, dort, wo der Fluß Stella in zahlreichen nicht begradigten Windungen durch Dickichte von Schilf (wie es sich überall findet, wo Süßwasser eintritt) in die Lagune einmündet.

Aber sie geben nicht so recht das Bild, das sich hier in der Spätantike und zur Zeit des Langobardeneinfalls bot. Denn auch diese Zone der Lagune war nicht menschenleer, auch hier haben Archäologen auf den nächstgelegenen Inselchen und Lidi frühere Siedlungsspuren festgestellt: auf der Isola di S. Pietro römische und spätantike Keramik, auf der Isola dei Bioni frühmittelalterliche Bestattungen, auf der Isola di S. Andrea Villenreste mit Togastatue, und einen Kultraum des 6. Jahrhunderts mit Mosaikboden. Später dann auf manchen der Lagunen-Inselchen auch Kirchen und Klöster. Abgeschieden genug war es hier ja wirklich, und vielleicht waren auf der einen oder anderen dieser Inseln ja noch Reste heidnischer Kultstätten zu sehen (deren Verfall christliche Schriftsteller triumphierend beschreiben: das heidnische Kultbild inzwischen von Staub und Spinnweben bedeckt oder gar von Mäusen bewohnt, die heidnischen Altäre zwischen Unkraut und Müll), und mußten schon deswegen kirchlich besetzt und so entzaubert werden.

So vollzog sich allmählich die Trennung der nordadriatischen Küstenzone in Festland und Lagune, und Dogmenstreitigkeiten zwischen Byzanz und Rom (die Natur Christi, Liturgisches, Bilderstreit) vertieften die Entfremdung. Die abnehmende Präsenz von Byzanz, das an anderen Fronten gebunden war, führte zu einer Verselbständigung, die sich vor allem darin äußerte, daß die Lagunenstädte nun ihre Tribunen selber wählten – aus den gleichen grundbesitzenden Familien wie bisher, aber vor Ort gewählt – und die von ihnen befehligte Miliz lokal rekrutiert und nicht mehr entsandte Truppe war.

Für diesen Übergang ist wichtig zu wissen, was denn nun alles in die Führungsschicht dieser entstehenden Lagunenstädte eingegangen war. Einmal diese «tribunizischen» (nämlich zur Übernahme des Tribunenamtes befähigten) Familien, aus denen bisher ernannt und nun gewählt wurde («lagunare Aristokratie» hat man das genannt); dann der höhere Klerus der vom Festland verlegten Bischofssitze; und gewiß die Kaufleute, die den – in Schriftquellen und archäologischen Funden nachweisbaren – Fernhandel mit Byzanz und dem östlichen Mittelmeer betrieben und ihn die Flüsse hinauf nach Pavia oder

Verona leiteten; große Schiffstransporteure, Salinen-Unternehmer usw. (wobei diese Kategorien natürlich aus denselben Familien sein konnten). Die aufstrebendsten unter diesen Familien werden dann aus ihren Lagunenorten an den Rialto ziehen und in die Führungsschicht Venedigs eingehen.

Versuchen wir endlich auch, uns die Anfänge von Venedig vor Augen zu führen. Dabei kann es nicht um eine Darstellung der Frühgeschichte von Venedig gehen (darüber sind ganze Bibliotheken geschrieben worden), sondern allein darum, von unseren Beobachtungen über die natürlichen Gegebenheiten einer Lagunenlandschaft und über die natürlichen wie historischen Voraussetzungen ihrer Besiedlung auszugehen, um aus diesen wenigen, aber elementaren Einsichten die Anfänge Venedigs nachvollziehbar zu machen.

Auch hier hat man sich vorzustellen, daß bei niedrigerem Meeresspiegel in spätantiker Zeit weit mehr Land aus dem Wasser hervorkam: ein einladenderer Anblick als die Öde niedriger Schlammrükken, ein dichter Archipel von Inseln (man spricht von 118 Inseln, doch sollte man sich näher am Rekonstruierbaren halten), auf denen dauerhafte Siedlung nicht von vornherein ausgeschlossen schien. Durch diese Inselwelt wand sich ein breiter Wasserweg, der spätere Canal Grande, einst ein Mündungsarm des Brenta. An seiner innersten Schleife lag eine Insel mit einem Ufer so hoch, daß sie – *rivo alto*, «Rialto» – so auch benannt wurde. Hier war sichere Ansiedlung möglich, hier wird sich darum das Zentrum bilden, ja die junge Lagunenstadt wird sich noch lange *civitas Rivoalti* nennen und erst im 10. Jahrhundert den alten Namen der Küstenregion, *Venetia*, übernehmen.

Wie aber hier bauen? Greifen wir zurück auf die Beobachtungen in unbesiedelter Lagune und vor allem auf die reiche venezianische Forschung. Ufer mußten gefaßt und befestigt, massenhaft Pfähle herbeigeschafft und tief bis auf die tragende Schicht hinabgetrieben, Baugrund gewonnen werden. All das konnte zunächst eher Holz- als Steinbauten tragen (und später Fassaden mit möglichst vielen, die Last erleichternden Öffnungen). Ein langer Inselrücken mit dem sprechenden Namen *Dorsoduro* ließ festen Baugrund erwarten, lag aber anfangs noch zu dezentral.

Mit der Besiedelung einer Insel ging immer auch die Errichtung einer Kirche einher, die bei wachsender Menschenzahl zur Pfarrkirche wurde. Insofern sagt das Pfarreiensystem Venedigs, wie von der Forschung bald erkannt wurde, viel über die frühe Besiedlung aus: aus der Lage der frühesten Pfarrbezirke läßt sich annähernd Venedigs Inselwelt in ihrer ursprünglichen Zusammensetzung rekonstruieren (Abb. 10). Als älteste Pfarrkirche gilt S. Giacomo del Rialto, sehr früh sind auch SS. Apostoli, S. Salvatore, S. Giovanni in Bragora. Das könnten früheste Inselsiedlungen des 7. und 8. Jahrhunderts gewesen sein, die bereits vor der Verlegung des Dogensitzes hierher, vor 811, bestanden und dann zur *civitas Rivoalti* zusammenwuchsen, fortan mit gezielten Einlagerungen von trockengelegten Zwischengliedern aus *barene*, *rii*, *velme*. Aber treiben wir die geordnete Besiedlung weiter voran. Vor der Kirche, die sich mit Fassade und Haupteingang immer zum Wasser hin ausrichtete, mußte ein Platz gelassen werden, der *campus*, zugänglich durch einen Kanal oder wenigstens einen *rio* (die großen campi bezeichnen meist eine frühe, die kleineren campi ohne rio eine jüngere Bebauung). So wie in der Wohnbebauung der großzügige viereckige Innenhof als Kern grundherrlicher Gebäudekomplexe gilt und somit als Indiz für frühe, gezielte Inbesitznahme, die schmalen länglichen Höfe dazwischen hingegen als jüngere, bereits beengte, oft auch ärmlichere Bebauung gelten. Archäologische Forschung hilft hier wenig weiter, innerhalb Venedigs gibt es nur zwei stratigraphische Grabungen: unter Ca' Vendramin Calergi ein Holzbau des frühen 8. Jahrhunderts, dem dann im 11./12. Jahrhundert ein Ziegelbau folgt; bei der Kathedrale S. Pietro di Castello um 600 ein Stück Uferbefestigung mit planierter Uferzone und einem Gebäude.

Vom Rialto, beidseits der späteren Rialto-Brücke, wuchs die frühe Siedlung vor allem gegen Süden auf den Platz des ersten (und hier bleibenden) Dogenpalastes zu und weiter nach S. Zaccaria (Palast und Kirche wurden bereits von den ersten beiden Dogen Particiaco errichtet, 810–829). Hier wird das politische Zentrum der Inselansammlung sein, so wie am Rialto der Marktmittelpunkt. Das dritte, das geistliche Zentrum entstand recht dezentral im Osten, auf

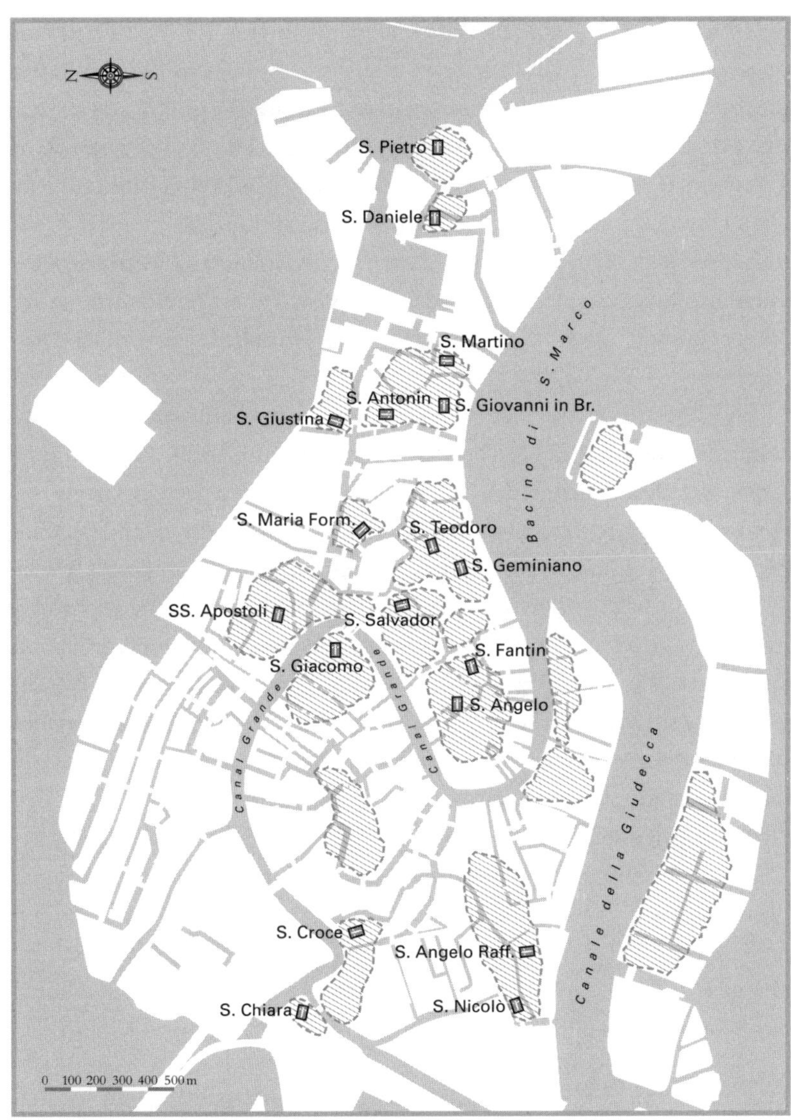

Abb. 10. Die Inselgruppe um ein «hohes», also geschütztes Inselufer (*rivo alto* oder *Rialto*), die im frühen Mittelalter zur *civitas Rivoalti*, zur «Rialto-Stadt» – und dann Venedig – zusammenwuchs, mit Eintragung der frühesten Pfarrkirchen, die in der Regel eine neubesiedelte Insel anzeigen. Versuch einer Rekonstruktion durch den langjährigen Stadtbaumeister von Venedig Eugenio Miozzi.

der Insel Castello (di Olivolo), vielleicht an der Stelle einer schon bestehenden Pieve für die Bevölkerung der Lagune. Hier wurde um 775 ein neuer (nicht vom Festland hierher verlegter) Bischofssitz geschaffen und die Kathedrale errichtet. Diese Zentren, nicht gerade nah beieinander gelegen, konnten untereinander auf die Dauer mit Barkenverkehr allein nicht auskommen, sie brauchten für ihre zentralen Funktionen Fläche, feste Gebäude, Zugänglichkeit auch im Fußverkehr und somit überlegte, gezielte Planung, und sei sie anfangs noch so stückweise, noch so sukzessive gedacht gewesen.

Die Forschung hat sich denn auch von der früheren Vorstellung abgewendet, die Anfänge Venedigs als wildes, spontanes, völlig «freies» Zusammensiedeln zu sehen. Dieser Mythos der «origini selvaggi» aus der unberührten, herrenlosen Leere ist von Venedig nachdrücklich propagiert worden, ja gehört früh zu seinem Selbstverständnis. Venedig ist darum frei von jeder Oberherrschaft von Anfang an, sei sie nun byzantinisch oder fränkisch, weltlich oder geistlich; Venedig liegt in keinem Reich, Venedig liegt im Wasser, gehorcht nur dem Wasser, gebietet dem Wasser. Darin liegt – und das ist der Kern venezianischer *coscienza civica* – viel berechtigter Stolz. Aber man sollte hinter dem scheinbar spontanen, allmählichen Werden Venedigs doch mehr den Gründungswillen, die Intention, die Entschlossenheit erkennen.

Tatsächlich ist bei solcher Leistung der Wille zu unterstellen, auch ohne höhere Einwilligung Neues, Eigenes zu schaffen und nicht auf den fernen Kaiser zu bauen. Auch der *dux*, Befehlshaber jener um 700 geschaffenen Kommandozone *ducatus Venetiae*, entglitt allmählich der Kontrolle von Byzanz. Zunächst im byzantinischen Cittanova/Heracliana residierend, zog der *dux* 742/743 ins besser geschützte Malamocco draußen auf dem Lido zwischen Chioggia und Venedig, um dann 811 seinen Sitz am Rialto zu nehmen. Es ist strittig, wie weit der *dux* noch Befehlen aus Byzanz folgte, und wann auch er nicht mehr von Byzanz ernannt, sondern von lokalen Führungsschichten gewählt, eben zum Dogen wurde. Formal gehörte die Rialto-Siedlung weiterhin zum byzantinischen Reich. Daran änderte sich auch nichts, als nun die Franken kräftig eingriffen. Denn da Byzanz nicht mehr schützte und 751 sogar Ravenna verlor, wandte sich der Papst gegen die nun auch auf Rom vorstoßenden Langobarden 753 an die Franken. Doch beließ Karl der Große nach seinen italischen Erfolgen das Küstenland im Frieden von Aachen 812 ausdrücklich dem byzantinischen Kaiser.

Wenn auch nicht förmlich, so doch faktisch unabhängig, gaben die *duces*/Dogen, jetzt stets aus den lokal führenden Familien genommen (und da womöglich dieselbe Familie in Folge wie schon bei den ersten beiden Dogen am Rialto, den Particiaco), der Rialto-Siedlung die politische Fassung, die das Zusammenwachsen und den Aufstieg beschleunigte. Die Anfänge des Dogenamtes am Rialto 811 und die Entführung der Markus-Reliquien (man glaubte, der Apostel habe hier oben, in Aquileia, gepredigt) aus Alexandrien in die Palastkapelle der Dogen 828 werden für die Venezianer stets zum innersten Kern ihrer historischen Identität gehören. Selbst gefestigt und sichtlich erfolgreich, wird Venedig fortan die Kräfte und die führenden Familien der anderen Lagunenstädte an sich ziehen.

Zurück in die frühe Siedlung. An die genannten Kerne, die sich ganz ohne frühen Gestaltungswillen nicht denken lassen, wuchsen dann andere Inseln an. Etwa die früh mit eigenem Namen genannten Inseln *Luprio* (um S. Marcuola) und *Gemine* (um S. Giovanni di Bragora). Mit dem Ansatz zu *strukturierter* Siedlung beginnen dann auch die Fragen eines Gemeinwesens: Wo schafft man einen ersten repräsentativen Anlegeplatz, um höhere Besucher empfangen zu können? Wo läßt man die gemeinsame Festprozession ihren Weg nehmen? Auf welcher Insel errichten die ersten führenden Familien ihren Sitz, und welche Inseln überläßt man anderen? Oder sind sie alle sozial gut durchmischt? Zu Lande sieht der Adelige alles von zwei Meter höher als der gewöhnliche Mensch, nämlich vom Pferd aus – wie hebt er sich zu Wasser vor anderen heraus?

Zwischen der frühen Bebauung – von steinernen Palästen, außer dem Dogenpalast, noch keine Spur – bewahrte diese Inselsiedlung noch lange einen agrarischen Charakter, wie frühe Urkunden zeigen: Gärten, Weinberge, verbliebene Sümpfe und Tümpel (*pantana, piscine*). Aber täuschen wir uns nicht über die Menschen in dieser noch wenig städtisch wirkenden Welt. Frühe Schreibkundigkeit wird, durch gute Überlieferung und besondere Urkundenform, für Venedig wie für keine andere Stadt schon seit dem 10. Jahrhundert sichtbar: allein für das 11. und 12. Jahrhundert lassen sich mehr als 4500 eigenhändig ausgeführte Unterschriften nachweisen!

Diese mutigen Anfänge konnten nicht das Werk einzelner sein. Was hier geleistet werden mußte, erzog zu solidarischem Handeln: aus seichten Ufern *fondamenta* zu machen, aus Wasserrinnen Kanäle; die Schlammgründe in ihrer dauernden Bewegung zu regulieren, mit den Schwankungen des Wasserspiegels umzugehen (in den Extremen: Hochwasser, die in ihrer letzten – früher so nicht gekannten – Höhe zum modernen Barrieresystem des «MOSE» den Anstoß gaben, und Niedrigwasser, die – wie im Dezember 2016 – den Grund ganzer Kanäle bloßlegen). Oder der Gefahr der Verlandung entgegenzuarbeiten. Sogar die nahe Hauptstadt des byzantinischen Exarchats, das große und reich ausgestattete Ravenna, einst mit Kanälen und Brücken in seinem Innern und einem großen Hafen, ist Schritt um Schritt verlandet, wie eingehend untersucht worden ist. Es verödete nicht, aber verlor seinen Charakter als Pfahlstadt an einer Lagune. Und hätte Venedig nicht vorgesorgt und später mit einem eigenen *Magistrato alle Acque* sogar die einmündenden Flüsse durch Ableitung von der Lagune ferngehalten, so wäre auch Venedig verlandet. Der Canal Grande wäre heute eine mehrspurige Stadtautobahn, mit Ampeln hängend an der verbliebenen Rialtobrücke, um den Verkehr mit den Neben(kanälen und nun Neben)-Straßen zu regeln.

Wenn man noch einmal zurückdenkt an den Eindruck unbesiedelter Lagunenlandschaft aus der Sichthöhe der Barke, kann man den Abstand ermessen: zwischen diesen Inseln und Schlammbänken ersteht nicht ein Lagunenstädtchen (was ja schon viel wäre), sondern eine Großstadt, eine der größten Städte des spätmittelalterlichen Europa – ein Stadtstaat mit einer Entfaltung von Macht, Reichtum, Kunst, politischem Denken, Weltkenntnis ohnegleichen. Auch der, dem Rom über alles geht, wird gestehen: Rom ist kein Wunder, aber Venedig ist ein Wunder.

Andere Lagunenstädte blieben klein und dachten doch groß von sich, weil sie sich als Geschwister Venedigs empfanden. Und so sagte das kleine Marano an unserem Weg durch die Lagune: *Se Venesia non la fussi/Maran saria Venesia* – «Gäbe es Venedig nicht, dann wäre Marano Venedig».

IV

Die Stadtlandschaft des mittelalterlichen Rom

Wandel und Auflösung des Siedlungsgewebes innerhalb der antiken Stadtmauern

Die antiken Mauern Roms umschlossen im Mittelalter keine Stadt mehr, sondern eine Landschaft. Rom hatte seinen Rang und seine Bevölkerung verloren. Wie es dazu kommen konnte, daß aus der Weltstadt ein Städtchen, aus der *Urbs* – Metapher für ‹Stadt› – ein kümmerlich wirkender Ort wurde und welchen Anblick die entleerten Flächen innerhalb der zu weit gewordenen Mauern boten: dem wollen wir im Folgenden nachgehen, buchstäblich nachgehen, indem wir aus der geschrumpften Wohnsiedlung hinaustreten in die riesige Fläche des verödeten Stadtgebietes und diesen *disabitato* durchstreifen.

Rom hatte schon im Jahre 330 seinen Rang als Reichshauptstadt an Konstantinopel abgeben müssen. Nun erlebte es im 6. Jahrhundert eine demographische Katastrophe. Die Bevölkerungszahl, die zuletzt vielleicht doch die 800 000 erreicht haben könnte, sank durch die verheerenden Kriege zwischen Ostgoten und Byzantinern (535–552) und durch Pestepidemien im Laufe dieses Jahrhunderts auf wohl nicht einmal hunderttausend Einwohner. Hinzu kam eine deutliche Verschiebung der Siedlungskerne, wie noch zu zeigen sein wird. Um sich von dieser Phase in der Geschichte Roms ein Bild zu machen, muß man neben den Schriftquellen auch den archäologischen Befund heranziehen, der sich für unsere Fragestellung in den letzten Jahren bemerkenswert verdichtet hat. Denn während die Archäologen bis dahin, und gerade in Rom, immer auf das antike Niveau hinuntergruben und die nachantiken Schichten darüber einfach forträumten, ist seit den neuen Grabungen in den Kaiserforen und in der Crypta Balbi auch auf den mittelalterlichen Befund geachtet worden.

Die archäologischen Ergebnisse sind um so wichtiger, als die schriftlichen Quellen mit dem 7. Jahrhundert weitgehend versiegen. Denn diese römischen Jahrhunderte sind *dark ages*, sind dunkel ja nicht nur, weil sie unerleuchtet waren und es düster in ihnen zuging, sondern weil sie von Quellen nicht erhellt sind. Um anhand von Schriftquellen einen Eindruck des verbliebenen Rom zu gewinnen und einem (realen, nicht fiktiven) Itinerar durch die spätantike-frühmittelalterliche Stadt zu folgen, könnte man Kaiser Constans II. bei seinem Einritt in Rom im Juli 663 begleiten, vom Papst weit draußen auf der Via Appia eingeholt und gleich nach St. Peter geleitet. Rom hatte seit dem Ende des weströmischen Reiches keinen Kaiser mehr gesehen, und kein (ost)römischer Kaiser mehr sein Rom. Was der *Liber Pontificalis* da beschreibt, ist schon ganz anders als der von Ammianus Marcellinus eindrucksvoll berichtete Kaiserbesuch gut 300 Jahre zuvor, der Weg Constantius' II. im Mai 357 durch das immer noch grandiose Rom. Damals ging es sozusagen von Forum zu Forum, jetzt von Kirche zu Kirche.

Oder man könnte, der Lebenswirklichkeit noch näher, den Gütertransporten folgen, vor allem den Lebensmittellieferungen für die Wohnbevölkerung, von den kirchlichen Landgütern draußen zu den – genau lokalisierbaren – Diakonien, den «Wohlfahrtsämtern» (Krautheimer) im Stadtzentrum, die zunächst noch reine Funktionalbauten und nicht Kirchen waren. Nach dem Ende des staatlichen Spendensystems wurde die Versorgung, mindestens seit Gregor dem Großen (590–604), von der Kirche in die Hand genommen. Auch wenn die Diakonien namentlich erst gegen 700 genannt werden, dürften um 600 die von S. Maria in Cosmedin, S. Giorgio in Velabro, S. Teodoro, S. Maria Antiqua und S. Maria in Via Lata schon bestanden haben, sie alle in auffälliger Nähe zu den alten tibernahen Märkten und den Speichern der staatlichen *Annona* gelegen. So wurde die Versorgung wenigstens der bedürftigen Bevölkerung und des Klerus sichergestellt. Statt Getreide-Containern aus Afrika und Öl-Containern aus Spanien in dichter Wagenfolge vom Tiberhafen zu den klassischen Verteilerstellen wie der Porticus Minucia sah man nun kleinräumigen Austausch mit dem Umland durch das nächste Stadttor.

Oder der Führer durch Rom, den man für das frühe Mittelalter gern heranzieht, weil er für die Zeit um 800 vortrefflich mehrere Wegstrecken durch die Stadt beschreibt, der *Anonymus Einsidlensis*. Für unsere Zwecke ist er freilich wenig geeignet: er will ja zeigen, was vorhanden ist, will keinen *disabitato*, keine Leere beschreiben, auch wenn er die inzwischen unbewohnten Zonen, wie die Ortsangaben seiner Inschriftensammlung erkennen lassen, tatsächlich bis draußen vor den Mauern durchstreift hat. Was er hier noch wahrnimmt, sind die – durch die Stadt noch weit hereinkommenden – zerfallenden Aquädukte: die *Forma Virginis fracta*, also die Acqua Vergine (oder was er dafür hielt) schon sichtlich verfallen, *fracta*; der *Forma Claudiana* begegnet er auf vieren seiner Routen (daß er die Aquädukte dort nicht auseinanderhalten kann und alle zur *Aqua Claudia* erklärt, ist verzeihlich), die *Forma Lateranense* (das ist die neronische Verlängerung der Aqua Claudia zum Caelius) begegnet zweimal.

Auch in Versorgung und Handel wird sichtbar, daß Rom einschrumpft. Fernhandel ist bald kaum noch nachzuweisen. Man sieht das auch am Zustand der Fernstraßen. Die Straße von Gebüsch überwuchert, das Pflaster aufgebrochen: so werden im 6. Jahrhundert sogar so wichtige Straßen wie die Via Flaminia und die Via Ostiensis geschildert. Aber nicht mangelhaftes Pflaster läßt eine Straße sterben, sondern ihre empfundene Notwendigkeit, ihr sinnvolles Ziel. Die meisten Straßen verlieren nun ihr altes Fernziel aus den Augen: man «sieht», man «denkt» die Via Appia nur noch bis Terracina und nicht mehr bis Brindisi, die Via Cassia nur noch bis Sutri (denn schon dort trifft man auf die Langobarden) und nicht mehr bis Florenz. Mit dem Ende des Römischen Reiches zerfällt auch Italien in kleinere Räume, alles regionalisiert sich. Und so darf auch Rom verkümmern.

Kurz: Rom war zunehmend auf Versorgung aus der Region angewiesen. Zwar hörte in unmittelbarer Nähe der Stadt die intensive Bewirtschaftung des Bodens durch große *Villae rusticae* auf, doch hat neuere Forschung Indizien für eine gewisse agrarische Produktivität mindestens bis ins 6. Jahrhundert festgestellt. Dieses 6. Jahrhundert brachte die erste große Zäsur innerhalb und außerhalb der Stadt, und das hatte gewiß mit jenen jahrzehntelangen verheerenden Kämpfen von Goten und Byzantinern um Rom zu tun. Aber erst der Beginn des 8. Jahrhunderts gilt der archäologischen Forschung heute als die zweite, entscheidende Zäsur. Regionalisierung und Nahversorgung prägen jetzt vollends das Bild.

Daß das verödende Umland und die verödende Stadt gleichwohl eng miteinander verbunden blieben und sich noch nicht voneinander abwandten, ja daß die alten Ausfallstraßen in Stadtnähe ihre Bedeutung und sogar ihre traditionellen Namen behielten, hatte vor allem zwei Gründe. Erstens die Tatsache, daß sich die großen, seit Konstantin geschenkten Grundbesitzkomplexe der römischen Kirche entlang diesen Straßen konzentrierten und so auch lokalisiert wurden (z. B. *via Appia miliario XXX*); und vor allem die Tatsache, daß die Begräbnisstätten Roms – und damit auch die Märtyrergräber – an diesen Ausfallstraßen lagen, denn die Toten, ob nun Heiden oder frühe Christen, hatten ja nur außerhalb der Mauern bestattet werden dürfen. Um also die Pilger, wenn sie Papstgräber, Märtyrerkultstätten oder Katakomben aufsuchen wollten, aus dem richtigen Stadttor hinauszudirigieren, nutzten die entsprechenden Führer, die *Notitiae* und *Depositiones*, die Namen dieser alten Staatsstraßen: *in via Aurelia miliario III* sei Papst Calixtus bestattet, *sanctus Valentinus martir quiescit via Flaminea*, und ähnliche Lokalisierungen. Innerhalb der Stadt besaß im 7. Jahrhundert Märtyrergebeine nur eine einzige Kirche, SS. Giovanni e Paolo. Das wurde erst anders, als zwischen 750 und 850 unter dem Eindruck von Langobardenvorstößen und Sarazenengefahr Märtyrerreliquien in Massen aus den Katakomben draußen in die Kirchen der Stadt überführt wurden. Auch darin zog sich Rom nun auf sich selbst zurück. Bis dahin aber muß man sich Ströme von Pilgern (auch nordeuropäischen) vorstellen, die hinaus zu den Märtyrergrabstätten zogen und Rom gewissermaßen auch von außen sahen – wobei sich in ihren Augen verwahrloste Stadtlandschaft und verwahrloste Campagnalandschaft zunehmend einander anglichen.

Abb. 11. *Abitato* und *disabitato,* besiedelte und unbesiedelte Stadtfläche. Das mittelalterliche Rom innerhalb der zu weit gewordenen antiken Stadtmauern. Im Tiberbogen der *abitato* zwischen St. Peter (A) und Kapitol (B), ringsum der *disabitato* mit den Siedlungsinseln um S. Maria Maggiore (C) und S. Giovanni in Laterano (D) (nach Krautheimer).

Daß auch die Stadt innerhalb der Mauern verödete und zu Landschaft wurde, lag nicht allein an der drastisch geschrumpften Bevölkerungszahl, sondern auch an einer deutlichen Verlagerung der Schwerpunkte. Die Umwandlung des heidnischen in das christliche Rom hatte nämlich urbanistisch eine *zentrifugale* Tendenz, denn die neuen religiösen Schwerpunkte, die wiederum Siedlung anzogen, lagen an diametral entgegengesetzten Stellen des Stadtgebiets: St. Peter am einen Ende, San Paolo fuori le mura am anderen, wiederum an einem anderen Ende S. Giovanni in Laterano, immerhin die Kathedrale Roms und Sitz der kirchlichen Zentralverwaltung (Abb. 11). Also im

Vergleich zur früheren Zentrierung um Kapitol, Forum Romanum, Subura nun eine völlig neue Situation.

Das Siedlungsgewebe, durch die drastische Bevölkerungsverminderung des 6. Jahrhunderts bereits stark ausgedünnt, wurde durch diese dezentrale Lage der neuen Schwerpunkte religiösen und öffentlichen Lebens auseinandergezerrt – und zerriß. Zwar bleiben Siedlungsinseln um wichtige Kirchen, aber ganze Quartiere zerfallen und werden zu Weide oder Weinberg. Die Natur dringt in die weiten Siedlungslücken ein, die sich da auftaten. So entsteht im wörtlichen Sinne «Stadtlandschaft».

Es lag nahe, daß St. Peter einen neuen, unerhörten Sog erzeugte: um das Apostelgrab sammeln sich Kirchen, Klöster, Pilgerhospize und wachsen zum sogenannten *Borgo* zusammen. Angezogen von St. Peter als neuem Pol, angezogen auch vom Tiber, der jetzt die antiken Aquädukte ersetzen, die Mühlen antreiben, die verkommenen Straßen draußen ergänzen muß, zieht sich die Bevölkerung, die ursprünglich vor allem um die Subura nördlich der Foren und auf den benachbarten Hügeln gesessen hatte, allmählich in den Tiberbogen zurück, wechselt sozusagen auf die andere Seite des Kapitols. Darum wird das Kapitol, das durch die Bildung der politischen Kommune im 12. Jahrhundert wieder an Bedeutung gewann, im Mittelalter mit all seinen Fassaden in eine andere Richtung blicken als in der Antike, sich um 180° umdrehen, dorthin, wo die Menschen *jetzt* saßen. Das alles ist ein Vorgang, der im 7. Jahrhundert beginnt und sich lange, mindestens bis in karolingische Zeit hinzieht: gerade die neuen Grabungsergebnisse sprechen für eine längere zeitliche Erstreckung, als man früher annahm. Das alte Zentrum, in dem auch noch die byzantinischen Behörden residierten, wird nicht so schnell aufgegeben, und Trastevere bleibt dicht bewohnt.

Daß die geschrumpfte Bevölkerung den Tiberbogen zu ihrem Wohnquartier machte, ist insofern bemerkenswert, als dieser südliche Teil des alten Marsfeldes ganz mit öffentlichen Bauten wie Tempel, Thermen, Theater und Portiken besetzt war und Wohnhäusern wenig Raum ließ. Man kann sich davon leicht ein Bild machen: geht man heute die 600 m vom Largo Argentina zum Campo dei Fiori und weiter zur Piazza Navona durch dicht bewohntes Quartier, so würde man auf der gleichen Strecke damals durch die Porticus des Pompejus, das Theater des Pompejus, das Odeon des Domitian zum Stadion des Domitian gegangen sein: also lückenlos öffentliche Gebäude bis auf die 80 m zwischen Theater und Odeon.

Was aber macht man mit einem Theater, in dem nicht mehr gespielt wird? Was macht man mit einem Tempel, vor dem nicht mehr geopfert wird und der seit 408 *ad usum publicum* freigegeben ist; mit Thermen, in denen kein Wasser mehr fließt? Man könnte sie einfach ihrem Schicksal überlassen, wenn man den Raum nicht braucht. Aber man brauchte die Fläche im Tiberbogen. So richtet man sich notdürftig in den zerfallenden öffentlichen Gebäuden ein, legt Werkstätten, Läden, Magazine in die Gewölbe *unter* den Sitzstufen des Theaters, baut Häuser *auf* die Sitzstufen, und nutzt noch lieber die Thermen mit ihrer praktischen Vielfalt von Räumen. Wenn aus öffentlichem Raum ein Wohnquartier wird, dann gibt es für den Historiker mehr zu beobachten als bei jedem anderen urbanistischen Vorgang. Es brauchte auch keine repräsentativen Straßenachsen mehr, keinen Raum vor dem Tempel für den Altar, keinen Achtungsabstand um ein öffentliches Gebäude – man mußte nur eben in seine Wohnung kommen, zum Gemüsemarkt, zum Fluß, in die Kirche. In den überdimensionierten antiken Bauten mußten sich die Menschen freilich zunächst verloren vorkommen. Sie konnten immer noch in ein Dorf innerhalb der Stadtmauern umziehen.

Das ländliche Rom begann, die geschlossene Siedlung endete schon beim Kapitol. So ist es seit dem frühen Mittelalter, und so wird es lange bleiben. Auch das Areal der Kaiserforen wurde vom Rückzug der Wohnbevölkerung in den Tiberbogen erfaßt. Trajans- und Nerva-Forum waren, wie die jüngsten Nachgrabungen von Roberto Meneghini und Riccardo Santangeli Valenzani ergeben haben, bis in karolingische Zeit noch leidlich erhalten, das Vespasians-Forum sah Prokop um 530 sogar noch in seinem Statuenschmuck, doch wurde es allmählich zu Begräbnisplatz und Schuttdeponie. Um 850 trifft es dann auch das Trajans-Forum: die gesamte Pflasterung, rund 3300 Marmorplatten, wird entnommen, eine dicke Schlammschicht bildet sich, wie die Grabung

Abb. 12. Die Kaiserforen im frühen Mittelalter. Versuch einer Rekonstruktion ihres Zustands im 10. Jahrhundert. Oben Trajansforum und Trajansmarkt, darunter das Augustusforum, unten das Nervaforum oder *Forum Transitorium* (nach Soprintendenza archeologica di Roma).

zeigte, über dem versumpfenden Grund, der Flurname *in Pantanis* («in den Sümpfen») hier sagt viel über den Zustand dieser – von der Cloaca maxima nicht mehr entwässerten und entsprechend ungesunden – Niederung aus.

Erst im 10. Jahrhundert scheint es zwischen den monumentalen Ruinen zu lockerer Wiederbesiedlung gekommen zu sein so, wie es Abb. 12 zu veranschaulichen sucht, darunter im Laufe der Zeit mehrere kleine Kirchen. Das angrenzende Augustusforum, schon in ostgotischer Zeit stark reduziert, bedeckt sich mit Gebüsch, nur auf das Tempelpodium setzt sich im 10. Jahrhundert ein Bau, Kirche und Kloster S. Basilio. Das Nervaforum, als *Forum Transitorium* wichtiger Durchgang vom Forum Romanum zur Subura (der *Anonymus Einsidlensis* wird um 800 in seinen Routen I und VII noch diesen Durchgang nehmen), läßt erst im 9. Jahrhundert eine starke Erhöhung des Erdreichs erkennen. Zwei respektable karolingische *domus* werden in dieses schmale «Durchgangsforum» hineingebaut, doch wirken sie unter den hohen Gebälken klein und überleben nicht lange.

Am ländlichsten scheint es im Caesarforum zugegangen zu sein. Nachdem auch hier der Plattenbelag vollständig entfernt worden war, wurde aus dem Forum eine Gartenlandschaft: in den Boden gezogene Furchen zeigen, wohl aus dem frühen 9. Jahrhundert, die Anpflanzung von Weinstöcken, ausgehobene Gruben die Anpflanzung von Feigen-, Nuß- und Kirschbäumen, dazwischen – auch dies ein Ergebnis paläobotanischer Untersuchung – Kohl und Salat, und mitten hindurch ein kümmerlicher Straßenzug in Richtung Kolosseum.

Denn in diese Richtung ging es ja auch zum Lateran, und das heißt: zur Kathedrale, zur kirchlichen Zentralverwaltung, zum Papst; und hier zog er beim *Possesso* nach der Krönung und als Leichnam vorbei. Hier muß es darum immer eine Straßenverbindung gegeben haben, durch die verfallenden Kaiserforen hindurch, und gewiß mehr als ein Trümmerpfad. Dafür spricht auch die Standortwahl von Adelsgeschlechtern wie Frangipani, Annibaldi, Conti, die dann längs dieser Achse ihre befestigten Sitze errichteten: die Annibaldi, dann die Caetani in der Torre delle Milizie auf dem Trajansmarkt, die Conti – seit ihrem Papst Innozenz III. – in einem aus antiken Quadern roh aufgeschichteten Turm auf einer Exedra des Vespasiansforums, die Frangipani in einem Segment des Kolosseums und mehreren benachbarten Türmen. Weitere Adelstürme zogen sich den Hang des Esquilin hinauf, andere erhoben sich sonstwo: man rechnet mit einer Vielzahl mittelalterlicher Türme im Stadtbereich. An die Stelle der monumentalen Tempelgiebel, die ernst auf ihre Foren herabblickten, traten die Geschlechtertürme, die einander feindselig anstarrten – und auf diese Turmwelt werden dann im Stadtbild die Kuppeln folgen, die einander harmonisch antworten.

Die völlige Preisgabe dieser Zone hat also nicht so lange gedauert wie man früher angenommen hatte. Die um 850 bei der Maxentius-Basilika errichtete Kirche S. Maria Nova zog Siedlung an, die bis ins Kolosseum hineinreichte, und deren Bewohner – mit sozial anscheinend steigender Tendenz – wir im Hochmittelalter einigermaßen kennen. Aber es wurde keine geschlossene Wohnsiedlung daraus wie im Tiberbogen. Hingegen verödete der nächst benachbarte Palatin im Laufe des Frühmittelalters bald: *domus Augustana* und *domus Flavia*, also die Kaiserpaläste im engeren Sinn, wurden zunächst wohl, als Sitz byzantinischer Amtsträger, noch teilweise instand gehalten. Aber die anderen Teile des Palatin wurden, wie neuere Untersuchungen gezeigt haben, schon aufgegeben, wurden Mülldeponie und Bestattungsplatz. Auch im späten 10. Jahrhundert dann noch einmal da oben Hof zu halten wie Kaiser Otto III.: dazu mußte man schon Otto III. sein, ein junger Schwärmer, der das römische Kaisertum bis ins letzte Zeremoniell wiederherstellen und jedenfalls in der Nähe seiner erlauchten Vorgänger residieren wollte, wahrscheinlich beim Konvent von S. Cesareo. Und man mag sich vorstellen, wie in verfallenden, notdürftig hergerichteten Prachträumen – der Fußboden wegen der begehrten Buntmarmore bereits lückenhaft, die durch die Fenster eindringende Vegetation zurückgeschnitten – der Kaiser, umgeben von seinen befremdeten Sachsen, die (nicht überzeugten, andersherum befremdeten) Häupter des römischen Adels empfing.

Folgen wir nun der Straße zum Lateran weiter. Sie führte mitten durch das Kolosseum, das im Innern über den Sitzstufen zu einem großen, mit Bäumen und Büschen gefüllten Krater geworden war und in den Gewölben unter den Sitzstufen zu einer Folge von Werkstätten, Magazinen, Wohnungen, und zog dann durch die Geländefurche zwischen Oppius und Caelius. Hier tritt man sozusagen in freie Landschaft (mit einzelnen Klöstern natürlich wie S. Clemente und SS. Quattro Coronati), und es zeigt sich, daß jetzt nicht nur Schuttberge, sondern auch natürliche Erdbewegungen das Geländerelief änderten. Wenn nämlich Böschungsmauern nicht mehr ausgebessert werden und darum nicht mehr dämmen, hat das seine Wirkung, nicht anders als bei den Straßen draußen. Wenn bei jedem frühmittelalterlichen Regenguß Erdreich links vom Oppius und rechts vom Caelius herunterkommt, dann trifft das natürlich die Straße dazwischen: so kommt es hier, unter S. Clemente, zu dem enormen Unterschied zwischen antikem und heutigem Niveau von 14 Metern gegenüber den häufigen sechs bis acht Metern. In einer Siebenhügelstadt gab es natürlich viele solcher Stellen, wo neben Tiberschlamm und zusammenbrechenden Bauwerken auch das gewöhnliche Erdreich von defekten Böschungsmauern und Terrassierungen nicht mehr daran gehindert wurde, auf die Straßen niederzugehen. Darum auch die hohe Verschüttung unter der Via del Tritone zwischen Pincio und Quirinal, und in anderen wasserführenden Furchen (die von der neueren Forschung viel beachteten *paleofossi*) zwischen den Sieben Hügeln. Wenn man Schutt und Schlamm nicht immer wieder bis auf das antike Pflasterniveau wegräumt, dann tritt es sich fest.

Jene Straße zum Lateran wurde wegen ihrer Bedeutung *Via maior* genannt. Doch war sie, trotz ihres vielversprechenden Namens, mit ihrer Umgebung eine öde Stelle im löchrigen Stadtgelände und endlich dermaßen heruntergekommen, daß man ihre Instandsetzung für dringend notwendig erklärte, «weil diese Straße sonst noch gefährlicher wird und letztlich ganz verschwindet» (*quasi dissolveretur in totum*), und wenig später noch nannte man sie, wie ähnlich schon im 12. Jahrhundert, «eine Wüste, ja besser: eine Räuberhöhle wegen der zahllosen Untaten, die dort begangen wurden» (*non via sed solitarius locus et quasi desertus, imo latronum spelunca*). Und das war die Straße zwischen Rathaus und Kathedrale! Man denke sich die Straße zwischen Rathaus und Kathedrale in anderen Städten dieser Zeit, in Florenz, in

Mantua, in Lucca. Allerdings war das der Zustand in der Zeit des Großen Schismas, als Rom, nach freundlicheren Zeiten und intensiver Bautätigkeit im 12. und 13. Jahrhundert, um 1400 seinen absoluten Tiefpunkt erreichte und einen Anblick bot, der nur noch Staunen, Mitleid und Hohn erregte. Die damals vielleicht 25 000 Einwohner fanden bequem im Tiberbogen Platz.

Damit haben wir die wichtigste Siedlung innerhalb des *disabitato* erreicht, die um den Lateran. Lassen wir *abitato* und *disabitato* noch einmal auseinandertreten und betrachten sie aus größerer Distanz. Die Wohnsiedlung begann im Norden nicht schon bei der Porta del Popolo, sondern erst bei S. Silvestro und endete im Süden schon bei S. Maria in Cosmedin, schon am Palatin (Abb. 11). Ringsum bis an die Stadtmauern ein weites leeres Gelände, agrarisch genutzt oder ganz verwahrlost. Leere und Verwahrlosung: das galt nur für die Wohnsiedlung, die weiten Flächen, nicht für Kirchen und Klöster, die – in seltsamem Kontrast dazu – auch im *disabitato* verstreut erbaut, erneuert, instand gehalten wurden. Um die großen Kirchen bildeten sich Siedlungen: eine kleine um S. Maria Maggiore, eine größere und wachsende um S. Giovanni in Laterano. Sie boten diesen isoliert gelegenen Kirchen, von denen sie abhängig waren, allerdings keinerlei Schutz, nicht einmal dem päpstlichen Hof im Lateran: darum wohl der befestigte Klosterkomplex von SS. Quattro Coronati, der noch heute wie eine Burg über der Straße zum Lateran aufragt. Die ferne Kathedrale wurde sorgfältig instand gehalten und für die Kirchen gesorgt, die ihr liturgisch zugeordnet waren.

Auch andere Kirchen und Klöster des frühen und hohen Mittelalters im *disabitato,* etwa den Esquilin hinauf (S. Prassede, S. Martino ai Monti, S. Vito in Macello u. a.) waren gewiß von einigen Häusern umgeben, aber auch sie blieben außerhalb der geschlossenen Siedlung, zu der sie natürlich irgendwie Verbindung hielten. In diese Isolierung fiel selbst die große Siedlungsinsel um die Kathedrale nach dem 13. Jahrhundert immer mehr zurück, und so wird es dann bis ins 19. Jahrhundert bleiben, als der Raumbedarf der neuen Hauptstadt den *disabitato* zum *abitato* werden ließ.

Während andere Städte in Italien ihren antiken Mauerring im

Hochmittelalter hatten erweitern müssen, verlor sich in Rom die Bevölkerung in einem Winkel der Stadtmauern, die mit ihren 18,8 km Länge viel zu weit geworden waren. Ja die Aurelianischen Mauern gerieten selbst so tief in scheinbar offene Landschaft, daß sie noch im 19. Jahrhundert von Malern, noch im 20. Jahrhundert von deren Interpreten mit den Aquädukten der einsamen Campagna verwechselt werden konnten; daß Kirchen innerhalb der Mauern für Landkirchen, daß römische Häusergruppen für Dörfer draußen in Latium gehalten wurden! Solch drastische Fehlbestimmungen, bezeichnend für Stadt*landschaft*, gibt es in keiner anderen Stadt der Welt.

Natürlich hatten auch in römischer Zeit die Aurelianischen Mauern nicht nur Wohngebiet umschlossen; sie hatten aus strategischen Gründen die Hügel einbeziehen müssen, auch die entfernteren wie den Pincio im Norden und den Kleinen Aventin im Süden, und so holten diese Mauern auch weit in lockerer besiedelte oder von ausgedehnten Gartenanlagen besetzte Zonen aus – und man mag sich vorstellen, wie am Ende der Antike die exotischen Gewächse aus den Luxusgärten der Senatsaristokratie ausbrachen und gemeine Campagna-Vegetation in sie einbrach. Wer Rom von der Porta Appia her betrat, hatte auch in römischer Zeit nicht gleich ein Wohnquartier vor sich: bis zum Bau der Aurelianischen Mauern außerhalb der Stadtmauern gelegen, reihten sich hier die Grablegen bedeutender Familien wie der Scipionen, die zunächst noch weiterhin einen gewissen Achtungsabstand um sich wahrten. Doch wer im Mittelalter diesen Weg nahm, fand – sozusagen im Stadtinnern – auf den rund 2 ½ km bis zum *abitato* bei S. Maria in Cosmedin außer drei vereinzelten Kirchen keine Siedlung. Wer hingegen von der Porta Praenestina (oder Maggiore) eintrat, sah längs der Via Labicana, die in antiker Zeit sogleich dicht mit Bauten besetzt gewesen war, noch bevor sie die Wohnquartiere des Esquilin erreichte, jetzt zunächst nur Leere. Und wer von Norden, durch die Porta Flaminia/del Popolo, hereinkam, konnte sich dort lange fragen, wo denn eigentlich die verheißene Stadt sei. Erst die Renaissance-Päpste werden hier im weiten Marsfeld die Bebauung bis an das Nordtor vorschieben.

Nun also waren weite Flächen zu *disabitato* geworden, denen das

Kapitol getrost den Rücken zuwenden konnte: Ödland, Viehtriften, Gärten, Weinberge (es ist bemerkenswert, wie viele Vignen innerhalb der Stadtmauern in den Urkunden genannt werden). Die Akten römischer Notare sind eine gute Quelle, um ein anschauliches Bild von diesen ländlichen Bereichen zu gewinnen. Da Verkaufs- oder Pachturkunden eine genaue Beschreibung der Grundstücksgrenzen erforderten, haben wir mit dem einen verhandelten Grundstück jeweils auch die angrenzenden Grundstücke mit ihrem Bewuchs vor Augen, etwa: ein Weinberg mit seiner *vascha* (das war manchmal ein zur Wanne umfunktionierter antiker Sarkophag), auf der einen Seite anstoßend ein Feld mit Apfelbäumen, auf der anderen ein Gelände mit einer Scheune und mit *crypte* (das sind hier fast immer die Gewölbe antiker Substruktionen); auf der dritten Seite … usw. Und das alles innerhalb der Stadtmauern, in Urkunden schon des 10. Jahrhunderts. Und so kann man, da viele dieser Grundstücke sich einigermaßen lokalisieren lassen, einen Gang durch dieses Gelände machen – nicht in phantasievoller Ausmalung des Vermuteten, sondern in notarieller Aufnahme des Faktischen. Viel Grund erweist sich als Klosterbesitz – was freilich auch daran liegt, daß solche Urkunden in kirchlichen Archiven eine gute Überlieferungschance hatten, in privater Hand damals aber überhaupt keine.

Der Pflanzenwuchs, der diese Ruinenwelt jahrhundertelang überzog, ist sorgfältig untersucht worden, die Ruinenflora des Kolosseums schon im 19. Jahrhundert, die verbliebenen Flächen des *disabitato* jüngst wieder durch italienische Botaniker. Allein im heute so kahlen Kolosseum zählte der englische Botaniker Richard Deakin um die Mitte des 19. Jahrhunderts 420 verschiedene Pflanzenarten: unten auf den senatorischen Rängen zahllose Glockenblumen und Calendula, oben auf den billigen Plätzen wucherte der Asphodelus.

Und sonst all das, was an spontaner Vegetation in solcher Ruinenlandschaft klassifiziert worden ist. Ruinen bieten bekanntlich spezifische Nährstoffe, und das zieht, als *ruderal vegetation*, manche Pflanzenarten an. Antike Mauer aus Tuffblöcken hat ähnliche Vegetation wie eine natürliche Tuffklippe. Beweidete Ruinenlandschaften haben anderen Bewuchs als völlig unberührte, und betretene Trümmerpfade

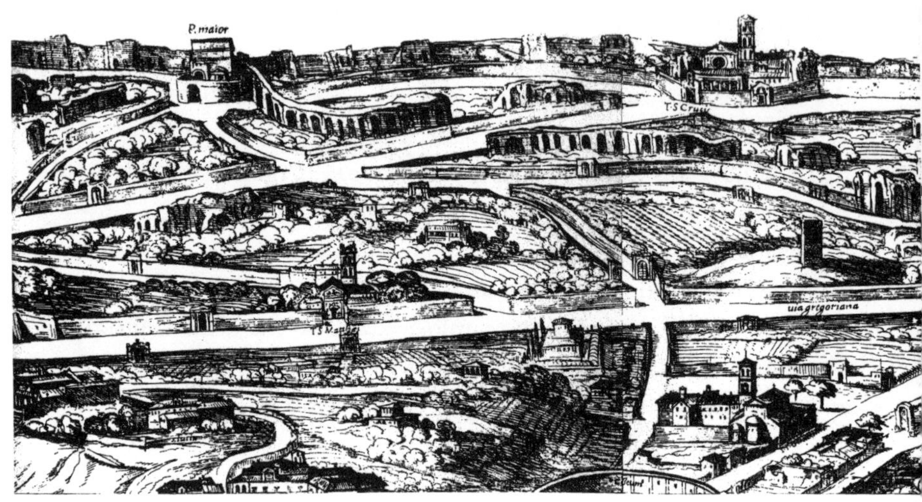

Abb. 13. Teil des *disabitato* zwischen Porta Maggiore, S. Croce (oben rechts) und Kolosseum (unten rechts) am Ende des XVI. Jahrhunderts. Schon ist das weite Gelände, dominiert von den Arkaden der römischen Aquädukte, von ersten Straßengeraden erschlossen, die es so im Mittelalter nicht gegeben hatte. Rom-Plan des Antonio Tempesta 1593, Ausschnitt.

einen anderen als abgelegene Trümmerflächen (wer jung in zerbombter Stadt Verstecken spielte, weiß das). Man gehe selbst einmal die Aurelianischen Mauern entlang, wo möglich auch auf ihrer Innenseite (stellenweise an Resten des *disabitato*), vor einer nächsten konservierenden Ausjätung der mauerbrechenden Arten. Der Schopf von Steineichen auf einem Turmrest, der Vorhang von Efeu eine Mauer hinab, die Polster von Moos, die Büschel von Farnen: die Ruinenwelt findet wie ihre historische, so auch ihre botanische Erklärung.

Man kann im übrigen, um sich ein Bild von diesen leeren Zonen zu machen, durchaus auch spätere Rom-Pläne wie den des Antonio Tempesta von 1593 (Abb. 13) oder die Zeichnungen des Maarten van Heemskerck von 1534 heranziehen, denn sie geben, wie die des *Anonymus Escurialensis* (um 1490), «kaum ein anderes Bild, als es der *disabitato* 400 oder 500 Jahre zuvor gezeigt haben muß» (Krautheimer).

Die monumentalen Ruinen, die da einsam zwischen Feldern und

Gärten aufragten, sagten denen, die alltäglich mit ihnen zusammenlebten, nicht so viel wie den gelehrten Fremden. In den verfallenen Monumenten des *disabitato* erkannten sie die Größe Roms mehr als in der mittelalterlichen Stadt des Tiberbogens: «*Roma quanta fuit, ipsa ruina docet*», «Wie gewaltig Rom gewesen ist, zeigen noch seine Ruinen». Da denken wir leicht: so reden halt die Dichter. Aber nein, daß die monumentalen Ruinen der einstigen Größe Roms *entsprechen*, ist wahre Übereinstimmung und nicht selbstverständlich – man denke daran, was Thukydides I 10,2 über Sparta sagt: Wenn diese Stadt später einmal veröden würde, wird sich anhand dessen, was an Tempeln und Gebäuden übrig bleibt, niemand mehr vorstellen können, wie mächtig Sparta einmal war.

Ein Gang durch den *disabitato* führte diese majestätische Ruinenwelt unverstellt vor Augen. Wie die Propheten das verödete Babylon schilderten – die verlassenen Häuser von Eulen bewohnt, das Käuzchen schreiend in den leeren Fenstern, Vögel nistend in den Säulenkapitellen (das geht nur in korinthischen Kapitellen und ist da heute noch zu sehen), wilde Hunde heulend in den zerfallenden Palästen, Herden sich lagernd zur Weide (Jes. 13, 21; 32,14; 34,11; Zeph. 2, 14): im frühen Mittelalter konnte man das alles leibhaftig in dieser Rom-Landschaft sehen. Aber dies alles doch schon umhüllt von einem großen Neuen: vom Anspruch, abermals das Haupt einer Welt zu sein, das Haupt der Weltkirche wie zuvor das Haupt des Römischen Reiches. Das eben ist das Ewige am Ewigen Rom.

V

∽ ▴▲▴ ∼

Fremde Landschaft und vertraute Landschaft in Reiseberichten des späten Mittelalters

Wie beschreibt man Aussehen und Ausmaße fremder Länder aus reiner Anschauung ohne die ausgebildete Begrifflichkeit moderner Länderkunde? Wie vermittelt man die Lage einer Stadt, die Breite eines Flusses, die Höhe eines Gebirges, ohne voraussetzen zu dürfen, daß für Grundinformationen, Daten, Rückfragen doch Atlanten, Länderkunden, Nachschlagewerke und das Internet zur Verfügung stehen? Wie kann man einem Leser, der den engen Kreis seiner Heimat vielleicht noch nie verlassen hatte, die Weite Asiens, die Lage von Jerusalem, das Geländerelief von Bethlehem, den Eindruck von der Gegend um Beirut ohne Rückgriff auf Kartenwerke und Bildbände vor Augen führen, buchstäblich «vor Augen führen»?

Das Mittelalter bewältigte diese Probleme durch den Vergleich: indem es fremde Gebirge mit heimischen verglich, ferne Flüsse mit nahen, unbekannte Städte mit vertrauten. Ein Verfahren, das als Verständigungshilfe unmittelbar einleuchtet und auch uns nicht ganz fremd ist, nur daß wir, mit allgemein verbindlicher Fachterminologie, mit Enzyklopädien und anderen Informations- und Verständigungsmitteln, nicht mehr so darauf angewiesen sind. Die breite Verwendung des Vergleichs in den mittelalterlichen Reiseberichten kann den heutigen, den nicht direkt angesprochenen Leser etwas verwirren, da es ihm oft ein Vergleich zwischen zwei Unbekannten ist, oder das zu Vergleichende womöglich bekannter ist als das Verglichene, Dubrovnik bekannter als Gisors, der Berg Tabor bekannter als der Desenberg. Für unsere Zwecke ist aber gerade dieses Vorgehen reizvoll, denn es führt zu einer sehr persönlichen Gegenüberstellung von Landschaftsbildern, so daß wir Landschaft gleich doppelt sehen: die fremde Landschaft gespiegelt in Ausschnitten heimischer Landschaft. Insofern hat auch diese Fragestellung, die uns in ferne Länder führen wird, mit italienischer Landschaft zu tun.

Dabei sei von Reiseberichten gewöhnlicher Menschen ausgegangen, die in der Fremde mit der Fülle der Erscheinungen zurechtzukommen suchten. Beabsichtigt ist nicht eine Theorie mittelalterlichen Perzeptionsvermögens, sondern viel bescheidener: über die gewählten Vergleiche herauszubekommen, wie diese Reisenden fremdes Land sahen, welche Wahrnehmungsmaßstäbe sie in sich trugen, und welche Beobachtungen ihnen so wesentlich schienen, daß sie sie den Menschen daheim begreiflich machen, in heimatliche Verhältnisse übersetzen wollten. So wird die Untersuchung von Vergleichen eine Versuchsanordnung, die erkennen läßt, worüber Menschen sich verständigen wollten, und worauf und womit sie sich verständigen konnten.

Es beginnt mit schlichten Gleichungen: der Nil so breit wie der Rhein, der Jordan so schlammig wie der Po, der Don so breit wie die Seine. Noch häufiger der Vergleich von Städten zur Kennzeichnung ihrer Größe. Heute sind die Größenordnungen auf den Begriff gebracht, sind die Einwohnerzahlen auch von Kleinstädten jederzeit abrufbar. Damals geht es über den Vergleich: Jerusalem ist dem einen so groß wie Basel, dem anderen so groß wie Pistoia, einem dritten so groß wie Augsburg – ohne daß wir nun Basel und Pistoia und Augsburg untereinander gleichsetzen dürften, denn das sind höchst subjektive Impressionen, die eher Anthropologisches als Metrologisches aussagen – und die verglichenen Realitäten werden ja «nicht aufeinander, sondern jede für sich nur auf ein Drittes bezogen» (Hegel, Wissenschaft der Logik). Vor allem aber: jeder vergleicht, da ein allgemein Vertrautes nicht zu denken ist, in den vertrauten Maßstäben seiner Heimat: dem Pariser ist Venedig halb so groß wie Paris, dem Nürnberger ist Alexandrien eineinhalbmal so groß wie Nürnberg, dem Florentiner Damiette doppelt so groß wie Florenz.

Daß die Vergleiche so disparat ausfallen, liegt eben darin, daß sie in unterschiedlicher Wirklichkeit verankert sind und daß das Vertraute, das sie als diesseitigen Bezugspunkt nennen, manchmal recht klein portioniert und nicht übertragbar war: diese Begrenztheit des Adressatenkreises muß die literaturgeschichtliche Rezeptionsforschung in Rechnung stellen. Der Luzerner vergleicht mit Luzern für Luzerner und sieht in Jerusalem die Via dolorosa *wol als lang, als die hofbrugg zuo Lucern*; dem Florentiner dient seine S. Maria Novella dazu, die Größe der Geburtskirche in Bethlehem, einer Moschee in Kairo, oder von S. Maria Maggiore in Rom zu bestimmen. Es gibt nichts, wofür sich nicht eine heimatliche Entsprechung finden ließe – und so ziehen diese Reisenden eine breite Spur französischer, italienischer, deutscher Vergleiche quer durch den Vorderen Orient. Manchmal ist es nicht die Ausdehnung allein, die in den Größenvergleich eingeht, sondern auch ein Urteil über Ansehnlichkeit und Bedeutung der Stadt. So wenn ein Florentiner bemerkt: *tanto è a dire di là Damasco quanto a dire a noi di qua Parigi*, «wenn man dort ‹Damaskus› sagt, dann ist das so, wie wenn man bei uns ‹Paris› sagt».

Daß es auch die Maßstäbe sind, die die Vergleiche so unterschiedlich ausfallen lassen, gilt natürlich auch im Kleinen, wie hier kurz vorgeführt sei, da es handfest deutlich macht, daß die Problematik des Vergleichs in mehr als der bloßen Gegenüberstellung zweier Wirklichkeiten besteht. Pilger von nördlich der Alpen sehen anders, weil ihr Auge anders erzogen, ihre Umgebung anders geprägt, ihr Interesse anders gerichtet ist. Daß die Mosaiksteine in der Geburtskirche zu Bethlehem «so groß wie Bohnen» sind, würde einem Florentiner schwerlich in den Sinn kommen. Er brauchte ja nur in seinem Baptisterium an die Decke zu schauen, und «Bohne» war für ihn sowieso keine Kategorie. Oder: daß die Geißelsäule «so dick wie ein ordentlicher Birnbaum» ist, wie ein Breslauer 1496 seinen Breslauern mitteilt, ist auch nicht gerade das, was einem Italiener einfällt, der in seinem Leben vermutlich mehr Säulen als Birnbäume sah.

Sie vergleichen eben nicht nur verschieden, sie sehen schon verschieden, und wie könnte es anders sein. Führen wir zwei Pilger, einen kleinen deutschen Adeligen und einen angesehenen Mailänder

Domherrn, aus ihrer gemeinsamen Pilgergaleere bei einem Landgang auf der griechischen Insel Ios hinauf zu derselben Burg und lassen sie denselben Fernblick tun. Der Deutsche besieht jeden Winkel der Burg und ist tief beeindruckt; auf Pietro Casola – ein Greis von grimmiger Urteilslust – hingegen wirkt der Platz «wie ein Schweinestall (*uno stabulo de porci*), in der Lombardei hätte man an so einer Stelle längst eine richtige Festung gebaut». Der Deutsche preist den Fernblick (*sachen wier gar verr*) über Meer und Inseln, sogar Troja will er von dort gesehen haben. Dem Italiener kann man so etwas nicht erzählen. Doch zurück zu den großflächigen Vergleichen.

Eine Vorstellung von fremder Wirklichkeit über den Vergleich mit vertrauter Wirklichkeit zu geben: dieser Vorsatz wurde auch auf Landschaftsbild und Geländerelief angewendet. Die Gegend zwischen Gaza und Hebron sehe aus «so wie unsere Toskana», um Beirut «wie das Mugello», anderes «wie bei Poggibonsi». Ein Florentiner, der angesehene Giorgio Gucci, geht bei seiner Jerusalemfahrt 1384 sogar so weit, ganze Gelände-Szenarien zu vergleichen, und bezieht dabei Oberflächenrelief und Hangneigung ausdrücklich ein. Beim Berg der Versuchung denke man sich den Hang «so steil wie den von Fiesole», und die Stelle in Bethlehem, wo der Engel dem Joseph erschien, wirke «fast wie wenn man den Hang von S. Miniato al Monte heruntergeht». Die Stelle auf der Via dolorosa, wo der kreuztragende Jesus seiner Mutter begegnet, denke man sich so, als ginge Jesus in Florenz die Straße von S. Felice in Piazza (die Kirche gegenüber dem Palazzo Pitti) und Maria käme den Hang beim Toscanelli-Brunnen herunter (in der Via Toscanella zwischen S. Felice und Arno). Das ist heilsgeschichtliche Topographie im Maßstab 1:1 auf die eigene Stadt, ja auf ein begrenztes Viertel übertragen; nicht in Kreuzwegstationen schematisiert, sondern dem Florentiner dreidimensional vors Haus gestellt! Es könnte ja sein, daß ein kleiner Florentiner Maler sich bei seiner Passionsdarstellung von solchen Geländeübertragungen dankbar hat leiten lassen, denn S. Felice in Piazza, das kannte er, und den Hang von S. Miniato sah er vielleicht sogar aus seinem Fenster.

Nur scheinbar ein architektonischer, in Wahrheit wieder ein topographischer Vergleich ist der Versuch des Pilgers Hans Tucher, seinen

Nürnbergern in einem *gleichnuß* die Anordnung der wichtigsten Stätten innerhalb der Grabeskirche durch Übertragung auf die vertraute Stadtkirche St. Sebald anschaulich zu machen. Man beginne am Dreikönigsportal. Wenn man in St. Sebald dann geradeaus gehend dahin kommt, wo das Gestühl aufhört (*da ungefehrlich die Stuele ein Ende haben*), wäre das die Stelle, wo Christus nach der Kreuzabnahme lag. Geht man von dort in St. Sebald zum Katharinen-Chor (also nach Westen), so schlösse sich dort die Grabrotunde an, die man sich wie die nachgebaute Grabeskirche in Eichstätt vorstellen wolle. Um Jesu Rock gewürfelt worden wäre in St. Sebald beim Sakramentshäuschen: die Dornenkrone aufgesetzt worden wäre ihm in St. Sebald zwischen Petersaltar und Stephansaltar, und gekreuzigt worden wäre er beim Dreikönigsportal mit Blickrichtung Schule. So wird Heilsgeschichte zu Hause abschreitbar.

Nicht die Größe einer Stadt, sondern ihre Lage und ihre Topographie will Felix Fabri, Ulmer Dominikaner aus Zürcher Familie, auf seiner Heiliglandfahrt 1484 seinen Lesern mit einem Vergleich vor Augen führen. So bedient er sich der Hügel von Basel, um das bewegte Relief von Jerusalem anschaulich zu machen: man denke sich den Leonhardshügel in Basel als Berg Zion in Jerusalem, den Petershügel hier statt des Berges Golgatha dort, und den Martinshügel als Tempelberg Moria. Da sieht der Leser nicht nur das Auf und Ab von Hügeln, sondern sogar ihre Zuordnung zueinander. Und jedem sein eigener Vergleichs-Berg, um Gestalt und Profil eines fremden Gebirges zu kennzeichnen: Ludolf von Sudheim, um 1340 auf Orientreise, findet den Libanon dem heimatlichen Teutoburger Wald «in allem ähnlich» und den Berg Tabor, «isoliert in einer Ebene und sehr hoch», dem Desenberg bei Paderborn «in allem sehr ähnlich»; ein italienischer Notar vergleicht sogar den Müllberg von Alexandrien (*de fimo et immunditia platearum et domorum*) in seiner Höhe mit einem Hügel bei seiner Heimatstadt in Campanien.

Das Heilige Land war, durch den geradezu fahrplanmäßigen Pilgergaleerenverkehr Venedigs, noch in jedermanns Reichweite – und doch war es schon schwer, den Vorderen Orient mit seinen fremdartigen Bauwerken darzustellen: da mußte man sie sich eben ausdenken,

Abb. 14. Wie der Vordere Orient, in vielen Pilgerreiseberichten beschrieben, mit seinen fremdartigen Bauwerken aussah, davon hatte man im nördlichen Europa keine rechte Vorstellung. Wollte der Maler Heilsgeschichte in ihrer «richtigen», also in phantastisch fremder Umgebung darstellen, mußte er sich verfremdende Requisiten einfallen lassen. Wie hier Hieronymus Bosch, der in seiner «Anbetung der Könige» (um 1510) den Hintergrund mit den bizarren Türmen angeblich orientalischer Architektur ausstattet, die wie zisterziensische Großküchen oder wie Flakbunker wirken. (Madrid, Prado; Ausschnitt).

und Fremdheit ließ sich an Architektur leichter sichtbar machen als an Geländekonturen (Abb. 14). Wie aber stellte man das Innere Asiens dar? Denn da wollte nie Gesehenes, Unerhörtes vermittelt werden, und schon Marco Polo (dem Illustratoren Fabelwesen in seinen Bericht malten, von denen er selbst gar nichts geschrieben hatte!) mußte erleben, daß man ihm die beschriebene Wirklichkeit nicht abnehmen wollte: «die Wirklichkeit, nicht das Phantastisch-Monströse übersteigt das Fassungsvermögen» (Fried). Nüchtern, präzise und doch anschaulich beschreibt der flandrische Franziskaner Wilhelm von Rubruk seine Reise zu den Mongolen, die er auf Initiative des französischen Königs Ludwigs des Heiligen in den Jahren 1253–1255 unternahm, um die Möglichkeiten einer Kontaktnahme zu sondieren. Und so übersetzt er dem König das Gesehene und Erlebte in die vertrauten Verhältnisse der Île-de-France: der endlose Ritt durch die Weiten Asiens, anderthalb Monate im Spätherbst, scheint ihm täglich die Distanz Paris-Orléans, *quolibet fere die quantum est a Parisiis usque Aurelianum*; im Wolga-Delta ist ein Flußarm fast doppelt so groß wie (dem König von seinem Kreuzzug in frischer, leidvoller Erinnerung) der Nil-Arm von Damiette; die Stadt Karakorum nicht so ansehnlich wie der Bourg-St-Denis, das Kloster St-Denis «zehnmal mehr wert» als der Palast des Großkhans dort. Und so weiter.

Manchmal meint Rubruk, an die Grenzen verbaler Darstellung zu stoßen: «Ich könnte Euch das nicht anders als durch eine Abbildung recht anschaulich machen» (die Illustration mittelalterlicher Reiseberichte – wie sie eingesetzt wird, wie getreu sie abbildet, was sie aussagen will – wäre ein eigenes Thema). Wer auch solche Bemerkungen als Topos abtut, wird der Textgattung von Reiseberichten schwerlich gerecht werden.

Von eigentümlichem Interesse sind Fälle, in denen Menschen eine Landschaft betreten, von der sie zuvor eine Vorstellung hatten, die sie nun ausdrücklich korrigieren: Imagination berichtigt durch Autopsie – anders als gedacht, aber eben: überhaupt einmal gedacht, Vorstellungen evoziert durch Namen und Ereignisse. «Die Gegend hier sieht aber anders aus als auf Euren Tapisserien dargestellt» (*autrement sont que en vostre tapisserie ne sont faiz*), schreibt der provenzalische Ritter Antoine de la Sale an die Herzogin Agnes von Bourbon, nachdem er 1420 auf ihren Wunsch den Berg bei Norcia bestiegen hatte, in dem man die Sibylle eingeschlossen glaubte. Er fügt eine – ziemlich tref-

Abb. 15. Um der Herzogin Agnes von Bourbon eine Vorstellung zu vermitteln, daß die Landschaft des Sibyllenberges in Mittelitalien «ganz anders ist als auf Euren Tapisserien dargestellt», fügte Antoine de La Sale in seinen Bericht über die Besteigung 1420 eine topographische Skizze ein, die das Gelände ziemlich treffend darstellt: hier die Spitze des Sibyllenberges («Le mont de la Reyne Sibile») mit dem Eingang zur Grotte («l'entrée de la cave») und dem Lichteinfall des Eingangsbereichs, auf der Bergschulter der Ort Montemonaco; und gegenüber (außerhalb unseres Ausschnitts) der Gipfel mit dem «lac de Pilate». (Musée Condé de Chantilly, côte 653 fol. 6r, Ausschnitt).

fende – topographische Zeichnung bei (Abb. 15), und beschreibt dann die Landschaft in der gewohnten, auf den Adressaten zugeschnittenen Weise: der Pilatussee dort oben scheine ihm «an Umfang so wie Eure

Stadt Moulins», *du tour de Vostre ville de Moulins*. Ein anderer, Konrad von Querfurt um 1195, hatte sich den Rubikon viel ansehnlicher gedacht und muß nun enttäuscht seine Vorstellung redimensionieren: «ein winziger (nicht Fluß, sondern) Bach», *minimus non fluvius sed rivulus* – nämlich nicht so breit, wie Caesars großer Entscheidungsschritt hätte erwarten lassen. Der Platz unter dem Kreuz, beobachtet ein Pilger 1497 in Jerusalem, sei in Wirklichkeit viel kleiner als auf unseren Kreuzigungsdarstellungen gemalt, Maria und Johannes paßten da unmöglich noch hin, *als man die figur malet*, «wie wir das immer gemalt sehen». Ein Reisender findet die Architektur Paduas nicht so ansehnlich, wie er das beim Namen Padua erwartet hätte.

Wie eindringlich fremde Landschaft aufgenommen und – auch ohne Vergleich mit vertrauter Landschaft – dargestellt werden konnte, sei an der Beschreibung einer Region gezeigt, die man nicht so leicht betrat wie Italien oder das Heilige Land: der griechischen Inselwelt. Aber Italiener kommen überallhin und haben dann auch die Lust und die Gabe, darüber zu schreiben. Der Florentiner Cristoforo Buondelmonti bereiste zwischen 1414 und etwa 1430 die Ägäis und verfaßte darüber einen *Liber insularum Archipelagi* und eine Beschreibung von Kreta: nicht Landeskunde vom Schreibtisch, sondern praktische, selbst erfahrene Geographie. Gebirgsrelief, Ankergründe, Bewohnbarkeit, Fauna und Flora, Nennung bei antiken Autoren (auch kritisch: daß Ovid Ariadne auf Chios statt auf Naxos von Theseus verlassen sein läßt, sei wenig wahrscheinlich, weil Chios nicht an der Route Kreta-Athen liege), aktuelle Informationen aus dem Munde der Einwohner: all das mitsamt Kartenskizzen findet sich zu den einzelnen Inseln, sichtlich aus eigenem Augenschein, den Buondelmonti in Worten (*vidi, repperi, inveni*) und erzählten persönlichen Erlebnissen immer wieder durchblicken läßt.

Dabei tritt – und das sei hier in den Vordergrund gestellt – Landschaft aufs schönste in den Blick. Buondelmonti dringt tief in sie ein und nimmt sie mit allen Sinnen wahr: er sieht und beschreibt Fernblicke von Kalymnos und von Kreta, hört das nächtliche Rauschen des Windes in den Büschen, spürt den Duft des Thymians in den Bergen Kretas, fühlt die Kühle des Quellwassers, schreibt vom Geschmack des Weins aus unterschiedlichen Anbaugebieten derselben Insel. Er durchstreift ausgedehnte Ruinenstädte und versandete antike Häfen, sieht Statuenfunde in den Weinbergen und entdeckt Gebäudereste so zugewuchert, «daß die antiken Umrisse kaum zu sehen waren» (*quod vix ab aliquo antiqua lineamenta videntur*). Selten daß auch er – für seinen Florentiner Freund Niccolò Niccoli – zu Vergleichen greift (zwei Zisternen, «von denen die eine wie meine Kirche in Florenz ist»). Mit besonderer Aufmerksamkeit beschreibt er auf Kreta jeden Fluß, jeden Wasserlauf: Quelle, Wassermenge, Verlauf, fließend, stürzend, tönend, Mühlen treibend. Auffliegende Rebhühner; Kirchen zwischen Gärten mit früchteschweren Bäumen, das Echo der Meeresgrotte – solche Eindrücke sind nicht dekorativ über den Text verteilt, sondern jeweils an ihrer Stelle erzählt. Marmortrümmer bei einer Quelle und weidende Schafe und andere arkadische Szenerien, wie man sie hier nicht aus bukolischer Dichtung abschreiben mußte, sondern, wenn dafür empfänglich, in der Landschaft erleben konnte. Und daneben lebensvolle Gegenwart: wirtschaftliche Produktion, Arbeitsrollen der Frau, Fluchtorte bei türkischen Überfällen.

Wer antike Reste im Gelände aufspüren wollte – und dieses Verlangen überkam im Quattrocento viele –, der mußte sich wohl mit der Landschaft einlassen: wie eben Buondelmonti oder der bekanntere Cyriacus von Ancona (1391–1452), der auf seinen Reisen übers griechische Festland und von Insel zu Insel seine archäologischen Neigungen in freier Landschaft auslebte. Cyriacus transkribiert Inschriften unter Gestrüpp, läuft vereinsamte Stadtmauern im Gelände ab und zeichnet ihren Steinschnitt, notiert Spolien an Bauernhäusern und an den kleinen Kastellen italienischer Inselherren (deren rasante Titel – ‹Herzog des Archipelagus› – in ihrer seltsamen Verbindung von mittelalterlich und klassisch wie Faust II klingen, Faust und Helena); wandert auf Chios vom Hafen zum angeblichen Grab Homers, das schon Buondelmonti in seine Kartenskizze eingetragen hatte. «Einige alte Leute, die dort wohnten, sagten uns, es sei in einem Tal bei einer schönen Quelle mit alter Mauer in einem am Hang liegenden Garten ...». Solche vor-museale Altertumskunde kommt nicht ohne Landschaft aus, sie muß ins Gelände.

Und nun aus der gleichen griechischen Inselwelt die Schilderung eines anderen, der nicht durch die Schule der Humanisten gegangen war: jenes Dominikaners Felix Fabri. Auf der Rückfahrt vom Heiligen Land schildert er im Spätherbst 1483, anläßlich eines Landgangs auf der griechischen Insel Melos beim Zusammentreffen venezianischer Galeerenkonvois, die Küstenlandschaft mit ihren Felswänden und tosenden Grotten, das große Essen am sonst einsamen Strand, ja sogar Atmosphärisches in anziehender Mischung von präziser Beobachtung und empfundener Stimmung. Etwa wie sich der plötzliche Einbruch des Winters zwischen den Inseln bemerkbar macht:

> «Seit diesem Tage verfinsterte sich der Himmel mit Wolken, verlor die Sonne ihren Schein, fegten Windböen durch die Luft, rauschte der Wald, ächzte der Boden, tobte es irgendwie in den Höhlen, und alles wurde plötzlich trister (*et quodammodo in cavernis tumultuari et omnia reliqua repente tristari coeptum est*) ... Auch wir Pilger stiegen an Land, kauften Fleisch, brachten uns anderes, wie Wein und Brot, von den Schiffen mit, machten uns an einem Berghang über dem Meer Feuer in einer Höhle unter einem gefährlich überhängenden Felsen ... Nach dem Essen schlenderten wir Pilger neugierig am Strand umher, und ich will niederschreiben, was wir sahen, damit die Beschaffenheit des Platzes klar wird. Vorn über dem Meeresufer steht eine Kapelle ... Von der Kapelle stiegen wir herunter ans Ufer zu einer Stelle mit viel Klippen, um dem Aufprall der Wellen auf die Klippen zuzusehen (*ut videremus impactionem maris in scopulos*). Wir fanden dort antike Gebäude aus Quadern und sahen verfallene Mauern auch noch bis ins Meer hineinreichend: wir waren ganz sicher, daß hier einmal ein Kastell zum Schutz des Hafens gestanden habe. Gegenüber auf der anderen Seite steht ein alter Turm, früher Zuflucht von Seeräubern, auch er verlassen und verfallen ... Wir schweiften über den Strand und kamen anschließend zu einer großen Bergspalte, die bis zum Meer hinunterreichte. Der Felsspalt war nicht breit, aber sehr tief, und wenn das Meer hineinlief, gab es tief hinten einen Ton ... Denn das heranrollende Meer prallt bei diesen Höhlungen vorher nicht auf Felsen oder Klippen, sondern dringt unter den Berg, der hier nämlich ohne jede Unterfangung ganz über dem Meer zu hängen scheint, ganz hohl, und im Berge selbst macht das Meer das Getöse. Während wir dort spazierengingen, hatte ich insgeheim Angst, der Berg werde abbrechen und herunterstürzen, wie das eines Tages zweifellos auch passieren wird ... Dann stiegen wir auf die Höhe, um einen Rund-

> blick zu haben, und fanden dabei viele Grotten und Höhlen ... Diese Höhlen schienen uns durch die Arbeit des Wassers entstanden zu sein, dafür fanden wir eindeutige Indizien: an den Felswänden stießen wir nämlich auf Schalen von Muscheln, und die können nur vorkommen und leben, wo das Meer hinkommt. Das Meer aber war tief unter uns: daraus konnten wir schließen, daß das Meer früher einmal so hoch stand, daß es diese Berge bedeckte, weil die Indizien für Wasser auch an den höchsten Stellen zu sehen sind.»

Daß wir solch anziehende Schilderungen fremder Landschaft, ganz aus persönlicher Erfahrung und ohne literarische Überformung, aus dem Kreis der Bettelmönche haben, mag manchem unerwartet sein, ist aber natürlicher Ausdruck von Weltnähe und Sprachbeherrschung dieser Prediger. Man sei darum vorsichtig mit den (allzuoft bemühten) «standestypischen Merkmalen» und erwarte nicht im Reisebericht des Laien mehr Weltoffenheit als in dem des Geistlichen.

Endlich ein kurzer Blick auch auf die Beschreibung fremder Bauwerke, da sie integrierender Bestandteil des Landeseindrucks waren, und da Handhabung und Probleme des Vergleichs hier besonders deutlich zutage treten. Es geht hier nicht um die Verständigung zwischen Fachleuten, die auch damals natürlich sehr wohl in der Lage waren, im Vergleich zweier Bauwerke Übereinstimmungen und Unterschiede zu bezeichnen, und die in Architekturtraktaten fachlichen Blick und fachliche Sprache entwickelten. Sondern es geht auch hier um Reisende, die ohne Dehio und ohne The Pelican History of Art schlicht von dem ausgingen, was vor Augen war.

Bei solchen Beschreibungen und Vergleichen ist vor allem von Größe und Material die Rede, aber kaum je, wie in unserer Sicht der Dinge, von Grundriß und Aufriß; ist die Rede von der Abfolge der Altäre, der liturgischen Bedeutung, aber nicht von Zentralbau und Stützenwechsel: «Man hatte im Mittelalter offenbar *Tertia comparationis*, die mit den heute uns vertrauten gänzlich unvereinbar sind» (Krautheimer), und die in ihrer Auswahl erkennen lassen, was dem Betrachter damals als wesentlich galt und was als unwesentlich. Beim Grundriß genügte, daß er nicht rechteckig war – und schon erinnern sich alle Florentiner an ihr Florentiner Baptisterium, alle gebildeten

Römer an ihr Pantheon. Bei Aufriß und Baukörper, der ja nicht mit einem Begriff («Kreuzkuppelkirche», «Staffelbasilika») beschrieben werden konnte, mußte man es bei einem vagen Gesamteindruck von Silhouette und Baumasse belassen, der eben über den Vergleich vermittelt wurde.

In der Regel sind es wieder sehr persönliche Eindrücke, die oft nicht nachzuvollziehen sind. Lohnendes Beispiel ist die Grabeskirche in Jerusalem, weil sie in Pilgerreiseberichten oft beschrieben wird. Die Pilgerreisenden können in der Grabeskirche nun nicht mit heutiger Fachsprache sagen: «Anastasis-Rotunde: Außen polygonaler, innen kreisrunder Zentralbau, Kranz von 20 Stützen, davon acht Pfeiler in den Hauptachsen, je drei Säulen in den Diagonalachsen; flach gedeckter Umgang mit drei Apsidiolen in den Außenmauern ...» und so fort. Statt dessen müssen sie sich anders behelfen und greifen zum Vergleich mit einem vertrauten Bauwerk. Ein Westfale vergleicht die Grabeskirche in ihrem Innern mit dem Dom von Münster, ein Franzose in der Größe mit St. Germain-des-Près in Paris, «aber in der Gestalt ist sie ganz anders». Ein Paduaner erklärt seinen Landsleuten die Grabeskirche mit dem *Santo* in Padua, ein Mailänder mit S. Lorenzo Maggiore in Mailand (wobei die Italiener ihre Bezugspunkte recht genau benennen). Auch ohne den Vergleich mit Vertrautem ist die Parallelbeschreibung eines Bauwerks durch gleichzeitige Beobachter unterschiedlicher geistiger Herkunft sehr instruktiv. Man führe einmal einen antikenkundigen Humanisten, einen gebildeten Florentiner, einen antikenfernen Deutschen (Flavio Biondo, Giovanni Rucellai, Nikolaus Muffel) um 1450 vor dasselbe Bauwerk, das Pantheon, und lasse es sich von ihnen beschreiben.

Aber wie beschreibt man ein Amphitheater ohne den Begriff ‹Amphitheater›? Ohne die Begriffe Arkaden, Cavea, Arena? Das wird kompliziert und lang, und gelingt dem Humanisten aus Kenntnis der Fachbegriffe leichter als dem naiven Betrachter, der die Hilflosigkeit seines Wortschatzes durch eifriges Hinschauen ausgleichen muß. Natürlich ist uns der Humanist der Vertrautere. Aber tun wir darüber dem anderen nicht unrecht mit seiner Tugend des genauen Hinsehens, des schlichten Beschreibens. Anschaulichkeit aus persönlicher

Erfahrung, prägnantes Erfassen diesseitiger Dinge wie es uns auch in Reiseberichten aus dem Kreis der Bettelorden – im Bericht Felix Fabris – entgegentrat, haben ihre eigene Würde und einen geradezu modern anmutenden Realitätsbezug. Demgegenüber wirken Beschreibungen aus der Feder mittelmäßiger Humanisten, denen Gelehrsamkeit und Fachsprache bisweilen das Selber-Hinsehen ersetzen, oft farblos und verarmt und bieten mehr Gewußtes als Geschautes. Die weitere Entwicklung empirischer Wahrnehmung führt auch über Fabri und seinesgleichen.

VI

Landschaft der Frührenaissance

Auf Ausflug mit Pius II.

Der autobiographische Text der *Commentarii* Papst Pius' II. (1458–1464) enthält Landschaftsschilderungen, die immer besondere Aufmerksamkeit gefunden, aber auch Zweifel geweckt haben, ob die darin beschriebenen Naturszenarien leibhaftig so erlebt, das darin ausgedrückte Naturgefühl wahrhaftig so empfunden seien. Man traut es dem mittelalterlichen, dem vor-modernen Menschen eigentlich nicht zu, sich so mit der Landschaft einzulassen. Und da sollte ausgerechnet ein Papst, der sich doch im engen Rahmen von Zeremoniell und höfischem Gefolge zu bewegen hatte, vom vorgezeichneten Wege abgekommen und in die freie Landschaft geraten sein? Und auch noch ein gichtkranker Mann wie Pius, dem jede Bewegung Schmerzen machte: der sollte sich mit Absicht in ungebahntes Gelände begeben haben?

Daß Landschaftsschilderung und Beteuerung von Naturgenuß damals zunehmen, ja geradezu ein vorzuweisender Bestandteil humanistischen Lebensgefühls werden, konnte weitere Zweifel wecken. Warum sollte Pius, der mit übermächtiger Suada die Großen seiner Zeit von der Geltung päpstlicher Rechte überzeugte, nicht auch in der Versuchung (und in der Lage) gewesen sein, die Menschen von der Wahrhaftigkeit eines bloß angelesenen Naturempfindens zu überzeugen? Das Arsenal von Klassikerzitaten, dessen er sich bei all dem bediente, schien dafür zu sprechen, daß er keine Hemmungen kannte, mit den Worten antiker Autoren womöglich auch die darin ausgedrückten Empfindungen gleich mitzuentleihen. Wenn aber die stimmungshaften Wendungen nicht von ihm sind und der Aufenthalt im geliebten Bergwald «in erster Linie aus der Realität der klassischen Literatur» erlebt wurde, dann erhebt sich die Frage, ob er die von ihm beschriebenen Landschaften wirklich so empfunden, ja überhaupt erlebt – oder sie sich nicht einfach am Schreibtisch zusammengebastelt habe.

Darum werden hier zwei Fragen zu behandeln sein. Erstens: Ist Pius II. tatsächlich in freie Landschaft, in ungebahnten Bergwald eingedrungen? Hat er nachweislich noch in entlegenen Einsiedeleien Akten unterschrieben? Oder hat er nicht einfach aus der schattigen Allee eines Palastgartens einen wilden Wald, aus einer weinberankten Loggia die Hütte eines Hirten, aus einer Kapelle am Wege eine ferne Eremitage gemacht, aus einem Blick auf die Landkarte einen Panoramablick? Und zweitens: Wie sieht er Landschaft, was läßt er uns sehen? Denn Pius, der in seinen geographischen Abhandlungen ganze Länder beschrieb und sich für die Kartographie seiner Zeit interessierte, verstand es auch, begrenzte Landschaften in den Blick zu nehmen, Natur von nahem zu beobachten und mit allen Sinnen aufzunehmen.

Unserer ersten Frage, inwieweit sich Aufenthalte in der Landschaft abseits des Weges unzweifelhaft nachweisen lassen, ist natürlich nicht durch innere Kritik, sondern nur von außen beizukommen: durch andere Quellen, die solche Exkursionen – und sei es bloß beiläufig in einem Streiflicht – von außen beleuchten, darunter ganz unliterarische Quellengattungen, die dem Literaturhistoriker oder dem Kunsthistoriker weniger vertraut sind als dem Historiker.

Da sich, was wir hier wissen wollen, zwangsläufig alles unterwegs, alles außerhalb Roms abspielt, zunächst ein Blick auf das Itinerar, auf die Reiseverläufe des Pontifikats.

Das Itinerar des Papstes läßt sich aus den Geschäftsakten tagesgenau bestimmen. Die Erfassungsarbeiten des Deutschen Historischen Instituts in Rom für das *Repertorium Germanicum* ergeben solche vollständigen Itinerare, und dabei zeigt sich, daß die Abläufe in den *Commentarii* nirgends davon abweichen. Dabei ist dieses Itinerar ein äußerst unruhiges, kompliziertes, denn der Pontifikat Pius' II. war – nicht aus

Not, sondern aus dem Wesen des Papstes – in seinen Aufenthalten so unternehmend und mobil wie kaum ein anderer: mehr als die Hälfte seiner sechs Jahre hat Pius außerhalb Roms verbracht, mit spürbaren Folgen auch für die römische Wirtschaft, wie deutlich hervortritt, wenn man Wirtschaftskurven und Abwesenheiten übereinanderlegt. Denn wenn es einen Herrscher monatelang hinaus in die Landschaft zieht, hat das für die Menschen andere Folgen, als wenn es einem Dichter geschieht.

Das Itinerar bestätigt also die in den *Commentarii* beschriebenen Reiserouten, die Dauer der Sommeraufenthalte usw. – aber was der Papst unterwegs getan habe und wie weit er vom direkten Wege abgewichen sei, läßt sich daraus natürlich nicht schon ersehen. Mehr dazu sagt ein anderes – wiederum nur dem Historiker vertrautes – unverdächtiges Zeugnis, die Rechnungsbücher von Apostolischer Kammer bzw. Privatkasse des Papstes. Ein Beispiel. Auf der Rückreise vom Kongreß in Mantua nach Rom 1460 kommt ihm zuletzt noch der seltsame Einfall, einen Abstecher nach Canepina in den Bergwäldern der Monti Cimini zu machen – ein Umweg, der seiner Begleitung, nach wochenlanger Reise und so kurz vor dem Ziel, gewiß unverständlich und unwillkommen war. Pius beschreibt verdrießlich den abgelegenen, ungastlichen Ort (noch heute ein wenig aufgesuchtes Nest) und die Übernachtung in engen Holzhäusern. Daß der schwer verständliche Umweg durchs Berggelände keine erfundene Episode war, um sich zwischen Hirten und Köhlern inmitten ihrer ärmlichen Hütten in arkadische Pose zu stellen, zeigt eine Auszahlungsanordnung aus derselben Nacht (Abb. 16): *per una torcina per andare la notte a la fonte*, und für Speisen *per portare a la fonte dove de' fare cholazione Nostro Signore, … che andaro di notte* – noch in dieser unbequemen Nacht also läßt er, den es nun um so mehr ins Freie drängt, bei Fackelschein draußen bei einem Brunnen einen geeigneten Picknickplatz erkunden! Man könnte aus den Ausgabenbüchern noch manches andere anführen, z. B. daß Pius einem Eremiten ein Geldstück schenkte, da das – bei einem Eremiten – ja wohl in freier Landschaft geschah. Aber Einsiedler gehörten sozusagen zur kirchlichen Landschaftsausstattung, auch andere Päpste haben ihnen mit spitzen

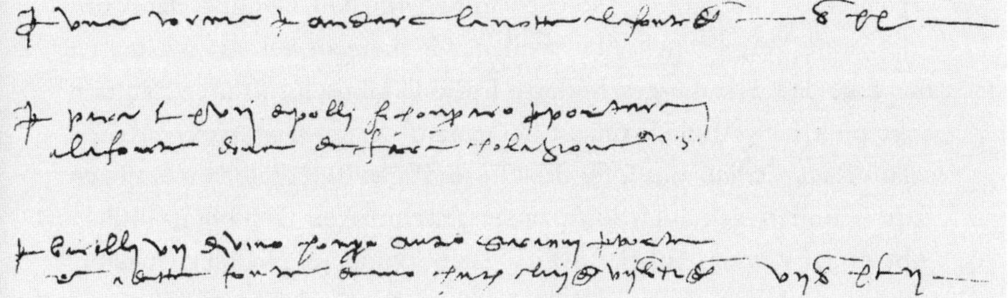

Abb. 16. Was Pius über Ausflüge und Mahlzeiten im Freien berichtet, findet sich dann als Eintrag in den Ausgabenbüchern bestätigt. Hier die unbequeme Übernachtung in den Monti Cimini: Zahlungen für eine Fackel zur Erkundung des nächsten Eßplatzes (*Per una torcina per andare la notte a la fonte/... dove de' fare cholazione N[ostro] S[ignore]*) und das Hinschaffen von Speisen, beides noch in der Nacht. Archivio di Stato Roma, Camerale I, Spese minute reg. 1477 fol. 40v–41r, 4. Okt. 1460 (autorizz. 20/2007).

Fingern Münzen reichen lassen – und bei Pius kann man auf solch kümmerliche Indizienbeweise ohnehin verzichten.

Noch näher an unser Vorhaben, die Erzählungen des Papstes, er habe Ausflüge ins Gelände gemacht und auch noch im Freien Akten bearbeitet, von außen auf ihre Glaubwürdigkeit zu überprüfen, führen die mit Ortsangabe versehenen Datumszeilen päpstlicher Schriftstücke. Er habe, behauptet Pius, auf dem Monte Amiata während eines Ausflugs zur Quelle des Vivo, bei einer verfallenen Einsiedelei vor dem Essen noch *Segnatura* halten wollen und darum neben einer Quellgrotte unter Kastanien und Buchen einen Tisch aufstellen lassen, um die genehmigten Bittschriften zu unterschreiben. Das könnte man als durchsichtigen Versuch des Humanisten abtun, seinem Selbstporträt zugleich die Ideale von Naturliebe plus Arbeitsamkeit einzufügen. Geht man dem im Vatikanischen Archiv aber nach, finden sich in Supplikenregister 553 und 554 von diesem Tag und von diesem Platz tatsächlich Supplikengenehmigungen datiert *apud heremum Fontisvivi Clusine diocesis*, «bei der Einsiedelei der Vivo-Quelle in der Diözese Chiusi», unterschrieben sozusagen auf dem in Pius' Erzählung errichteten Tisch! Ob er solche landschaftlichen Genüsse dann mit oder ohne Vergil beschreibt, wollen wir nicht bewerten: wir halten nur fest, daß sich die geschilderte Episode faktisch so unter Bäumen abgespielt hat. Ähnlich präzise Angaben – etwa *apud amnem Paleam subtus Radicofanum*, «am Ufer des Flusses Paglia unterhalb von Radicofani» – finden sich auch sonst unter genehmigten Gesuchen, und so gibt es gar keinen Anlaß, an Pius' Bemerkung zu zweifeln, er habe, etwa in Capodimonte am Bolsener See, die Unterschriften-Sitzung lieber an einen schönen Platz außerhalb des Ortes verlegt, obwohl ihm hier ein Palazzo zur Verfügung stand.

Endlich eine Quellengruppe, die uns den Papst auf seinen Ausflügen ganz unmittelbar begleiten, ja die gleiche Blickrichtung einnehmen läßt: die Briefe seines Gefolges, das an diesen Exkursionen und Sommeraufenthalten teilnahm, sie aus nächster Nähe schildert und zustimmend oder kritisch kommentiert. Wenn es noch Zweifel daran geben sollte, ob diese in den *Commentarii* beschriebenen Ausflüge, Picknicks im Grünen, Fernblicke tatsächlich alle von Pius II. gewollt, veranlaßt und erlebt worden sind, dann geben diese Briefe und Gesandtenberichte letzte Gewißheit.

Dazu bedarf es nicht *vieler* Briefschreiber und *vieler* Gesandter, sondern solcher, die der Papst gern um sich hatte, und die ihn darum auf Ausflügen aus der Nähe beobachten konnten. Unter den Gesandten war das – wegen des guten Einvernehmens zwischen Francesco Sforza und Pius II. – der mailändische, Ottone del Carretto, der sogar auf kleine exklusive Exkursionen mitgenommen wurde und seinem Herrn bis zu vier Briefe am Tag schrieb: nicht gerade poetische Briefe, aber informativ doch auch über die Ausflüge. Unter den Briefschreibern ist es der junge Kardinal Francesco Gonzaga, schreibfreudig und mit schreibfreudigem Gefolge, so daß die zahllosen Briefe an die Eltern des Kardinals im Gonzaga-Archiv in Mantua intimen Einblick geben in den Alltag dieses Papstes.

Die Briefschreiber wollen nicht über die Naturliebe des Papstes informieren. Was sie den Adressaten sagen *wollen*, ist vor allem, wie nah der Papst sie an sich heranläßt. Aber sie kommen gar nicht umhin, davon zu sprechen, weil sie, erstens, die Umstände erzählen müssen, die zu solch persönlicher Nähe führen (mit dem Papst essend an einer Quelle liegen, wer kann so etwas von sich sagen?); und weil sie, zweitens, das Neue, Ungewöhnliche an diesem Verhalten empfinden. Auf Jagd in der Landschaft zu sein, das kannte jeder Höfling. Aber sich so, ohne nachvollziehbaren Zweck, mit der Landschaft einzulassen, und dann noch als Papst, das erstaunte sie alle. Daß hier über jedes Picknick berichtet wird, läßt erkennen, daß solch ein (nicht durch den Reiseweg aufgenötigtes, sondern den Palazzo sogar absichtsvoll meidendes) Essen draußen in der Landschaft etwas Außergewöhnliches war. Im Garten der Residenz, im Park der Villeggiatur zu speisen, das machten auch andere Fürsten.

Und so sehen wir den Papst hinausdrängen in die Landschaft, selbst wenn er im Vatikan residiert – denn freie Landschaft begann damals gleich hinter dem Apostolischen Palast:

> «Es vergeht eigentlich keine Woche, daß er sich nicht 2 oder 3 Meilen irgendwo nach draußen in einen Wald tragen läßt, und da wird denn auch das Essen hingebracht, und abends kommt er wieder nach Hause».

Vor allem aber auf seinen Reisen, Sommeraufenthalten, Ausflügen nützt er jede Gelegenheit zum Leben unter freiem Himmel: hält Sitzungen mit seinen Kardinälen im Gras unter Olivenbäumen, empfängt Gesandte unter Riesenkastanien, unterzeichnet Akten «mal unter diesem, mal unter jenem Baum», speist und ruht im Grünen. Pflicht und Neigung: alles im Freien.

Seine Picknicks in der Landschaft, von ihm selbst immer wieder mit Genuß erwähnt, werden auch in den Briefen seiner Begleitung geschildert, unterwegs auf Reisen oder bei Ausflügen aus der Sommerfrische:

> «Man aß in der Nähe von Nepi auf einer Wiese bei einem Flüßchen, denn an solchen Plätzen hat der Papst seine Freude»; oder: «An diesem Tag aß man bei einer Quelle mitten im Wald, und nach dem Essen schlief man in diesem Schatten auf dem Gras, das schön frisch und feucht war» (*se dormì a quelle umbre suso l'erba ben fresca e bagnata*).

Manche Gäste taten dann vielleicht nur so, als sei ihnen nichts lieber als solch ein unbequemes Lagern, und wir hören von einem französischen Kardinal, dem solche Art von Picknicks entschieden zu viel wurde. Aber gerade die Renitenz zeigt ja, daß diese Ausflüge wirklich stattfanden und manchen lästig waren. Doch waren die entschlossenen Kritiker anscheinend in der Minderheit: man beachte den zustimmenden Tenor in den Briefen derer, die Naturnähe und Lebensgefühl des Papstes zu teilen vermochten (mit der praktischen Organisation solcher Expeditionen aber auch nicht direkt befaßt waren). In einigen Fällen waren diese Mahlzeiten im Grünen wohl auch politisch motiviert, um nämlich den Einladungen verfeindeter Baronalfamilien wie Colonna und Orsini aus dem Wege zu gehen.

Die Waldlandschaft des Monte Amiata scheint, im Sommeraufenthalt von 1462, auch seine Begleitung tief beeindruckt zu haben. So wenn der *maggiordomo* des Kardinals Francesco Gonzaga an die Markgräfin in Mantua schreibt:

> «Ich glaube, es gibt in Italien keinen schöneren Platz. Kaum ist man aus der Tür heraus, betritt man einen Kastanienwald, der mehr als sechs Meilen lang nicht aufhört. Die Bäume sind so hoch, wie man überhaupt sehen kann ... Der Waldboden ist grasbewachsen und sauber wie eine gemähte Wiese. Viele klare Quellbäche fließen da, es weht immer ein Lüftchen durch diesen Wald, so daß man keine Hitze spürt.»

Um wieviel mehr bewegt das Pius II., wenn er das Waldesdickicht, die Stämme der riesigen Kastanien, das Gras unter den Bäumen beschreibt. Das *suggeriert* nicht Naturnähe, das *ist* Naturnähe!

Mag Pius dann ein entlegenes Tal des Monte Amiata vergilisch mit *in reducta valle* bezeichnen, so ist es doch wesentlicher (und gar nicht Vergil), daß er an gleicher Stelle die Nutzungszonen dieses Berghangs kennzeichnet: aus dieser *reducta valle* kommen die langen Bauhölzer für Rom, Siena, Pienza. Pius geht in seinen *Commentarii* bei allem literarischen Anspruch doch mit aktuellen ökonomischen Dingen unbefangen um. Ähnlich an anderen Stellen: auf den optischen Eindruck weiter Flachsfelder in ihrer himmelblauen Blüte folgt sogleich die erklärende Information, daß Flachsverarbeitung hier ihre besonderen Standortvorteile habe. Überhaupt ist die Nutzung der Landschaft ein bei Pius wiederkehrender Aspekt: der Italiener genießt und beschreibt, mehr als der Deutsche, *genutzte* Landschaft, Kulturlandschaft, im Nahblick wie im Fernblick.

So präzise und informativ er, bei allem Naturgenuß, in der Beschreibung von Landschaft ist, so genau auch in ihrer Belebung mit Menschen: nicht der fromme Prälat, der fröhliche Landmann und ähnliche Staffagefigürchen in Veduten, sondern der vertraute Kardinal A, der die Akten vorlegende Referendar B, der ungeliebte Gesandte C, immer bestimmte Personen. Und in der Benennung der Vegetation: nicht irgendwelche Bäume prächtig wie die Zedern des Libanon, sondern Feigen- und Mandelbaum um das Kloster Monte Oliveto Maggiore, Apfel- und Birnbaum und Pflaumenbaum im Krater des Nemisees. Man weiß bei Pius immer genau, wo man ist – und das läßt sich wahrhaftig nicht von allen Humanisten sagen.

Die Hingabe an die Landschaft, wie sie uns bei Pius II. in einer Fülle von Zeugnissen entgegentritt, als Zeiterscheinung auch auf ihre Wurzeln zurückzuverfolgen, ist hier nicht unsere Aufgabe. Natürlich wird man, wenn es um neue Landschaftsauffassung, neue Lebenserfahrung, neuen Lebensstil geht, immer mit Petrarcas Brief über seine Besteigung des Mont Ventoux 1336 beginnen. Aber man muß auch erkennen, daß die Zuwendung zur Landschaft, wie sie uns nun, um die Mitte des Quattrocento, in Wort und Bild begegnet, wiederum etwas Neues ist: eine Lust des Schauens, die nicht überall von *cogitatio* und *contemplatio* überlagert oder angeleitet wird, sondern Natur wahrgenommen mit den eigenen Sinnen auch ohne transzendenten Bezug. Oder andersherum: man kann und man *darf* inzwischen mit reiner Sinnenfreude einfach Natur wahrnehmen, ohne sich mit allegorischen Gedanken dafür rechtfertigen zu müssen.

Vielleicht hinterfragen wir solche Aussagen manchmal allzusehr auf *locus amoenus,* Paradiesbild und andere Vorstellungen, die wir hinter jeder mittelalterlichen Naturschilderung vermuten; hinterfragen wir Texte manchmal allzusehr auf gegenseitige Abhängigkeiten (wer hat's von wem?) – und sollten den jeweiligen Text auch auf eine Wirklichkeit beziehen, sollten die Menschen nicht ertappen wollen und ihnen mehr glauben, was sie über ihre Wahrnehmung sagen. Wenn – um eine schlichtere Bergbesteigung als die von Petrarca und Pius einzubeziehen – im Mai 1420 Antoine de La Sale, ein provençalischer Ritter, die Grotte der Sibylle hoch oben in den Monti Sibillini aufsucht und den Aufstieg genau beschreibt, hat man auch in diesem Fall daran gezweifelt, daß Antoine leibhaftig den Berg bestiegen habe. Daß man von dort oben zwei Meere sehe, könnte er ja aus dem Petrarca-Brief haben (dabei kann man von den Monti Sibillini eher zwei Meere sehen als vom Mont Ventoux, früher stand das für den nahen Monte Vettore sogar im TCI-Reiseführer); ebenso, daß der Aufstieg mühsam sei (zu dieser Einsicht bedarf es nicht Petrarcas, man braucht den Sibyllenberg nur einmal selbst zu besteigen). Und weitere Zweifel, die wir schon an anderer Stelle widerlegt haben. Es ist manchmal befremdlich, wie diesem Papst, in Kenntnis nur seiner *Commentarii*, nicht gestattet wird, über ein angebliches, konstruiertes Zeitbild irgendwo hinauszuragen: dann möge man doch lieber das Zeitbild erweitern als Pius zurückzuschneiden. Vielleicht neigt der Historiker – dem dafür gewiß anderes entgeht – mehr als andere dazu, in erzählenden Quellen Stücke, die er als Wirklichkeit erkennt, auch als solche zu bezeichnen und nicht überall literarische Reminiszenzen und authentisierende Kunstgriffe zu sehen. Erst dann trennen sich die Wege, erst dann mag man das Wirkliche für genauso imaginär halten wie das Imaginäre.

Wenn wir hier ganz ungeniert vom Erlebnis der Landschaft sprechen, dann sei damit zugleich der Auffassung entgegengetreten, von Landschaftserleben und Naturgefühl schon im Quattrocento zu sprechen sei anachronistisch und müsse späteren Zeitaltern vorbehalten bleiben: dem «wissenschaftlichen» 17. Jahrhundert, das den Naturraum neu auffaßte; der Romantik, die ihn neu mit Empfindungen auflud. Wir aber bestehen auf der Frührenaissance. Natürlich füllen sich die Begriffe unterschiedlich. Das ist nicht einmal heute anders. Ein Deutscher wird, wenn er einen Waldrand entlangwandert und in der Ferne einen anderen Menschen erblickt, enttäuscht oder entrüstet sagen: ‹Kann man denn nicht einmal hier allein sein?› Ein Italiener wird das niemals sagen. Und Pius II. war Italiener. Die Einsamkeit der

Abb. 17. Der von Pius II. selbst ausführlich geschilderte Ausflug nach Subiaco findet sich dort spontan dokumentiert: «Am 16. September war Papst Pius hier», wird als Graffito in zwei Fresken des Konvents von *Sacro Speco* eingeritzt (hier: in das frühe Franziskus-Bildnis in der Cappella di S. Gregorio Magno).

Landschaft hat er gewiß nicht gesucht, und in der Landschaft «aufzugehen», danach steht dem Italiener noch heute nicht der Sinn.

Wieviel ihm diese Ausflüge bedeuteten, aber auch: wie sehr er sie als integrierenden Bestandteil des Bildes ansah, das er von sich selbst der Nachwelt übermitteln wollte – all das wird schon kenntlich an dem breiten Raum, den er in den *Commentarii* Episoden wie dem kurzen Ausflug nach Subiaco (September 1461, Abb. 17) einräumt: nicht weniger als ein Zehntel des mit großer internationaler Politik prall gefüllten sechstes Buches! Denn sein Pontifikat war keine idyllische Zeit, seine Ausflugsschilderungen stehen mitten zwischen Berichten über verzweifelte Situationen und schwierige Entscheidungen.

Natürlich haben auch früher schon Päpste im Freien kampiert, schließlich wurde auf Reisen nicht an jedem Abend ein Palazzo erreicht; natürlich haben auch andere Päpste Ausflüge und Sommeraufenthalte gemacht. Aber man vergleiche doch die Berichte vom Subiaco-Aufenthalt Innozenz' III., vom Ostia-Ausflug Sixtus' IV. mit denen Pius' II., und man wird den Unterschied erkennen.

Um am konkreten Beispiel die Eigentümlichkeiten seines Landschaftserlebens und seiner Naturnähe hervorzuheben – Fernblicke, Wasserfreuden, Gruppenbilder unter Bäumen – , seien zwei seiner Ausflüge hier näher verfolgt.

Von Fernblicken konnte er nicht genug haben, wie die *Commentarii* immer wieder erkennen lassen und wie sein Biograph Giovanni Antonio Campano ausdrücklich hervorhebt:

> «Er liebte es, Berge zu besteigen: im Römischen wie im Tiburtinischen hat er praktisch keinen ausgelassen, vor allem wenn sie bewaldet waren und Fernblicke boten».

Der Fernblick ist eine Perspektive, die damals auch in der Malerei (Piero della Francesca, Alessio Baldovinetti, Antonello da Messina, Perugino) zunehmend aufkam, und man sollte dem gemeinsamen Nenner von verbalem Fernblick und gemaltem Fernblick noch besser auf die Spur kommen. Bei Pius ist es gewiß nicht der Blick des Herrschers über sein Territorium (eine der Interpretationen, um nicht schlichten Fernblick konstatieren zu müssen), denn vom Monte Amiata blickt er nicht über ‹sein› Territorium, ist er nicht im Kirchenstaat. Gewiß haben die Maler, wenn sie ‹Landschaft› darstellten, bisweilen die spezifischen Züge der eigenen – sienesischen, umbrischen usw. – Landschaft aufgenommen. Nicht nur in ihren natürlichen Gegebenheiten (das Profil der Gebirge, die Morphologie des Geländes) oder den Burgen zur Sicherung des *Contado* als herrschaftlichem Element von ‹politischer Landschaft› im Sinne von Martin Warnke («Land», «Landschaft» ist ja zunächst ein politischer Begriff und mußte ein ästhetischer Begriff erst werden); sondern Kulturlandschaft als charakteristisches Ineinander von Getreideanbau, Wein- und Olivenkultur, die Verteilung der Gutshäuser, die auf den Bildern erkennbare Flureinteilung der *poderi*: wir sind da ja in einer Region der *mezzadria*, der Halbpacht, nicht der riesigen Latifundien (die Historikerin Odile Redon hat das für Siena gut erarbeitet). Also die Erfassung ihres Wesens als Kulturlandschaft, wie sie Malern wie Ambrogio Lorenzetti oder Alessio Baldovinetti vor Augen war (s. Umschlagbild). Da blickt der Hirte auf den Engel über toskanischer Landschaft: eine dicht angebaute Talebene, ein Fluß windet sich zur Stadt im Hintergrund, eine buschgesäumte Straße

Abb. 18. Der gerahmte Blick in die Landschaft findet sich damals sowohl in der Malerei wie mehrfach bei Pius II. in den Schilderungen von Ausblicken aus Gebäuden (Tivoli, Vicovaro, Pienza). Hier, 18 a, der Blick aus dem Gehäus des Hl. Hieronymus. Antonello da Messina, San Girolamo (um 1475), Ausschnitt. London, National Gallery; und der Blick, 18 b, aus dem Fenster Mariens hinab auf die Landschaft um Florenz in der ‹Verkündigung› von Antonio und Piero del Pollaiuolo (um 1470), Ausschnitt. Berlin, Staatliche Museen, Gemäldegalerie.

führt auf die Flußbrücke, Wachttürme und *case coloniche* gliedern das Land. Es wirkt fast wie der Gegenblick zum Ausblick aus den Stadtfenstern Mariens in Pollaiuolos ‹Verkündigung› oder des Hl. Hieronymus aus seinem Gehäus (Abb. 18). So kommt *authentische* Landschaft ins Bild. Noch ein Schritt, ein Seitenschritt weiter, und Landschaftsmalerei und Kartographie werden einander wahrnehmen, am unmittelbarsten in den sogenannten Augenschein-Karten, den seit dem frühen 16. Jahrhundert als visuelle Beweisstücke für Gerichtsprozesse gezeichneten Vogelschau-Bildern von Unfällen, Verbrechen, Jagdrechtsgrenzen («Forensische Kartographie»).

Am bekanntesten ist Pius' Beschreibung des Rundblicks vom Monte Cavo in den Albaner Bergen Ende Mai 1463. Wieder beschreibt er im Aufstieg die Abfolge der Vegetationszonen (erst Wiesen, dann Haselnußhaine, dann Kastanien- und Mischwald), das erreichte Gipfelplateau (die Identifizierung der angetroffenen Ruinen ist hier nicht richtig, aber immerhin versucht), beschreibt endlich den Rundblick, das Geschaute wieder mit aktueller Information durchwoben und nie ins poetisch Vage abhebend. Auf dem Monte Cavo fallen ihm nicht, wie Petrarca auf dem Mont Ventoux, der Olymp und Hannibal und Augustinus ein, sondern er sieht die Küste, wo bei Vogelzug bis zu 100 000 Wachteln täglich gefangen würden; sieht die Tolfaberge und bemerkt dazu, dort seien soeben große Alaunvorkommen entdeckt worden. Das war damals hochaktuell und sowenig Antikenzitat wie wenn man heute in eine literarische Landschaftsschilderung hineinsetzen würde: da hinten sind gerade Erdölvorkommen entdeckt worden – so wichtig war diese Entdeckung damals nach der Eroberung der Alaunvorkommen in Kleinasien durch die Türken!

Und reine Natur in Nahblick und Fernblick:

> «Die Seen von Nemi und … von Albano waren so deutlich zu erkennen, als säße man auf ihrem Rand; man konnte von da genau ihre Größe und Form erkennen und auch den Raum dazwischen, der in dieser Jahreszeit, bedeckt von Laubwäldern und grünendem Gras, bunte und heitere Farben zeigte. Am schönsten aber war der Ginster, der in seiner Blüte einen großen Teil der Felder überzog».

Wir wollen uns hier nicht weiter fragen, wie weit Dante, Petrarca, Leonardo Bruni diesem Fernblick Vorbild waren. Es ist Pius. Jacob Burckhardt hat bereits Treffendes darüber gesagt (und dabei die Bedeutung der Antikenzitate bei Pius auf das richtige Maß reduziert). Wenn man die Minnesänger lese, hat Burckhardt gemeint, sollte man nicht glauben, daß diese dichtenden Ritter «tausend hochgelegene, weitschauende Schlösser» bewohnten: Fernblick kommt da nicht vor, «es ist lauter Vordergrund ohne Ferne». Und auch Petrarca läßt uns ja von der Höhe des Mont Ventoux nicht viel Panoramisches sehen, mehr Gewußtes als Geschautes.

Und nicht nur Fernblicke von Bergeshöhen werden beschrieben, sondern auch Ausblicke aus Fenstern – also der gerahmte Blick, wie er, damals beginnend, in der Architektur und in der Malerei aufkommt. In der Architektur als *fenestra prospectiva*, als ungeteilt-rechteckige, *all'antica* gerahmte Fensteröffnung gegen die Landschaft sogar in den Mauern von Palastgärten (Urbino). Und in der Malerei: bei Antonello da Messina der Blick aus dem Fenster des Hl. Hieronymus auf die Landschaft; bei den Pollaiuolo der Blick aus dem Fenster der Jungfrau Maria hinaus (Abb. 18), aus einem anderen Fenster Mariens der Blick hinab auf die Arno-Landschaft mit Florenz; bei Giovanni Bellini der gerahmte Blick der Marienkrönung von Pesaro. In Pius' II. *Commentarii* ist es etwa der Blick aus seiner Unterkunft in Vicovaro aufs Anienetal, aus dem Franziskanerkloster von Tivoli auf die Campagna romana, aus dem Obergeschoß seines Palazzo Piccolomini in Pienza auf das Umland.

Bezeichnend für seine Darstellung von Landschaft ist, wie die Beschreibung des Aufstiegs zum Monte Cavo, auch die Schilderung des Ausflugs nach Ostia, drei unbeschwerte Mai-Tage (aber unter Weiterführung der Geschäfte, wie die aus Ostia datierten Supplikengenehmigungen zeigen). Das hätte nun ganz in Aeneas-Reminiszenzen und Hirtenidylle aufgehen können. Aber nicht davon ist die Rede, sondern von Landschaft an der Tibermündung: Schwäne brütend in der Lagune, der Küstensee immer wieder vom Meer vereinnahmt, die schwierige Fahrrinne der Tibermündung beschrieben, die Qualität der Weiden begutachtet. Immer ist er genau: nicht einfach Fische, sondern ihr Name und ihr Gewicht; nicht einfach der genügsame Fischer, sondern Fischer aus Dalmatien immigriert; nicht einfach hier ein Wasser und dort eine Insel, sondern die Distanzen zwischen den Landmarken präzise angegeben. Dazwischen die für Pius so typischen Miniszenen auch in weiter Landschaft: die heitere Wette, ob ein aus der Barke in der Ferne gesichtetes Gebäude wohl diesseits oder jenseits des Flusses liege (die tridentinische Zensur wird auch diese Szene aus den *Commentarii* streichen, denn mit solchen Unerheblichkeiten hat sich ein Papst nicht zu befassen).

In Ostia erlebt die Gesellschaft in ihren notdürftigen Unterkünften einen nächtlichen Orkan. Pius' Schilderung dieses Sturms an der Tibermündung hat, gewiß, ihre Vergil-Zitate. Und doch ist es, auch durch die eingestreuten Szenen menschlichen Verhaltens (der junge Borgia-Kardinal, der durch die Sturmnacht nach dem Verbleib seines Tafelsilbers schreit, aber nicht nach dem Ergehen seiner Leute fragt), nicht Sturm an sich, sondern die Schilderung einer unverwechselbaren Situation: dieses einen Sturms an diesem einen 15. Mai 1463. Man vergleiche einmal nicht nur mit anderen literarisch überformten Sturmschilderungen, sondern mit solchen aus dem literarisch ungeschulten Mund einfacher Menschen dieser Jahre: Pilger auf Meerfahrt ins Heilige Land, am besten Berichte aus derselben Pilgergaleere (es gibt von solchen Parallelberichten bis zu vier aus derselben Galeere!), weil so, durch die gleichen Bedingungen (sie erleben ja denselben Sturm, dieselbe Windstärke, die zweifelhafte Stabilität desselben Schiffs), ein absoluter Grad von Vergleichbarkeit gegeben ist. Da läßt sich dann – untereinander und gegenüber literarischer Darstellung – die Variationsbreite ermessen, die dem schlichten Gemüt und seiner nicht entliehenen Sprache zur Verfügung steht. Der Vergleich innerhalb von Parallelberichten ist eine Versuchsanordnung, die vieles erkennen läßt.

Wie die besondere Anziehung von Fernblicken, so hebt, in Pius' Verhältnis zur Landschaft, sein zeitgenössischer Biograph Campano auch die Faszination lebendigen, fließenden Wassers hervor. An die grünen Ufer lebhafter Bäche verlegt er Mahlzeiten, Arbeitssitzungen, Ruhestunden, wie auch Briefe seines Gefolges bezeugen. Helle Freude an quellendem, gleitendem Wasser spricht etwa aus seiner schwelgerischen Beschreibung der Quellgründe am Fuße der Monti Simbruini, oder eines – auch von dem mailändischen Gesandten geschilderten – Ausflugs nach S. Fiora an den Hängen des Monte Amiata, mit dem Quelltopf des Fiora-Flusses mitten im Ort, anschaulich und zugleich topographisch exakt: um literarische Überformung ermessen zu können, muß man nicht nur antike Autoren, sondern auch die Lokalitäten kennen! Man sollte im übrigen in diese Beschreibungen nicht allzuviel Wassermetaphorik hineinlegen und nicht vergessen, daß der Anblick fließenden Wassers im hochsommerlichen Italien eine andere Bedeutung hat als in einem sächsischen Fürstenpark.

Welchen Stellenwert Landschaft und Vegetation bei Pius haben, dafür ist auch seine Beschreibung antiker Ruinen ein kennzeichnendes Beispiel. Er sucht sie im Gelände auf (das ist noch heute nicht einfach) und beläßt sie dann, in seiner Beschreibung, in ihrem natürlichen Zusammenhang. Das ist nicht so selbstverständlich, wie es sich anhört, denn die mit den Humanisten beginnende Altertumskunde isoliert und rekonstruiert die antiken Monumente, wie sich das für den antiquarischen, den wissenschaftlichen Blick ja auch gehört (und schon im 16. Jahrhundert ist das die vorherrschende Optik). Während Pius gerade die gegenseitige Durchdringung von Antike und Natur genießt, wenn er beschreibt, wie das Mauerwerk eines Grabmals zersprengt wird von einem Feigenbaum; wie die Sitzreihen des Amphitheaters von Albano kaum noch unter Dornsträuchern zu erkennen sind; oder wie er draußen in den Albanerbergen Leon Battista Alberti in völlig zugewucherte römische Zisternen eindringen sieht. Man könnte das Gestrüpp doch auch weglassen, zur gepriesenen Antike trägt es ja nichts bei, im Gegenteil, es verbirgt sie. Aber Pius sieht das anders, streift die Vegetation nicht von der Ruine ab, nimmt das antike Monument als Bestandteil der Landschaft wahr. Ja die Via Appia mit ihrer intakten Pflasterung sei an vielen Stellen heute noch schöner (*formosior*) als in römischer Zeit, weil jetzt von dichten Haselnußbäumen beschattet.

Mit Pius also durchstreifte man in heiterer Unterhaltung die Landschaft, demonstrierte die eigene Kenntnis antiker Topographie bei der Identifizierung von Ruinenstätten, bahnte sich den Weg durch die verwilderten Gartenanlagen römischer Villen, drang in die Wasserkanäle von Aquädukten ein – Szenen wie sie uns der für solche Ruinenexkursionen besonders empfängliche Flavio Biondo im Gefolge des Papstes schildert.

Daß die Höflinge diese Vorlieben des Papstes eher kritisch sahen, ist verständlich. Geschäftssitzungen auf dem Monte Amiata unter schattigen Kastanien zu halten ist ja schön und originell, nur nimmt sich solche Idylle ganz anders aus in der Perspektive des Dieners: in einem ungebahnten Bergwald auf 1000 Meter Höhe auch noch bei einer Exkursion zu einer Einsiedelei Tinte und Akten parat zu haben war nicht so einfach. Und den gebrechlichen, gichtgepeinigten Papst dann auch noch auf drehbarer Pferdesänfte durchs Gelände zu bugsieren, war gewiß das letzte, was sich die Dienerschaft wünschte. Wer mit diesen praktischen Problemen nicht behelligt wurde und einfach den Papst umgeben durfte, hatte natürlich einen freieren, gefälligeren Blick auf die Landschaft. Die anderen nicht. Da draußen fehlte ja jede Infrastruktur. Die Speisen fürs Picknick mußten, statt auf städtischen Märkten, womöglich bei Bauern besorgt werden (und waren nicht einfach einzufordern: man war ja oft außerhalb des Kirchenstaates). Und wenn fürs Unterkommen der Papst ein Gebäude mit weitem Ausblick wünschte ohne Rücksicht darauf, wie sein Gefolge dort unterkam, mußten sogar die Kardinäle zusehen, was sie fanden.

Solche Situationen werden in Briefen wortreich und bitter beklagt. In Pius' *Commentarii* erfahren wir nur vom schönen Ausblick und von heiteren Mahlzeiten im Grünen. Aber solche Naturliebe, wenn sie nicht irgendeinen, sondern den Herrscher befiel, erforderte eine Logistik, in der römische Höflinge nicht geübt waren. Sie werden das nicht lange zu ertragen haben, denn schon der Nachfolger kehrte zur Seltenheit und Gemessenheit päpstlicher Fortbewegung zurück. Doch bis dahin hatte man Landschaft, auch wenn einem nicht danach zumute war, zu genießen und zu ertragen. Man denke nur an die Aufenthalte in den Bädern von Petriolo (von dessen Entlegenheit und Unbequemlichkeit man sich noch heute überzeugen kann), wo man es in den Bädern von Viterbo doch viel kommoder gehabt hätte! Wie schafft man 92 Flaschen Ehrenwein von Siena nach Petriolo? Wie kommt man an Geld, wo die Florentiner Hofbankiers doch natürlich nicht daran dachten, mit in ein solches Nest zu ziehen? Wie kommt man an Hoftratsch, wo der Hof doch – *essendo li prelati et cortesani sparti in diversi luoghi* – auf verschiedene kleine Orte verteilt werden mußte? Nur ein Gedanke versöhnte die Hofleute mit diesen entlegenen Plätzen: sie schienen sogar für die Pest unerreichbar. Vielleicht hat dieser Gedanke, *in bono aere*, der guten Luft freier Landschaft, besser vor der Pest geschützt zu sein, auch für Pius selbst zusätzlich eine Rolle gespielt.

Dieses dauernde Umherziehen, bei dem man nie wußte, wann und wohin der Papst plötzlich das Zeichen zu neuem Aufbruch geben werde; bei all dem (um nur ausdrücklich beklagte Situationen zu nennen) das Gepäck, ja die Akten zeitweilig unzugänglich, weil in diesem Hin und Her zu einem Teil unterwegs deponiert; Kardinalsgarderobe gewaschen am Bach statt in städtischen Waschsalons; Kopfschütteln über das – vom Papst damals und uns heute – so geschätzte, aber als ganz unstädtisch empfundene Pienza; die demonstrative Natürlichkeit des Papstes, der unversehens unter einer schönen Baumgruppe und notfalls in einem schmierigen Pferdestall Sitzung mit den Kardinälen halten will und so die unvorbereiteten Gastgeber und die Höflinge in Verlegenheit bringt: all das ist in diesen Briefen – mal verständnisvoll, mal klagend – beredt geschildert.

Wer dem Papst immer noch nicht glauben wollte, er habe Landschaft aus ihrem Innern erlebt und beschrieben, Ausflüge auch in unwegsames Gelände unternommen, Freude gerade an bescheidenen Quartieren gehabt, der lese diese Briefe: unverdächtiges Zeugnis dafür, daß die von ihm beschriebenen Landschaften nicht literarische Fiktion sind, nicht Bukolik vom Schreibtisch, sondern Bedürfnis, Erlebnis, Glück eines Mannes, von dem Jacob Burckhardt gesagt hat, «daß wenige andere dem Normalmenschen der Frührenaissance so nahe kommen» wie Pius II.

VII

Zur Identifizierung gemalter italienischer Landschaft des 18. und 19. Jahrhunderts

Wie durch die Landschaft, so kann man auch durch ihr Abbild wandern, das Landschaftsbild, und daran ebensolche Freude haben. Dabei wird man, wie in freier Landschaft, ungefähr wissen wollen, wo man sich befindet. Man mag bei einem guten Landschaftsbild zwar sagen, es sei doch gleichgültig, wo es gemalt sei und welche bestimmte Gegend es abbilde. Das ist wahr, eine korrekte Bestimmung der dargestellten Landschaft ist tatsächlich oft ganz unerheblich, und manche falsche Bestimmung richtet nicht viel an. Aber wenn in Publikationen aus Rottmanns Odeon des Herodes Atticus mit dem Philopappos-Hügel in Athen eine «Sizilianische Landschaft mit Kirchenruine» wird; wenn eine Gebäudegruppe, gedeutet als «paese», also als kleiner Ort draußen in der Landschaft, in Wahrheit ein Konvent innerhalb der römischen Stadtmauern ist; oder wenn ein düsterer unterirdischer Gang, identifiziert als «Felsenhöhle», sich bei näherem Zusehen als verschütteter Unterbau eines römischen Amphitheaters erweist – wenn also griechische Antike als italienisches Mittelalter, Stadtlandschaft als Campagnalandschaft, Menschenwerk als Naturgebilde mißdeutet wird: dann sollte man doch wohl darauf hinweisen dürfen, die Topographie etwas ernster zu nehmen, denn solche Fehldeutungen haben Folgen auch für die kunsthistorische Erkenntnis. Man gerät ja in eine völlig andere Schaffensperiode Rottmanns; und wenn der junge Klenze, der große Architekt, nicht in die Substruktionen eines Amphitheaters hinabsteigt, sondern sozusagen eine Ossiansche Höhle aufsucht, macht das aus ihm einen anderen. Es ist auch nicht im Sinne dieser Generation: die Maler des frühen 19. Jahrhunderts wollen sich ja gerade absetzen von der gefälligen Vedutenmalerei des 18. Jahrhunderts mit den herumtanzenden Schäfern, wo es gleichgültig war, ob da nun der Nemisee oder der Albanersee gemalt war. Nein, einem Johann Christoph Erhard oder einem Ernst Fries, einem Schilbach oder einem Schirmer ist das nicht gleichgültig.

Wir wollen also Landschaftsbilder betreten, uns darin orientieren und fragen, ob man das Gelände, wenn es bisher gar nicht oder falsch identifiziert worden ist, näher bestimmen kann. Dabei beschränken wir uns auf Latium und nehmen die nichtitalienischen Maler des späten 18. und frühen 19. Jahrhunderts (ca. 1780–1830) in den Blick, als eine neue Generation von englischen, französischen, deutschen, skandinavischen Künstlern (von deutscher Seite Johann Christian Reinhart, Joseph Anton Koch, Johann Martin von Rohden, in Rom seit 1789, 1794, 1795) endlich der traditionellen Vedutenmalerei, die immer die gleichen Motive in immer gleicher Manier für eine nicht nachlassende Nachfrage produzierte, eine neue Naturauffassung kritisch entgegenstellte. Und wie zwischen den Generationen, so muß man auch zwischen den Nationen unterscheiden, war der Blick der französischen Maler auf die Landschaft ein anderer als der der deutschen – oder in der bekannten Charakterisierung durch Ludwig Richter, 1823–26 in Rom: Während die deutschen Künstler dem Zeichnen mit hartem Bleistift vor dem Malen den Vorzug gaben, zogen die Franzosen mit «riesengroßen Malkästen», groß wie «kleine Hausthüren ... auf die Rücken von Jungen geschnallt», durchs Gelände und hatten es dabei, so Richter, stets auf einen Totaleffekt abgesehen, die Deutschen mehr auf den einzelnen Grashalm. Doch wird man den Malkästen gern ins Gelände folgen: die Anwendung der Ölfarbe in der Freilichtmalerei war ein entscheidender Schritt.

Dem praktischen Zweck dieses Beitrags entsprechend geht es hier indessen nicht um Naturauffassung und um Landschaftsmalerei als Gattung, nicht um den Wandel vom klassizistischen zum romantischen Landschaftsbild, sondern – bescheidener und in krudem Wirklichkeitssinn – um Topographie, um die gewählten Standorte (auch wenn beides natürlich miteinander zu tun haben konnte). Wie lassen sich unbekannte Landschaften näher bestimmen, und läßt sich bei falscher Identifizierung aus typischen Irrtümern womöglich Erkenntnis ziehen? Gibt es in Latium Regionen, die von Malern bevorzugt aufgesucht wurden, und andere, in denen identifizierende Suche von vornherein wenig Aussicht hat?

Dabei ist zunächst einmal nicht immer leicht zu erkennen, ob es sich um topographisch genaue Wiedergabe realer, nach der Natur gemalter Landschaft handelt oder um ideale Landschaft, um komponierte Landschaft oder gar um beliebige Mischformen (die oft seltsam unbestimmte Mischung von vorgestellter und wirklicher Landschaft in Goethes italienischen Zeichnungen macht die Identifizierung häufig aussichtslos). Man kann auch das Grabmal der Caecilia Metella von der Via Appia ans Meer versetzen, Olevano an eine Küste rücken, oder die Wasserfälle von Tivoli gleich ins Meer stürzen lassen: bei idealer, mythologischer, heroischer, biblischer, pastoraler, mit Staffagefiguren bevölkerter Landschaft ist alles denkbar, und man kann, bei Landschaftern wie bei Historienmalern, wenn man dazu Lust hat, das Ganze demontieren und die zusammengestückten authentischen Landschaftselemente dann einzeln bestimmen (links eine Partie Tivoli, anschließend ein Stück Nemisee, die Aquäduktreste aber aus der Valle degli Arci, dahinter irgendein Fernblick aufs Meer, usw.). Doch soll solche Identifizierungs-Akrobatik unser Problem nicht sein.

In vielen Fällen wird man es, auch wenn es sich sichtlich um authentische und nicht um komponierte Landschaft handelt, bei «Italienische Hügellandschaft» oder «Blick auf ein italienisches Kloster» belassen müssen, und es bleibt dann der Ortskenntnis (und der Courage) eines jeden überlassen, genauere Lokalisierungen mehr oder weniger überzeugend vorzuschlagen.

Manche Fehlbestimmungen erkennt man sofort, weil die Lokalisierungen schon in sich unstimmig sind. «Ansicht von Terracina mit Fernblick auf Ischia» kann nicht sein (und Terracina mit Aetna schon gar nicht). Auch «Blick auf Liri-Tal und Volskerberge» geht nicht gut zusammen, ebensowenig ein Blick über Cervara-Grotten und *Sedia del Diavolo*, denn das eine liegt südlich der Via Tiburtina, das andere nördlich der Via Nomentana. Anderes sind Fehlbestimmungen, die sich leicht aus ungenügender Kenntnis von Bergprofilen, Ortssilhouetten und Geländerelief ergeben: da werden Sabiner- und Volskerberge verwechselt, Nemisee und Albanersee, Pontinische Küste und Golf von Pozzuoli, Nemi und Lanuvio, Cori und Olevano, Via Salaria und Via Appia. Ein «Blick auf eine italienische Stadt» erweist sich als Blick auf Rom, ein «Blick auf Rom» als Blick auf Ariccia, und so fort.

Solche Korrektur von Zuweisungen hat, wenn man voll Anerkennung an die Menge der mit Kenntnis und Sorgfalt geleisteten, gelungenen Identifizierungen denkt, leicht etwas Zufälliges und Rechthaberisches. Es sei deshalb versucht, über die Einzelkritik hinaus zu allgemeinen Hinweisen zu kommen, die für Identifizierung hilfreich sein könnten. Etwa: Sieht man lange Aquädukte in freier Landschaft, wird es die Reihe monumentaler Bögen nördlich der Via Appia Nuova sein. Sind die Aquäduktbögen von Bergen umgeben, handelt es sich um die – nicht immer erkannten – Reste im Aniene-Tal gleich hinter Tivoli, wo sich die großen Aquädukte bündelten und dann den letzten Bergzug vor Rom zu überwinden hatten (Johann Martin von Rohden, Joseph August Knip, Johann Christoph Erhard, Thomas Cole). Sieht man hingegen kurze Bogenreihen zwischen zwei Talhängen, sind es die Aquäduktbrücken nördlich von Gallicano (Ponte Lupo, Ponte S. Pietro, Ponte S. Antonio), die aber, noch heute schwer zu erreichen, damals wenig beachtet wurden. Das mag als Faustregel für die Lokalisierung dargestellter Aquäduktreste gelten. Man kann natürlich einen langen Aquädukt auch in eine Tiberlandschaft mit Soracte-Blick hineinkomponieren wie Philipp Hackert in einer Gouache. Doch beim Soracte hat es Aquädukte nie gegeben: das ist eben komponierte Landschaft, und das muß man erst einmal erkennen. Bögen am Tiberufer als Aquädukt zu deuten (wie bei der Identifizierung einer Goethe-Zeichnung) ist schon deswegen nicht gut möglich, weil die Aquädukte an einem hohen Punkt in das Stadtgebiet eintreten mußten und nicht am niedrigsten, dem Fluß-Niveau.

Zu einer Typologie häufiger Versehen und einer Systematisierung der Fehlerquellen gehört auch die Beobachtung, daß Ruinengelände

Abb. 19. Nicht ein «Dorf» draußen, nicht ein «Kloster in der Campagna» ist hier dargestellt, wie man gemeint hat, sondern der Blick vom Palatin auf den Caelius mit Kirche und Konvent von SS. Giovanni e Paolo mitten in Rom. Im Hintergrund rechts die beiden Türme der Porta Appia von innen. Edmund Hottenroth (Caffè Greco).

und ländliche Motive, die von den Herausgebern draußen in der Campagna vermutet werden, in Wahrheit innerhalb der römischen Stadtmauern aufgenommen worden sind. Denn Rom, dessen Bevölkerung nach dem Ende der Antike auf einen Bruchteil der ursprünglichen Zahl geschrumpft war, hatte innerhalb des zu weit gewordenen antiken Mauerrings damals, vor dem Bauboom der Jahre nach 1870, weite Flächen von *disabitato*, die sich nur bei entsprechender Ortskenntnis als Stadtlandschaft zu erkennen geben. Ein als «Dorf» draußen in der Landschaft oder «Kloster in der Campagna» gedeutetes Gebäudeensemble erweist sich als der Komplex von SS. Giovanni e Paolo auf dem Celio gesehen vom Palatin mitten in Rom (Abb. 19), ein «Ruinenfeld bei Rom» als die Kaiserpaläste auf dem Palatin mit den Caracalla-Thermen im Hintergrund.

Kennzeichnend für die Verwechslung von Stadtlandschaft und Campagnalandschaft ist auch der häufige Irrtum, in der Aurelia-

Abb. 20. Nicht einen «Blick über die römische Campagna» mit den «dämmernden Ruinen der Aqua Claudia» malte William Turner, sondern – innerhalb der Mauern – den Blick auf die Innenseite der Aurelianischen Mauern beim Monte Testaccio. In der Bildmitte halblinks die dunkle Baumasse von S. Paolo fuori le mura. William Turner (Tate Gallery, London).

nischen Stadtmauer einen Aquädukt zu sehen. Tatsächlich kann der von hohen Arkaden getragene Wehrgang auf der Innenseite der antiken Stadtmauer in seiner langen Reihung von weitem wie ein Aquädukt in der Campagna wirken, zumal wenn die Mauer im *disabitato* tief ins Grüne geraten war. Doch sind diese Wehrgangs-Arkaden natürlich niemals offen, und ein Aquädukt kann es schon deshalb nicht sein, weil ein römischer Aquädukt (als Gefälle-, nicht Druckwasserleitung) die Niveausprünge der Stadtmauer gar nicht machen könnte.

Und so ist William Turners schönes Aquarell von 1819 kein «Blick über die römische Campagna» mit den «dämmernden Ruinen der Aqua Claudia» und kein Beleg dafür, daß Turner «neben seinen intensiven Streifzügen durch die Stadt Rom … viel Zeit mit Wanderungen durch die römische Campagna» verbrachte, sondern ein Blick über den Monte Testaccio und über die Aurelianische Mauer westlich des Cimitero acattolico und die große Tiberschleife hinweg auf S. Paolo fuori le mura (Abb. 20). Darum ist auch Johann Carl Baehrs Ölbild von 1826 nur in seinem Hintergrund eine «Campagnalandschaft», zeigt aber zunächst einmal ein Gelände *intra muros*: den Blick von der Villa Mattei (Celimontana) gegen Südosten auf die Innenseite der Aurelianischen Mauer zwischen Porta Metronia und Porta S. Sebastiano. Der gleiche Blick ist häufig gemalt, die Stadtmauer dabei oft als Aquädukt mißverstanden worden. Daß Luigi Rossini die imposante Arkadenreihe auf seinem Stich von 1825 ausdrücklich als Innenseite der Stadtmauer bezeichnete, hat ihm nicht geholfen: für den modernen Kommentator ist es ein Aquädukt. Es geht aber auch umgekehrt, aus Aquädukt wird Stadtmauer: «Stadtmauer bei der Porta Furba» kann nicht sein, denn Aurelianische Mauer und Porta Furba sind 3 ½ km voneinander entfernt (*Porta* muß nicht Stadttor, sondern kann auch ein als Straßendurchlaß ausgestalteter Aquäduktbogen sein): was Joseph Tunner 1837 bei der Porta Furba zeichnet, sind vielmehr die Bögen von Aqua Claudia und Anio Novus.

Die Verwechselbarkeit von Stadtlandschaft und Campagnalandschaft sagt viel über Rom aus: solch innige Durchdringung wird man bei anderen Städten nicht so finden wie ausgerechnet in der *Urbs*, der Stadt der Städte. Konkrete Nutzanwendung bei unserem Thema: man suche ländliche Motive auch innerhalb des Stadtgebiets und mißtraue den vielen Aquädukten. Weiß man aber, daß Aquädukte nicht nur durch die ebene Campagna ziehen, sondern im Aniene-Tal auch Berge durchstoßen müssen, wird man in einem von Claude Lorrain gezeichneten, an einen Hang gelehnten Bogen statt einer im Atelier ersonnenen Ruinenmauer (wie gemeint worden ist) den letzten Bogen des *Anio Novus* erkennen, den das nahe Tivoli mit Turm und verschließbarem Durchgang zum Vor-Tor umfunktionierte (Abb. 21).

Hilfreich bei der Identifizierung von Zweifelsfällen ist in erster Linie natürlich die Kenntnis des typischen, ja zeittypischen Motiv-Repertoires und der von den Malern bevorzugt aufgesuchten Gegenden: dieser Frage wird der ganze zweite Teil des Beitrags gewidmet sein. Innerhalb dieser – sozusagen kanonisch vorgegebenen, durchaus begrenzten – Zonen gab es dann die erprobten Standorte, die sich, wer ein erstes Mal nach Rom kam, womöglich notierte, weil er ge-

Abb. 21. Nicht eine Ruinenmauer (im Studio ersonnen, nicht nach der Natur, vermutete man) zeichnete Claude Lorrain, sondern den letzten Bogen des Aquädukts *Anio Novus* beim Eintritt in den Berghang, von Tivoli zu wehrhaftem Vor-Tor ausgebaut. (British Museum, London).

sprächsweise im Caffè Greco davon erfuhr, oder weil er sie beim Anblick gefälliger Bilder in Atelier oder Ausstellung erfragte. Und natürlich erkundete man sie im Gelände auch selbst.

So notierte sich der junge Basler Samuel Birmann, 1815–1817 in Rom, aus Stadt und Umgebung «Schöne Standpunkte» in sein Heft, ein sehr persönliches Verzeichnis lohnender Motive. Da heißt es aus dem Albanergebirge etwa: «Schöne Standpunkte. Riccia [Ariccia]. Im Park [Parco Chigi]. Die große Licinen Parthie [Steineichen] von vorne; im Vorgrund eingestürzte Stämme, weiter oben auch noch ein vortheilhafter Standpunkt. 2 Steineichen mit Felsen daselbst. Auf dem Wege nach den Ruinen mit Bögen eine sehr schöne Parthie Eichen mit anderen Bäumen, im Hintergrund die Campagne. Das kleine Wasserfällchen hinter den Steineichen. Ein verfaulter Stamm ... Wo man heraufgeht ein schöner Baum auf Felsen wie Swanevelt [niederländischer Maler des 17. Jhs.] ... Riccia selbst macht sich gut von unten her gesehen, auf der Straße die das Val Riccia umgiebt ... Schöne Parthien am Ausgang des Weges nach Albano, bey der Einsiedeley. Auf dem Berge mit der Baumgruppe [Colle Pardo oder Monte Gentile] Übersicht der Ferne mit Morgenbeleuchtung ... Auf der Straße nach Nemi einige schöne Standpunkte. Bey den Kapuzinern der Felsen worauf Nemi steht, sehr schön bewachsen, unten am Wege bey einer Vigne komponiert sich die gegenüberstehende Seite sehr gut, schöne Felsstücke daselbst ... Am Albaner See die Baumparthien von oben herunter. In der oberen Gallerie [Galleria di sopra bzw. di sotto zwischen Castel Gandolfo und Albano] nichts besonderes. In der Villa Corsini die Parthien der unteren Gallerien sehr schön.» Und so fort: die Albanerberge in der Nahsicht eines jungen Malers, dem auch hier das Ensemble von Bach und Fels und Baum mehr bedeutete als klassische Szenerie.

Den sichersten Anhalt geben natürlich die Ortsbezeichnungen, die der Künstler selbst auf dem Blatt vermerkte. Doch können auch sie zu Mißverständnissen führen. Die naheliegende Annahme, der Künstler wolle damit das Dargestellte bezeichnen, läßt bei ungenügender Ortskenntnis leicht übersehen, daß vielmehr der Standort gemeint ist. Ein Blatt mit der Bezeichnung «Albano 26. 11. 1831» sollte man nicht zu «Albano» erklären, denn es ist ein Blick auf Ariccia, «Albano» meint den Standort, bzw. die Villeggiatur des Malers; und die Bezeichnung «à Palestrina» links und «Monte Cavo» rechts sollte man nicht zu «Palestrina con il Monte Cavo» zusammenziehen, zumal der Standort Palestrina unsichtbar bleibt. «Monte Serrone» unter Zeichnungen ein und desselben Malers kann mal den Blick *auf*, mal den Blick *vom* Monte Serrone zeigen.

Unter den Kriterien, die man bei der Bestimmung von Landschaftsausschnitten und bei der Ermittlung von Standorten zu bedenken hat, ist auch eine Bedingung so pragmatisch und gering, daß sie von kunsthistorischer Forschung leicht übersehen wird: die Zugänglichkeit. Mit den schweren Malkästen der Franzosen («wie kleine Hausthüren») und den großen Zeichenblöcken der Deutschen konnte man nicht gut durchs Gebüsch brechen. In unwegsame Landschaft haben sich diese Maler, auch wo es so scheint, selten verloren, und auch das trug dazu bei, daß dort, wo ein Maler saß, sich leicht auch ein anderer einfand. Der Kanon landschaftlicher Motive überlebte ja sogar die Erfindung der Photographie (und für die frühen Photoapparate galt erst recht, daß man sie nicht beliebig durch die Gegend schleppen konnte). An den erprobten Standorten und Ausblicken der Maler versuchten sich nun auch die ersten Photographen: ansehnlich, wenn sie eine städtische Perspektive abbildeten; scheußlich, wenn sie nun auch die Serpentara, den Eichenwald von Olevano, photographierten.

Für die Identifizierung unbezeichneter Landschaften ist von großem Wert die Kenntnis der von den Künstlern bevorzugt aufgesuchten Gegenden, da sie eine deutliche Eingrenzung der möglichen Standorte erbringt und weite Flächen Latiums von vornherein ausscheidet. Ja es wird sich zeigen, wie eng bei vielen Malern der Radius um das gewählte Standquartier war, und daß sie über die traditionell bewährten Standorte hinaus neue Sujets vielleicht gar nicht suchten. Man mag sich das Gedränge vorstellen, denn vor allem nach dem Ende der napoleonischen Kriege fanden sich junge Maler massenhaft in Rom ein, mindestens 200 anwesende gleichzeitig waren es gewiß: und wenn schon die bedeutenderen Künstler sich an die erprobten, vorgegebenen Standorte hielten, werden es die unbedeutenden erst recht getan haben. Briefe und Erinnerungen lassen erkennen, daß womöglich mehrere Maler wochenlang in der gleichen Locanda Wohnung nahmen, um sich auf relativ begrenztem Terrain Landschaftsstudien zu widmen, deren Standorte sich leicht gruppieren lassen.

Man sollte diese Gebiete getrennt halten, da sie nicht ein Itinerar bildeten, sondern jeweils von Rom aus aufgesucht wurden. Eine sol-

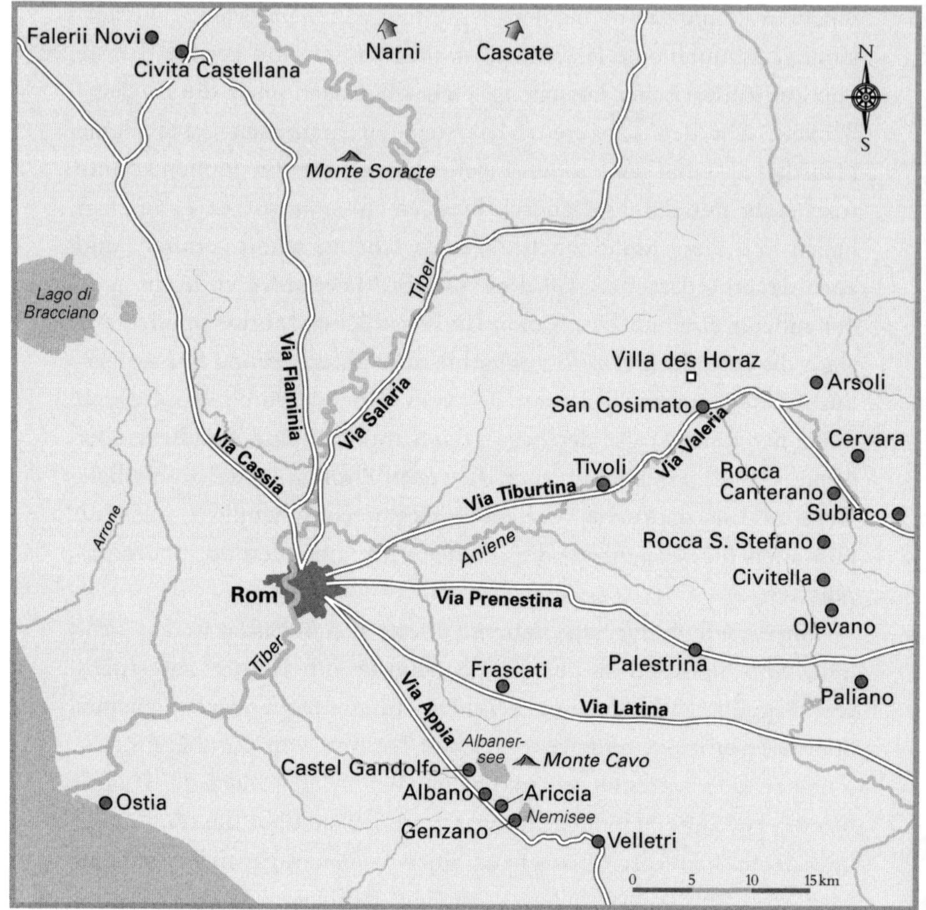

Abb. 22. Karte zu den bevorzugt gemalten Regionen und den meistgewählten Standorten in Latium.

che Aufgliederung Latiums in Malerreservate soll im folgenden vorgenommen werden (s. Kartenskizze Abb. 22). Begonnen sei mit der römischen Campagna.

Veduten der leeren Campagna lokalisierten sich leicht dadurch, daß bekannte Monumente ins Bild gebracht wurden, und das war der gebildeten Kundschaft gewiß wichtig, denn ohne solche Beglaubigung sah man bloß Öde, nicht Campagna *romana*: neben Aquädukten und Caecilia Metella vor allem Ponte Nomentano und Ponte Salario, Sedia del Diavolo, Tomba di Nerone, Tor dei Schiavi. Doch nehmen diese historischen Monumente auf den Bildern ab, nehmen die Gebilde der Natur zu. Etwa die Grotten von Cervara nahe der Via Tiburtina (Steinbruchhöhlen weitgehend zerstört beim Bau der Kreuzung Autobahn Roma-L'Aquila/Raccordo Anulare), bekannt durch die deutschen Künstlerfeste zu Frühlingsbeginn und entsprechend häufig gemalt. Als ihr Entdecker galt Reinhart, der als leidenschaftlicher Jäger die Campagna ohnehin mit anderen Augen sah als ein Antiquar. Im Bosco Sacro der Egeria nahe der Via Appia hatte man zum Wald noch das antike Monument, in der Serpentara hatte man es nicht und wollte es auch nicht mehr. Auch die Campagna kann nun zur reinen Landschaft werden, ja in Aquarellen und Gemälden auf einen schmalen horizontalen Streifen reduziert werden, über dem sich nur noch Atmosphärisches abspielt, buchstäblich *plein-air*, Wolkenstimmungen, bei denen es einem nicht mehr in den Sinn kommt, nach Topographischem zu fragen: so bei französischen, englischen, deutschen Malern, unter ihnen vor allem Carl Blechen. Den eigentümlichen Charakter dieser Landschaft erfassen wohl am schönsten die Campagna-Aquarelle des jungen Johann Christoph Erhard.

Zurück in die Niederungen der Lokalisierung. Verwirrung auch in neueren Publikationen stiftet der römische Sprachgebrauch, der bei Lokalisierungen gern das historische Straßennetz zu Hilfe nimmt, aber eben auf römische Weise: statt der Straße oft das zugehörige Tor nennend, was von den deutschen Malern manchmal übernommen – und dann von Herausgebern mißverstanden wurde. Philipp Hackerts *Sepolcro antico fuori della Porta Pia* ist darum nicht mit «antikes Grabmal bei der Porta Pia» zu übersetzen (denn das dargestellte Rundgrab liegt fast vier Kilometer von diesem Tor entfernt), sondern «in der Campagna an (oder nahe) der Via Nomentana». Denn diese Bezeichnung will nur sagen, daß sich das Monument im Einzugsbereich der – von der Porta Pia ausgehenden – Via Nomentana befindet, sozusagen im Campagna-Segment der Porta Pia.

Überhaupt bestimmen diese radial von Rom ausgehenden alten Konsularstraßen, wie den landschaftlichen Raum der Agrarunterneh-

Abb. 23. Landschaft längs einer römischen Straße. William Turner skizzierte sich, zur Vorbereitung seiner ersten Italienreise 1819, aus einem Druckwerk mit italienischen Ansichten einige Veduten, die den Weg nach Rom über die Via Flaminia bezeichnen, darunter: «Temple of Clitumnus, Spoleto, upstream to the Fall of Terni, B[ridge] Augustus of Narni, [medieval bridge of] Narni, Borghetto and Ponte Felice, Civita Castellana, Rome». (Tate Gallery, London).

mer und Bauern, so auch die Landschaft der Maler. Auch die ödesten und scheinbar entlegensten Campagna-Ansichten erweisen sich meist als von einer dieser Straßen aufgenommen (und keineswegs nur von der Via Appia). Auf diesen Straßen bewegte man sich durch die Campagna, auf diesen Straßen näherte man sich Rom. Da lag es nahe, daß sich, zur Vorbereitung seiner ersten Italienreise von 1819, William Turner aus einem Druckwerk mit italienischen Veduten einige Ansichten skizzierte, die den Weg nach Rom über die Via Flaminia bezeichnen, darunter die *Cascate delle Marmore* («Fall of Terni»), die Augustusbrücke von Narni, Civita Castellana (Abb. 23).

Auch wo sie keinen großen Verkehr mehr trugen, waren die alten Straßen untergründig präsent. Unscheinbare Ruinen, die wie regellos über die Landschaft verstreut wirken, fügen sich bei näherem Zusehen zu Reihen straßenbezogener Bauten zusammen, etwa als Flucht von Turmgräbern längs der Via Latina wie auf dem Campagna-Bild von Wilhelm Schirmer, für das sich dann ein Standort bei der Via dei Cessati Spiriti ermitteln läßt. Ähnlich bei Thomas Ender.

Wer nicht tief in die Campagna eindringen wollte – nicht jedem lag die Stimmung von Ruinenelegie über dieser Landschaft, das war wohl auch eine Generationenfrage –, hatte als stadtnahen Campagna-Blick Aqua Acetosa, die von der Porta del Popolo durch den – heute vermauerten – Arco Oscuro bequem zu erreichen war (und nicht mit der sogenannten *Promenade de Poussin* tiberabwärts zu verwechseln ist). Dieser Blick über die Tiberschleife vorn auf Tor di Quinto und über leeres Land auf die fernen Sabiner Berge ist zu allen Zeiten sehr häufig gemalt worden und wurde auch in komponierte Landschaften versetzt.

Die ältesten und dauerhaftesten Kernbereiche des malerischen Latium – und den Guiden und der Reiseliteratur des Grand Tour natürlich vertraut – sind, neben der Campagna, die Albanerberge und Tivoli. In den Albanerbergen haben Maler aller Nationen gearbeitet, Franzosen, Engländer, Deutsche, Niederländer, Schweizer, Russen, und es erübrigt sich, einzelne Namen zu nennen. Es ist eine eher begrenzte Zahl bewährter Standorte und traditioneller Bildausschnitte mit geringen Umspielungen: Albano mit seinen baumbestandenen

«Galerien» zwischen Kraterrand und Via Appia; der Albaner See gegen Kloster Palazzolo und den Monte Cavo (oder umgekehrt: von dort aus gegen Castel Gandolfo und die Campagna), und vielleicht mehr noch der Nemi-See, dessen kleinerer Spiegel auch einen guten Vordergrund für Ausblicke gegen das Meer abgab. Ariccia von unten, zwischen Ariccia und Albano immer derselbe Brunnen (Ariccia und Albano waren regelrechte Villeggiaturen von Diplomaten und Künstlern, doch war die Reichweite ihres Auslaufs von dort nicht eben groß); Frascati und seine Villen. Aber schon Nord- und Osthang der Albanerberge treten selten in den Blick, vergleichsweise selten sogar Velletri.

Die Wahl der Standorte ist gleichbleibender, als es der Wandel in der Landschaftsmalerei erwarten lassen würde, doch nimmt man nun auch Unansehnlicheres mit in den Blick. Viele Maler zog an, daß die Albanerberge bewaldet und nicht so «steril» (Ludwig Richter), so kahl waren wie die Berge der Sabina, die man darum lieber von fern, in ihren Konturen malte. Wem deutsches Mittelgebirge vertraut war mit seinen bewaldeten Höhen – schöne Wälder «aufgebaut so hoch da droben» und unten die Täler gerodet –, der fand hier, umgekehrt, die Höhen meist kahl und die Wälder unten. Und auch das Grün schien etwas anders als im Norden. Im Parco Chigi von Ariccia – von Goethe beschrieben – suchte man die verwilderte, undurchdringliche Vegetation. Manche nördlichen Maler hatten es, in stillem Heimweh, auch in klassischer Landschaft auf nichts anderes abgesehen, wie die genannten Notizen «schöner Standpunkte» zeigen.

Und Tivoli. Auch hier haben alle Generationen und alle Nationen gemalt: die Wasserfälle mit und ohne Rundtempel (sie hatten im 18. Jahrhundert große Nachfrage) gesehen aus ganz unterschiedlicher, aber doch auf wenige bewährte Standorte zu reduzierender Perspektive; Villa des Maecenas (Tempel des Hercules Victor) und Villa d'Este; hinunter bis Villa Adriana und Ponte Lucano, aber nicht hinauf ins bergige Hinterland.

Ein schmaler, aber wichtiger Weg der Erschließung des Inneren in Richtung Subiaco wird für die Maler, von Tivoli aus, zunehmend das Aniene-Tal. Das Itinerar läßt sich anhand identifizierbarer Ansichten gut verfolgen: die bereits genannten Aquäduktreste vorn in der Valle degli Arci; die Burgruine Saccomuro (Achille-Etna Michallon); das Benediktskloster S. Cosimato auf steiler, von Aquädukten durchzogener Felswand bei Vicovaro (darunter mehrere Engländer: Jacob More, Joseph Wright of Derby, John ‹Warwick› Smith, Edward Lear). Dann der Knick des Tals gegen Südosten mit Arsoli (wieder Michallon). Ein Blatt, das irrtümlich als Marino in den Albanerbergen identifiziert worden ist, erweist sich folgerichtig als das – Arsoli nächstbenachbarte – Marano Equo: «près Marano, route de Subiaco» ist es denn auch von Michallons Hand bezeichnet. Dann hoch über dem Aniene-Tal, auf der Gebirgskante der Monti Simbruini, Cervara di Roma (manchmal seltsamerweise verwechselt mit den Cervara-Grotten in der Campagna), wegen seiner Unzugänglichkeit meist von ferne, aber doch auch aufgesucht (Carl Blechen, Friedrich Wasmann). Und der Blick aus dem Talgrund hinauf nach Rocca Canterano gegen die Monti Ruffi. (Abb. 39)

Endlich Subiaco selbst. Nicht daß die Straße von Tivoli nach Subiaco, und Subiaco selbst, den Malern ganz unbekannt gewesen wäre: *strada da Tivoli a Sobiacha*, und: *in Sobiacco*, bezeichnet Claude Lorrain 1642 bzw. 1637 zwei seiner Blätter, denn auch hier wollte er «nach dem Leben», nach der Natur malen, wie sein Freund und Begleiter Joachim von Sandrart berichtet. Häufiger aufgesucht wird Subiaco jedoch erst mit dem späten 18. Jahrhundert, vor allem von französischen Malern (Joseph-Nicolas-Robert Fleury malt 1823 sogar ein Gruppenbild französischer Maler in Subiaco). Aber auch von Deutschen (früh Johann Christian Reinhart 1792; Johann Georg Dillis 1794, Johann Martin von Rohden 1805, Johann Joachim Faber 1807), die Subiaco bald nicht mehr von Tivoli, sondern aus der Gegenrichtung, vom nahen Olevano her betreten. Neben dem Gesamtbild, leicht erkennbar an der steil aus der Ortsmitte aufragenden Burg des Abtes, zogen vor allem die beiden Benediktsklöster von Subiaco an, S. Scolastica und Sacro Speco, und Hangpartien am Eingang des hier sich dramatisch verengenden Aniene-Tals.

Was jenseits von Subiaco kam, der Aniene oberhalb des – noch heute malerischen – Laghetto di S. Benedetto unter dem Kloster Sacro

Speco (Abb. 40, bis zum Laghetto kamen noch Joseph Anton Koch und Carl Philipp Fohr), ist nicht in gleicher Weise erkundet worden. Zwar sah man von Subiaco – und von den Höhen über Olevano – die Monti Simbruini vor sich, die dem Aniene-Tal den gern gemalten Wasserreichtum gaben. Aber betreten hat man diese erste Schwelle der Abruzzen damals noch nicht, wie überhaupt die malerische Erschließung der Abruzzen sehr zögerlich verlief. Wilhelm Waiblinger, der sich in seinen Reisebildern sonst recht genau an die begrenzten Reservate seiner deutschen Malerfreunde hielt, hat in seiner «Reise in die Abruzzen und an den Fucinersee» ausdrücklich darauf angespielt: «Selbst Männer wie Koch und Reinhart, die über drei Jahrzehnte in Rom leben, haben sich noch nicht hierher verirrt. Man tut selbst in Rom, als ob der Fucinersee außerhalb der Welt läge». Und noch Ludwig Richter stellt den mutig über Avezzano und Tagliacozzo gewählten Rückweg von Neapel als ein möglichst rasch zu beendigendes Abenteuer dar, noch Gregorovius wurde wegen der Räuber vor seiner Abruzzenreise gewarnt. Am Fucinersee malte aber schon 1789 Jean-Joseph-Xavier Bidault, in Capistrello und Tagliacozzo schon 1794 Abraham-Louis-Rodolphe Ducros. Ein Weg hinein war, außer auf der alten Via Valeria über Carsoli-Tagliacozzo, wohl auch von Sora (Michallon) den Liri aufwärts. Doch blieb von Subiaco her gesehen die östlich angrenzende Region noch unerschlossen.

Südlich von Subiaco dagegen, gleich jenseits des Bergzugs, der Aniene- und Saccotal voneinander scheidet, erstand in diesen Jahren ein Maler-Gelände, das bald alle Aufmerksamkeit vor allem deutscher Künstler an sich zog: Olevano mit dem nahen Eichenwald der Serpentara. Auch hier geht es nur darum, eine bevorzugt gemalte Landschaft innerhalb Latiums topographisch in ihren Grenzen abzustecken, geht es nicht um die Geschichte der Entdeckung und die vielbeachtete Rolle von Joseph Anton Koch (doch wurde Olevano auch vorher schon aufgesucht, war die Casa Baldi über dem Ort, für die Deutschen jetzt ein «Caffè Greco fuori le mura» [Galassi], schon von Kardinal Scipione Borghese als Villeggiatur errichtet worden). Und es geht nicht um das, was an dieser Wahl kennzeichnend für die deutschen Künstler gewesen sein könnte, wenn sie unberührte Natur und nicht Kulturlandschaft malen wollten. Doch haben auch französische Maler wie Corot hier gemalt, da sieht Olevano anders aus.

Tatsächlich gibt es nach Koch keinen deutschen Künstler, der nicht den – pittoresk eine Felsrippe herabsteigenden – Ort gemalt hätte, die szenographischen Fernblicke und vor allem, bis zum Überdruß, die Eichen der Serpentara. Während Koch von dieser Landschaft meinte, sie sei aus sich schon heroische und biblische Landschaft und müsse nicht erst durch Staffage dazu gemacht werden («Die Natur hat dort einen Urcharakter, wie man ihn beim Lesen der Bibel oder des Homer sich denken kann»), sahen andere zunehmend einfach das, was vor Augen war, ohne höhere Bedeutung, wie Carl Friedrich von Rumohr an seinem Schützling Franz Horny beobachtete und als «Naturalismus» verurteilte. Intime Vertrautheit mit dem Terrain wird hier dann jedes Gebüsch, jedes Detail in den Blick nehmen (Koch, der ein Mädchen von hier zur Frau hatte, notiert in seinen Olevano-Skizzen sogar die Rufnamen der im Gelände lagernden Ziegen: «Fiametta», «Gensormina», «Paschietta»). Und so wird man in Zweifelsfällen bei deutschen Malern in dieser Gebirgslandschaft mehr um Olevano, bei französischen mehr um Subiaco suchen.

Neben dem Nahblick auf jeden Eichenast der Serpentara der Fernblick auf die umgebenden Gebirgslandschaften. Gegen Süden ein gewaltiges Panorama-Halbrund über das Sacco-Tal und das hochgelegene Paliano hinweg, das einen kräftig bewegten Mittelgrund abgab: vom Monte Serrone im Osten über die lange Kette der Volskerberge (Monti Lepini) mit ihrer markanten östlichen Gebirgskante gegenüber Ferentino und dem hohen Rücken des Monte Semprevisa im Süden (ein Ausschnitt, wie man ihn etwa bei Heinrich Reinhold, Franz Horny und Wilhelm Schirmer findet) bis hin zur Senke zwischen Volsker- und Albanerbergen im Südwesten. Die Modellierung der Gebirge kann bei den Malern dann verschieden ausfallen, aber sie bleiben in ihren Konturen doch erkennbar. Bei unsicherer Identifizierung ermittelt man Ausschnitt und Standort am besten, indem man z. B. Paliano als Visierpunkt zwischen diesen Gipfeln der Volskerberge wandern läßt je nachdem, ob man dieses Panorama von Olevano, Bellegra oder Roiate in den Blick nimmt.

Ganz anders der Blick von Olevano gegen Norden, zunächst auf das nahe Civitella (heute Bellegra) in einsamer Höhe auf seinem Bergklotz: eine Ansicht, die in komponierten Landschaften besonders häufig verwertet wurde. Auch hier sind topographische Kenntnisse hilfreich – nicht um sagen zu können: Ich weiß aber wo das ist, sondern um sagen zu können, ob ein Maler, oder eine Malergeneration, mehr ideale oder mehr reale Landschaft malt. Denn man kann auch mythologische oder biblische Szenen sowohl in idealer wie in realer Landschaft spielen lassen. Aus der Höhe von Civitella – damals ein ärmliches entlegenes Bergnest, von den deutschen Künstlern bald erklommen (in den 1790er Jahren Reinhart, Dillis) – bot sich ein überwältigender Blick auf die wildbewegte, waldbedeckte Gebirgslandschaft gegen das Aniene-Tal: vorn das Bergstädtchen Rocca S. Stefano, dahinter in der Mitte die Monti Ruffi, vom Volke «Le Mammelle» genannt (malte man sie von Subiaco aus wie Bidault, wirken sie nicht mehr wie weibliche Brüste), mit dem von den Künstlern vielgenannten Bergnest Rocca di Mezzo hoch an ihrem rechten, östlichen Hang (doch ist es meist Rocca Canterano, das man dann im Bilde gemalt sieht, denn Rocca di Mezzo bietet auch von Bellegra aus gar nichts). Zur Linken der Monti Ruffi die Bergkuppe von Guadagnolo, die man aus dieser rückwärtigen Perspektive sonst kaum kennt (und auf die man bei identifizierender Suche nicht gleich verfallen würde); und zur Rechten das Aniene-Tal mit den Monti Simbruini und, tief unten rechts, Subiaco mit dem Kloster S. Scolastica. Gemalt worden war in dieser Gebirgslandschaft schon im 17. Jahrhundert (Gaspard Dughet, wie sein Schwager Poussin viel nach der Natur arbeitend), aber wirklich in den Blick trat sie erst, als sie aus dem Einzugsbereich von Tivoli in den Einzugsbereich von Olevano geriet.

Endlich zwei Punkte, von denen man nicht ebenso erwarten würde, daß sie damals bei den fremden Malern in Rom breite Aufmerksamkeit gefunden hätten: Civita Castellana im Norden Latiums und die Wasserfälle des Velino im äußersten Nordosten, bei Terni gleich jenseits der heutigen Grenze zu Umbrien. Diese *Cascate delle Marmore*, neben Tivoli die eindrucksvollsten Wasserfälle der ganzen Region, aber von Rom doch recht weit entfernt, wurden früh (vor allem seit den 1780er Jahren) und häufig gemalt. So kommt es auch, daß ein heute ganz unbeachteter Ort, Papigno (nicht «Papignano», «Papinio», «Papiano», wie man oft liest) unverhofft die Aufmerksamkeit all der Ducros, Rohden, Knip, Michallon, Schnorr, Miss Batty, Fries, Corot fand – einfach weil er das den *Cascate* nächstbenachbarte malbare Dorf war. Anscheinend hat man auf gleicher Exkursion das nahe Narni mit seiner Augustusbrücke gleich mitgenommen (‹Warwick› Smith, Ducros, Bidault): bei Corot wird die monumentale Brücke dann 1826 ihre schönste Darstellung finden, neben der Pleinair-Fassung steht, zu interessantem Vergleich, das Atelierbild für den Pariser Salon von 1827, das die nachantike Brücke gleich dahinter fortläßt.

Den anderen Punkt (tatsächlich mehr ein Punkt als eine Region) stellte Civita Castellana dar, von Rom auf der Via Flaminia 50 km nach Norden. Es war nicht die Stadt selbst mit Kathedrale und Borgia-Kastell, was die Maler hierher zog, sondern die Lage hoch zwischen abgrundtiefen Tuffschluchten, die rötlichen Felswände malerisch verhängt von tiefgrüner Vegetation, darüber das erhabene Profil des nahen Monte Soracte. Häufiger aufgesucht wurde der Platz seit den 1780er Jahren (von einzelnen Vorgängern abgesehen, wie immer bei unserem Zeitausschnitt): Engländer, Franzosen, unter den Deutschen früh Reinhart 1793. Sie malten die Schluchten, etwa den Fosso Maggiore, aus allen Blickwinkeln, auch aus der Tiefe: hinunterzukommen war nicht so schwer, wie es aussieht, denn da die hohen römischen Brücken der Via Amerina eingestürzt waren, mußten die nachantiken Wege zu Furt oder Steg ohnehin bis auf den Talgrund führen (doch brachte man die eine neue – und imposante – Brücke des 18. Jahrhunderts gern ins Bild, den Ponte Clementino). Corot, von dem jungen Heidelberger Ernst Fries hier aufs schönste porträtiert («Jean Babtiste Correau» korrigiert zu ‹Corrot›), ist in zwei Kampagnen Mai/Juni 1826 und September/Oktober 1827 besonders tief in diese Landschaft eingedrungen, eine seiner Zeichnungen zeigt sogar den noch heute wenig beachteten Borgia-Bogen außerhalb der Stadt. Aber auch – sie alle in der zweiten Hälfte der 1820er Jahre – André Giroux und andere Franzosen. Einige stießen weiter in den

Ager Faliscus vor, zur Ruinenstadt *Falleri Novi* (so Reinhart 1796, Fries 1826) oder – auch Corot – nach Castel S. Elia, Nepi, Ronciglione und arbeiteten auch hier in freier Landschaft, malend oder zeichnend. Die Freilicht-Skizze war ja nicht mehr nur Material für das Atelierbild, nicht mehr nur visuelle Notiz zu höheren Zwecken, sondern hatte einen eigenen Stellenwert.

So weit die Gegenden, die regelmäßig von Malern aufgesucht wurden. Fragt man nun einmal, umgekehrt, nach den leeren Vierteln Latiums, so bleiben bemerkenswert große Flächen. Nicht oder kaum berührt ist die Berglandschaft nördlich des Aniene mit dem Cicolano (es sei denn, man habe, in Auftragsarbeit, die Villa des Horaz zwischen Vicovaro und Licenza zu malen gehabt wie Hackert). Und nicht die eigentlichen Sabiner Berge (denn was die deutschen Maler damals großzügig als «Sabinergebirge» bezeichneten und bis ans Sacco-Tal reichen ließen, gehört zu großen Teilen geographisch und historisch nicht zur Sabina). Dabei mag es durchaus sein, daß auch solche Gegenden bei einer Exkursion aufgesucht und skizziert worden sind. Aber vielleicht wurden sie der Ausführung nicht für wert gehalten und traten jedenfalls nicht in die Reihe der bekannten, bewährten, verkaufbaren Landschaften ein. Man beginne die identifizierende Suche also nicht gerade in diesen Zonen, die von den Künstlern selten betreten wurden.

Nicht gern betreten, ja geradezu gemieden wurde auch die Pontinische Ebene und der zugehörige Küstenstrich. Man kam nach Fiumicino bei der Tibermündung und, noch seltener, nach Anzio, ging aber nicht tiefer hinein aus Angst vor Sumpffieber, Briganten, Büffeln, und weil man sich nichts davon versprach. Fünf junge deutsche Maler brachen 1825 ihren mutigen Ausflug schon nach drei Tagen in Anzio unbefriedigt ab. Zwar hatten die Trockenlegungsarbeiten Pius' VI. eine große Wirkung gezeigt, aber sie verloren bald an Aktualität (Ducros hatte die Bonifizierung 1786 sozusagen als Reportage gemalt). Man durchquerte die Ebene auf der erneuerten Via Appia rasch und ohne anzuhalten – außer man habe, wie Carlo Labruzzi 1789 von seinem englischen Auftraggeber Richard Colt Hoare, die Aufgabe gehabt, die antike Via Appia auch auf ihrer pontinischen

Strecke Meter um Meter, Monument um Monument zeichnerisch zu dokumentieren (allein 22 Blätter zwischen Castellaccio S. Gennaro und Terracina, mit den unscheinbarsten Brückenresten über die kleinsten Gräben), oder man hatte sonst einen *Viaggio pittoresco da Roma a Napoli* zu liefern. Und man griff erst wieder zu Stift und Pinsel, wenn man aufatmend in Terracina angekommen war. Dort aber malte man viel, vor allem den Blick von der Oberstadt aufs Kap Circeo mit immer derselben Palme – malte hier auch früher schon, denn Terracina kannten alle Reisenden des Grand Tour, da es hier vom Kirchenstaat ins Königreich Neapel ging.

Die immer noch versumpfte Ebene sahen die Maler also lieber von weitem, und da bot sie gewiß die ansehnlichere Szenographie: mehrere Ansichten, von Velletri oder mehr noch von Lanuvio aufgenommen (und in den Publikationen nicht immer richtig erkannt), zeigen die Ebene zwischen Volskerbergen und Meer gegen Kap Circeo und Ponza-Inseln (Samuel Birmann, Johann Joachim Faber, Alexander Ivanov). Schon Claude Lorrain hat diesen Blick gezeichnet.

Auffallend absent ist auch der ganze nordwestliche Teil Latiums, die Tuscia. Zwar ohne spektakuläre Wasserfälle und Bergflüsse, hatte die Tuscia doch tiefe Tuffschluchten und große Seen zu bieten, in den Monti Cimini auch dichte Wälder (von denen Livius 9, 36 sagt, sie seien «schrecklicher sogar als die Wälder Germaniens», und imposant sind sie noch heute): «nördliche» Wälder auch in Italien zu begehren galt nördlichen Malern als ganz natürlich. Um Bracciano und an der Küste zeichnete bereits Claude Lorrain. Aber Motive längs von Via Cassia und Via Clodia sind, anders als an den von Rom nach Osten und in den Süden führenden Straßen, insgesamt doch selten: Viterbo und Orvieto, Ronciglione und Caprarola (über Ronciglione, nämlich über die Via Cimina, führten die Wege von Norden nach Rom damals mindestens ebenso häufig wie die auf der Via Cassia über Sutri, und so sind einige Ansichten nachweislich auf An- oder Abreise gemalt, nicht von Rom aus eigens aufgesucht); Lago di Vico, Lago di Bracciano (Abraham Teerlink, Hendrik Voogd, Nicolas-Didier Boguet) und seine Umgebung mit Anguillara, Vicarello, Monterano (Friedrich Helmsdorf). Was da skizziert wird, wirkte vielleicht nicht so anziehend, weil die Tuscia mehr als Durchreiseland denn als «Süden» galt und nicht die bekannten, nachgefragten Monumente und Landschaften bot. Da zog man von Rom lieber 200 km nach Süden als 50 km «zurück» nach Norden.

Das wurde erst anders, als dann etruskische Monumente und etruskische Landschaft zunehmend Beachtung fanden. Der Engländer George Dennis durchstreifte mit dem Maler Samuel James Ainsley seit 1842 diese Gegenden – beide erstaunt, hier auf ein so unbekanntes, ärmliches Stück Italien zu stoßen –, und seine Publikation «The Cities and Cemeteries of Etruria» (1848) und Ainsleys Zeichnungen brachten erstmals das ganze tuszische Latium in den Blick, von Tarquinia bis Bomarzo und von Sutri bis Bolsena. Aber mit der breiten künstlerischen Aufnahme der anderen Zonen war das nicht zu vergleichen. Als Napoleons jüngster Bruder Lucien Bonaparte 1814 Fürst von Canino und Musignano wurde, fand sogar diese Gegend mit dem damals von Lucien ausgegrabenen etruskischen Vulci zeitweilig mehr Aufmerksamkeit.

So verteilte sich die Aufmerksamkeit der Maler auffallend ungleich auf die Landschaften Latiums, gab Latium insgesamt aber doch einen Vorrang, der nur von Campanien und den Inseln erreicht wurde. Den Wegen dieser Maler zu folgen, ihre gemalten Landschaften zu durchwandern, ihre bevorzugten Blickpunkte zu erkennen, läßt uns auch in vertrautem Gelände Landschaft mit neuen Augen sehen.

VIII

Italien-Wahrnehmung im 19. Jahrhundert

Ferdinand Gregorovius, «Wanderjahre in Italien»

Italien, wie es die Reisenden des 19. Jahrhunderts erlebten, ist ein anderes Land als das Italien des *Grand Tour* im 17. und 18. Jahrhundert. An die Stelle konventionell vorgegebener Routen und Stationen tritt zunehmend die persönliche Wahl der Regionen und Reisewege; an die Stelle literarischer Reisebegleiter der moderne Reiseführer; an die Stelle obligater Hof- und Bildungskonversation die Zufallsbegegnung. Neben die Kunst- und Bildungszentren tritt nun auch das provinzielle Städtchen entlegen im Bergland; neben die kanonische Abfolge von Monumenten und Galerien das gezielte Aufsuchen bisher unbeachteter, historisch oder kunsthistorisch wichtiger Plätze auch in freier Landschaft. Neben Antike und Renaissance wird nun auch das bisher weitgehend verschmähte Mittelalter beachtet, neben der Postkutsche bald schon die Eisenbahn benutzt – und was man sonst noch an solch (allzu plakativer) Gegenüberstellung anführen will. Das sei am Beispiel der *Wanderjahre in Italien* von Ferdinand Gregorovius dargelegt, von denen man gesagt hat, neben Goethes *Italienischer Reise* habe nichts das deutsche Italienbild so geprägt wie eben die *Wanderjahre*.

Darum zunächst einige Worte zur Person. Ferdinand Gregorovius ist 1821 in Neidenburg in Ostpreußen geboren. Er studiert an der Universität Königsberg Theologie und Philosophie, schreibt früh Gedichte, einen Roman, ein Drama, da er sich zum Dichter und Schriftsteller berufen fühlt, aber auch schon historische Abhandlungen. Als leidenschaftlicher Liberaler nimmt er tiefen Anteil an den politischen Ereignissen seiner Zeit, leidet unter dem Ausgang von 1848 und verläßt endlich 1852 Deutschland. Seit 1853 lebt er in Rom, zunächst ohne festen Plan und ohne finanzielle Mittel. So kommt er, um sich über Wasser zu halten, ans Artikelschreiben (womit wir uns den *Wanderjahren* nähern), ist Brotjournalist – meist anonym oder unter Sigle – für anfangs zahlreiche deutsche und sogar englischsprachige Zeitungen. Er faßt bald den verwegenen Plan, eine Geschichte der Stadt Rom im Mittelalter zu schreiben, und vollendet sie (tausend Jahre römischer Geschichte und nicht – wie wir Historiker heute – bloß hundert Jahre) in 22 römischen Jahren. 1874 verläßt er Rom und lebt fortan in München, kehrt aber jedes Jahr nach Rom zurück, hoch geehrt – aber entsetzt über die brutalen urbanistischen Eingriffe nach 1870. Er stirbt, 70jährig, 1891 in München.

Da Gregorovius Landschaften nicht touristisch, sondern historisch beschreibt, ist für das Thema *Wanderjahre* ein Urteil über Gregorovius als Historiker wichtig.

Seine *Geschichte der Stadt Rom im Mittelalter* wurde begeistert aufgenommen. Aber sie fand auch Kritik, vor allem durch eine spätere Generation von positivistischen Historikern, die sich für besonders streng hielten und das auch waren (die deutsche Geschichtswissenschaft schaut gern so grimmig drein, andere schauen viel lockerer); die neben Papst- und Kaiserurkunden wenig gelten ließen und statt des Atmosphärischen lieber wissen wollten, ob eine Krönung am Samstag oder am Sonntag stattgefunden habe. Daß Gregorovius meinte, der Blick auf Rom mache einen «mehr zum Philosophen als hundert Winterabende hinter dem Aristoteles», war ihnen suspekt, denn sie wollten an der Geschichte nicht mehr zum Philosophen werden und schon gar nicht zum Dichter. Und so fanden sie, Gregorovius sei im Grunde ein Dilettant, der mit flotter Feder, beneidenswerter Phantasie und dichterischer Freiheit große Rom-Gemälde hinwerfe. Und manche denken das noch heute.

Diesem Urteil ist mit Entschiedenheit entgegenzutreten. Gregorovius hatte ein solides geisteswissenschaftliches Studium hinter sich (nicht ‹Geschichte› als solche, die sonderte sich als eigener Studiengang ja damals erst aus), wurde auf Vorschlag des strengen Mediävisten Wilhelm Giesebrecht einstimmig in die Bayerische Akademie der Wissenschaften und – zusammen mit Ranke, Mommsen, Adolphe Thiers – in die Accademia dei Lincei gewählt, ja schlug das Angebot eines Universitätslehrstuhls aus. Daß er die Kunst historischer Darstellung beherrschte wie kaum ein anderer, ist immer anerkannt worden – aber man hat das auch zu seinen Ungunsten ausgelegt. Wenn Gregorovius in einer seiner impressionistischen Rom-Darstellungen etwa schreibt: «Ziegen kletterten im Schutt der Engelsburg», oder «Nun wurden auf dem Forum Romanum Schweine verkauft», dann galt das als farbige Ausmalung seiner Hand. Die Kritiker kannten eben die Quellen nicht so gut wie Gregorovius, sonst hätten sie gewußt, daß er solche Szenen nicht erfunden, sondern den Quellen dieser Zeit entnommen hatte. Aber das kommt davon, wenn man seinem Verleger nachgibt und die Anmerkungen reduziert oder gar ganz darauf verzichtet. Es spielte wohl auch mit, daß er zuerst mit Zeitungsartikeln hervorgetreten war und dann erst mit dem geschichtswissenschaftlichen Werk. Anders herum ist besser: denn der Eindruck, als schriebe ein Feuilletonist Geschichte, nicht ein Historiker auch Feuilletons, war für die Anerkennung gewiß nachteilig.

Daß ihn die große Aufgabe manchmal überforderte, war unvermeidlich. Denn Roms Stadtgeschichte ist – durch das Imperium, dann das Papsttum – ja immer zugleich Weltgeschichte: Stadtgeschichte als Weltgeschichte, das vermag nur Rom! Nicht dichterische Freiheit, nicht ungenügende Quellenkenntnis, nicht Fehlinterpretationen und mangelnde Verläßlichkeit sind ihm vorzuwerfen, wohl aber kann der stellenweise aufdringliche moralische Ton befremden, dieses Platzanweisen und Zensurengeben («Nie ward frecher ...»), der wissende Blick über alle Epochen hinweg. Aber kein Zweifel: Gregorovius ist ein großer, verläßlicher, quellennaher Historiker. In all dem liegt eben der Unterschied zwischen idealistischer und positivistischer Geschichtsschreibung. Nicht die eine *oder* die andere, sondern *beide* Ausformungen haben die deutsche Historiographie zeitweilig in den höchsten Rang europäischer Geschichtsschreibung erhoben.

Ein anderer für die Beurteilung der *Wanderjahre* wichtiger Punkt ist, zweitens, sein Verhältnis zu den Italienern. Sein Verhältnis zu den Italienern war ein besonderes, nicht einfach das der Rom-Deutschen seiner Zeit. Und die Italiener haben es ihm wunderbar vergolten. Nicht nur mit Bürgerrechtsverleihung und anderen Ehrungen, sondern mit weit mehr. Denn man darf behaupten, daß es nur zwei deutsche Historiker gibt, deren Namen heute auch dem mittleren gebildeten Italiener noch am ehesten etwas sagen: Gregorovius und Mommsen.

Dazu eine kleine persönliche Episode. Aus Anlaß des 100. Todestages und der Gregorovius-Tagung im Deutschen Historischen Institut wollten wir eine Gedenktafel an seiner Wohnung in der Via Gregoriana anbringen. Nun muß man, wenn man in Rom eine solche Tafel anbringen will, nicht nur die Erlaubnis der Kommune einholen (die dann ihr SPQR daraufsetzt), sondern auch die Erlaubnis des *Condominio*, der Wohnungsbesitzer. Ich ging also in die Condominiums-Versammlung wohl wissend, daß Condominien solche Tafeln auch ablehnen (darum die italienische Lösung, die Tafeln dann einfach woanders anzubringen, auch in unserer Via della Lungara: das richtige Geburtshaus wollte den Claudio Villa nicht an der Wand haben, darum ist er jetzt schräg gegenüber geboren, wo die Besitzer nichts dagegen hatten). Doch die Hausversammlung war geradezu begeistert: Gregorovius, come no! Man schlug mir gleich einen Marmorhandwerker am Campo Verano vor; einer hatte einen Verwandten, der die Ziernägel aus Bronze herstellt; kurz: man war freudig überrascht über diesen willkommenen Mitbewohner.

Der Text der italienischen Inschrift hob an Gregorovius einen besonderen Zug hervor: «Er wußte den Italienern nicht nur der Geschichte, sondern auch denen seiner eigenen Zeit gerecht zu werden». Und das war (und ist) nicht selbstverständlich. Gregorovius hat sogar während des italienisch-österreichischen Krieges von 1859, wie seine Tagebücher zeigen, insgeheim und dann immer offener zu den Italienern gehalten, ganz im Unterschied zu den weitaus meisten Rom-Deutschen und den deutschen Historikern damals. Diese nicht kritiklose, nicht bedingungslose, aber tiefe Zuneigung zu den Italie-

Abb. 24. Gregorovius' Zeichnungen sind wenig ansehnlich: sie waren nicht für die Öffentlichkeit gedacht, sondern als Erinnerungsstütze für die Nacharbeit seiner Eindrücke. Hier das Meereskastell Torre Astura, datiert 29. Juni 1854, Ziel seiner Wanderung in den *Idyllen vom lateinischen Ufer* von 1854.

nern (und nicht nur zu Italien: zwischen Italien und den Italienern zu trennen, auf diese – manchmal anzutreffende – absurde Idee wäre Gregorovius nie verfallen): diese tiefe Zuneigung, dieses Verständnis durchzieht die *Wanderjahre* bei allen Personenschilderungen, von der Gepäckträgerin bis zum Marchese.

Die *Wanderjahre* sind entstanden aus einer Folge von Artikeln, die der junge Gregorovius schon bald nach seiner Ankunft in Rom begann, aus Neigung, aber auch aus Not, denn er mußte ja von irgend etwas leben. Erschienen sind diese Artikel seit 1853 in der *Augsburger Allgemeinen Zeitung* (damals sozusagen die *Frankfurter Allgemeine*), beim angesehenen Verleger Cotta, der dann auch die Geschichte Roms verlegen wird, aber die *Wanderjahre* als Zusammendruck nicht wollte (was der Verlag später zu bereuen hatte). So erschienen sie 1856–1877 in schließlich fünf kleinen Bänden bei Brockhaus. Illustrationen wurden damals noch nicht beigegeben, Gregorovius' eigene Skizzen sind wenig

Abb. 25. Das Tal des Liri zwischen Isola del Liri und Sora: bezeichnet links «von Arpino aus», Mitte «Tal des Liris», rechts «Sora» und «da Posta». Erinnerungs-Skizze für *Von den Ufern des Liris*, 1859.

ansehnlich (Abb. 24 u. 25 zeigen die besten) und waren nicht für die Öffentlichkeit bestimmt.

Der Titel mag von *Wilhelm Meisters Wanderjahren* angeregt sein (denn Gregorovius kannte seinen Goethe, ja hatte in jungen unruhigen Jahren, 1849, sogar eine Schrift *Göthes Wilhelm Meister in seinen socialistischen Elementen entwickelt* verfaßt). Doch ist hier unter ‹Wanderjahren› nicht eine Folge von Stufen der Selbstverwirklichung verstanden, sondern – ganz wörtlich – das Durchwandern des geliebten Italien in langen Jahren glücklicher Begegnung. Man wird auch nicht sagen wollen, die *Wanderjahre* seien in irgendeiner Weise Goethes *Italienischer Reise* nachgebildet. In den frühen Beiträgen spricht Gregorovius noch die Sprache der Romantik, seine Sprachkraft streift stellenweise das Dichterische. Fortschreitende Reife, oder das sich wandelnde Lebensgefühl seiner Zeit, oder sein Leben unter Italienern, die weniger romantisch und sentimental veranlagt sind als jeder Nordmensch: sie lassen seine späteren Darstellungen – nicht immer zu ihrem Vorteil – klarer, sachlicher, materialreicher werden, dem Realismus näher als der Romantik.

Anders als manche Leser bei diesem Titel erwarten mögen, bestehen die Wanderjahre nicht nur aus der Beschreibung durchwanderter Landschaften: in vielen Abschnitten schildern sie eine Begegnung mehr mit Menschen als mit der Natur (so wie es der Untertitel des

1. Bandes ankündigte: «Figuren, Geschichte, Leben und Scenerie aus Italien»). Nie wird die Darstellung zur bloßen Landeskunde, immer ist sie Erzählung, ausgehend vom persönlichen Erlebnis des Ortes, der Landschaft, der Menschen: das Gespräch mit dem Gastwirt, der kränkliche Apotheker als Stadthistoriker, die aus dem Kerkerfenster nach Almosen angelnden Gefangenen; Menschen diskutierend auf belebten Plätzen, nächtliche Wallfahrer in genauer aber diskreter Beobachtung, das lokale Heiligenfest (wobei das religiöse Element, wie bei protestantischen Italienberichten häufig, distanziert als Folklore beschrieben wird). Menschen so zu beschreiben, wie er es tut – an entlegenen Orten in einer ursprünglichen Menschlichkeit, zu der auch die fehlende Außenverbindung, die völlige Abgeschiedenheit gehört – ist allerdings heute so nicht mehr denkbar, da jede Bauernhütte ihr gleichmacherisches Fernsehen hat und jeder Hirt sein *telefonino*. Denn die dahindämmernden kleinen Bergorte, in denen die großen Nachrichten erst 14 Tage später, oder nur vom Hörensagen entstellt, oder gar nicht eintrafen, sie gibt es nicht mehr.

In dieser persönlichen Darbietung kann Gregorovius sehr weit gehen, weiter als es manche (guten) Reiseberichte tun, wenn sie das Ich zurückhaltend einsetzen. So kann er beispielsweise sagen, was er beim Betreten einer Stadt, beim Eintreten in eine Landschaft zunächst noch nicht gewußt und dann erst erfahren habe (gewiß auch ein Kunstgriff, um mehr Relief in seine Darstellungen zu bringen, die ohne intensive Vor- und Nacharbeitung gar nicht zu denken sind): was ihm auffiel, was ihn überraschte, was ihn enttäuschte, und wie sich diese empfundene Spannung dann in historische Erkenntnis auflöste.

So sind die *Wanderjahre* ein durch und durch historisches Buch: geschaute Geschichte, nicht bloß gewußte Geschichte, innige Durchdringung von Anschauung und historischer Reflexion.

Von all dem kann, bei der Fülle des Stoffes, hier nur ein Eindruck gegeben werden. Begonnen sei mit den frühen römischen Stücken, in denen die Menschen ganz im Vordergrund stehen. *Römische Figuren* (1853) schildert lebende und steinerne Römer, spielende Kinder, alte Frauen, den *pizzicagnolo* in seinem Laden unter lebhaft beschriebenen Würsten, den Bettler beim Betrachten des toten Kardinals, ein

Marionettentheater in einem Hinterhof beim Marcellustheater, und wie die Zuschauer da mitgehen – und stellt sich zwischendurch die bizarre Frage, wie das wohl zugehen werde, wenn die Statuen, die Marionetten, die Brunnenfiguren Roms lebendig würden und die Macht ergriffen:

> «Wenn alle diese Figuren lebendig würden, so könnten sie das römische Volk austreiben, und es sollte eine lustige Gesellschaft sein, die dann Rom bewohnte, vom Apollo im Belvedere bis zu dem kleinen Pagliazzo auf der Montanara ... All diese Figuren und Figürchen, Göttergestalten, Menschengestalten und Tierbilder sind ebensoviel geschichtliche Formen des Menschen ... Am Ende kann sich auch die Marionettenpuppe neben Laokoon stellen und ausrufen: ‹Anch'io sono Laocoonte!›»

Oder der Beitrag über das jüdische Ghetto in Rom (1853), eine Schilderung dieses düsteren Viertels aus seinem Innern, nach vielen Besuchen und auch Gesprächen mit dort wohnenden Juden: ihre Geschichte in Rom, ihre Demütigungen und endlich die Öffnung des Ghettos soeben durch Pius IX., die aber natürlich nicht sofort zum Auszug der 3800 dort gedrängt wohnenden Juden führte – eine Schilderung so verständnisvoll, daß dieses Kapitel in nationalsozialistischer Zeit nicht abgedruckt wurde. Hier eine Stelle, in der Gregorovius den typischen Handel der Juden mit Altkleidern (dem ‹Plunder›) unnachahmlich einem anderen römischen Handel vergleicht: dem nobleren Handel der Antiquare mit antiken Buntmarmoren – dem *giallo antico*, dem *verde antico*, dem Porphyr usw., wie man sie vor allem in den Kaiserpalästen auf dem Palatin fand und dann, als Spolien, in Cosmaten-Fußböden und an Barock-Altären wiederverwendete:

> «Es ist nicht zu sagen, welches Chaos von Flicken und Lappen ... hier zusammengehäuft ist ... Haufenhoch liegen die Lappalien vor den Türen, von jeglicher Art und Farbe ... Sie sitzen nun davor und wühlen in dem Meer von Flicken, als suchten sie nach Schätzen, wenigstens nach einem versunkenen Goldbrokätchen. Denn sie sind so gut römische Altertumsforscher als alle jene in Rom, welche den Schutt durchwühlen ... Jener hebräische Winckelmann [!] im Ghetto legt mit einem gewissen Stolz seine Lappen zum Verkauf aus wie der Händler mit Marmortrümmern. Dieser

prahlt mit einem Stück Giallo antico – dagegen kann der Jude einen vortrefflichen Lappen gelber Seide halten; Porphyr – hier ist ein vortrefflich gemustertes Flickchen von tiefrotem Damast. Verde antico – hier ist ein schönes grünes Sammetflickchen von ausgesuchtester Antike. Und so gibt es weder Jaspis noch Alabaster, noch schwarzen und weißen Marmor oder Breccia, wogegen nicht der Antiquar des Ghetto *seine* Altertümer stellen könnte.»

Und nun hinaus in die Landschaft. Seine Streifzüge durch das Land, anfangs mit kümmerlichen Mitteln, setzten früh ein, ja mit der Beschreibung Korsikas hatte sein Italienaufenthalt überhaupt begonnen. Der Beitrag *Idyllen vom lateinischen Ufer* (1854), ein besonders schönes Stück *Wanderjahre*, schildert eine Wanderung die Küste Latiums hinab von Anzio bis Torre Astura. Erst wird Anzio beschrieben, seine kleine Locanda, die im Hafen arbeitenden Galeerensträflinge, die nachts ausfahrenden Fischer. Der junge Gregorovius vergleicht hin und wieder noch mit den heimatlichen Verhältnissen, etwa den lebhaften, beweglichen Fischer hier mit «unserem stummen und einfältigen baltischen Fischer … Ich möchte sie gern einmal in einen Kahn nebeneinander setzen, den baltischen und den neapolitanischen Fischer …; ich glaube, einer würde vor dem anderen ins Wasser laufen.» Dann die Wanderung den Strand entlang, immer das Meereskastell Torre Astura und das grandiose Profil des Cap Circeo vor Augen, zur Linken der Wald zwischen Pontinischen Sümpfen und Meer:

«Schwerlich kann sich die Phantasie einen Buschwald denken, der sich zum Räuberwesen besser eignete als dieser Wald von Astura [und das waren dort damals, in den 1850er Jahren, ja noch die wirklichen Räuber]. Hier sind es noch nicht hochstämmige Eichen, die ihn bilden, sondern dichtestes Gestrüpp von Korkholz, Oleaster, Mastix, Arbutus, Schwarzdornen und Myrten. Die Gebüsche sind von Schlingpflanzen dicht verfilzt oder vom Efeu so ganz übersponnen, daß sie hohe Kuppeln nebeneinander bilden, gleich grünen Waldmoscheen, undurchdringlich für die Sonne oder den Regen. Wir fanden Myrtengebüsche in Baumeshöhe, und rings flog und wehte ein Geruch der Wildnis, welcher alle Sinne durchdrang».

In der Nähe des Waldes halten sie sich auch aus Furcht vor den Büffelherden am Strand: «Plötzlich sahen wir vor uns eine Herde, wohl mehr als hundert Stück beisammen. Wir blieben stehen. Ein Stier stutzte, hob die Stirn auf, sah uns mit majestätischem Ernst an, löste sich von der Herde ab und kam gegen uns» – und sie entkommen nur mit knapper Not der heranstürmenden Herde. Solche Episoden sind kennzeichnend für die *Wanderjahre*: das persönliche Erlebnis wird nicht weggeglättet, sondern ungeniert in der 1.Person Singular erzählt. Endlich Torre Astura, die mittelalterliche Miniburg vorn im Meer auf den überfluteten Mauern antiker Villen und Fischteiche. Hierhin floh, nach der verlorenen Schlacht von Tagliacozzo 1268, der junge Konradin, der letzte Hohenstaufe, hier wurde er seinem Feind Karl von Anjou verräterisch ausgeliefert und dann in Neapel hingerichtet. Für Gregorovius beim Betreten der Burg eine Entladung von nationalen Empfindungen, denen er bewegt Ausdruck gibt: das Ende der Hohenstaufen!

Ein Nationalist war Gregorovius gleichwohl nicht, wie schon seine Option für die Italiener in den damaligen Konflikten zeigt und die Erzählungen der *Wanderjahre* selbst. Nationalistische Aufwallungen überkamen ihn nur im deutsch-französischen Krieg von 1870/71, wie mehrere Artikel für die Augsburger «Allgemeine» zeigen, und haben damals auch Niederschlag in den *Wanderjahren* gefunden: in dem Beitrag *Eine Pfingstwoche in den Abruzzen*, einer Reise, die er 1871 mit seinem Freund, dem Maler Karl Lindemann-Frommel, in die damals noch wenig besuchten, wenig bekannten Abruzzen unternahm und die ihn über das Schlachtfeld von Tagliacozzo führte, das denn auch gleich gemalt wurde. Und da wird nun aus dem Sieg über Napoleon III. bei Sedan, ein halbes Jahr zuvor, die Rache für den Sieg Karls von Anjou über Konradin von Hohenstaufen 1268; da feiert er «die glorreiche Auferstehung des Deutschen Reiches auf dem Schlachtfelde des letzten Hohenstaufen», «das Wiedererstehen des Reiches der Hohenstaufen in den Hohenzollern»: «das Blut Konradins ist gerochen für alle Zeit». Es war die große, von 1870 aufgerührte historische Stimmung, die die Begegnung von Germanen und Deutschen mit Italien im nachhinein als tragisch erscheinen ließ, man denke an Felix Dahns 1876 erschienenen, begeistert aufgenommenen Roman *Kampf um Rom* (Kampf *um* Rom, nicht Kampf *gegen*

Rom!), wo schließlich alles in Nibelungen-Getöse untergeht. Gregorovius hat bald wieder zu ruhiger, distanzierterer Beurteilung gefunden (der Eindruck des zerstörten Straßburg traf ihn wie andere tief). Während seiner Abruzzenreise war die Pariser *Commune* noch nicht besiegt, und an Zeitungen in dieser entlegenen Region schwer zu kommen.

Auch auf dieser Reise hat er vor allem das Land in den Blick genommen, das er in tagelangen Fahrten und Ritten durchstreifte, fernab von den erprobten Straßen des *Grand Tour.* Wenige Reisende haben sich damals der unberührten Landschaft so ausgesetzt wie er:

> «Hinreißend ist der Blick in die ungeheure Wildnis rötlicher Felsenmassen, die kühn ineinandergeschoben und tausendfach in Schluchten auseinandergebrochen sind, dahinter der Gran Sasso in dunkler Majestät hervortritt ... Durch Felsengründe, über weite braune Hochflächen, ging es so stundenlang fort» ... «In Tagliacozzo endet die Via Valeria wie in einem Sack. Keine Fahrstraße führt in die Sabina, wohin wir gelangen wollten, nur Saumpfade gibt es über das steile Grenzgebirge. Wir mieteten Gebirgspferde, starkknochige große Tiere, welche diese steinigen Pfade zu erklettern gewohnt sind. An einer Leine führte ein jedes sein Führer, gleich ihnen ans Klettern gewöhnt. So ritten wir von Tagliacozzo hoch aufwärts in die gigantische Bergwildnis hinein und acht Stunden lang fort über hohe Felsenmassen, durch tiefschattige Buchen- und Eichenwälder, in Rinnsalen von Bergwassern, über Flüsse und sie durchwatend, wo es keine Brücken gab». – Das sind Eindrücke, die man noch heute nachempfinden kann, wenn man dem kühnen Verlauf der römischen Via Valeria durch dieses Gebirge folgt.

Panorama-Blicke, eine Beschreibung des Monte Velino, die Nutzung der Landschaft, menschliche Begegnungen, die Städte und ihre Monumente. Dabei wird endlich auch das Mittelalter in die Wahrnehmung voll einbezogen. Aber auch: wo wird hier die erste Eisenbahnlinie gebaut? Immer ist in seinen Landschaften auch die Gegenwart, auch der technische Fortschritt präsent (anders als wenn wir bei unseren Landschaftsphotos möglichst die Elektromasten nicht ins Bild kommen lassen) und wird nicht von vornherein verteufelt. Da ist in dieser Abruzzenreise vor allem seine Besichtigung der Trockenlegungsarbeiten bemerkenswert, die Alessandro Torlonia eben damals am Lago di Fucino vornahm: ein kolossales Projekt, ein Vorhaben, das allgemein bejubelt wurde. Um so auffallender ist Gregorovius' kritisches, ja polemisches Urteil über diese Trockenlegung, da spricht er wie ein Grüner: diese «neuen mörderischen Kapitalisten und Austrocknungsmenschen», die womöglich auch schon am Trasimenischen See «umherschleichen und die Kosten berechnen, mit denen diese zaubervolle Dichtung der Natur in rentable Industrieprosa umzuwandeln sei. Ja, Geld und Dampfmaschinen trocknen die Poesie der Welt aus.» Er sieht und beschreibt die «Maschinen, die dem armen See die Seele aus dem Leibe pumpen», und ergeht sich in Reflexionen über die Zerstörung der Natur.

Gregorovius mußte das Gelände kennen, in der die Geschichte spielte, die er schrieb (nicht alle Historiker empfinden diese Notwendigkeit); so wie er, umgekehrt, durch die Landschaft hindurchsah auf ihre Geschichte, manchmal in ausführlichen historischen Exkursen. Gelehrte Diskussion, etwa über eine historische Grenze, wird dann heiter abgebrochen: «Doch wir wollen uns darüber keinen geographischen Kummer zuziehen, sondern vor der Weinschenke in Veroli aufs Pferd steigen, um nach den Ufern des Liri hinunterzureiten». Daraus wird Landschaftsmalerei in Worten:

> «Man blickt über wellenförmig abgesenkte Weinberge in die tiefe Ebene des Sacco, auf die schönen Bergreihen zu ihren Seiten und eine weite Landschaft von majestätischem Stil. An jener Straße liegt ein Weinrebenhügel, Fagnano genannt, an dessen Abhang alte Olivenbäume einen Steinblock beschatten ...; ein grünumbuschter, großer Vorgrund, hinter ihm das braune, durch eine schwarze Waldpartie unterbrochene meilenlange Tal, von blauem Duft und sonniger Wärme überzittert, links und rechts prächtige Bergketten. Jene zur Linken ist die Serra, ein Gebirgszug, aus welchem als Hauptform die riesige Pyramide des Serrone klar und schön hervortritt, andere Berge in absinkender Linie der Perspektive neben sich, alle zu ihren Füßen einen Teppich von grüner und brauner Farbe hingebreitet, auf welchem die Kastelle stehen, die sich in ihrem Schatten aufgestellt haben».

Landschaft im Fernblick und im Nahblick, die Beschreibung und Charakterisierung von Bäumen in ihrer Gestalt, ihrer Fruchtfolge, ihrem Schatten. Auch botanische Information wird immer erzählt und nicht bloß angemerkt: welche Früchte findet er im Laufe des Sommers nacheinander auf seinem Tisch in Genazzano, aus welchem Schatten blickt er über die Landschaft.

Aus der Schilderung der Landschaft geht es übergangslos zur Darlegung der sozialen und wirtschaftlichen Lage der hier arbeitenden Bauern:

> «Überblickt man diese Natur, so scheint sie ein Eldorado glücklicher Bewohner zu sein; aber lebt man mit diesen, so tritt uns aus dem Paradiese hier nur zu oft der hungerleidende Mensch entgegen … Die Schuld dieses Mißverhältnisses liegt an den agrarischen Zuständen. Von vornherein muß man wissen, daß der dortige Landbesitzer den vierten Teil des Ertrags dem Prinzen Colonna als Zins schuldig ist. Es ist der alte Fluch der Latifundien, welcher das Volk verarmen läßt … Barone und Klöster werden reich, der Bauer wird ihr Vasall und ihr Winzer. Ich habe diese Zustände viel zu beobachten Gelegenheit gehabt. In der Regel geschieht dies so: Erst verkauft der Verschuldete nur den Boden allein … Kaum vergeht ein Jahr, so erscheint derselbe Winzer vor dem Käufer seines Bodens und bietet auch die Bäume zum Verkaufe an. Er wird nun zum Kolonen seines Herrn …»

Dazwischen die alten Adelssitze, deren Besitzer Gregorovius im Laufe seiner römischen Jahre kennenlernen wird. Hier das Colonna-Schloß von Paliano:

> «Mit Vergnügen durchwandern wir alte Adelsschlösser, wo jetzt die Stammbäume als dürre Pflanzen an der Wand hängen, und die Tapeten zerfasern wie die Diplome, welche der Vasall endlich zerrissen hat.» (*Aus der Campagna von Rom*, 1856 u. 1858)

Auch Stimmungen über der Landschaft vermag er – für jede Zeit des Tages, für die Dämmerung, für die Nacht – in wenigen Worten ohne große Adjektive zu beschreiben. So in seinen Tagebüchern beim Blick über das nächtliche Land zu Füßen der Abtei Montecassino:

> «Die Mondnächte sind jetzt feenhaft schön – die Berge von Cervara und Rocca d'Evandro in silberne Lichtschleier gehüllt. Auf der Campagna brennen Feuer, Hunde schlagen in fernen Orten an. Dann und wann ein Nebelphantom, welches plötzlich wie ein Vorhang zehn Schritt an meinem Fenster vorüberzieht».

Immer wieder finden sich zwischendurch Sätze, die seine ganze Zuneigung zum italienischen Volk zeigen, ja seine Zuversicht und seine Ermutigung für dieses Volk:

> «Es gibt kein Land der Erde, das so durchgeistigt ist, so an allen Gliedern vom Blut der Zivilisation pulst und lebt wie dieses. Wenn es heute monumental versteinert erscheint: es wird diese Maske sprengen. Dieses unerschöpfte Saatfeld der Kultur hat noch eine andere Mission als die, der Kirchhof großer Vergangenheit zu sein» (*Eine Pfingstwoche in den Abruzzen*, 1871).

Diese bange Anteilnahme an den gegenwärtigen (und nicht nur historischen) Geschicken Italiens ist bewegend. Denn das päpstliche Rom, dessen Geschichte er gerade beschreibt, findet ja sein Ende, *während* er daran schreibt! Es ist wie ein Wettlauf zwischen geschriebener und erlebter Geschichte, der ihm bisweilen den Atem nimmt: «Man kommt nicht zum Nachdenken mehr, die Tatsachen überholen jede Reflexion». Und so überkommt ihn die große historische Stimmung, die sein ganzes Werk durchzieht, auch im Alltag, auch bei kleinen Beobachtungen, auch in freier Landschaft.

Ein anziehender Beitrag ist auch der *Streifzug durch die Sabina und Umbrien* (1861/64), glückliche Mischung aus Landschaft, lokaler Gesellschaft, Arbeit in entlegenem Archiv. Noch ist Rom päpstlich, noch sieht er auf der Tiberbrücke bei Otricoli die zum Schutz des Papstes entsandten französischen Truppen. Aber es gibt schon eine italienische Regierung, ja der italienische Unterrichtsminister Michele Amari, der große Arabist, hat ihn, den jungen, aber bereits bekannten Historiker Gregorovius gebeten, ihm aus der Erfahrung seiner Archivbesuche Ratschläge für die Ordnung des Archivwesens zu geben. Und das tut er denn auch, denn er kennt auch die kleinsten. Hier sein Besuch in Aspra, dem heutigen Casperia in der Sabina:

> «Es war Mittagszeit, doch die Augustluft wehte hier frisch und kühl. Langsam umkreiste das Fuhrwerk den tiefen langen Taleinschnitt und schleppte sich dann mühsam den Feldweg bis unter die Mauer des Kastells empor, wo der Fuhrmann haltmachte, mir erklärend, daß er in den Ort selbst nicht gelangen könnte, weil dieser keine fahrbaren Straßen habe. Ich stieg ab und

trat durch das Tor ein; welch ein Ort, wie schauerlich wild, verfallen und einsam …» [Endlich findet ihm der Bürgermeister eine geeignete Unterkunft, «eines der besten Häuser des Kastells»:] «Er führte mich in der Tat zu einem Haus, welches palastähnlich aussah. Eine junge hochgewachsene Dame empfing mich da, in römischer Kleidung und mit städtischen Manieren. Sie sagte mir, das Haus schätze es sich zur Ehre, einen Fremden zu beherbergen, und sie geleitete mich nach meinem Zimmer. Wir kamen durch einen wüsten Saal; der Blitz hatte vor Wochen darin eingeschlagen, Fenster und Kamin zertrümmert und die Vorderwand gespalten, durch welche der blaue Himmel hereinschien. Nichts war getan, diesen Schaden zu verbessern. Alte Familienwappen aus Stein zeigten, daß dieses Haus einst einem der ersten Geschlechter des Orts gehört hatte, welches nun herabgekommen war. Die Verwüstung des Saals machte mich neugierig auf die Beschaffenheit meines Zimmers, welches die Signora alsbald öffnete; es war sehr wohnlich und ein sauberes römisches Bett darin …

Zwei Tage blieb ich in Aspra, und so schrecklich mir dieser Ort anfangs erschien, so angenehm verging mir daselbst die Zeit. Ich arbeitete im kleinen Archiv von der Morgenfrühe bis fünf Uhr abends, was die größte Verwunderung erregte. Neugierige kamen ab und zu herein; sie grüßten mich freundlich und sahen mir mit Erstaunen zu, denn seit Jahren hatte man dort keinen Fremden gesehen. Ich zeigte dem Sekretär ein Pergament als höchst wertvoll, weil es ein Schreiben des Volkstribuns Cola di Rienzo an die Gemeinde von Aspra sei; er bat sich eine italienische Übersetzung davon aus, die ich ihm diktierte, worauf er sie zum Andenken in das Archiv niederlegte …

Als wir … zurückkehrten, stand der Syndikus vor der Tür seines Hauses, uns einladend, einzutreten … Sie sprachen mit Verwunderung über meine Mühen und den ihnen nicht recht verständlichen Zweck derselben, da ich so unwegsame Gegenden aufsuchte, um alte Schriften durchzulesen. Sie baten mich wiederzukommen, und zwar auf viele Wochen, um mit ihnen die Herbstzeit zu verbringen.»

Und so hat Gregorovius die Landschaften Italiens und ihre Menschen beschrieben, nicht systematisch in geographischer Abfolge, sondern in sehr persönlicher Auswahl: von Ravenna herab über Florenz, Umbrien, Latium bis Campanien, spät Apulien, nicht Kalabrien, aber früh (und noch einmal 1886) viel Sizilien: das weite historische Gelände von Syrakus, von der griechischen Festung droben auf Epipolai bis in die Papyrussümpfe an der Mündung des Anapos (hier lag es nahe, die Landschaftsschilderung auf Thukydides' Schilderung der Sizilischen Expedition abzustimmen); Palermo in seinen arabischen und normannischen Monumenten; die Landschaft Westsiziliens, mit dem weiten Ruinengelände von Selinunt, die gewaltigen Tempeltrümmer übereinandergeschoben wie Schollen im Strom der Zeit (und diese Verwerfungen sind eine bessere Metapher für Geschichte als die übliche Schichtenfolge), minutiös beschrieben mit anfänglichem Bedauern, daß die Archäologen inzwischen die Trümmer von Vegetation gesäubert hätten und so die Ruinenpoesie abhanden gekommen sei. Denn Gregorovius hat ein Empfinden für den «unsagbaren Zauber geschichtlicher Verlassenheit». In Rom hatte er, außer der Konstruktion, am Kolosseum auch die Ruinenflora beachtet.

Also überwiegend Mittelitalien, nicht Norditalien, aber viel Süditalien, wie hier nur angedeutet werden kann. Natürlich spielt bei seinen Reisen in Apulien und Sizilien auch das Interesse für Friedrich II., für das staufische Süditalien eine Rolle. Dafür mußte man nicht ein patriotischer Deutscher sein, die Erinnerung an den Staufer lebt dort ja unter den Italienern selbst noch heute fort, wie man bei den Feierlichkeiten 1994 zu den 800 Jahren von Friedrichs Geburt mit Bewegung erleben konnte: die zahlreichen lokalen Veranstaltungen, zu denen man damals eingeladen wurde; die Reden, die damals gehalten wurden (in Palermo sagte ein Redner unter dem Beifall der Hörer: «Unter Friedrich II. wurde Europa von hier aus regiert – e non da Berlino!»). Und Konradin in Torre Astura beweint: dafür mußte man kein Gregorovius sein. Carlo Levi, in faschistischer Zeit verbannt nach Süditalien, erzählt in seinen bekannten Erinnerungen *Christus kam nur bis Eboli*, daß die Bauern der Basilicata weinen konnten um Corradino di Suevia, den jungen schönen blonden Konradin von Hohenstaufen, wenn von seiner Enthauptung in Neapel die Rede war.

Zur Rezeptionsgeschichte der *Wanderjahre* sei hier nur ein Aspekt angeführt, weil er bisher weitgehend unbekannt war: daß nämlich, und warum, Gregorovius sogar mit einem Teil der *Wanderjahre* auf den kirchlichen Index der verbotenen Bücher geraten ist. Daß seine

Schriften in Rom kritisch beobachtet wurden, war verständlich, denn Gregorovius konnte in harten Worten über das Papsttum seiner Gegenwart sprechen und war sich des nahen Sturzes gewiß – aber doch angewidert von dem Voyeurtum der Touristen, die «aus den Fenstern ihrer Hotels den Fall Trojas und des Priamos [nämlich Pius' IX.] ansehen wollen». Über das Ausmaß dieses Sturzes irrte er allerdings gewaltig, das Papsttum wird auch das überdauern.

Das Archiv des *Index librorum prohibitorum*, das zur Glaubenskongregation gehörte, war lange Zeit strikt verschlossen. Aber der damalige Präfekt, Kardinal Joseph Ratzinger, war so verständnisvoll, mir in Vorbereitung unserer Gregorovius-Tagung 1991 schon lange vor der Öffnung (deren vorbereitender Kommission anzugehören ich dann die Ehre hatte) die Erlaubnis zu geben, die Akte Gregorovius einzusehen und sogar daraus zu veröffentlichen. Obwohl die Titelliste des Index natürlich immer öffentlich war, war den Wenigsten bewußt, daß Gregorovius nicht nur mit seiner *Geschichte der Stadt Rom*, sondern mit vier weiteren Werken auf den (bis 1966 geltenden) Index gekommen ist, darunter 1882 dem 5. Band der *Wanderjahre*. Und nur davon soll hier die Rede sein. In der Regel schritt die Index-Kongregation erst ein, wenn ein anstößiges Werk aus dem Deutschen in eine zivilere Sprache übersetzt worden war: Deutsch, sozusagen die Sprache der Ketzer, war vielen unverständlich, Französisch war viel gefährlicher. Im Fall der *Wanderjahre* war es die italienische Übersetzung von 1882, die den Anlaß zur Zensurierung gab.

Warum kam es zum kirchlichen Verbot dieses Bandes, der die Reisen durch Apulien enthält? Nun darf man sich unter den vertraulichen Gutachten der Index-Konsultoren nicht eine wissenschaftliche Rezension vorstellen (etwa, um ein anspruchsvolles Beispiel zu nennen, eine 20seitige Rezension mit allen Wenn und Aber in den *Göttingischen Gelehrten Anzeigen*). Zwar wußten diese Gutachter den wissenschaftlichen Wert eines denunzierten Werkes oft zu erkennen und manchmal sogar anzuerkennen: im Falle von Rankes *Geschichte der Päpste* schrieb ein Sondergutachter – Antonino De Luca, später übrigens selbst Präfekt – 1838 sogar: Dieser Protestant schreibt über das Papsttum weniger voreingenommen als die modernen italienischen und französischen – also katholischen – Historiker, setzt Ranke *nicht* auf den Index! Aber das half nicht, denn es geht nicht um ‹Verständnis› und wissenschaftlichen Wert, sondern um den Konflikt mit dem Dogma und der augenblicklichen kirchenpolitischen Linie: im ‹Kulturkampf› reagierte die Kirche natürlich besonders empfindlich.

Die Verurteilungen werden dann auch nicht in geschlossener Argumentation, sondern punkthaft aufgeführt. Im Fall der *Wanderjahre* etwa so: Zunächst die kurze einleitende Charakterisierung des Werkes:

> «Obwohl es unter seinen Büchern nicht das schlechteste ist, enthält es doch hier und da einige Ausdrücke, die sowohl seinen Haß gegen die katholische Kirche und ihr sichtbares Haupt zeigen, wie seine Verwegenheit, die ehrwürdigsten Dogmen ins Lächerliche zu ziehen».

Es ist vor allem seine – von allen liberalen Italienern geteilte – Befriedigung, daß es mit der weltlichen Gewalt des Papsttums, mit dem Kirchenstaat, zu Ende sei, für immer zu Ende sei: das sage er auf den Seiten 108, 140, 148, 149 usw. Wenn man bedenkt, in welcher dramatischen Lage sich das Papsttum damals befand, unmittelbar nach dem Verlust des 1000jährigen Kirchenstaats, seines weltlichen Leibes sozusagen, dann erklärt sich die Reizbarkeit gerade in diesem Punkt: die Frage des Kirchenstaates wird ja erst mit den Lateranverträgen von 1929 offiziell gelöst sein.

Weiter: «di essere Protestante e razionalista» zeige sich vor allem dort, wo Gregorovius vom Erzengel Michael rede (der werde, ein Phantasiegebilde, gewiß nicht noch das Schwert gegen die Piemontesen ziehen, um den Kirchenstaat zu verteidigen), und überhaupt über den Engelskult. Kritisiert wird natürlich, daß Gregorovius das neue Dogma von der Unfehlbarkeit des Papstes verurteile und beim Kampf zwischen Papsttum und Friedrich II. von Hohenstaufen böse Worte über den Klerus sage, auf S. 271 aber ein gutes Wort über Luther. Im übrigen bezeichne sich Gregorovius an einer Stelle doch selbst als «eretico». Darum schließlich «il mio umile parere: credo che anche questo libro meriti di esser posto all'Indice.»

Das Index-Verfahren zeigt uns die *Wanderjahre* einmal in ungewöhnlicher Beleuchtung. Aber es hat dem Werk nichts anhaben können: diesen unnachahmlichen Beschreibungen eines Landes und seiner Menschen, denen Gregorovius so zugetan war, und die ihm dieses Verständnis und diese Zuneigung vergolten haben bis auf den heutigen Tag.

IX

Landschaft und Zeitgeschichte

Die ‹Thermopylen Italiens› in literarischer und militärischer Wahrnehmung

Wer in Terracina die Engstelle erreicht, durch die sich die Via Appia zwischen Fels und Meer in die Talebene von Fondi zwängt (Gregorovius nannte sie treffend die «Thermopylen Italiens»), empfand immer schon, nach Süditalien einzutreten, so spürbar wandelt sich alles in der großartigen landschaftlichen Szenerie zwischen dem Kap der Circe und dem Golf von Gaeta. «Am Wege sahen wir neue, noch nie gesehene Blumen und Sträuche», notiert sich Goethe. «Wir verließen das Meer und kamen bald in die reizende Ebene von Fondi» mit ihren dichten Orangenhainen: «Mignon hatte wohl recht, sich dahin zu sehnen».

Aber diese Engstellen zwischen Garigliano-Mündung und Terracina zogen, das liegt in der Natur des Geländes, immer schon Kriegsgeschehen an, auch in der Endphase des Zweiten Weltkriegs. Nun ragten aus Mignons dunklen Orangenhainen die Rohre deutscher Flakgeschütze, blickten Soldaten angespannt nach Süden in Erwartung des Feindes, schauten Flüchtlinge hoffnungsvoll hinab auf die Talebene in Erwartung baldiger Befreiung.

Von diesen unterschiedlichen Perspektiven im Blick auf das gleiche Geschehen, die gleiche Landschaft, sei im folgenden die Rede: der Blick, die Ängste und Erwartungen der Bauern und Flüchtlinge droben in den Bergen, geschildert in Alberto Moravias autobiographischem Roman *La Ciociara* («Die Frau aus der Ciociaria»), dessen Hauptperson, Cesira, als der Krieg auch Rom zu erreichen droht,

Abb. 26. Die Talebene von Fondi gesehen von der Via Appia auf ihrer ersten, höheren Trasse (vorn); links Monte San Biagio, dahinter die Berge, in denen Alberto Moravias Cesira Zuflucht fand, hinten rechts Fondi.

ihren kleinen Laden in Trastevere schließt und in den heimatlichen Bergen Zuflucht sucht – und so dem Krieg direkt in die Arme läuft, und der wir zurufen möchten: Cesira halt ein, Du läufst in die falsche Richtung, warte doch noch einen kleinen Augenblick! Und auf der anderen Seite der Blick, die Anordnungen und Operationen der deutschen Einheiten, die hier zwischen September 1943 und Mai 1944 den äußersten Flügel der Cassino-Stellung bzw. Gustav-Linie zu halten hatten, und deren Akten, soweit sie dem Zusammenbruch der Front entkamen, im Militärarchiv in Freiburg liegen und im folgenden bei der Lektüre von Moravias Roman herangezogen seien. Beide – Cesira und das deutsche Kommando – erleben und beschreiben dasselbe Geschehen in derselben Landschaft in denselben Tagen.

Es geht dabei – wie dem Historiker in solchem Fall leicht als Absicht unterstellt wird – nicht darum, die literarische Darstellung zu kontrollieren oder gar zu korrigieren (das wäre lächerlich und unter der Würde unserer Fragestellung). Sondern es geht darum, die literarische (aber nah am wirklichen Erlebnis des Romanautors geschriebene) Darstellung und die schmucklose Meldung des Augenblicks nebeneinanderzustellen und gegeneinanderzutreiben: nebeneinander und im Blick aufeinander, als Gegenblick. Es sind zugleich zwei Perspektiven, die der erleidenden Zivilisten und die der handelnden Militärs. Beide sehen das Geschehen aus der niedrigen Augenhöhe derer, die noch nicht wissen, wie es weitergeht, und so sollte der Dritte, der Historiker mit seinem billigen Wissen des Nachhinein, behutsam mit ihnen umgehen.

Die Landschaft, auf die Moravia seine Cesira von ihrem Zufluchtsort besorgt hinabblicken läßt und aus der das deutsche Kommando besorgt hinaufblickte auf die umgebenden Berge, ist die gegen das Meer geöffnete Talebene von Fondi, im Halbrund hoch umschlossen von den Monti Ausoni im Norden, von den Monti Aurunci im Südosten (Abb. 26). Diese Küstenebene bildet die historische Grenze zwischen Latium und Kampanien, zwischen Kirchenstaat und Königreich Neapel: unten an der Via Appia liegt die päpstliche Grenzstation, in einigem Abstand gegenüber die alte neapolitanische Zollstätte mit ihren roten Rundtürmen, dann zieht die Appia so schnurgerade auf Fondi zu, wie eine römische Straße das eben tut, und bildet die Hauptachse des Städtchens. In der Mitte der Ebene ein See, dessen ausgefranste Ufer dicht von Vögeln bevölkert sind. Cesira gegenüber, hoch als heller Punkt im kahlen Hang der Monti Aurunci, das Wallfahrtsheiligtum der Madonna della Civita, das den Blick von der Gegenseite bietet, Abb. 27 (ein Geistlicher, den ich dort auf das Kriegsgeschehen ansprach, reagierte unwirsch auf den Namen Moravia wie viele Männer der Kirche). In der Ferne gegen das Meer auf steilem Sporn das kleine Sperlonga, an dem vorbei die antike Via Flacca über die Felsklippen nach Gaeta zieht. Eine Landschaft von explosiver Fruchtbarkeit (kein Reisebericht, der hier nicht die üppigen Orangenhaine erwähnte), heute natürlicher Standort eines gewaltig angewachsenen überregionalen Obst- und Gemüsemarktes, in dem man die 'Ndrangheta wirken weiß.

Zuflucht gefunden hatte Cesira – wie Alberto Moravia selbst, der

Abb. 27. Die Talebene von Fondi gesehen von Madonna della Civita. Links das Cap Circeo und die Engstelle der Via Appia bei Terracina, rechts im Hintergrund Cesiras Berge.

als Jude aus dem nun von den Deutschen besetzten Rom hatte fliehen müssen – bei Bauern und Händlern am Südhang der Ausonischen Berge über Fondi: eine Ansammlung weniger ärmlicher, gegen den Berghang gelehnter Häuser unter dem Flurnamen Sant' Agata (im Roman: Sant' Eufemia). Man kann die rund 400 m zu den sechs oder sieben verstreuten, inzwischen verlassenen Häusern hinaufsteigen, indem man östlich von S. Magno bei der Pfarrkirche nach Norden fährt und schließlich die Via Sant' Agata links hinaufgeht, zwischen Oliven, Feigen, Kakteen, Trockenmauern. Das stark ansteigende Tal ist abgetreppt in ganzen Folgen von Terrassen, die mit ihren einst kunstvoll geschichteten, ohne Bindemittel errichteten Mauern nun überwiegend aufgegeben sind, von der Natur zurückgeholt, als seien es natürliche Geländestufen. Für die Bergbäuerin Cesira aber sind es diese Terrassen, «die dem Bauern alles geben, dessen er bedarf». Der einzige Bauer, dem wir begegnen (er hielt uns von weitem für Jäger, denn irgendeinen vernünftigen Grund muß doch haben, wer hier heraufkommt), weiß die von den Flüchtlingen oft aufgesuchte *Fontana Vecchia* droben im Gelände zu lokalisieren.

Hoch darüber eine entlegene, leere Berglandschaft um den Monte delle Fate, den Feenberg, in die nun Menschen hinanstiegen wie seit den Tagen der Briganten nicht mehr. Da hinauf begleitete Cesira mit ihrer Tochter gern Michele, der sich dort oben tagsüber vor den deutschen Razzien verbarg. Michele ist die zweite Hauptperson des Romans, studierter Bauernsohn, der in langen Monologen, denen Cesira zwischen Moos, Beeren und Zyklamen staunend zu folgen versucht, nun alles aus der Sicht des marxistischen Intellektuellen deutet: den Krieg, die politische Trägheit der Bauern, das Wesen der nationalsozialistischen Deutschen. Während dieser langen Gänge, wider Willen die ungebahnte Landschaft suchend, weitet sich ihnen dort oben der Blick hinab: auf Fondi, die Ebene, das Meer.

Der Weg, den sie, in der Untätigkeit endloser Tage vom Sonnenaufgang über den Monti Aurunci bis zum Sonnenuntergang hinter dem Monte delle Fate, nun regelmäßig nehmen, führt auf halber Höhe um die nahe Bergnase nach Osten (ein rasanter Höhenweg, den man in umgekehrter Richtung vom Passo della Quercia del Monaco an der Straße Lenola-Vallecorsa nach Sant' Agata nehmen kann). Unfreiwillige Wanderungen, die aus Furcht vor immer strengeren Razzien und auf immer ausgedehnterer Nahrungssuche schließlich noch höher in die Berglandschaft führen, in andere geschilderte Vegetationszonen und zu Höhlenbehausungen so abgelegen, daß nicht einmal die Deutschen hier heraufkamen. All das – Landschaft und Kriegsgeschehen, Nöte und Erwartungen – sind im Roman aus dem Erleben des Autors in einer Dichte beschrieben, an die die bekannten Verfilmungen, trotz Sofia Loren, nicht heranreichen.

Bei ihren Gängen ins Tal, und noch seltener bei den Hütten droben, begegnet Cesira den Deutschen. Sie sind in Moravias Roman nicht gerade sympathisch, aber (und das sollte uns genügen) doch einigermaßen fair dargestellt – und sei es nur insofern, als auch die anderen ihr Teil abbekommen. Da sind die Soldaten, die zwischen ihren Panzern und Zelten wortlos Eier gegen Kommißbrot tauschen; die lustlos die Hütte durchsuchen und mal barsch mal menschlich auftreten. Da ist der unsympathisch korrekte Oberleutnant, der bei der Begegnung im Tal Michele mit italienischer Literaturkenntnis beeindruckt (wie es bei der Truppe gewiß manche gab, die Goethe und Seume gelesen hatten und in der Lage waren, die Kathedrale von Fondi kunsthistorisch einzuordnen) und dem gastgebenden Grundbesitzer Wahrheiten über die soziale Lage der Bauern ins Gesicht sagt, daß dem Marxisten Michele Hören und Sehen vergeht und er sich eingestehen muß, daß es tatsächlich Wahrheiten sind – Wahrheiten *wären*, wenn sie nicht von einem Nationalsozialisten kämen. Und endlich die Soldaten, die noch in Niederlage und völliger Erschöpfung an Widerstand denken und Michele mit in den Tod reißen. Denn einfach so kann man Deutschen nicht begegnen, irgendwie wird es immer ernst.

Und ernst ist ja schließlich auch die Lage. Wie sich die Situation von Seiten der Deutschen ausnahm, deren Bewegungen die Flüchtlinge besorgt verfolgten, ist aus den Akten im Militärarchiv in Freiburg zu ersehen. Die Tätigkeitsberichte der Abteilungen Ia (Operationen) und Ic (Nachrichten) mit ihren Anlagen sind auf Divisionsebene beim hastigen Rückzug häufig verloren gegangen, fanden aber Eingang in die entsprechenden Berichte auf Korpsebene. Für diesen Frontabschnitt verantwortlich war, unter dem Kommando des Generals Fridolin von Senger und Etterlin, das nach seiner Vernichtung in Stalingrad neu aufgestellte XIV. Panzerkorps mit seinen sechs unterstellten Divisionen (das Deutsche Historische Institut in Rom hat eine Datenbank verfügbar gemacht, aus der, bis auf Bataillonsebene, die Standorte aller deutschen Einheiten in Italien genau zu ersehen sind, so auch in dieser Zone, die der 94. Infanteriedivision unterstand). Und es sind vor allem die Tätigkeitsberichte des Ic dieses Korps, die die Landschaft um Fondi in den Blick der deutschen Seite geraten lassen: Morgenmeldungen, Zwischenmeldungen, Tagesmeldungen – man ist erstaunt, wieviel Schreibarbeit die kämpfende Truppe auch in Tagen heftiger Gefechte zu leisten hatte, Berichte hastig getippt aufs holzhaltige Papier. Und auch etwas anderes muß sogleich auffallen: Die gegenseitige Wahrnehmung von Zivilisten und Militärs ist völlig asymmetrisch. Zivilisten kommen in militärischen Berichten nicht vor, sie stören nur (außer wenn sie nützliche Informationen liefern: «Von Zivilisten feindbesetzt gemeldet»). Ganz anders natürlich umgekehrt: noch der einzelne Soldat, der keuchend den Bergpfad heraufkommt, wird in jeder seiner Bewegungen ängstlich beobachtet.

Was die Deutschen zu Razzien hier heraufführte, wußten die Bergbewohner sehr wohl. Nicht die Jagd auf Widerstandskämpfer: von organisierter Resistenza weiß in dieser Gegend weder Cesira noch das deutsche Kommando («im Korpsgebiet keine ausgesprochenen Banden»), die deutschen Reaktionen erreichten hier noch nicht den Grad späterer blutiger Repressionen, von Geiselerschießungen ist nicht die Rede (wohl aber von einem allgemeinen Befehl, von Geiselerschießungen öffentlich nicht zu sprechen). Es ist vor allem die Suche nach Italienern, «die aus Angst vor Arbeitseinsatz sich in die Berge zurückziehen» (so wie Moravias Michele es tut) und nun zum Arbeitseinsatz an den deutschen Befestigungslinien gezwungen werden («etwa 300 Italiener festgenommen»); und die Fahndung nach entwichenen alliierten Kriegsgefangenen, die in unwegsamem Bergland durch die Front zu finden hofften, so wie es Cesira in der Begegnung mit zwei britischen Soldaten eindrucksvoll beschreibt. Ihnen Beistand zu geben war äußerst riskant, zahlreiche Erlebnisberichte dankbarer Soldaten sind in Washington archiviert (sogar Fernand Braudel hat von ihnen Kenntnis genommen und konnte mit Bewegung davon sprechen), während die deutschen Meldungen regelmäßig die Zahlen der weniger glücklichen, der «wiederaufgegriffenen Kriegsgefangenen» verzeichnen. Solch gewährte Hilfe war hier das eigentliche italienische, zivile Heldentum in dieser letzten Phase des Krieges.

Und auch das Requirieren von Lebensmitteln, das die hungernden Menschen so aufbrachte, erscheint in den ungeschönten, von ideologischen Tönen ganz unberührten Meldungen des Ic: Widerstand gebe es manchmal von «Bauern, die sich bei zum Teil unerlaubter Requirierung zur Wehr setzten». Denn da ging es, bei der inzwischen katastrophalen Ernährungslage, nun um Leben oder Tod. Cesiras Genugtuung, hier zu den elementaren Dingen des einfachen Lebens zurückgefunden zu haben, wird nicht lange währen, denn was sich dahinter auftut, ist der Hunger. Die verzweifelte Suche nach irgend etwas Eßbarem, nach Naturalien (denn ein Ei ist immer ein Ei, eine Lira aber nicht immer eine Lira) peinigt alle, Cesiras Bauern und Stadtflüchtlinge reden nur noch vom Essen und dem Überfluß, den die Alliierten ihnen schon morgen bringen würden. Aber sie kamen nicht, die Front hielt wider Erwarten, aus Wochen wurden Monate. Würde nur endlich einer siegen, egal wer, der aber richtig!

Statt dessen Gefechte und Kampfpausen in täglichen Lageberichten, auch die kleinsten Orte – Falvaterra, Pico, Colle Tronco, Castellonorato – benannt (und korrekt geschrieben), Nachrichten von der nahen Montecassino-Front, und jedesmal die zunehmenden Bombardierungen von Fondi registriert, wie sie die Flüchtlinge von den Bergen herab entsetzt verfolgen.

Die Deutschen sind die einzige Ordnungsmacht, nicht die faschistische Miliz. Das weiß auch Cesira. Das kritische Verhältnis zwischen deutscher Truppe und faschistischen Milizionären (die einen von der Bevölkerung mit Respekt und Furcht, die anderen mit Verachtung und Furcht gesehen) wird durch Führerbefehl geregelt, der «jegliche Art von dienstlicher und persönlicher Kritik am Faschismus verbietet» und dann auch Mussolinis Todesurteile von Verona gegen die oppositionellen Gerarchen «als rein innenpolitisch italienisch anzusehen» verordnet, wie der Ic notiert.

Dabei verfügen wir nicht nur über die Lagemeldungen der deutschen Seite, sondern – in den deutschen Akten! – auch über interne Informationen der amerikanischen Gegenseite. Ein «Funk-Nahaufklärungszug ‹Marie›» hörte täglich den amerikanischen Funkverkehr ab und gab die wichtigsten Nachrichten, oft in wörtlicher Transkription ganzer Dialoge an den Ia und den Ic weiter («Sie koennen ihnen sagen, dass sie ein ganz komischer Verein – bunch of dopes – sind, ihre Einschlaege liegen weniger als 20 bis 30 yards von mir entfernt! ... Verflucht, wir werden noch immer beschossen!»). Und diese Informationen waren nun wirklich wichtig, denn daraus erfuhren die Deutschen, auf welche ihrer Stellungen Artilleriefeuer angefordert wurde, was die Bevölkerung den Alliierten an deutschen Truppenbewegungen verriet, und anderes mehr. Aber auch das Amphitheater von Cassino in amerikanischer Luftaufklärung – «ein grosses rundes Steingebaeude aehnlich einem Kolosseum» – , weil deutsche Fahrzeuge darin gesichtet werden. Die deutschen Funker wunderten sich, wie «unvorsichtig und undiszipliniert» ihre amerikanischen Kollegen waren («offenbar junge Funker«), und bald schritten auch die amerikanischen Offiziere gegen so viel unbekümmerte Gesprächigkeit ein: «There is too much hallosity», bei Euch wird zuviel Hallo gerufen!

Die einen diszipliniert und abweisend, die anderen unbekümmert und freigebig: so wird auch Cesira deutsche und amerikanische Soldaten in Erinnerung haben.

Und die Landschaft, in der das alles spielt? Man wird nicht erwarten, daß Landschaft als Kriegstheater, wie sie vom jungen Helmuth von Moltke, von Albrecht von Roon und anderen gebildeten preußischen Offizieren als «plastischer Bau» und «eigentümliches Gezimmer» eines Landes beschrieben wurde (so treffend beschrieben, daß Rudolf Borchardt diese Stücke sogar in seine Sammlung *Der Deutsche in der Landschaft* aufnahm), in hastigen Gefechtsberichten mit Empfindung vor Augen geführt werde. Da ist alles nur Gefechtsraum, oft in Planquadraten und Koordinaten angegeben. Anscheinend benutzte sowohl die deutsche wie die alliierte Seite die gleiche italienische Militärkarte von 1938, die auch heute noch heranziehen wird, wer historische Spuren in der Landschaft lokalisieren will (wem das zu historisch ist, der orientiere sich mit Google Earth). Doch werden Orte so häufig und ohne orthographische Entstellung beim Namen genannt, daß man sich auch ohne Planquadratschlüssel zurechtfindet; erscheinen die Berge, auf die Cesira sah, alle mit ihren Namen in den Meldungen, sobald sie umkämpft wurden, einer hinter dem anderen: Monte Passignano, Monte Trella, Monte Chiavino, Cima del Nibbio, Monte Vona usw. Dem Angreifer wurden diese schönen Höhen zu verfluchten Höhen – oder wie es in einem von ‹Marie› abgehörten englischen Kriegsbericht heißt: «Ich schaute mir zusammen mit einem jungen Stabsoffizier die Karte an, waehrend unten im Tale unsere Artillerie feuerte. Hinter jeder Hoehe, sagte er, befindet sich eine weitere, und wir werden jede dieser verfluchten Hoehen erkaempfen muessen. Immerhin, das bedeutet eine Hoehe naeher an Rom».

Der Blick auf die Landschaft wird ganz funktional, das Geländerelief wird zu einer Ansammlung starker und schwacher Punkte, über die sich im Gefecht augenblicklich zu verständigen nun absolute Priorität hat. Eine Landschaftsskizze der Gegend um Scauri, angefertigt für die 94. Infanteriedivision, benennt die wichtigen Punkte, die gegebenenfalls unter Feuer zu nehmen waren, nicht mit den einheimischen Flurnamen der Karte, sondern mit eigenen, leicht verabredbaren Kennworten («Huckel», «Turmhaus», «Lineal», nämlich die Via Appia). Da wird eine Erhebung zum «Reisberg», weil sie von einem Feldwebel Reis verteidigt wird. Auch Goethe hat diesen Küstenstrich gezeichnet, nur anders.

So ändert die Landschaft ihre Werte: sie ist nicht mehr «bewegt», sondern «unübersichtlich», nicht mehr «einladend», sondern «für Kettenfahrzeuge überall passierbar», ist «stark durchschnittenes Gelände», «mit dichtem Buschwerk bewachsenes Gelände» usw. Und so auch für die Flüchtlinge. Sie erleben nicht Landschaft, sie sind ihr ausgesetzt und bewegen sich anders als Staffagefiguren in romantischen Landschaftsbildern: der panoramische Blick ist für sie lebenserhaltende Übersicht über nahende Gefahr, der malerisch gestaltete Fels ist Dekkung, die schön gewachsene Pinie das einzige Versteck, der absichtslose Blick auf schöne Bergkonturen wird zum Absuchen des Horizonts auf anfliegende Jagdbomber. Und für Cesira, die an kleinsten – den städtischen Flüchtlingen verborgenen – Anzeichen die kriegsbedingte Verwahrlosung der herbstlich prangenden Landschaft erkennt, ist im Frühling der Anblick blühender Obstbäume nicht Freude, sondern bittere Einsicht, wie lange es da noch bis zur nächsten Ernte dauern werde. Wenn Krieg in die Landschaft einbricht, gibt es keinen Betrachter mehr, werden alle gewaltsam zu einem Teil der Landschaft. Der verwertende Blick des Hungernden, der operative Blick des Militärs, sie sehen Landschaft anders.

Doch wer italienische Landschaft aus ihrem Innern kennt, und wem historische Flurnamen und die alten Namen ländlicher Kapellen etwas sagen, vor dessen Auge wird von selbst eine Landschaft erstehen, wenn er aus den militärischen Meldungen hört: «bei Madonna del Piano», «drei Kilometer ostwärts Madonna della Guardia»; «Madonna della Selva», «Madonna della Macchia» und ähnlich beredte Beinamen, gleichgültig wo man auf sie trifft – eine entlegene Kapelle an einer Wegegabelung; oder eine Landkirche umstanden von zwei verlassenen Wirtschaftsgebäuden; oder ein einsames Kirchlein, das sich nur an einem Tag im Jahr belebt, wenn zum Heiligenfest einige farbige Glühbirnen in die spärlichen Bäume gehängt werden.

Dann der Mai 1944 – und nun kommt alles so unerwartet plötzlich, daß es Cesira nicht fassen kann. Die Lagemeldungen lassen erkennen, daß man über die Vorstoßrichtung der französischen Truppen mit ihren gebirgserfahrenen marokkanischen Einheiten völlig im unklaren gewesen war, da man den Gebirgsstock der Monti Aurunci (deren schwieriges Relief man von der Höhe des Michael-Heiligtums bei Formia weit überblicken kann) für unpassierbar hielt. Dann wird das Ausmaß des Einbruchs erkennbar, der die Cassino-Front zum Einsturz brachte, kommen die Meldungen kaum noch hinter den Ereignissen her: am 19. Mai wird mit einem Angriff auf Fondi gerechnet, am nächsten Tag ist Fondi bereits in alliierter Hand, nach Angriff «beiderseits Via Appia», deren römische Gerade in den Meldungen beider Armeen immer auch einen wichtigen Orientierungsbehelf bildet.

‹Marie› hörte jetzt auch den französischen Funkverkehr ab: ein marokkanischer Verband fordert nun schon «Kartenmaterial fuer die Raeume Pico-Lenola-Itri-Vallecorsa» an, beim Vorstoß an Fondi vorbei auf Vallecorsa kommt es zu harten Kämpfen um Lenola, «wo die Franzosen selbst die Lage am Abend (22.5.) als verzweifelt bezeichnen», ganze dramatische Dialoge werden notiert. Und auch die deutsche Seite beschönigt nichts: «Dem Gegner ist es gelungen …, den Abschnitt der Division aus den Angeln zu heben». Damit ist die Front zusammengebrochen, die deutschen Einheiten ziehen sich überstürzt nach Norden zurück, ‹Marie› hört jetzt den eigenen Rückzug detailliert in den Funksprüchen der Gegenseite. Die alliierten Truppen stießen nun aus der Küstenebene zur Via Casilina ins Sacco-Tal und in die Pontinische Ebene, und da sie die Via Appia zwischen Fels und Meer blockiert fanden, reaktivierten sie deren ursprüngliche, vortrajanische Trasse, die hoch über den Sattel beim Friedhof nach Terracina führt, um die nächste Küstenebene zu erreichen, die letzte vor Rom. Die rasche Vereinigung dieser Truppen mit denen im Brückenkopf von Anzio/Nettuno machte dann jeden weiteren deutschen Widerstand südlich von Rom unmöglich.

Fondi befreit. Die in die Berge geflüchteten Einwohner, die ihre Stadt monatelang so nah und doch so fern unter sich hatten liegen sehen, steigen freudig hinab, und Cesira mit ihnen. Doch für Cesira und andere beginnt mit dem Glück der Befreiung erst das eigentliche

Leid: die Massenvergewaltigungen durch marokkanische Soldaten in den soeben eroberten Orten nördlich von Fondi, die den dramatischen Schluss von Buch und Film bilden. Und so wird man die unscheinbare Notiz in der Tagesmeldung des Ic der 15. Panzergrenadierdivision vom 24. Mai im nachhinein mit anderen Augen lesen: «Nach sicherer Quelle französische Infanterie 1300 Uhr in Vallecorsa». Denn dort, in Vallecorsa, geschieht es.

Ein schrecklicher Augenblick, dann zieht der Krieg weiter, bleibt nur Cesira, bleiben nur die geschundenen Menschen. Die Landschaft fällt in ihre Ruhe zurück, wird wieder in ihrer zeitlosen Gestalt wahrgenommen. Daß die Konturen der umgebenden Berge unveränderlich seien und daß man wenigstens diesen Anblick mit Aeneas, Scipio, Plinius gemeinsam habe, war gebildeten Italienreisenden ein befriedigender Gedanke. In historische Landschaft aber geht alles ein. Auch die Frau aus der Ciociaria.

LANDSCHAFTEN ITALIENS

X

~ ▲▲▲ ~

Auf der Via Francigena von Lucca zum Arno

Einer historischen Straße durch historische Landschaft zu folgen ist eine besondere Erfahrung. Im Fortschreiten auf der Straße entfaltet sich Landschaft kontinuierlich in ihrem natürlichen und ihrem historischen Zusammenhang. Zumal bei solcher Straße in solcher Landschaft: der Via Francigena in der Toskana um Lucca.

Schon im Frühmittelalter von den Langobarden genutzt, wurde diese Straßenachse noch wichtiger für die Franken, deren Herrschaft einen weiten Horizont und einen direkten Rom-Bezug hatte. Und eben das wird sich nun in der Namengebung der Straße ausdrücken: als *via Francisca* erstmals 876 in der südlichen Toskana und dann im Hochmittelalter als *via Francigena* erwähnt – beides bedeutet «die Straße der Franken» oder «von Frankreich» – , wird sie dann, statt den Ausgangspunkt nun das Ziel benennend, zunehmend einfach *via* oder *strata Romea*, «Straße nach Rom» genannt. Denn nach Rom führte sie aus England, den Rheinlanden und eben Frankreich über den Mont Cenis und den Großen St. Bernhard Könige Pilger Güter. Aber auch Ideen, Stile, Sagen: Daß auch französische (Cluny zugeschriebene) architektonische Einflüsse, ja auch die französischen *Chansons de geste* diese Straße zogen, ersieht man aus architektonischen Details und aus den Rolands-Toponymen (‹Türme Rolands›, ‹Eichen Rolands› u. ä.), die sich längs dieser Straße auffallend häufen. Natürlich diente diese Fernstraße nicht nur Pilgern (das ist durch das breite Interesse an Pilgerwegen inzwischen fast allzusehr in den Vordergrund getreten), sondern allen Reisenden: die auf den großen Messen der Champagne stark vertretenen Kaufleute von Lucca oder Siena zogen gleichfalls diese Straße.

Die Via Francigena, von der früher nicht viel die Rede war, ist inzwischen, wie der Jakobs-Weg, in aller Munde, ist kartiert und vom Großen St. Bernhard-Paß bis Rom durchgehend ausgeschildert worden, ja unter die Protektion des Europarats geraten. So kann man auch auf unserer Strecke den Wegzeichen bequem folgen. Dem Straßenforscher fällt natürlich auf, daß dabei auch auf die Gangbarkeit geachtet und die heutige Fahrstraße (die sich ja meistens auf die alte Trasse gelegt hat) womöglich vermieden wird. Aber dagegen ist, soweit sich die Abweichungen im Rahmen halten und eindeutige Bezugspunkte berücksichtigt sind, nichts einzuwenden: schließlich konnten, im Unterschied zur römischen Fernstraße mit ihrer einen gepflasterten Geraden, mittelalterliche Verkehrswege je nach den augenblicklichen Bedingungen (Straßenzustand, Erdrutsch, verfügbarer Vorspann) auf kurze Strecken parallel geführt, aufgefächert, umspielt werden oder gar einen neuen Verlauf nehmen, wie schon die Quellen der Zeit deutlich machen (denn bei Grenzen war es ja wichtig zu wissen, ob sie den alten – *per stratam veterem* – oder den neuen Straßenzug entlang liefen). So auch bei dieser Strecke, die unter den Abschnitten der Via Francigena eine besonders interessante, wenn auch nicht die reizvollste ist: Dies ist kein Wanderführer durch liebliche Gegend, sondern die Beschreibung einer historischen Landschaft entlang einer historischen Straße.

Der Verlauf dieser Pilgerstraße ist durch Itinerare, die notierten Reisestationen von Pilgern, in großen Zügen bekannt: Erzbischof Sigeric von Canterbury beschreibt um 990 in 80 Stationen seinen Rückweg von Rom (wir folgen seinen Angaben natürlich umgekehrt, in Richtung Rom), mit fünf Ortsbezeichnungen zwischen Arno und Lucca (Abb. 28); der isländische Abt Nikulas de Munkathvera nennt, um 1154, auf dieser Strecke deren vier; darauf wird noch zurückzukommen sein. Nur ein Rom-Weg unter anderen ist unser Straßenstück in den Routen, die in die Chronik des Abtes Albert von Stade (um 1250) eingefügt sind: da unterhalten sich *Tirri* und *Firri*, Dietrich und Friedrich, in Frage und Auskunft wie in einem

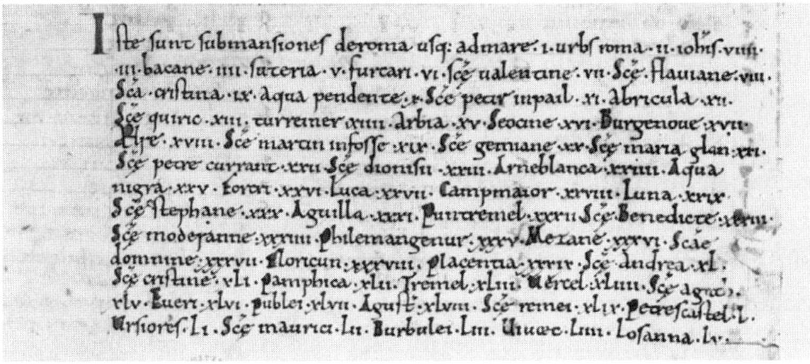

Abb. 28. Das früheste unter den mittelalterlichen Pilger-Itineraren ist das des Erzbischofs Sigeric von Canterbury, in dem er, um 990, die Stationen seines Rückwegs von Rom nach Canterbury notierte. In Zeile 6 und 7 die Stationen der hier behandelten Strecke: *XXII Sancte Dionisii* [San Genesio]. *XXIII Arneblanca* [Arno]. *XXIIII Aqua nigra* [Usciana]. *XXV Forcri* [Porcari]. *XXVI Luca.* (London, British Library, Ms Cotton, Tiberius B. V., fol. 23).

Reisebüro über die möglichen Wege von der Nordsee nach Rom, mit Sonderwünschen und Alternativvorschlägen (‹Was mach ich, wenn dieser Fluß Hochwasser führt?›, ‹wenn ich unterwegs noch diese eine Reliquie sehen will?›). Wo man französisches Gebiet berühre, spreche man, um verstanden zu werden, Ortsnamen bloß französisch und nicht lateinisch aus, *quia haec pronunciatio magis est necessaria viatori*! In dieser Quelle wird zum ersten Mal der St. Gotthard als Alpenübergang genannt. Tatsächlich wird schon am Ende des Hochmittelalters die Via Francigena nur noch ein Rom-Weg unter anderen sein.

Für den Verlauf der Pilgerstraße zwischen den – oft weit voneinander entfernten – Fixpunkten der genannten Pilger-Itinerare lassen sich als Indizien auch Toponyme heranziehen: Orts- oder Flurnamen, in denen *via, strata, selce* (für Pflaster), *pons* u. ä. vorkommen, zeigen in der Regel die Nähe einer ansehnlicheren Straße an. Ebenso Zahlentoponyme wie Quarto, Quinto, Sexto (nämlich vier, fünf, sechs Meilen Entfernung von einer größeren Stadt, so auch um Lucca); oder Kirchen-Beinamen wie S. Maria *della Strada*. Oder straßenbezogene, aber verschwundene Einrichtungen etwa im Flurnamen *Spedaletto*. Und natürlich materielle Überreste wie erhöhte, geschotterte, gepflasterte, ausgehauene, kurz: sichtbar gebliebene Straßenstücke.

Begonnen sei in Lucca, das hier nicht in seinem Rang dargestellt werden kann, sondern – schon früh «Straßenstern erster Ordnung» (Rudolf Borchardt) – nur als Durchgangsort der Reisenden. Nach dem Ende des Römischen Reiches Sitz eines wichtigen langobardischen Herzogtums, dann einer fränkischen Grafschaft, dann Markgrafschaft des Reiches, bildeten in Lucca die Bürger um 1100 gegen die weltliche Gewalt des Bischofs eine selbständige, weit ins Umland ausgreifende Kommune, die, bedeutend durch Handel, Bankgeschäfte und Seidenindustrie, als bedeutendste Stadt der Toskana erst im 12./13. Jahrhundert von Florenz abgelöst wurde. Wichtiger Durchgangsort für die Rom-Wallfahrt und bald selbst Pilgerziel durch die Verehrung des *Volto Santo* (einem großen bekleideten Crucifixus in der Kathedrale), war Lucca für solche Aufgaben gut gerüstet: die Stadt hatte im Hochmittelalter 15 für den Pilgerbetrieb eingerichtete Hospitäler, gegründet von Bischof, Markgraf oder Bürgern, davon sieben innerhalb und acht außerhalb der Stadtmauern. Neben diesen karitativen nicht zu vergessen die kommerziellen Herbergen, in denen die anspruchsvolleren Reisenden Unterkunft nahmen. Zum Vergleich: Siena an der Frankenstraße hatte elf Spitäler und mindestens ebenso viele Hotels.

Lassen wir die Pilger in Lucca angekommen sein und im Innern der Stadt Unterkunft gefunden haben: im 1095 erstmals genannten Hospital von S. Michele *in Foro*, also ganz zentral am ehemaligen römischen Forum gelegen; oder dem großen Hospital bei der Kathedrale S. Martino; oder in dem von den Kanonikern von S. Frediano betriebenen Hospital gleich gegenüber dem römischen Amphitheater (man kann sich heute das Vergnügen machen, Unterkunft im Amphitheater selbst zu beziehen und auf enger Treppe hinaufzusteigen zu seinem Lager wie einst die Zuschauer hinauf zu den Rängen).

Verlassen hätte der Romfahrer die Stadt durch das Osttor der römischen Stadtmauer bei S. Maria *Forisportam* (man versteht diesen Beinamen nur, wenn man von dem verschwundenen römischen Tor weiß) bzw. durch die Porta S. Gervasio, die bei der Stadterweiterung des 13. Jahrhunderts davor gelegt wurde und einen kleinen Borgo ausbildete, den *Borghicciolo* im Unterschied zum größeren *burgo S. Frediani* an der rascher wachsenden Nordseite der Stadt. Hier gegen Nordosten lag auch ein alter Pilgerfriedhof (*ubi fuit sepultura peregrinorum*). Die antike Via Cassia, die die Stadt als *decumanus maximus*, als Hauptachse zwischen West- und Osttor durchlief, wurde nun – wie 1258 zur Porta S. Gervasio ausdrücklich gesagt wird – zur Via Francigena: draußen ging der Reisende zunächst noch auf römischem Pflaster (wie hier auch der Flurname *Selce* andeutet), oder eher auf dem Streifen getretenen Bodens gleich daneben, denn Menschen und Tiere schätzten es auch damals nicht, römisches Pflaster auf längeren Strekken zu begehen. Durch dieses Tor also trat er hinaus in die Landschaft.

Um einen Eindruck zu gewinnen, wie sich diese Landschaft damals dem Rom-Pilger darbot, lassen sich auch die in Lucca zahlreich überlieferten Privaturkunden heranziehen, die in ihren Grenzbeschreibungen sichtlich zwischen *via publica*/Fahrweg und *strata*/befestigte oder gar gepflasterte Straße unterscheiden (so wenn es von Grundstücken heißt: *tenet unum caput in strata, alterum in via publica*). Von solchen Grundstücksbeschreibungen haben wir unter den rund 4000 lucchesischen Urkunden des 12. Jahrhunderts immerhin 19, bei denen sich, auf unserem Romweg, die Benennung *strata* auf eine Linie zwischen Lucca und Pozzeveri bringen lassen. Von diesen 19 Fällen präzisieren acht sogar die *strata* als *strata Romea*, *Romipetum*, *peregrinorum*, *Francisca*: drei bei S. Vito, einer in Lunata, einer in Rughi und drei in Pozzeveri!

Damit wird es möglich, von der damaligen Landschaft nicht den üblichen allgemeinen Eindruck auszumalen, sondern den Blick konkret von der Rom-Straße auf die angrenzenden Grundstücke zu richten, an deren Rand sich der Reisende niedergelassen hätte: Landschaft also regelrecht zu rekonstruieren. Denn die Notare sind bei der Beschreibung von Grundstücksgeschäften sehr genau: sie unterscheiden sogar zwischen *ortus*/Garten und *fructetum*/Obstgarten, zwischen *silva*/hochstämmiger Wald und *boscus*/struppiger Niederwald, zwischen *quercetum*/Eichenwald und *castagnetum*/Kastanienwald, zwischen *rio* und *padule*, fließendem und stehendem Wasser, der Lage auf dem Hügel oder am Fuß des Hügels, und so fort.

Wenn also ein Grundstück mit einer Stirnseite an den Fluß und mit der anderen an die *strata* stößt (*tenet caput in strata*), dann wissen wir, daß die Rom-Straße hier nah am Fluß vorbeizog; und wenn als Begrenzung der Längsseiten dann Wald oder Wein, ein Feld mit Bohnen oder Hirse, ein Olivenhain oder Ackerland genannt wird, dann tritt uns das, was der Wanderer damals sah, vollständig vor Augen. Die Olivenkultur der Lucchesia hat noch heute einen besonderen Ruf; und mit einem Olivenbauern über die regional unterschiedliche Qualität von Olivenöl ins Gespräch zu kommen ist ein leicht zu habendes Vergnügen. Auch Gehöfte an der Straße werden in den Urkunden genannt, Weinkelter und Weinbottiche, Kapellen, Pergolen, Mühlen, kleine Hospitäler (gleich vier dieser Hospitäler beschenkt ein angesehener Lucchese 1151, gleich drei der Straßenbrücken ein anderer 1178). Und manchmal weit überschwemmte Flächen: wo die Straße kurz vor Lucca den Serchio überschreitet, gibt es an der Brükkenrampe Grundstücke, deren Pachtabgabe bei Hochwasser proportional zur überschwemmten Fläche vermindert wurde. Man kann solche Details dann immer noch zu einem erinnerten Gesamteindruck zusammenziehen: beim Heraustreten aus dem Gebirge gab es noch dichte Laubwälder, dann um Lucca Getreidefelder und Gemüsegärten, dann wurde es immer feuchter, endlich sah man weiten Sumpf.

Dem Wanderer mag, vergleichend mit seinen nördlichen Verhältnissen, dabei einiges aufgefallen sein. Denn im Hochmittelalter setzte sich hier auch im agrarischen Bereich vieles in Bewegung, erfuhr auch die Agrarlandschaft sichtbar einen Modernisierungsschub, der aus den frühmittelalterlichen Pacht- und Bearbeitungsverhältnissen hinausführte. So werden aus «rekognitiven», bloß die Eigentumsverhältnisse grundsätzlich «anerkennenden», symbolischen Pachtabgaben im 11./12. Jahrhundert «remunerative», den Bodenertrag wirklich «abgeltende» Pachtabgaben. Das konnte der Eigentümer dem Pächter nicht einfach befehlen: er mußte ihm diese Umstellung, die neue ökonomische (und nicht mehr bloß symbolische) Pachtabgabe seinerseits erst abgelten, z. B. für künftig erwartete jährliche Abgabe von fünf *libre* einmalig 100 *libre* zahlen, meistens das Zwanzigfache, also eine Kapitalisierung zu fünf Prozent. Und nun nicht mehr Pachtverhältnisse *ad perpetuum*, auf ewig, sondern Pachtverträge auf Zeit und darum veränderbar.

Darin lag nun auch die Chance von Kapital, das nach Anlage suchte. So dringt städtisches Kapital jetzt massiv ins Land und kauft sich – auch mit kleineren Summen (z. B. Handelsgewinnen), mit Tendenz zu stärkerer Stückelung – in die Teilhabe am Agrarprodukt ein. Wer aus dem Norden eine Vorstellung von Fronhofsystem und großen Hufen mitbrachte, dem mag die andere Art der Parzellierung aufgefallen sein.

Das war hier damals die eine agrarische Revolution. Die andere war die Einführung der *mezzadria*, der Halbpacht in der zweiten Hälfte des 12. Jahrhunderts. Sie war eine spürbare Verbesserung für die Bauern, denn sie ersetzte die starre, bei jeder Mißernte fatale Pachtabgabe durch die hälftige Abgabe der tatsächlichen Ernte, führte also zu einer Halbteilung des Risikos zwischen Grundeigentümer und Bauer. Doch diente sie in dieser Zeit rasch wachsender Bevölkerung (also wachsenden Konsums, also steigender Preise) und steigender Bodenerträge auch den Grundeigentümern, oder eben beiden. Tatsächlich stiegen in der Lucchesia Getreidepreise, Bodenpreise und Bodenertrag seit 1170 in einem säkularen Trend rapide an. Nach dem Zweiten Weltkrieg galt diese klassische italienische Pachtformel der *mezzadria*, auch in ihrem bereits zugunsten der Bauern verschobenen Teilungsverhältnis, als ausbeuterisch und überwunden. Doch kann man in ländlichem Gespräch noch Menschen begegnen, die sich – sozusagen privat – als *mezzadro* eines grundbesitzenden Zahnarztes oder Avvocato bezeichnen.

Was dem Wanderer aus dem Norden in dieser fruchtbaren Ebene gleichfalls aufgefallen sein mag, war die Regelmäßigkeit der Parzellierung. Das war ein deutlicher Rest der römischen Landvermessung oder Zenturiation, einer Flureinteilung in *centuriae*, wie sie bei der Gründung von Kolonien (hier: Lucca) zur Vergabe an Veteranen ausgemessen und mit Grenzwegen, *limites*, abgeteilt wurden: große Quadrate von rund 700 x 700 m, die man, mit ihrer Binneneinteilung, in der Poebene aus dem Flugzeug noch oft erkennen kann. Auch in der Ebene von Lucca ist solche Zenturiation durch Luftaufnahmen eindeutig festgestellt worden; doch ist sie, unter der modernen Zersiedlung, vom Boden aus heute kaum noch zu erkennen. Damals war das anders. Wenn in dem einen Lunata allein fünf Grundstücke genannt werden, die mit dem ‹Kopf›, nicht der ‹Seite› an die *strata* grenzen, dann bildet sich auch mit dieser ihrer Lage noch das Gefüge der antiken Flureinteilung ab. Die römische Zenturiation war in vielen Regionen das unverkennbare Substrat der mittelalterlichen Agrarlandschaft. Straßen, auf denen der Verkehr dahinzog, waren oft ein *decumanus*, eine der vielen Längsachsen der Zenturiation (wie der *decumanus* längs der römischen Südmauer von Lucca, heute Via Garibaldi, der weit ins Land reichte), und so sah unser Wanderer, spätestens alle 700 m bei der Querung eines großen *cardo*, zur Linken wie zur Rechten eine rationale Aufteilung der Äcker, wie er das aus seinem Norden nicht kannte.

Lassen wir den Reisenden weiter seine Straße ziehen. Die Stationen nächst Lucca hatten sämtlich ihre kleinen Pilgerspitäler: S. Vito (ein Grundstück *prope ecclesiam S. Viti et prope viam Romeam*, dann eines an der *strata peregrinorum*), Lunata, Rughi. Noch heute heben sich die zugehörigen Kirchen, direkt an der Straße, deutlich aus der modernen Durchsiedlung ab. Die Straße führt nun schnurgerade durch die schön begrenzte Ebene: zur Linken steil der Appennin, zur Rechten die isolierte Masse der Monti Pisani, «deretwegen die [feindlichen] Pisaner Lucca nicht sehen können» (Dante, *Divina Commedia*, Inf. XXXIII, 30); geradeaus in der Ferne der breite Rükken des Monte Albano, der diese küstennahe Ebene gegen Osten, gegen Pistoia und Florenz abriegelt. Der Pilger zog damals durch eintönige Fruchtbarkeit: weit überwiegend Getreidefelder mit Weizen und Hirse werden genannt, etwas Gartenland, dazwischen einige Bäume, aber nicht viele. Heute ist diese Ebene bedeckt mit Fabriken, Baustofflagern, Supermärkten. Produktiv war das so beschaulich wirkende Lucca immer schon, doch fiel das vor der Entwicklung des Fabriksystems nicht so ins Auge: statt der Papierfabrik einige Papiermühlen am Bach, statt Hallen voller Maschinen Spinnen und Weben im Verlagssystem verteilt auf Hunderte von Wohnungen in

Stadt und Umland; nur die Seide fast schon fabrikmäßig produziert und verarbeitet – und exportiert bis nach Nordeuropa. Viele Lucchesen kannten, als Fernkaufleute, die Länder, aus denen die Pilger kamen.

Bei Rughi trennte sich der Weg. Während die Via Cassia ostnordostwärts weiterlief nach Pistoia und Florenz, mußte der Romreisende nun gegen Süden nach Porcari (das man von Lucca auch geradeaus über Capannori erreicht hätte) abbiegen, um endgültig Richtung auf Siena und Rom zu nehmen. Schon mehren sich – in den lucchesischen Urkunden und in der Landschaft – die Wasserläufe, die schwierige Durchquerung des Sumpflands kündigt sich an. Um Abtei und Hospital von Pozzeveri (das selbst ein feuchtes Etymon hat: *puteus*) stoßen die Grundstücke, nun auch mit *cannetum*/Röhricht bestanden, mit einer Seite meist an Gewässer, berührt auch die Straße, gleich bei der Abteikirche S. Pietro, schon den Sumpf: «zur einen Seite die Rom-Straße, zur anderen der Sumpf». Noch heute reicht hoher Wald, einst im Wasser am Nordrand des Lago di Bientina stehend, fast bis an die einsam gelegene Kirche.

In der seit Lucca stark zersiedelten, verkehrsreichen Landschaft suchen die Pilgerstraßen-Wegzeichen beharrlich irgendwelche wanderbaren Umwege. Wir wollen statt dessen hier in Pozzeveri oder gleich darauf in Altopascio wieder einsetzen und die anschließende Strecke zum Arno aufmerksamer begehen.

Dem kleinen, befestigten Altopascio mit seinen Konvents- und Herbergsgebäuden um die Jakobskirche und dem gewaltigen Campanile sieht man noch heute die einstige Bedeutung für den Pilgerverkehr an. Um 1070 von Mathilde von Canossa, der großen Markgräfin von Tuscien gegründet, von Kaisern und Päpsten privilegiert und von Lucca geschützt, wurde Altopascio und sein Spitalorden mit dem Zeichen des Tau international bekannt und lokal mächtig. Die Gründung an dieser Stelle hatte ihren Sinn darin, daß hier ein besonders schwieriges Stück der Romstraße begann: die Durchquerung eines ausgedehnten Sumpfgebietes. Zur Rechten (Westen) bis an den Arno sperrte der große, jetzt trocken liegende See von Bientina; zur Linken (Osten) bis an den Arno war es der Padule di Fucecchio, eine weite, mit den von Pescia und dem Vadinievole herabkommenden Gewässern vollgelaufene Depression. Trotz der von den Medici und ihren Nachfolgern, den Habsburgern, unternommenen Trockenlegungsarbeiten ist der Padule di Fucecchio noch heute das größte Feuchtgebiet Italiens und ein wahres Vogelparadies, ursprünglich aber ein kaum passierbares riesiges Sumpfgelände (hier war es, daß Hannibal im Sumpffieber ein Auge verlor, Livius XXII 2). Zwischen beiden Sumpfflächen die Cerbaia (oder: le Cerbaie) als natürliche Landbrücke; wer von Altopascio zum Arno finden wollte, mußte der Romstraße über die Cerbaia folgen oder die Fährdienste von Altopascio in Anspruch nehmen.

Altopascio ist darum in allen Pilgerweg-Verzeichnissen ein fester Bezugspunkt. Jeden Abend bei Einbruch der Dunkelheit begann eine Glocke, die *Smarrita*, zu läuten, um den im Nebel der Sümpfe Verirrten den Weg zu weisen. Auch die Verköstigungspflicht wurde ernst genommen: als Beispiel für einen riesigen Suppenkessel wählt Boccaccio im *Decameron* (VI 10) den *calderon d'Altopascio* (eine Kapuze so schmierig, daß man damit sogar den Kessel von Altopascio hätte würzen können).

Jenseits von Altopascio führen die Wanderschilder die Via Francigena vernünftigerweise abseits der reizlosen, verkehrsreichen Straße (als Wanderweg Nr. 201) – notwendige Umspielungen der Fahrstraße, die im einzelnen hier nicht beurteilt seien. Doch sei auf eines dieser Wegstücke ausdrücklich hingewiesen, weil es historisch gesichert, als Altstraße ausgestattet und auch noch besonders anziehend ist. Die bei 43° 47′ 07″/10° 42′ 43″ nach rechts hinabführende Trasse hat gleich vorn und dann immer wieder – vielleicht nachmittelalterliche – Pflasterung aus Kieseln und Schotter mit klarer Pflasterkante. Bald erscheint ein Haus, einst die Osteria del Greppo, die schon in der Kartographie des 17. Jahrhunderts auf die Pilgerstraße bezogen wird (Abb. 29). Ein weiteres Indiz für eine Altstraße ist, daß an ihr noch heute die Grenze zwischen den Provinzen Pisa und Florenz verläuft! Dann taucht der Pilgerweg hinab in das grüne Dunkel des Bachtals, um in Galleno wieder eine Siedlung zu erreichen.

Hier ist der Wanderer wirklich in die Cerbaia mit ihrem charakte-

Abb. 29. Die alte Osteria del Greppo in den Cerbaie zwischen Altopascio und dem Arno. Vorn die Kiesel- und Schotterpflasterung der Altstraße.

ristischen Bewuchs eingetreten: ein stark zerfurchter Geländerücken, überwiegend mit Laubwald bedeckt, stellenweise dichter Feuchtwald mit undurchdringlichem Unterholz. Dazwischen kleine Siedlungsinseln, von denen Galleno die größte ist.

In Galleno, unmittelbar an der «sogenannten *via franciescha*» gelegen (wie es 1418 in einer Grenzbeschreibung heißt) führte die Frankenstraße gerade durch den alten Ortskern. Ein betagter Einwohner erzählt uns, wie klein Galleno in seiner Jugend noch war, wirklich nur eine kleine Kirche und wenige Häuser am Pilgerweg. Hier hat man einen von den Kadolingern zur Sicherung der Straße angelegten befestigten Hof ergraben. Im Innern des Ortes ist nun auch einmal die Via Francigena angeschnitten und stratigraphisch untersucht worden: der Straßenkörper bildete sich allmählich aus mehreren Schichten von Ton, zuoberst eine dünne Lage von Flußkieseln in einer Straßenbreite von durchschnittlich 3,6 Metern.

Hinter Galleno etwas weiter auf dem Weg zum Arno lag an der Straße das um 1197 gegründete *Hospitale novum de Cerbaia*, von dem nichts geblieben ist. Über dieses kleine Spital sind wir besonders gut unterrichtet durch einen frühen Rechtsstreit mit dem mächtigen Altopascio, das eifersüchtig alle anderen Hospitäler in seiner Umgebung wegzubeißen oder an sich zu bringen versuchte. Eine große Zeugenvernehmung von 1211, niedergeschrieben auf einer mehr als drei Meter langen Rolle zusammengenähter Pergamente im Staatsarchiv Lucca, gibt Einblick in Anfänge und Probleme solcher Pilgerspitäler. Angefangen habe es mit einem barfüßigen Eremiten, der sich dort im Wald eine Hütte aus Zweigen und Reisern errichtete, aber von Anfang an als *hospitalarius* aufgetreten sei und auch gleich mit dem Sammeln von Geld und dem Bau erster Mauern begonnen habe. Ob er sich allerdings den Boden vorher von den Grundherren erbeten oder hier einfach losgewirtschaftet habe, darüber sind sich die Zeugen nicht alle einig. Auch nicht, ob hier im lichten Wald vorher das Vieh von Altopascio geweidet habe: Aber doch nicht nur das von Altopascio, die Cerbaia sei doch groß genug und frei für alle! Aber nein, die Tiere weiden doch im Sommer in der Garfagnana und im Winter an der Küste, die Cerbaia ist im Sommer doch viel zu heiß und im Winter zu kalt! Daß das Spital gleich an der Via Francigena liege (deren Strecke durch die Cerbaia von den Zeugen auf sieben, auf acht, auf neun bis zehn Meilen geschätzt wird) und gegen freiwillige Gaben Unterkunft, Brot und Wein «und alles Nötige» biete, sagen alle. Auch, daß es hier Straßenräuber gebe, mindestens zwei haben sie alle am Galgen neben dem Spital hängen sehen, vielleicht auch einen von jenseits der Alpen (*quendam suspensum ultramontanum*). Ob Altopascio sich durch diese Neugründung geschädigt oder entlastet fühlen dürfe, wird unterschiedlich beurteilt.

Diese Hospitäler an der Straße seien hier einmal näher ins Auge gefaßt, mehrere dieser Einrichtungen – von ganz unterschiedlicher Dimension – hätten wir bereits in dichter Folge passiert (Karte Abb. 30). Gestiftet und gedacht waren sie zur Unterbringung von Pilgern und überhaupt von Durchreisenden, aber auch zur Pflege bedürftiger Kranker vom Ort; in städtischen Spitälern kauften sich dann auch

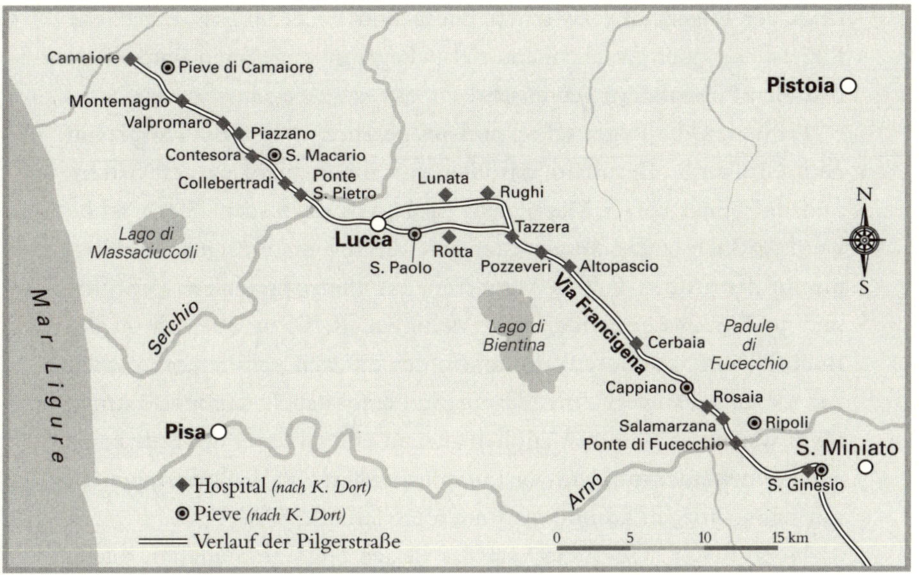

Abb. 30. Hospitäler und Pieven an der Pilgerstraße um Lucca im 11./12. Jahrhundert.

Pfründner für den Lebensabend ein. Die Bezeichnungen *hospitale*/Spital und *hospitium*/Hospiz für solche Fürsorgeeinrichtungen wurden denn auch nicht näher unterschieden. Immer waren sie mit einer Kirche verbunden oder hatten wenigstens eine Kapelle, doch wurden sie keineswegs nur von Geistlichen betrieben.

Ganz unterschiedlich war die bauliche Ausstattung: in den Städten ging es vom umfunktionierten Wohnhaus bis zur großen Anlage, draußen auf dem Lande hingegen vom Bauernhof hinab bis zum unscheinbaren Spitälchen, das vielleicht nicht einmal seine drei, vier Gäste aus dem eigenen Garten verköstigen konnte und auf Zustiftungen und freiwillige Gaben angewiesen war. Betten und Strohsäcke werden genannt, Vorrat an Feuerholz (auch «um Wasser heiß zu machen, damit sie sich die Füße waschen können»). Kleine und kleinste Spitäler, deren bescheidenen Haushalt wir aus Inventaren und Visitationen ersehen: manchmal nur vier Betten, drei Betten, Unterkunft meist auf drei Tage begrenzt, auch die Ausstattung des Altars oft kümmerlich. Was heute längs der Pilgerstraße zwischen Lucca und Fucecchio als angebliche Pilgerspeise oder gar als ‹menu del pellegrino› angeboten wird, hätte man den Pilgern gern gewünscht!

Da hatten die Pilger schon anderes gesehen, waren das Hospiz auf dem Großen St. Bernhard, das viele von ihnen zuvor passiert hatten, und das Spital von S. Maria della Scala, das sie bald in Siena sehen werden, doch anders ausgestattet, wie die Inventare zeigen. Im Hospiz auf dem Alpen-Paß 58 Matratzen, 111 Bettücher; allein 48 Stühle und 36 Trinkgläser werden 1447 neu gekauft. Dazu, ebenfalls in der Buchführung, die Totenkammer, in der die steif gefrorenen Leichen der auf dem Paßweg Umgekommenen aufgestapelt wurden, bis man sie in wärmerer Jahreszeit endlich alle auf einmal unter die Erde bringen konnte (auch auf dem vor Lucca passierten Cisa-Paß im Appennin mit seinen 1039 m konnte man noch erfrieren!).

Noch besser ausgestattet war das riesige Spital in Siena (an solche städtischen Spitäler wird Martin Luther gedacht haben, wenn er, aus der Erfahrung seiner Rom-Reise, so anerkennend von Betrieb, Sauberkeit und Freiwilligendienst italienischer Spitäler spricht). Dieses Spital in Siena notierte bei den Rom-Pilgern, die dort Geld deponierten, um es auf dem Rückweg wieder an sich zu nehmen, manchmal sogar auffallende körperliche Kennzeichen, um die aufbewahrte Barschaft dem Richtigen wieder auszuhändigen: «klein, breites Gesicht, roter Bart, lange Haare»; oder ein Pilger aus dem fernen Preußen «groß, dick und rund, weißlicher Bart, Narbe auf dem linken Mittelfinger»; ein anderer Preuße hat «frische Gesichtsfarbe, brauner Bart, Schnittnarbe auf der Nasenspitze»; oder «groß und mager, schwarz behaart», «rote Nase» usw. Auch einige Pilgerinnen werden so porträtiert, etwa eine Niederdeutsche von 50 Jahren: «klein (*bassetta*), mit zwei kleinen Warzen, eine über und eine unter dem linken Auge».

Einige dieser Physiognomien also hätten wir, zwischen 1380 und 1450, in der Cerbaia an uns vorüberziehen sehen, Pilger aus ganz Europa, vor allem aus Flandern, Frankreich, Deutschland und Spanien. Pilger aus England finden sich hier wenige, anders als im Frühmittelalter, als sie besonders zahlreich waren: der Kleinkönig Richard von

Wessex, der als Rompilger 722 in Lucca starb und in S. Frediano in einem antiken Genien-Sarkophag bestattet liegt; aber auch die Klage des Hl. Bonifatius in einem Brief von 747, daß viele Engländerinnen auf der Pilgerfahrt nach Rom zu Prostituierten würden: kaum eine Stadt am Wege *in qua non sit adultera vel meretrix generis Anglorum*. Und nicht nur Pilger hätten wir von unserem Beobachtungspunkt in der Cerbaia des Weges kommen sehen, und nicht nur die leicht dahergeredeten Kaiser, Mönche und Scholaren, sondern leibhaftige historische Personen von Rang: Ende November 1046 zieht der deutsche König Heinrich III. hier vorbei auf dem Weg nach Rom zur Kaiserkrönung; im Herbst 1191 der französische König Philipp II. August auf dem Rückweg vom dritten Kreuzzug; im Juni 1495 der französische König Karl VIII. oder wenigstens große Teile seines Heeres auf dem Rückmarsch von Neapel – dem Zug, der das kunstvolle Gleichgewicht der italienischen Mächte, Machiavellis *Italia bilanciata*, mit einem einzigen Stoß über den Haufen warf.

Der weitere Verlauf der Frankenstraße zum Arno ist im einzelnen nicht gesichert, denn eine mittelalterliche Straße bewegt sich anders im Gelände als eine römische, paßt sich dem Geländerelief stärker an, kann darum auch weitgehend auf Kunstbauten verzichten, an denen sich eine Altstraße später leichter aufspüren läßt. (Für den bei 43° 46′ 06.3″/10° 43′ 34.3″ abgehenden Wanderweg spricht wieder, daß er einer alten Grenze folgt – oder umgekehrt, jedenfalls beglaubigen alte Straße und alte Grenze einander). Doch ist der Verlauf einigermaßen vorgegeben, dürfte Le Vedute ein sicherer Punkt sein. Dann geht es links hinab nach Ponte a Cappiano. Seit dem 16. Jahrhundert geben Karten, die sogar Osterien und kleine Spitäler eintragen wie die Karten der Florentiner Capitani di Parte Guelfa (1580–1595, Blatt 577 der Arno-Übergang), Auskunft über den damaligen Straßenverlauf. Vom unteren Flußlauf des Arno her zeichnete bereits Leonardo da Vinci eine Karte.

In Ponte a Cappiano, dessen Pieve schon 772 genannt wird, überschreitet die Straße die Usciana, die den Padule di Fucecchio zum Arno hin entwässert und damals wasserreicher war als heute. Die bereits 1019 erwähnte Brücke war befestigt und durch Zugbrücken zu unterbrechen; ihre heutige Gestalt erhielt sie von der Florentiner Medici-Herrschaft im 16. Jahrhundert.

Aus dem Dunkel der gedeckten Brücke sieht man schon die – ihre Südost-Richtung wieder aufnehmende – Straße als Allee, die nun stracks auf Fucecchio zuführt, das auf seinem Hügel das Arno-Tal beherrschte. Hier um Fucecchio hatte die Grafen-Familie der Kadolinger seit dem 10./11. Jahrhundert eine ausgedehnte Herrschaft, die Macht und Ansehen auch daraus bezog, daß sie den nahen Übergang der Rom-Straße über den Arno kontrollierte. Fucecchio war, wie San Genesio gegenüber auf dem Südufer des Arno, wichtiger Kreuzungspunkt im Nord/Süd- und West/Ost-Verkehr, auch auf dem Fluß, der hier einen kleinen Hafen hatte. Die 1002 erstmals sicher erwähnte Brücke ist nicht genau zu lokalisieren, dürfte aber in der Nähe der heutigen Brücke bei S. Pierino gelegen haben.

Bei der Arno-Brücke errichteten die Kadolinger damals ein Salvator-Kloster, das, wie die Brücke, bei einem Arno-Hochwasser 1106 zerstört und darum hinauf verlegt wurde auf den Hügel von Fucecchio und unter dem Reformorden der Vallombrosaner bald wieder Bedeutung erlangte. Viele toskanische Adelsgeschlechter nahmen in der Kirchenreform Partei, wurden dadurch aber auch, politisch oft ruinös, in den Investiturstreit zwischen Kaiser und Papst hineingezogen.

Der Übergang über den Arno wird in den frühen Pilger-Itineraren auf eigentümliche Weise bezeichnet: durch die Unterscheidung von *Arne blanca*, dem «weißen» (nämlich dem richtigen) Arno, und dem *Arne blakr* (oder *Aqua nigra*), dem «schwarzen» Arno, nämlich der Usciana, da sie das Moor-, also dunkle Wasser des Sumpfes von Fucecchio zum Arno führte. Schwarzer und weißer Arno werden, außer in den Itineraren Sigerics, des Abtes Nikulas und des französischen Königs, auch in dem hochmittelalterlichen Epos *Chevalrie d'Ogier de Danemarche* genannt, das den Helden Ogier, von Karl dem Großen verfolgt, auf dieser Straße fliehen läßt: *Passe le Noir et si passe le Blanc*. Das erinnert uns an die Beobachtung, daß nicht nur französische Pilger, sondern auch französische *Chansons de geste* diese Straße zogen.

Die Abfolge der Hospitäler ist hier, auf der kurzen Strecke zwischen Cerbaia und Arno, besonders dicht. Gleich unter Fucecchio das 1077 erstmals genannte, von den Kadolingern «zur Unterstützung vorbeiziehender armer Pilger», dann auch für Leprakranke gegründete und von ihnen reich ausgestattete Ospedale *di Rosaia.* Doch verfiel auch diese Einrichtung schon im späten Mittelalter, und nichts ist davon geblieben. Am Stadtausgang romwärts (bei der heutigen Piazza Montanelli) schon wieder ein Spital, private Stiftung eines einheimischen Prälaten, der – Archidiakon von Reims, bevor er 1295 Erzbischof von Mailand wurde – dabei vor allem an arme Franzosen (*et specialiter Gallici*) auf der Francigena dachte: immerhin 20 Betten, davon aber 4 *pro honestioribus personis*, «für bessere Gäste».

Auf dem die Stadt beherrschenden Poggio Salamartano lag das große Salvatorkloster und das Kastell der Kadolinger, von dem nichts geblieben ist – nicht zu verwechseln mit der späteren, teilweise erhaltenen Burg auf der anderen Hügelkuppe, erbaut von den Florentinern, die nach dem Aussterben der Kadolinger 1113 weit nach Westen in dieses Reichsterritorium ausgriffen. Vom Poggio Salamartano hat man einen guten Blick zurück auf die Hangkante der Cerbaia, westwärts ins untere Arno-Tal, gegen Nordosten auf die weite Fläche des Padule di Fucecchio, dahinter das Valdinievole. Von der Florentiner Burg aus sieht man, gegen Südosten, hoch über dem nächsten Abschnitt der Via Francigena die Silhouette von San Miniato mit den Resten der Reichsburg. Den gewaltigen Burgturm sprengten deutsche Truppen beim Rückzug im Hochsommer 1944 (und verübten schlimme Repressalien in der nordwestlichen Toskana; doch haben sie wenigstens nicht das Massaker dort im Dom verschuldet, das man einer absichtlichen deutschen Mine zuschrieb – und darum den historischen Beinamen S. Miniato *al Tedesco* ablegte. Bis man fünfzig Jahre später aus alliierter militärischer Dokumentation die längst vermutete Verursachung durch eine amerikanische Artilleriegranate bestätigt fand, und die inkriminierende Inschrift zögernd abnahm).

Während das Kastell dort oben die unmittelbar vorbeiziehende (der Linie Via S. Giovanni und Via Donateschi folgende) Pilgerstraße schützte und kontrollierte, hatten drei nahe Spitäler die Verpflichtung, Straße und Arno-Brücke instand zu halten, seit 1175 Altopascio allein: die lange Hand von Altopascio reichte schließlich auch, fördernd und fordernd, bis zu dieser Brücke. Wenn «eine Menge Rom-Pilger über die Brücke» ging, wurde am Ufer Messe und Beichte gehalten; daneben gab es dort eine Fähre «zum Übersetzen von Pilgern und anderen Reisenden».

Überschreiten wir nun endlich die Brücke und zahlen unseren Zoll. Der Tarif des Brückenzolls (der Altopascio zukam) ist für die 1360er Jahre erhalten: ein Erzbischof zahlte 20 solidi, ein Bischof 15, ein Abt 10, ein Prior 5, ein Mann mit Pferd 1 Zehntel Erzbischof, nämlich 2 sol., Männer und Frauen zu Fuß 12 den. War die Frau schwanger, so zahlte sie für das im Mutterleib die Brücke benutzende Kind nochmal die Hälfte drauf.

Nach Überschreiten des Arno berührte die Straße, etwa 6 km in südöstlicher Richtung, eine Pieve, eine Landkirche, um die sich ein kräftiger Borgo gebildet hatte, S. Genesio, italienisch für Saint-Denis, weil jene Pieve dem Pariser Märtyrer geweiht war. S. Genesio wurde wichtiger Kreuzungspunkt der Nord/Süd-Verbindung Lucca-Siena (Via Francigena) und der West/Ost-Verbindung Pisa-Florenz, hatte für solchen Standort auch die nötigen Kapazitäten, wie damals gerühmt wird (*Seint Denis de Bon Repast*, sagt anerkennend das Itinerar des französischen Königs 1191), und diente darum lange als Versammlungsort von bischöflichen Synoden, kaiserlichen Hoftagen und ähnlichen Anlässen. Doch verödete der Platz. Barbarossa erhob das nahe S. Miniato zum Verwaltungszentrum der kaiserlichen Toskana. (Noch mit einem anderen Kaiser hat S. Miniato im übrigen zu tun: von hier stammen die Vorfahren von Napoleon Bonaparte). Fortan wird S. Miniato dem älteren S. Genesio eifersüchtig Funktionen und Rechte aussaugen. Von dem einst vielgenannten Borgo, der zwischen Scala und Ponte a Elsa an der heutigen Straße Pisa-Empoli bei deren km 42,3 lag, ist denn auch nichts mehr geblieben. An der vermuteten Stelle der Pieve von S. Genesio hat man im 19. Jahrhundert zur Erinnerung eine Kapelle errichtet oder wiedererrichtet (43° 41′ 30″/10° 52′ 56″). Neuere Grabungen, die man zur Rechten der Kapelle begehen kann, ergaben an dieser Stelle nur einige unansehnliche Grundmauern, gewiß nicht repräsentativ für einen Ort, an dem sich sogar ein französischer König gut aufgehoben fühlte.

Die Via Francigena ereichte nun die nahe Elsa und zog das Tal, die Valdelsa, hinauf gegen Siena. Hier wollen wir anhalten und die Pilger weiterziehen lassen. Bis Rom sind es noch zwölf Tage.

XI

~ ▲▲▲ ~

Im oberen Tibertal

Kulturlandschaft zwischen Toskana, Umbrien, Marken, Romagna

Stelle Dir ein riesiges Amphitheater vor, *imaginare amphitheatrum aliquod immensum*, wie es nur die Natur hervorbringen kann: eine weitausgedehnte Ebene wird rings von Bergen umschlossen, die Berge zeigen um ihre Gipfel hochgewachsenen alten Baumbestand …». So beschreibt der jüngere Plinius zur Zeit Trajans einem Freund die Landschaft des oberen Tibertals, wie er sie von seinem geliebten Landgut überblicken konnte. Wir wollen das schöne Bild amphitheatralisch gestalteter Landschaft beim Worte nehmen und die nördlichen Stufen dieses Amphitheaters, die Geländestufen des obersten Tibertals hinansteigen bis zur Quelle des Flusses, der Roms Lebensader sein wird.

Es ist ein Stück wenig bekannten Italiens, nicht berührt von antiken Konsularstraßen und modernen Autobahnen, und ohne Monumente mit dem Gütesiegel des UNESCO-Weltkulturerbes. Und doch: Geschichte und Landschaft so dicht gepackt wie nur in Italien. Wo hat man schon, weit abseits von bekannten Kulturstädten, auf 15 mal 30 km freier Landschaft Michelangelo, den Hl. Franziskus und Plinius zusammen? Della Robbia-Maioliken in kleinen Landkirchen, ein Schlachtfeld mit Leonardo da Vinci-Zeichnung, ein Piero della Francesca-Fresko noch in seiner Kleinstadt? Hier stoßen auf engstem Raum vier historische Landschaften zusammen, mit denen wir ganz unterschiedliche Vorstellungen verbinden: Toskana, Umbrien, Marken, Romagna. Aber wir wollen hier nicht über die Charaktere dieser Landschaften räsonnieren, sondern einfach sehen, was vor Augen ist.

Hat man auf dem Weg tiberaufwärts Città di Castello hinter sich gelassen, öffnet sich das Flußtal für einige Kilometer zu einer ovalen Ebene, die in Plinius' Vergleich sozusagen den Boden, die Arena des landschaftlichen Amphitheaters darstellt. Die Villa des Plinius, von der aus er die Landschaft beschrieb und die wir als Ausgangspunkt nehmen wollen, hat man aufgrund der genauen Beschreibung, die er im Brief von Lage, Räumlichkeiten und umgebender Gartenanlage gibt, mit einiger Wahrscheinlichkeit rund 8 km südöstlich von Sansepolcro identifizieren wollen und ausgegraben: eine Reihe kümmerlicher Mäuerchen, die man besser wieder zugeschüttet hätte. Denn die Jahrhunderte haben, unempfindlich gegen große Namen, bei der Reduktion des Baubestandes keine Rücksicht auf die Würde des Platzes genommen.

Man mag sich vorstellen, wie am Ende der Antike die prächtigen Villengärten verwilderten und die letzten Bewohner, hier wie überall in Mittelitalien, aus der lockeren Siedlung des Talbodens, wo das Römische Reich nun keinen Schutz mehr bot, hinaufflüchteten in den Schutz der Natur: in kleine, kompakte, burgartige Höhensiedlungen, die von Antike nichts mehr an sich hatten. Hoch über Plinius' Villa etwa das Waldgebirge der *Massa Trabaria*, die, wie ihr Name andeutet, dann die langen Balken (*trabes*) für die Dachstühle der Basiliken in Rom lieferte: den Tiber hinabgeflößt, den Plinius, in seiner Ämterlaufbahn zeitweilig als *curator alvei Tiberis* für das Tiberbett verantwortlich, auch an seinem römischen Unterlauf gekannt hat.

Die nahe kleine Stadt, die einzige in unserem Beobachtungsraum, Sansepolcro, benannt angeblich nach den von Pilgern hierher verbrachten Heiliggrab-Reliquien, hat den Reiz italienischer Städte dieses Formats. Dom und öffentliche Gebäude auf engem Raum beieinander, dazwischen gewölbte Durchgänge und gekappte mittelalterliche Türme. Die Stadtgeschichte bietet die übliche Abfolge: erst eine kirchliche Herrschaft (meist der Bischof, hier die Kamaldulenser, um deren Abtei im 11. Jahrhundert der Ort entstand), dann im Hochmittelalter Aufbegehren gegen den kirchlichen Stadtherrn und Bildung einer freien Kommune, die sich zur Signorie der kräftigsten lokalen Familie wandelt, um endlich von mächtigen Nachbarstädten – Perugia, dann definitiv Florenz – geschluckt zu werden. Die am Kommunalpalast angebrachten Wappen der Podestà, gewöhnlich aus lokalem Stein, leuchten hier, in langer Reihe, in der farbigen Maiolika der Della Robbia-Werkstatt, und die feinen Lettern der Florentiner Renaissance lassen die Namen leichter lesen als die gotische Schrift voraufgehender Amtsträger, in der man das M nicht vom T und das E nicht vom G unterscheiden kann und die Schriftzeile wie ein dekoratives Halsband wirkt. Auch im nahen Dom findet man Florentiner Namen auf der Bischofstafel (gleich zu Anfang 3 Tornabuoni hintereinander), am Ortsausgang eine kleine Medici-Festung und andere Requisiten florentinischer Herrschaft. Man hat das Städtchen, heutigen Italienern am ehesten bekannt durch seine Spaghettifabrik Buitoni, auf der durchziehenden Tiberstraße von einem zum anderen Ausgang in 20 Minuten durchschritten. Aber das kleine Sansepolcro hat Großes gegeben: im 15. Jahrhundert wurden hier der Mathematiker Luca Pacioli und der Maler Piero della Francesca geboren, der, früher von den Kunsthistorikern vernachlässigt, nun geradezu kultisch verehrt wird.

Die Straße folgt nun dem zunächst noch geräumigen, intensiv kultivierten Tibertal in Richtung Romagna, zur Rechten die Kette des Appennin, der in seinem Profil bald einige 1400er Erhebungen aufweist. Den Hang der Alpi della Luna hinauf zwei frühe, dem Hl. Franziskus selbst verbundene kleine Konvente (Montecasale und Cerbaiolo): eine konzentrierte Franziskus-Landschaft, La Verna kündigt sich an. Tatsächlich heißt man hier – wie die immer sehr beredten Todesanzeigen und Danksagungen an italienischen Anschlagwänden zeigen – mit Vornamen viel Francesco.

Allmählich ansteigend zur Wasserscheide zwischen tyrrhenischem und adriatischem Meer, erreicht die Straße nun das kleine Pieve S. Stefano, manchen Italienern bekannt als *Città del diario*, «Stadt des Tagebuchs», des schlichten, unliterarischen Tagebuchs nämlich und anderer persönlicher Aufzeichnungen, die jedermann dorthin einsenden kann, um sie in einem eigenen Archiv zu deponieren und der Forschung zur Verfügung zu stellen, einige Tausend seien es bereits. Schlichte persönliche Erinnerungen hat es viele auch in Pieve S. Ste-

Abb. 31. In diesem Amtshaus auf der Burg von Caprese wurde am 6. März 1475 Michelangelo geboren, wie sein Vater, damals Florentiner Podestà dieses entlegenen Ortes über dem oberen Tibertal, in seinen Aufzeichnungen notierte: «… und ich gab ihm den Namen Michelangelo».

fano selbst, bittere vor allem. Denn die Entlegenheit dieser Appenninen-Region verkehrte sich im Zweiten Weltkrieg zeitweilig in ihr Gegenteil: sie wurde, nach dem Rückzug der deutschen Truppen aus Mittelitalien, zum Vorfeld der sogenannten «Gotenlinie», der deutschen Verteidigungsstellung, die im Winter 1944/45 den Vormarsch der Alliierten aufhielt. Auch wenn Hitler die Verwendung des Namens, wahrscheinlich von einem Felix Dahn-Leser (*Ein Kampf um Rom*) im Wehrmachtsführungsstab ersonnen, für allzu bedeutungsträchtig hielt und sofort untersagte, da er «im Falle ihrer Eroberung dem Feinde Anlaß zu Siegesgeschrei geben» könnte, sind die Leiden jener Monate den Bewohnern noch unter diesem eingängigen Namen in Erinnerung. Was die *Linea Gotica* war, weiß hier jeder.

Oberhalb des Städtchens liegt Caprese, einer jener zahlreichen Miniorte, die sich auf ihrer engen Hügelkuppe um ein kleines Kastell zusammenrollen. Aber hier ist Großes geschehen, hier wurde am

6. März 1475 Michelangelo geboren – hier nur deshalb, weil der Vater, Ludovico Buonarroti, gerade Podestà des (noch nicht lange florentinischen) Ortes war: nur für wenige Monate, denn mediterrane Menschenkenntnis vermied lange Amtszeiten mit ihren Versuchungen. Darum sind die Podestà-Wappen in Caprese wieder zahlreich – und so verließ der kleine Michelangelo schon nach wenigen Monaten den Ort, der sich nun stolz mit seinem Namen schmückt: Caprese Michelangelo. (Abb. 31).

Der Amtssitz des Podestà auf der Burg ist sehr schlicht. Unten der Dienst- und Repräsentationsraum (man kann sich, aus Kenntnis solcher Akten, leicht vorstellen, was ein Podestà in diesem Raum für bescheidene Fälle zu hören bekam und welch bescheidene Repräsentationspflichten er auszuüben hatte). Darüber das Wohngemach, in dem Michelangelo zur Welt kam: *Ricordo come ogi questo dì 6 di marzo 1474* [florentinischer Jahresanfang, also 1475] *mi nacque un fanciulo mascio, posigli nome Michelagnolo*, notiert der Vater: «ich halte fest, daß mir am 6. März ein männliches Kind geboren wurde, dem ich den Namen Michelangelo gab …, und er wurde mir geboren, als ich Podestà von Caprese war, und in Caprese wurde er geboren», *et nacquemi essendo io potesta di Caprese, et a Caprese nacque.* Von der Außentreppe des Wohngemachs geht der Blick hinab auf die umgebende Landschaft, ein Gewoge von Erhebungen, das von den Stufen eines Amphitheaters nichts mehr an sich hat. Am Hang unter der Burg ein wenig abseits die unscheinbare Taufkirche, in der Notiz des Vaters ausdrücklich bei der Aufzählung der Taufpaten erwähnt.

Der südlich nächstgelegene Ort ist Anghiari, dessen 1440 von den Florentinern gewonnene Schlacht Leonardo da Vinci malen wird; der nördlich nächstgelegene Platz, fast auf Sichtweite, der Berg von La Verna, wo der Hl. Franziskus die Wundmale empfing. Man erreicht La Verna in wildem Gekurve durch Buchen, Kastanien, Macchie, Wiesen und Felder. Der Wandel der Agrarlandschaft hat hier wie überall nicht nur mit der Modernisierung und Mechanisierung der Landwirtschaft und der ausgeprägten Landflucht zu tun, sondern hat auch seine historische Tiefendimension. «Du hast das Gefühl, in einem anderen Jahrhundert geboren zu sein», *putes alio te saeculo natum,*

Abb. 32. Der Konvent auf dem Felsklotz von La Verna, wo Franziskus 1224 die Wundmale empfing.

schreibt Plinius, in jenem Brief, über die Erzählungen der vielen Alten in der Landbevölkerung des oberen Tibertals. Dieses Gefühl hat man hier heute nicht mehr, schon die an die Mauern der Landstraße gehefteten Wahlplakate mit ihren von der gegenwärtigen Wirtschaftskrise verstörten Sprüchen halten uns in unserer Zeit.

Vor uns nun La Verna, ein hoher, weithin sichtbarer Gipfel, an einer Seite auf halber Höhe markant abgeschnitten – und auf dieser senkrechten Felswand liegt, als heller Strich im Grün des umgebenden Bergwalds hoher Buchen und Tannen, der Konvent, dem unter den zahlreichen Franziskusstätten ein besonderer Rang zukommt (Abb. 32). Denn hier oben, *nel crudo sasso intra Tevere ed Arno* (Dante, Par. XI 106), in der wilden Bergeinsamkeit von La Verna zwischen Arno-Quelle und Tiber-Quelle, war es, daß Franziskus am 17. September 1224, zwei Jahre vor seinem Tod, die Wundmale Christi empfing. Der Platz dieser rauhen Einsiedelei war ihm von einem der Grafen dieser feudal zerstückelten Landschaft geschenkt worden, und er war ihm auch deshalb besonders lieb, weil ihn bei seiner Ankunft ganze Vogelscharen stürmisch begrüßten: *le nostre sirocchie e fratelli uccelli*, «unsere Schwestern und Brüder Vögel zeigten mit Zwitschern und Flügelschlagen größte Freude und Fröhlichkeit», wie seine Begleiter berichten, *grandissima festa e allegrezza*, zutraulich wie bei der bekannten Vogelpredigt von Bevagna. In den dann um mehrere Kreuzgänge errichteten Kirchen- und Klostergebäuden wird, über dem Felsabsturz und zwischen den von Franziskus bestaunten «großen Felsklüften und Felsspalten», *grandissime fessure e aperture di sassi grandissimi*, die Stelle gezeigt, wo er Vision und Stigmatisierung erfuhr. Von hier geht der Blick nach Westen ins Casentino und gegen Florenz, auf das die Landschaft politisch ausgerichtet war.

Zurück auf die Tiberstraße im Tal. Pieve S. Stefano ist die erste Siedlung, die der Tiber berührt. Straße und Fluß zwängen sich nun durch tief eingeschnittene Engen: kahle Felsen abwechselnd mit dichtem Wald und kleinen Feldern. Aber sogar hier, in den Pfarrkirchen der abgelegensten Nester, findet man Della Robbia-Terrakotten: damals ein großer Verkaufserfolg, weil sie, bei großer Wirkung, billiger als Steinskulpturen zu haben waren (wie wir aus den Rechnungsbüchern der Werkstatt wissen) und so den hohen Florentiner Kunstgeschmack bis in die entlegensten Gegenden trugen.

Darüber nun «der Berg, von dem der Tiber ausgeht», *di che Tever si disserra* (Dante, Inf. XXVII 30), der Monte Fumaiolo. Die beiden Quellen, auf 1268 m Höhe, sind umgeben von einem dichten Wald alter Buchen, deren gewaltiges, den Steilhang hinab offenliegendes Wurzelwerk ein erstaunliches Bild von Höhlenbehausungen für zahllose Waldtiere bietet. Oder für Heilige: unter solch einer prachtvollen Buche, *a piede di uno faggio bellissimo*, wünschte Franziskus auf dem nahen La Verna zu bleiben. Die Tiberquelle wurde in faschistischer Zeit mit einer Adler-Stele ausgestattet (Mussolini verlegte sogar die Provinzgrenze, damit die Quelle in seine Geburtsregion Romagna zu liegen komme; die Wasserscheide zu verlegen vermochte er nicht). Noch schlichter als diese neue Inschrift sind die antiken, dem Tiber schon an seinem obersten Lauf gesetzten Inschriften. Lapidar und monumental wie Rom und der Tiber selbst ist da seine Benennung als Flußgott durch Diokletian: *pater aquarum omnium*, «Vater aller Gewässer».

XII

~ ▲▲▲ ~

Die Sibylle, Tannhäuser und Pilatus

Der Zauberberg in den Monti Sibillini zwischen Latium, Umbrien, den Marken

Dort, wo Latium, Umbrien und die Marken aneinanderstoßen und sich die Via Salaria auf dem Wege von Rom zur adriatischen Küste durch den Kamm des Appennin zwängt, ziehen sich nach Norden die Monti Sibillini, die im Monte Vettore ihre höchste Erhebung (2476 m) und im Monte Sibilla ihren namengebenden Mittelpunkt haben. Denn hier lokalisierte man im Mittelalter den Sitz der Sibilla Appenninica, «der» Sibylle schlechthin, denn die Vielzahl der antiken Sibyllen hatte sich auf diese eine reduziert.

Diese Sibylle war von anderem Wesen als die klassischen Sibyllen, von anderem Wesen auch als die Venus im Venusberg nördlicher Vorstellung. Depressiv geworden über der bitteren Einsicht, daß nicht sie die – von ihr selbst prophetisch angekündigte – Gottesgebärerin sein werde, wurde die Sibylle, wegen solcher Anmaßung gegenüber der Jungfrau Maria, in den Berg eingeschlossen, der fortan ihren Namen trug. Hier hauste sie, königliche Zauberin im unterirdischen Reich umgeben von einem reichen Hofstaat schöner Damen, und bot in ihrem *Paradis* dem, der bis hier hinunterfand, alle Freuden irdischen Lebens, so daß er darüber die Rückkehr vergaß.

Und es waren viele, die es hier hinaufzog, aus Neugierde, Abenteuerlust, oder als Zauberlehrlinge. Darunter auch der provençalische Ritter Antoine de La Sale, der, im Dienst der Anjou von Neapel manchmal in Rom, einen Ausflug zur Sibylle machte und ausführlich beschrieb. Im Mai des Jahres 1420 stand er auf dem Berg der Sibylle und blickte beeindruckt auf die umgebenden Berge und das unter ihm liegende Land: gleich vor ihm gegen Süden die höchste Spitze mit dem kleinen Bergsee, in dem der Leichnam des Pilatus versenkt worden sei; tief unter ihm das Dörfchen Foce, damals wie heute Ausgangspunkt für den Aufstieg zum Pilatus-See, so wie Montemonaco für den Aufstieg zur Sibylle. Ja, von hier oben, sage man, könne man sogar beide Meere sehen.

Aber es war nicht die Aussicht, die den Ritter hier heraufgezogen hatte. Er reiste mit einem Auftrag. «Die Berge von Pilatus-See und Sibylle sehen aber ganz anders aus als auf Eurer Tapisserie», schreibt er in der Widmung an die Herzogin Agnes, Schwester Philipps des Guten von Burgund, die sich diese Erkundung gewünscht hatte, und zeichnet ihr eine topographische Skizze (Handschrift Chantilly, fol. 5v–6r), in der sich das Relief der Landschaft durchaus wiedererkennen läßt und die beschriebenen Stellen eingetragen sind: *Le mont de la Reyne Sibile, l'entrée de la cave, le lac de Pilate, Monte monaco*, usw. (Abb. 15). Lassen wir den Ritter hinaufsteigen und folgen ihm.

Heute steigt man zum Monte Sibilla vom Rifugio auf Höhe 1540 m die letzten 600 m hinauf und geht den Grat hoch über dem Abgrund des Infernaccio entlang bis zur *Corona*, ein dem mächtigen Berg wie ein Kronreif aufgesetztes helles Felsband, über dem die kahle Kalotte der Sibylle aufragt (Abb. 33). Dort oben gleich unter dem Gipfel, gegen das zum Pilatus-See führende Tal, öffnete sich die Grotte. Antoine beschreibt zuverlässig die beiden Möglichkeiten des Aufstiegs, warnt vor der Wirkung des Windes oben auf dem Kamm (vor dem man auch heute gewarnt sei), notiert und zeichnet die Vegetation des Berghangs, darunter Minze mit Blättern so groß wie ein Daumennagel, die mische man sich hier ins Essen und lege sie in den Wäscheschrank.

Der Blick von hier oben ist überwältigend. Gerade gegenüber, über dem Hochtal des Pilatus-Sees, der Monte Vettore; in der Ferne das Massiv des Gran Sasso; tief unten, in der Falte zwischen Monti Sibillini und Monti della Laga, weiß man die Via Salaria, damals wie heute von Rom her die wichtigste Verbindung in diese Bergregion und hinüber zur adriatischen Küste; halbrechts die weite Hochebene

Abb. 33. Der Monte Sibilla (2176 m) von Osten. Über seiner *Corona*, dem hellen Felsband, links der Eingang zur Grotte.

des Piano Grande, jenseits der Norcia liegt; im Rücken, gegen die nahe Küste, die zahlreichen kleinen und doch so städtischen Orte der Marken. Seine Begleiter aber hatten Auge und Ohr nur für den schrecklichen Berg: ein Laut «wie ein Pfauenschrei», der aus dem Tal an ihr Ohr dringt, wird von ihnen als Geräusch aus dem Inneren des Berges gedeutet; doch hat Antoine, nüchterner Beobachter, seine Zweifel.

Am Eingang der Grotte bemerkte Antoine Namen und Wappen anderer Ritter, zeichnete sie sich in sein Manuskript, und ritzte auch seine eigene Devise ein: «So werden die Leute sagen können, ich sei drinnen gewesen, was ich aber, bei Gott, gar nicht vorhatte». Von diesen Graffiti ist auf der zerbröselten Felswand bei der eingestürz-

Abb. 34. *Comment les V hommez entrerent dedens la cave*: der schwierige Eintritt in die Grotte, rückwärts und mit Lampen versehen. Miniatur im Bericht des Antoine de La Sale. Chantilly, Musée Condé, ms. 653 (924) f. 9v.

ten Grotte nichts geblieben. Seine Devise und seinen Wahlspruch (‹*il convient*›) hat Antoine damals auch an anderen Stellen eingeritzt, wo sie erhalten geblieben und inzwischen entdeckt worden sind: so im nahen Spoleto in das Wandfresko einer Kirche. Gleiches tat er in Assisi. Graffiti rücksichtslos in Fresken hineinzusetzen war nichts Ungewöhnliches und ist dem ausländischen Ritter nicht eigens vorzuwerfen.

Mit seinen Begleitern zwängt er sich nun auf allen vieren durch den engen Zugang, rückwärts und mit Lampen ausgerüstet, wie eine Miniatur im Manuskript anschaulich zeigt (Abb. 34). Aber er dringt, sichtlich ernüchtert, nicht tief ein und läßt sich statt dessen von namentlich genannten Gewährsleuten erzählen, was einen dort drinnen im Berg erwarte. Man steige einen engen Gang hinab, in dessen Finsternis schreckliche Hindernisse zu überwinden seien: ein Felsspalt mit tosenden Winden, eine schmale Brücke über eine abgrundtiefe

Kaverne, dann unaufhörlich schlagende, den Eintretenden zermalmende Eisentüren, steinerne Drachen mit glühenden Augen und ähnliche Requisiten wie auf einer Geisterbahn – bis endlich in ausgemeißelten Sälen tief drunten im Berg *la reine Sibylle* mit ihrem Gefolge schönster Damen den Eintretenden freundlich und höfisch empfange und mit allen Freuden irdischen Lebens festhalte.

Mit Schaudern erzählen ihm die Bewohner von Montemonaco, wie sie solche vom Ruf der Sibylle Betörten widerwillig zur Grotte hinaufgeleiteten – und nie wiedersahen. Andere waren wieder hervorgekommen, darunter jener Guerrin Meschino, als unerkannter Sohn des Kaisers von Konstantinopel Held eines einst in Italien beliebten Volksbuches, als er Auskunft auf die Frage nach seiner Herkunft endlich auch bei der Sibylle suchte. Doch war dem Tugendhaften der von der Sibylle dafür verlangte Preis zu hoch.

Unter diesen Fremden war wieder einmal ein deutscher Ritter, *ung autre chevalier des parties d'Alemaigne, qui sont gens grandement voiageurs et querans les adventurez du monde*, denn «die reisen viel auf der Suche nach Abenteuern» (daß unter den Graffiti am Eingang der Grotte auch ein Deutscher ist, hebt Antoine denn auch eigens hervor). Der steigt hinab in den Berg, alle eingebauten Hindernisse mutig überwindend steht er endlich vor der Sibylle, die ihn, mit den Damen ihres Hofes, alle Freuden kosten läßt – bis er das alles als Teufelswerk durchschaut und er, bevor sich die Rückkehr mit Jahresfrist endgültig verschließt, wieder aus dem Berg tritt. Er geht nach Rom, die Beichtiger in St. Peter verweisen ihn entsetzt an den Papst: *quant le penancier entent qu'il a esté es subgessions de l'ennemuy …, si l'envoià au Pappe*. Aber auch der mag ihn von solcher Sünde nicht lösen. Verzweifelt kehrt der Ritter um, und als der Papst, sein Zögern bereuend, ihn nun überall suchen läßt, ist er bereits wieder im Berg verschwunden. Und nun auf immer. Was die Versuchung der Sibylle nicht geschafft hatte, ihn für immer im Berg festzuhalten, das war der Herzensstrenge des Papstes gelungen. Es ist – ohne diesen Namen – die Geschichte vom Tannhäuser.

Die Forschung ist auf die Sibyllen-Erzählung des Antoine de La Sale, die dem deutschen Tannhäuser-Lied so weit voraufgeht, früh aufmerksam geworden, Gelehrte von Rang aus verschiedenen Nationen haben die einzelnen Bestandteile dieses Sagen-Komplexes analysiert und Elemente antiker, italienischer, französischer, germanischer und vor allem keltischer (bretonischer, irischer) Herkunft festgestellt. Sie haben die Zusammenhänge, Abhängigkeiten, gemeinsamen Wurzeln diskutiert, das Verhältnis zwischen antiken Sibyllen und mittelalterlicher Sibylle (aber welcher? Die weise Prophetin, oder die große Zauberin, oder die große Verführerin?) untersucht und sich die Frage gestellt, wie denn wohl Tannhäuser in diesen komplexen Sagenkreis hineingekommen ist. Denn Tannhäuser ist ja keine sagenhafte, sondern eine historische Figur, ein Minnesänger staufischer Zeit. Und sie haben sich gefragt, was diese *versione germanica* dem Ritter im Berg noch an Gewissensnot und Erlösungssehnsucht hinzufüge; und in welche Richtung die romantischen Bearbeitungen den Stoff dann trieben, bis Richard Wagner ihn mit weiteren Stoffen verband, vor allem mit dem *Sängerkrieg auf der Wartburg*.

Antoine de La Sales Bericht enthält Zutaten, die die Erzählung noch glaubwürdiger machen wollen: datierbare Papstnamen aus dem 3. Viertel des 14. Jahrhunderts (Innozenz VI., Urban V., Gregor XI.), ja ein vom Ritter vor seiner Rückkehr in den Berg den Hirten dort oben übergebener Brief; überhaupt die präzise Lokalisierung (und wir fügen diesen ganz unsagenhaften Präzisierungen ungebeten noch hinzu, daß es gewiß die Via Salaria gewesen ist, auf der dieser Tannhäuser von hier nach Rom gegangen ist).

Die Forschung hat darum auch versucht, die Sibyllenreiche und Venusberge auseinanderzusortieren – hier in den Monti Sibillini oder am Avernersee bei Pozzuoli oder beim Hörselberg in Thüringen – , denn Sibyllenreich und Venusberg mußten erst einmal zusammenwachsen: als Enea Silvio Piccolomini, der spätere Papst Pius II., 1444 gefragt wird, wo in Italien der Venusberg liege (*an Veneris montem apud Italiam scirem*), fällt ihm dieser Sibyllenberg bei Norcia ein. Als Gelehrter wußte er diese Verbindung zu ziehen, aber als der deutsche Ritter Arnold von Harff 1496 auf seiner Pilgerfahrt auch den Sibyllenberg hier besteigen will und dabei von ‹Venusberg› spricht, begriff sein italienischer Führer das gar nicht und brach in Gelächter aus.

Man könnte noch einen Schritt weiter gehen und sich fragen, wie wohl die Supplik dieses ‹Tannhäuser› an den Papst gelautet und was sie über das Innere dieses Zauberberges erzählt haben würde. Denn solche Suppliken, die von der Apostolischen Pönitentiarie registriert und bearbeitet wurden, finden sich zu Tausenden im Archiv dieses kirchlichen Tribunals mit Sitz im Palazzo della Cancelleria. Diese Suppliken mußten, um den Grad der Schuld erkennen zu lassen, zuerst einmal in einer *narratio* detailliert erzählen, was vorgefallen und weshalb der Petent mit dem kanonischen Recht in Konflikt gekommen war. Da geben in den Suppliken des Quattrocento reuige Petenten ausführliche, sehr persönliche Schilderungen auch von Zauberpraktiken, Hexenritten, Hexen-Sabbat, Teufels-Anbetung. Aber das Innere eines Zauberberges dargestellt findet sich leider nicht, was auch daran liegen könnte, daß die dichte Überlieferung erst 1439 einsetzt.

Es fällt heute schwer, sich den kümmerlichen, völlig zusammengebrochenen Zugang zur Grotte als Portal zu den Freuden eines Venusberges vorzustellen, wie sie in der Sibyllensage dieses Berges lebhaft beschrieben und in jeder «Tannhäuser»-Aufführung ausgemalt werden. Und das in einer Region imposanter, aber von christlichen Lokalheiligen besetzter Höhlen! Doch auch im Innern haben Sibyllen-Forscher und Speleologen zwar bis auf 15 m hinab einige Gänge, aber nichts eindrucksvoll Labyrinthisches feststellen können. Da wirkt die Behausung der Sibylle von Cumae (zumal sie die Freuden dieser Welt nicht versprach) doch anders mit ihrer düsteren Felsengalerie in den von langen römischen Stollen unterhöhlten, von vulkanischen Dämpfen durchzogenen Phlegräischen Feldern bei Neapel. Die Welt der apenninischen Sibylle ist eben nicht durch Gestaltetes geheiligt, sondern durch die Natur selbst.

Durch die Häufung dieser magischen Plätze, auf die die Kirche eifersüchtig ein waches Auge hatte (daß sie den Eingang zur Sibyllengrotte absichtsvoll zerstört habe, sagt schon Antoine de La Sale, und hört man dort noch heute als verbreitete Ansicht), konnten auch die frommen Bergbewohner hier leicht in bösen Verdacht geraten. Prioren und Podestà des Bergstädtchens Montemonaco waren ausdrücklich verpflichtet, Zauberer (und solche, die es werden wollten) von diesen Plätzen fernzuhalten. Tatsächlich findet sich in dem kleinen Kommunalarchiv eine Urkunde (deren etwas verwaschenes Pergament zu erkennen gibt, daß es aus dem Schwanzansatz des Tieres geschnitten ist), die uns erzählt, daß in den Sommermonaten des Jahres 1452, also nicht lange nach dem Besuch des Antoine de La Sale, Männer aus dem Königreich Neapel und aus Spanien «zu alchimistischem Tun einige teuflische Bücher beim See der Sibylle [Pilatus-See] weihen wollten» (*in faciendo archimiam et volendo sacrare libros nonnullos malignos et diabolicos ad lacum Sibille*), und beim Aufstieg von den Stadtvätern dieses Montemonaco nicht nur nicht gehindert, sondern auch noch mit Brot und Wein unterstützt und sogar hinaufbegleitet worden seien (*panem, vinum et alia necessaria pro victu eorum … et in adsociando predictos ad dictum lacum Sibille*), gewiß durch das Tal von Foce, wo Herden noch heute den Wolf zu fürchten haben.

Die magischen Rituale dort oben am See, die in der Predigt eines Dominikaners aus dem nahen Foligno genau beschrieben werden («Warum rufst Du mich?», «Ich will Dir dieses Buch weihen!»), führten oft zu schlimmen Stürmen, berichtet Antoine, noch jüngst seien deswegen zwei Männer hingerichtet worden. Der kleine See war schon dämonisch besetzt, bevor er, wie der Bergsee über Luzern, im späten Mittelalter mit Pilatus verbunden wurde, dessen Leichnam keine Öffnung dieser Erde haben wollte. Daß Pilatus, wie man sich hier erzähle, von Kaiser Titus nach der Eroberung von Jerusalem deportiert und hingerichtet worden sei wegen seines Fehlurteils gegen Jesus, das sei, meint Antoine, ja wohl nicht gut möglich.

Zwar endete in diesem Fall die Anklage vor dem zuständigen geistlichen Gericht der Kirchenstaatsprovinz mit einem Freispruch, aber die Urkunde zeigt doch, daß Zauberlehrlinge auch von weither diese schwer zugänglichen Plätze aufsuchten. In der Tat galt die Gegend um Norcia als Nährboden zauberischer Begabung. Dort, *nelle montagne di Norcia*, zaubere es sich am besten, sagt der Nekromant, der bei nächtlicher Beschwörung in Rom das Kolosseum mit Flammen und ganzen Legionen von Teufeln anfüllt (*di modo che il Culiseo era tutto pieno*), zu Benvenuto Cellini. Und da Goethe Cellinis Autobiographie ins Deutsche übersetzt hatte, wußte er daraus, daß er den Nekromanten, den Faust dem Kaiser zu Hilfe schickt, aus Norcia kommen lassen mußte.

Daß nicht nur die Sage, sondern auch die historische Überlieferung von der Zauberattraktion dieser Gegend weiß, zeigen die genannte Gerichtsurkunde und andere Zeugnisse. Das sei hier festgehalten, auch wenn wir ohnehin respektieren, daß die Figur der Sage nach eigenem Recht lebt und sich vor der historischen Wirklichkeit nicht zu rechtfertigen hat. Von jener Gerichtsurkunde und von Antoines in Spoleto und Assisi hinterlassenen Graffiti wußte die frühe Forschung noch nicht. Antoine de La Sale ist (wie viele originelle Autoren) von Philologen bisweilen der phantasievollen Erfindung und der literarischen Entlehnungen verdächtigt worden, da kann der Autor beteuern was er will: wirklich solche Zauberbücher am Pilatus-See? Wirklich solche Graffiti am Eingang zur Sibyllen-Grotte? Ja, sogar die Stadt Montemonaco konnte als seine Erfindung gelten! Aber es kann kein Zweifel daran bestehen, daß Antoine de La Sale sich tatsächlich von Rom aufgemacht und diesen Zauberberg bestiegen hat – eine grandiose Bergwelt, in der sich Legende und Sage auf engstem Raum seltsam verdichten: die Sibylle, Tannhäuser, Pilatus auf Sichtweite voneinander.

XIII

In den Schluchtwegen des südlichen Etrurien

Wo Toskana und Latium aneinanderstoßen, zieht sich von der tyrrhenischen Küste gegen das Massiv des Monte Amiata, mit Stätten wie Vulci, Sovana, Volsinii, eines der Kerngebiete der Etrusker. Eine Landschaft vulkanischen Ursprungs, gestaltet aus dem Material, das der riesige Krater von Bolsena auswarf und aus dem dann das Tuffgestein dieser Gegend wurde. Hier ist alles Tuff: die von Wasser und Menschenhand so leicht in die Plateaus zu sägenden Schluchten; die Kirchen, die Brücken, die Häuser, sie alle übergangslos aus dem Tuffboden wachsend. Überall darum das mal ins Rötliche, mal ins Graue spielende Braun, das sich mit gelbgrüner oder rostroter Flechte überziehen kann und in jeder Tönung schön mit dem dunklen Grün herabhängender Vegetation zusammengeht. Nur in solchem Tuffgelände sind die Schluchtwege möglich, die wir begehen wollen.

Von den Rändern dieses gewaltigen, mit den Wassern des Bolsener Sees gefüllten Kraters überblickt man weit die umliegende Landschaft. Gegen Süden Tolfaberge und Monti Cimini, gegen Nordwesten der majestätische Gipfel des Monte Amiata, von dessen Hängen die Toskana grün herabsteigt gegen das nördliche Latium. Oben das kleine Santa Fiora, einer jener entlegenen Orte, von denen sich der nördliche Reisende nichts erwartet und die doch Schönes bieten, weil hier eine ehrgeizige Seitenlinie der Sforza mit geringen Mitteln sogar einen kleinen Renaissance-Hof zustande brachte.

Von dort herab kommt denn auch in breitem Kiesbett durch weite Bergwälder der Fiora-Fluß, berührt das Gebiet von Sovana und tritt, unter der kühnen alten Brücke der Badia del Ponte, endlich in das Stadtgebiet des etruskischen Vulci ein, dessen Produkte er einst ins Meer trug. Denn das Meer, das dieser Zone noch heute den historischen Namen *Maremma* gibt, war hier stets näher, als es heute in Sovana und Pitigliano scheint. Der Blick vom Kraterrand, von Valentano, erfaßt neben der geographischen auch die historische Position dieser Grenzzone: zeitweilig reichte sogar die Herrschaft von Florenz, nach der Einverleibung von Siena, bis hier herab. So sind wir in Sovana und Pitigliano bereits jenseits der Grenze, sind schon in der Toskana.

Über dem Zusammenfluß zweier tief eingeschnittener Wasser gelegen, hat Sovana eine Lage, wie sie für Siedlungen vor- und nachrömischer Zeit charakteristisch ist: da schützte nur die Natur, in römischer Zeit hingegen auch die *Pax Romana.* Solche Spornlage mußte nur an der schmalen Stelle, wo sie mit der Hochfläche verwachsen war, mit einem Graben durchtrennt und mit dem Kastell des Signore gesichert werden. Hier war es das Kastell der Aldobrandeschi, einer mächtigen Adelsfamilie vielleicht lucchesischen Ursprungs, die im hohen Mittelalter weite Teile der südlichen Toskana beherrschte, dann aber an der konfliktreichen Aufteilung ihrer Herrschaft zugrunde ging. Der Zweig von Sovana und Pitigliano erlosch 1284. Dante begegnet den Aldobrandeschi im Fegefeuer.

Sovana ist heute ein halbverlassener Platz von seltsamem Reiz. Zwischen dem verfallenen Kastell vorn und der am anderen Ende, auf der Zunge des Sporns, abgesondert im Grün gelegenen romanischen Kathedrale zieht sich nur eine einzige Straße wie aufgehängt zwischen beiden, begleitet von zwei schmalen Häuserzeilen; hinter den Häusern bis zur Abbruchkante Gemüsegärten, genutzte und aufgegebene gleich schön, in ununterbrochener Folge. In der Mitte des Ortes verbreitert sich der Straßenzug zu einer Piazza, umgeben von Kirche und kleinen öffentlichen Gebäuden mit schlichter Fassade, von der die steinernen Wappen der von Siena, dann Florenz entsandten Kommissare herabblicken.

Um bei derart bescheidener Erscheinung dem Ort nicht unrecht zu tun, sollte man sich in Erinnerung rufen, daß Sovana mindestens so alt ist wie Rom und seither fortwährend bewohnt. Und daß wohl von hier jener Hildebrand kam, der als Papst Gregor VII. die große Kirchenreform des 11. Jahrhunderts durchsetzte und in Canossa einen deutschen König demütigte. Der Ort ist etruskischen Ursprungs. Wie das nahe, dominierende Vulci gegen 280 v. Chr. von den Römern unterworfen, hatte Sovana in römischer Zeit den Rang eines Municipiums, wurde im frühen Mittelalter Bischofssitz, geriet im 10. Jahrhundert unter die Herrschaft der Aldobrandeschi und nach deren Aussterben im späten 13. Jahrhundert an die Orsini. Endlich kam es 1410 an Siena (in der Kathedrale von Siena läutet noch heute eine Glocke, die damals als Kriegsbeute mitgenommen wurde und darum, trotz Umgießens, *la Sovana* genannt wird!) und somit 1558 an Florenz, während sich die Orsini in Pitigliano und Sorano noch bis ins späte 16. Jahrhundert halten konnten. So sah man in dieser Gegend (und sieht sie stellenweise noch heute) recht unterschiedliche Herrschaftswappen mit ihrer heraldischen Tierwelt: den *orsachiotto*, das steil aufgerichtete «Bärchen» der Orsini; die Wölfin von Siena (stets magerer dargestellt als die römische); die Kugeln der Medici, und endlich den Löwen mit den Adlern von Habsburg-Lothringen als Erben der Medici. Der veritable, nicht heraldische Wolf, den man jüngst aussetzte, damit er die Wildschweine dezimiere, findet, wie uns Bauern im Gespräch klagten, mehr Geschmack an den hier zahlreich weidenden Schafherden.

Alle diese Herrschaften konnten, trotz beteuerter Fürsorge, den Niedergang Sovanas nicht aufhalten. Der Bischof verlegte darum im 17. Jahrhundert seine Residenz nach Pitigliano. Das verwaiste Sovana galt nun im Nachbarort (der mit seiner großen jüdischen Gemeinde solche Bilder verstand) als *città di Geremia*, als die Stadt, der der Prophet Jeremia geweissagt hatte, daß sie wüst und verlassen sein werde. Ärmlich und halbverlassen wirkt Sovana noch auf frühen Photographien, bis der Tourismus dem Ort aufhalf und ihn mit freundlichen Caffeterien, Lädchen und Unterkünften belebte.

Und ringsum eine Landschaft, die auf den ersten Blick nicht zu erkennen gibt, wie tief zersägt ihr weiches Tuffgestein ist. Man glaubt von weitem, einfach auf die ferne Kathedrale zulaufen zu können, und steht endlich vor einem Abgrund. Eine Zerklüftung, die in gefährdeten Zeiten Siedlung geradezu anzog. Man sieht diesen kleinen Städten ihr Schutzbedürfnis an: in Pitigliano auf der Abbruchkante über senkrechter Felswand die lange Reihe der Häuser, die sich derart aneinanderdrängen, daß in all dem Tuff die Fuge zur Felswand und zwischen den Gebäuden kaum noch zu sehen ist. Wenn der Schutz der Natur dann auch noch ausgebaut wird, wirkt das Ganze wie eine bizarr erdachte Bühnenkulisse: in Sorano neben der gewaltigen Rocca der Orsini die habsburgische Feste des Masso Leopoldino, die wie ein dem Ort implantierter wohlpolierter Felszahn aussieht. Wer da auf das Gewirr naher unerschlossener Schluchten hinabblickt, fragt sich, wie hier überhaupt eine Stadt entstehen konnte – oder nicht längst wieder verlassen wurde.

Solche Siedlung in zerklüftetem Gelände hatte ihre Probleme. Wie sollte man aus dieser bewußt eingegangenen Isolierung hinauffinden auf die Hochflächen, von deren Acker- und Weideland der Ort lebte? Wie durch die umgebenden Schluchten hindurch zur nächsten Stadt kommen? Das ging nur, wenn man die steilen Kanten dieser Tuffplateaus aufsägte und tiefe Hohlwege in sie eingrub. Und in diese düstere Welt wollen wir nun eintauchen.

Die Sovana nächstgelegenen Hohlwege erreicht man am besten auf dem schönen Weg, der von der Kathedrale, nach Westen hinab, am Friedhof vorbei zum Kirchlein S. Sebastiano im Talgrund führt, von wo man Via cava und Nekropole von S. Sebastiano, dann die Via cava von Poggio Felceto und die benachbarten Nekropolen mit ihren bekannten Grabbauten – Tomba Ildebranda, del Tiferno, della Sirena usw. – leicht erreicht (eine nähere Lokalisierung, die mit Worten nur umständlich gegeben werden kann, ersehe man aus den Koordinaten hier im Anhang). Und diese Hohlwege sind nun wirklich eindrucksvoll – und entschieden mehr, als das Wort ‹Hohlweg› erwarten läßt. Wenn wir im Deutschen von ‹Hohlweg› sprechen, oder wenn die ‹Hohle Gasse› Wilhelm Tells auf die Bühne gebracht werden soll, denken wir an einen Weg, der tiefer als das umgebende Gelände liegt und dessen steile erdige Böschung mit Bäumen und Büschen bestanden ist. Eine *Via cava* aber ist ein tief in den Tuffelsen geschlagener schmaler Einschnitt mit senkrechten Wänden, die 10, 15, ja 25 Meter Höhe erreichen, und somit am ehesten einer Klamm oder einem Cañon zu vergleichen. Darum sei hier von Schluchtwegen gesprochen.

Die naheliegende Vermutung, es handele sich dabei um ausgehauene Bachrinnen, ist von der Forschung ganz aufgegeben worden. Man nimmt an, daß diese Hohlwege, von Anfang an Menschenwerk, ursprünglich nur hinauf zu einer Nekropole führen wollten und erst später, durch Verlängerung und Erweiterung, etwa seit dem 5. Jahrhundert v. Chr. zu regelrechten Verbindungswegen wurden. Dabei wurden Grabkammern manchmal sogar zerteilt (doch muß nicht jeder Hohlweg schon ein etruskischer Kultweg gewesen sein). Für eine bewußte, nicht von Wasserläufen bedingte Anlage spricht auch der möglichst gerade, zielgerichtete Verlauf zu einer Nekropole oder auf eine beackerbare Hochfläche. Aber natürlich wurden die Hohlwege, einmal ausgeschlagen, dann selbst zu Wasserrinnen und erforderten einen geregelten Wasserablauf, mit durchgehender Rinne im Boden (die das Begehen sehr behindert) und manchmal auch hoch in der Wand.

Diese Hohlwege waren auf einer Länge von oft mehreren hundert Metern durch Aufsprengen mit quellenden Hölzern und mit der Spitzhacke tief ausgeschlagen und unten, zwischen den senkrechten Wänden, mit manchmal nur zwei bis drei Meter Breite gerade so weit, daß ein Mann mit Arbeits- oder Kultgerät, oder ein nicht zu breit bepackter Esel passieren konnte. Da genügt ein einziger Felssturz, um alles zu blockieren. Bei solcher Enge ist es natürlich, daß die droben auf den Felsrändern stehenden Bäume ihre Äste zusammenschlagen und den Himmel verbergen. Daß man dieses Dunkel nur mit Beklommenheit betrat, ist gut zu begreifen, und die mystifizierende Etrusker-Deutung, die einen beim Lesen halbwissenschaftlicher Publikationen leicht befremdet, kann den, der dazu veranlagt ist, an solcher Stelle selber ankommen. Eingeritzte Kreuze, und andere apotropäisch gemeinte Symbole aus vorchristlicher Zeit zeigen, wie man sich da vor Dämonen zu schützen versuchte.

Seit diese Hohlwege aus Kultwegen zu Verkehrswegen wurden, nutzte sich der weiche Tuffgrund rasch ab (auch heute ist es nicht leicht, auf der zerfurchten Gehfläche sicheren Tritt zu fassen). So wurden die Hohlwege, um sie begehbar zu halten, regelmäßig tiefer ausgeschlagen (die Abarbeitungs-Horizonte lassen sich oft unterscheiden) und der Einschnitt unten womöglich verbreitert.

Das hat zur Folge, daß man diese Wände nicht, wie historische Wände sonst, von unten nach oben (vom Fundament hinauf zu aufgesetzten Bauten) lesen muß, sondern von oben nach unten: zuoberst die etruskischen Spuren, manchmal sogar angeschnittene Grabkammern (die damals natürlich erreichbar und nicht so hoch in der Wand waren); darunter, in der Zone des Mittelalters, Kultnischen und teufelvertreibende Kreuze; und zuunterst, also zuletzt, viel rohe Abarbeitung, ganz funktional ohne sinntragende Einarbeitungen. An apotropäischen Zeichen in dieser furchterregenden Düsternis ist das Phallus-Symbol, weil älter, also höher anzutreffen als das Kreuzeszeichen.

Während die Felskanten hoch oben von Eichen, Hainbuchen, Eschen bestanden sind, die den Einschnitt auch noch beschatten, haben die Hohlwege in der Tiefe ihres feuchten Dämmers ein Mikroklima, das der ideale Lebensraum für Moose und Farne ist, die hier unten üppig gedeihen. Aus solchem Dunkel am Ende wieder ins Freie zu treten, unten ins Tal oder oben auf die Hochfläche, ist manchmal geradezu eine Befreiung.

Man wird sich diese Hohlwege jeweils einzeln vornehmen, sollte aber wissen, daß sie Teile eines ganzen Wegesystems sind, wie man zwischen Sovana-Sorano-Pitigliano leicht nachvollziehen kann. In Pitigliano führte die Via cava di Poggio Cani aus der Stadt steil hinab in die Talschlucht des Lente, die Via cava di S. Giuseppe gleich gegenüber steil hinauf auf die angebaute Hochfläche, über die man dann auch Sovana erreichen konnte. In Sorano kam man mit den sogenannten *Mine* hinab zum Fluß, und den Gegenhang hinauf entweder mit der Via cava di S. Carlo oder mit der Via cava di S. Rocco und weiter nach Sovana – ja das war, bevor die Brücke über den Fluß und die neue kurvenreiche Fahrstraße gebaut wurde, bis 1940 der einzige Zugang von Sorano nach Sovana! Eindrucksvolle Hohlwege, die bis ins 20. Jahrhundert benutzt wurden, finden sich auch bei Corchiano, wo sie – ein bezeichnender Vorgang – zeitweilig von der römischen Via Amerina, die durchgehend befahrbar sein wollte, ersetzt wurden.

Abb. 35.
Die Via cava di San Sebastiano bei Sovana, ein besonders tiefer Schluchtweg. Solche Schluchtwege mußten, da der Boden sich abnutzte, immer tiefer ausgeschlagen werden; ihre Wände sind darum, anders als bei historischer Abfolge sonst, von oben nach unten zu lesen: zuoberst die etruskische Ausmeißelung, darunter die mittelalterliche, zuunterst die jüngste (die immer die roheste ist). Als Maßstab die Person im Mittelgrund.

Wenn diese Vie cave hier in ihrer Gesamtheit charakterisiert worden sind, so haben sie doch ihre Besonderheiten. Die schmalste und tiefste ist die Via cava von S. Sebastiano bei Sovana (Abb. 35); alte Gräber zerschneidet die eher breite Via cava von Poggio Felceto (genannt *Il Cavone* und noch heute regelmäßig begangen); einen ungewöhnlich gewundenen Verlauf hat die von S. Rocco (Abb. 36). Und so weiter. Mag der überwundene Höhenunterschied insgesamt nicht groß sein (die Via cava di S. Rocco steigt auf 600 m Länge um 100 m, die von S. Giuseppe auf 800 m Länge um 60 m), so haben diese Hohlwege doch sehr steile Teilstrecken.

Der Zusammenhang, zumindest der ursprüngliche Zusammenhang von Via cava und Nekropole (und somit eine zunächst ganz

Abb. 36. Die gewundene Via cava di San Rocco bei Sorano, eine der im Gebiet von Sovana-Pitigliano-Sorano zahlreichen, tief ausgehauenen Schluchtwege etruskischer Zeit. Bis zum Bau der Fahrstraße 1940 war diese Via cava ein reguläres Wegstück zwischen Sorano und Sovana. Hier eine enge Schleife an ihrem oberen Ende.

sakrale Funktion) ist in vielen Fällen offensichtlich. Und es waren, mehr als die Vie cave, natürlich die Nekropolen, die die ersten Besucher und dann die Forschung anzogen. Denn die Nekropolen (auf die hier nicht näher eingegangen werden kann) gaben den tiefsten Einblick in die Welt der Etrusker. Sie ließen die alles durchdringende Aura des Sakralen spüren, zeigten in der – von den Gelehrten bald unterschiedenen und datierten – Vielfalt der Gräbertypen soziale und zeitliche Abstufungen, ließen in den Interieurs der Toten die Interieurs der Lebenden erkennen und in den Grabbeigaben die Weite des Fernhandels und die tiefe – gänzlich unerwiderte – Liebe der Etrusker zu den Griechen. Dabei sind wir hier nicht in den spektakulären Nekropolen von Cerveteri oder Tarquinia, sondern an entlegenen Orten tief in freier Landschaft. Aber gerade hier wohnten die Toten eng mit den Lebenden zusammen – und in anderer Weise als heute, wo die Lebenden die Kammern der Toten arglos als Weinkeller, Schweineställe, Garagen nutzen. Oder aber, an hohen Kirchenfesten, für eine *sacra rappresentazione*, das Heilsgeschehen und vor allem seine irdische Umwelt einfallsreich verteilt auf eine Folge etruskischer Kammergräber.

Entdeckt wurde diese geheimnisvolle Welt, in deren sonnenlosem Untergrund wir uns hier bewegt haben, erst in den 1840er Jahren durch den Engländer George Dennis, anfangs begleitet von dem Zeichner Samuel Ainsley, der ihm in Sovana vorausging. Ainsley brachte aus dieser Landschaft, die vom Grand Tour gänzlich unberührt war und von den – sonst ganz Latium durchstreifenden – Malern gemieden wurde, treffende Skizzen mit. Selbst erstaunt, daß es zwischen Florenz und Rom ein solch unbekanntes Stück Italien noch zu entdecken gab, schildert Dennis lebhaft, wie er in diese damals schwer zugängliche, von der Malaria entvölkerte Gegend vordrang, entsetzt über die Ärmlichkeit und Verschlossenheit dieser entlegenen alten Orte, in denen man fremde Reisende kaum je gesehen hatte. Wenn man nach «antiken Monumenten» fragte, wußten die Leute hier nicht einmal, was gemeint sei, und wenn sie es endlich begriffen, erklärten sie die Felsfassaden für zufällige Naturgebilde oder gar für *scherzi*, für Spielereien gelangweilter Hirten, die Grabkammern für natürliche Höhlen.

Dennis berichtet, wie er, die Axt in der Hand, durch das Dickicht brach, hoch in der Felswand die lange Reihe der Grabfassaden entlang: Frontgiebel mit figürlicher Dekoration zersprengt von Bäumen («was den Archäologen traurig, den Maler froh stimmt»), aus dem Fels geschnittene Scheintüren, Columbarien mit ihren zahllosen Urnennischen, auch heute manche von Vögeln benistet, die dem Eintretenden erschreckt entgegenflattern, dunkle von Vegetation verhangene Öffnungen (man erkundet sie am einfachsten, indem man hineinblitzt). Und er beschreibt, welch gefährliche Positionen er einnehmen mußte, um Inschriften abzutasten und Maße zu nehmen. Der Zugang erfordert, trotz der fürsorglichen Sicherung durch die Kommunen, doch einige Trittsicherheit, um nicht durch ein unerkanntes Loch in der Unterwelt zu enden.

Es ist anziehend zu sehen, wie hier – klassifizierend, vergleichend, datierend, Profile zeichnend – durch bloßes, ungelehrtes Hinsehen beherzter Beobachter Elemente einer neuen Wissenschaft zusammenwuchsen, durchaus etwas anderes als die voraufgehende unkritische *Etruscheria.* Dennis und Ainsley gaben ihre Entdeckungen 1843 als Einsendungen an das *Instituto di corrispondenza archeologica* (aus dem später das Deutsche Archäologische Institut hervorging). 1848 folgte Dennis' Buch *The Cities and Cemeteries of Etruria.* Sein Bericht ist immer noch die stimmungsvollste Einführung in die etruskische Landschaft des nördlichen Latium: noch heute eine weniger dicht besiedelte Region, in der es nachts endlich ganz einfach dunkel ist.

Auch wem die Etrusker fremd sind: in freier Landschaft wird er ihnen gern begegnen. Hier durchdringen Natur und Menschenwerk einander wie in kaum einer anderen Gegend. So auch in der – über etruskischer Siedlung errichteten – Ruinenstadt Castro 15 km südlich von Sovana, die im Krieg mit den Farnese 1649 von Papst Innozenz X. zerstört wurde. Mitten im Wald auf der zentralen Piazza zu stehen, die halbversunkenen Fronten der umgebenden Gebäude von Bäumen zersprengt und verstellt, und Bauten des großen päpstlichen Architekten Antonio da Sangallo d.J. päpstlich zerstört zu sehen, ist ein besonderer Eindruck.

Unter denen, die sich in dieser Gegend als erste der Hinterlassenschaft der Etrusker zuwandten, war im übrigen kein Geringerer als Lucien Bonaparte, der jüngere Bruder Napoleons, dem er in den Jahren des Aufstiegs in kühnen Aktionen beigestanden hatte, mit dem er sich später aber überwarf, da er sich in persönliche Angelegenheiten auch vom Kaiser nicht hineinreden ließ. Nach Napoleons Sturz machte der Papst Lucien zum Fürsten von Canino und Musignano (22 km südöstlich Sovana): Musignano damals wie heute nicht mehr als ein großer Gutshof, Canino der kleine, für sein Olivenöl geschätzte Ort, in dessen Hauptkirche der Besucher, der im Inneren das Übliche einer italienischen Collegiata erwartet, überrascht auf eine Bonaparte-Kapelle stößt, mit der Grablege der Familie und einem Kenotaph für den Vater Carlo Bonaparte.

Zu Luciens Minifürstentum gehörte auch das Gelände der etruskischen Ruinenstadt Vulci mit ihren reichen Gräbern. Dem wandte sich Lucien nun zu, einmal aus echtem Interesse, dann aber auch aus der Absicht, durch den Verkauf der dort ergrabenen Altertümer die bescheidenen Finanzen seines Fürstentums aufzubessern. Denn aus den agrarischen Einkünften, aus den Weideflächen und dem Zoll auf den Viehtrieb konnte Lucien nicht leben. So heißt es in seiner Buchführung etwa zum Mai 1839: «Reçu de Campanari [dem Ausgräber Vincenzo C.] pour vases étrusques 500 …, reçu de la vente de 200 agneaux 250». Vasen und Schafe. Tatsächlich wurden seit 1828 Tausende von Vasen ergraben, hier überwiegend Schwarzfiguriges und Früh-Rotfiguriges. Mit Ausstellungen, Katalogen, Versteigerungen ging Lucien an die Vermarktung, und er empfand es als äußerst geschäftsschädigend, daß der deutsche Archäologe Eduard Gerhard Luciens Vasen – zu Recht – für griechische statt für etruskische Ware erklärte. Doch konnte unter Kennern nicht dies der Grund für den zeitweilig enttäuschenden Absatz sein, der seine Gründe eher im Überangebot, der unzulänglichen Restaurierung und Luciens hohen Preisforderungen hatte. Wenn man heute über das weite Hügelgelände von Vulci geht, sollte man nicht denken, daß so viele Stücke, die unter dieser unscheinbaren Erde ruhten, heute in London, Paris, Berlin, Petersburg, München liegen.

Etruskische Nekropolen und Hohlwege, die Ruinen von Vulci und Castro, der Ursprungsort der Farnese und eine Grablege der Bonaparte, steile Waldhänge und tiefe Schluchten – und das alles auf kleinstem Raum in einer Landschaft ohne große Sterne im Reiseführer. Aber in Italien leuchten historische Landschaften auch ohne Sterne.

XIV

~ ▲▲▲ ~

Klein wie ein Dorf und doch eine Stadt

Mugnano in Teverina

Mugnano in Teverina ist ein kleiner, unbeachteter Ort wie andere im nördlichen Latium. Ihre Unscheinbarkeit liegt nicht darin, daß sie unansehnlich wären, sondern eher darin, daß es davon so viele gibt. Aber wir sollten auch ihrem Mittelmaß gerecht werden. Nicht daß Mugnano besonders entlegen wäre: der wichtigste Verbindungsstrang Mittelitaliens, mit Eisenbahn und Autobahn im Tibertal, ist in Sichtweite, ja eine Autobahnabfahrt ganz in der Nähe. Doch wer die Autobahn hier verläßt, strebt in das ansehnlichere Bomarzo mit seinem bekannten Skulpturen-Park, und vor allem nach Viterbo. Nicht nach Mugnano. Er wird es auch gar nicht suchen, denn nicht einmal der treffliche rote Touring Club-Führer kennt den Ort.

Mugnano liegt auf einem Tuffsporn, der aus den westlichen Talhöhen schmal ins Tibertal vorspringt (Abb. 37) und zu dem man auf kleiner, kaum angezeigter Straße hinauffährt. Die Felsrippe, auf der Mugnano balanciert, ist schmal, und darum auch der Ort selbst – mit seinen rund 190 x 60 Metern – so schmal, daß er nur von einer einzigen Straße, ohne Parallelstraße, durchzogen wird. Von dieser einen Längsstraße gehen, wie Gräten vom Rückgrat eines langen dünnen Fischs, einige enge Gäßchen ab, die schon nach wenigen Metern an der Abbruchkante enden. Aber selbst in diesen engen Gassen (wie die des Ghetto nur ein einziger kurzer vicolo) führen noch Stufen seitlich hinab zu Kellerräumen, wie sie in dieser Gegend zwischen Orvieto und Orte, oft in mehreren Stockwerken abwärts, die Tuffsockel fast aller Städte durchlöchern. Und die Hauptstraße ist, mit geringen Mit-

Abb. 37. Mugnano in Teverina, gelegen auf einem Tuffsporn, der schmal ins Tibertal vorspringt. Rechts die Schildmauer mit Rundturm und Kirche, im Hintergrund die Berge der Sabina.

teln (nur drei oder vier Häuser haben gerahmte Türen mit bescheidenen Wappensteinen), doch eine Hauptstraße.

Man ist immer wieder überrascht, wieviel Stadt der *genio italiano* aus einem unwirtlichen Stück Natur herauszuholen versteht. Man braucht ja nur auf die nächsten unberührten Höhenrücken mit ihren Klippen voller Macchie zu schauen, um die Leistung nachzuvollziehen: aus zerklüftetem Terrain wird eine kleine Piazza, aus steiler Felsrinne eine breitgeschwungene Freitreppe, aus sauber geglätteter Felsstufe der Sockel eines Palazzo. Die verfügbare Fläche des engen Plateaus wurde erfinderisch genutzt. Welche Leistung allein, die nur 190 Meter Weges vom einen zum anderen Ende, eben die Hauptstraße, zu bahnen! Man merkt ihr die Niveauunterschiede des Geländes noch an, ja beim Gang über ihr schlichtes Pflaster meint man unter dem Fuß noch die Unebenheiten der einstigen Geländeoberfläche zu spüren: die mühsam abgearbeiteten Felsbänder, die allmählich aufgefüllten Zerklüftungen des Bodens, das widerspenstige Wurzelgeflecht der Macchie.

Der Landsteg, der den Sporn mit der Talhöhe verbindet, ist, wie bei solchen Abschnittssiedlungen immer, durch einen tief ausgemeißelten Einschnitt zertrennt worden. Über diesem kurzen Burggraben erhebt sich, um den Ort an dieser gefährdetsten Stelle zu schützen, stets der festeste Teil der Stadtmauer. Und diese Mauer ist sogar unter den Mauern Latiums etwas Besonderes: in ihrer warmen Farbigkeit ein Gemälde, in ihrer bizarren Zusammensetzung ein Palimpsest, auf dem sich Jahrhunderte ablesen lassen. (Abb. 38), Zuunterst der – zur Durchtrennung des Landstegs – abgearbeitete Fels, ein regelrechter Querschnitt durch das Plateau, der im Auf und Ab seines Profils die Unebenheiten des felsigen Geländes sichtbar macht: eine graubraune Tuffwand überzogen von hellgelber Flechte, dazwischen Büschel dunklen Grüns der aus den Felsritzen quellenden Sträucher. Am einen wie am anderen Ende der Wand eingeschlagen in den Tuff kunstlos und ohne Rahmung eine schmale Pforte. Auf der Felskante aufsitzend schmale turmähnliche Häuser, die sich – wie an solch exponierter Stelle erfordert – zu einer Schildmauer zusammenschließen. Der Teil rechts scheint der älteste Mauerbestand, roh gefügt aus großen Tuffblöcken, einige Partien zerstoßen und zerwittert, so daß die Fugen fast schon verschwinden und der Mauer wieder den Anschein einer natürlichen Tuffwand geben. Fensteröffnungen eingebrochen und teilweise wieder vermauert lassen auf Wechsel der Nutzung im Innern schließen. Man sollte vor solcher Mauer nicht glauben, daß sich gleich dahinter der wohlausgestaltete Altarraum einer Kirche verbirgt (und umgekehrt sollte man, wenn man dann in dieser ansehnlichen Stadtkirche steht, nicht glauben, daß die Altarwand mit ihrer Ausmalung von den groben Tuffklötzen der Stadtmauer gebildet wird). Dann stößt die Mauer an das einzige stattliche Stück der Befestigung, einen hohen Rundturm, der mit seinem Schopf von Feigen den Ort weit überragt.

Ein Rundblick von dieser Stelle zeigt die Einbettung Mugnanos in die Landschaft. Gegen Westen hoch und kompakt Bomarzo mit seinem Orsini-Palast, an den sich schwärzlich die kleine Altstadt drängt. Im Südwesten, fast immer im Gegenlicht, die dunkle Masse

Abb. 38. Über dem tief ausgeschlagenen Burggraben, der den Tuffsporn durchtrennt, bilden Häuser und Kirche eine Schildmauer, an deren bunter Zusammensetzung aus Tuffblöcken die Geschichte des Ortes abzulesen ist.

der Monti Cimini mit Wäldern «dichter als die Wälder Germaniens», wie Livius fand; davor der nahe Bergzug unterbrochen durch eine markante Scharte, in deren nördlichem Hang man vor kurzem eine imposante, in den Fels geschlagene etruskische Altaranlage entdeckte (zu der man auf schwierigem Pfad hinabsteigt unter Führung eines gescheiten Bauern, der dieses Monument freilegen half und sich, ganz davon erfüllt, darüber und über vieles andere seine eigenen Gedanken macht) – was uns daran erinnert, daß wir uns hier in etruskischem Gelände bewegen. Gegen Südosten geht der Blick das Tibertal abwärts (der Fluß selbst ist zwischen dem dichten Baumbestand seiner Ufer kaum zu sehen), in der Ferne die Silhouette von Orte auf seinem Tuffklotz über dem Tiber, dahinter die Berge der Sabina; davor, im Mittelgrund, querte die römische Via Amerina einst den Fluß, um auf dem bewegten Gelände im Nordwesten von Mugnano die letzten Meilen nach Amelia zu nehmen. Von dieser römischen Straße, ja von dieser Übergangsstelle erfahren wir sogar in Ciceros Rede *Pro Sexto Roscio Amerino* (80 v. Chr, Plädoyer für den Ermordeten mit Beschreibung des Weges, den die Mordwaffe von Rom nach Amelia nahm). So hören wir selbst hier Livius und Cicero zu uns sprechen.

Mugnano ist schon im 13. Jahrhundert in der Hand der Orsini, die damals energisch Herrschaft und Grundbesitz ins nördliche Latium ausweiteten, mit dem mächtigen Schub des ersten Orsini-Papstes Nikolaus III. (1277–1280), der «als Sohn der Bärin» (dem Namens- und Wappentier der Orsini) fürsorglich «die kleinen Bärchen förderte», *avanzar gli orsatti*, wie Dante sarkastisch in seiner *Divina Commedia* (Inf. XIX 70–71) bemerkt. Unter Papst Martin V. Colonna zeitweilig an die gegnerischen Colonna fallend, bleibt Mugnano doch im wesentlichen im Besitz unterschiedlicher Zweige der Orsini, die es 1803 an die Lante verkauften. Von denen ging der Palazzo an die Borghese, heute ist er, nach weiteren Besitzwechseln, Eigentum eines Zweiges der Barberini, und mit ihnen werden wir diesen Bau noch begehen. Da haben wir, in diesem unscheinbaren Ort und in diesem einen Palazzo, fast den ganzen Gotha römischer Adelsgeschlechter beisammen: immerhin haben vier dieser fünf Familien Päpste zustande gebracht (und daraus wiederum weiteren Aufstieg bezogen).

Nur 190 m lang und 60 m breit und doch eine Stadt? Mugnano gehört zu den zahllosen kleinen Orten Italiens, die der nördliche Reisende nicht recht einzuschätzen wußte. Er hatte, auf seinem Weg nach Süden, daheim Städte des ihm vertrauten Typs durchquert, Dörfer berührt und Burgen gesehen, die Rittersitze waren und nicht zugleich Burg*siedlungen*. Nun traf er in Italien auf ein ganz anderes Siedlungsbild. Er sah zwar ländliche Gutshöfe und Bauernhäuser, aber keine Dörfer; auch keine isolierten Adelsburgen, denn der Adel saß – freiwillig oder von den erstarkenden Kommunen einst hineingezwungen – überwiegend in der Stadt. Statt dessen sah er in Mittelitalien, außer den mittleren und großen Städten, droben auf den Höhen zahllose *castra*, burgartige Siedlungen, in die sich nach dem Ende des Römischen, dann des Karolingischen Reiches die nun schutzlose ländliche Bevölkerung geflüchtet hatte: eben der tiefgreifende Wandel von der offenen Siedlung zum *incastellamento*, der an anderer Stelle schon beschrieben wurde. Man kann diese Linie noch ein Stück weiter ausziehen, um sich den unübersehbaren Stillstand vieler dieser Höhensiedlungen zu erklären: ein solcher Ort wird im 19. Jahrhundert keinen Eisenbahnanschluß bekommen und darum auch keine

Industrie, wird darum im Zweiten Weltkrieg nicht bombardiert und nach 1945 nicht moderner wiederaufgebaut werden. So wird der Abstand immer größer.

Diese *castra* hatten, in der Wahrnehmung des nördlichen Wanderers, bei aller Kleinheit nichts von einem Dorf an sich. So schienen ihm alle Siedlungen Städte, und entsprechend benennt er sie. Als der isländische Abt Nikolas von Munkathvera um die Mitte des 12. Jahrhunderts nach Rom zog und den Appennin überschritt, nennt er Poggibonsi «Martinusborg», S. Quirico d'Orcia «Klerkaborg», Aquapendente «Hangandaborg» usw., *-borg* damals im Sinn von ummauerter Stadt (wie in Straßburg, Augsburg, Regensburg, der Begriff «Stadt» bildet sich erst im Mittelhochdeutschen). Und Otto von Freising beobachtet, als er seinen Neffen Friedrich Barbarossa durch Italien begleitet, mit Erstaunen, daß «dieses Land fast ganz unter Städten aufgeteilt ist» und in Oberitalien für andere Formen von Herrschaft praktisch keinen Raum lasse. Weiter südlich, hier in Mittelitalien, gab es freilich viele nichtkommunale Lokalherrschaften; aber die Signori wohnten nicht auf dem Lande, sondern in den Städten und Städtchen. Tatsächlich war Italien damals das am stärksten urbanisierte Land, ja man hat errechnet, daß es hier im Mittelalter zahlreiche Städte mit mehr als 10 000 Einwohnern gab und somit mehr städtische Zentren dieser Kategorie als im ganzen restlichen Europa zusammen.

Aber wir wollen hier nicht die demographischen, rechtlichen, funktionalen Aspekte der italienischen Stadt erörtern, sondern – unserem schlichten Vorhaben entsprechend, nur zu behandeln, was vor Augen ist – Lage und Eindruck menschlicher Siedlungen in der Landschaft wahrnehmen und in Mugnano bleiben. Was also empfanden diese nördlichen Reisenden damals – und was empfinden wir noch heute – als «städtisch» an diesen Miniorten?

Zuallererst war es gewiß der Anblick einer geschlossenen, rings ummauerten Siedlung; die kompakte Bebauung im Innern, und habe sie nur eine einzige durchgehende Straße. Die Kirche mochte bescheiden sein. Aber hier konnte, anders als im Norden, beim Betreten auch kleinster Städte die Kirche sich als Kathedrale, als Kirche eines

Bischofs, erweisen – und das gab auch mickrigen Orten wie Bagnoregio oder gar Sovana doch gleich eine andere, eben städtische Aura: sie durften sich *civitas* nennen, auch wenn sie gar nicht danach aussahen. Das feste Haus des Ortsherrn (später sein Palazzo, doch wohnte er hier oft nicht auf Dauer) legte sich fast immer gleich ans Tor, so konnten die Einwohner demonstrativ geschützt und zugleich kontrolliert werden. Irgendwo eine kleine Piazza, die mehr war als ein bloßer Leerraum. Vielleicht wohnte hier sogar ein Notar, der – denn der Bedarf an Schriftlichkeit war in Italien sogar auf dem Lande groß – den Leuten hier oben im Ort und in der Umgebung Verträge über ihre bescheidenen Geschäfte aufsetzte, die man in Deutschland per Handschlag unter der nächsten Linde geschlossen hätte.

Dazu einige Straßen, deren wichtigste gewöhnlich Via Roma, Via Garibaldi, Via Marconi oder, je nach politischer Couleur, sonstwie heißen, in dieser Gegend aber auch manchmal, statt nach dem Gründerkönig Vittorio Emanuele II., ungewöhnlicherweise nach Vittorio Emanuele III. benannt sind, dessen wenig eindrucksvolles Verhalten in faschistischer Zeit zum Ende der savoyischen Dynastie führte. Jeweils auf der ansehnlichsten Straße fand bis vor einiger Zeit auch in kleinen Städten der abendliche *struscio* oder *corso* statt, das gelöste Auf- und Abgehen der Einwohner nach der Tagesarbeit vor dem Abendessen – ein weltlicher Prozessionsweg wichtig zu kennen für die lebendige Topographie eines italienischen Städtchens. In Mugnano fehlte zum *struscio* wohl die Masse (mehr als 200 Einwohner hat der Ort, heute eine frazione von Bomarzo, nie gehabt), fehlt auch die Bar, an der man beim struscio kehrtmacht. Keine Bar, keine Trattoria, viele Häuser bereits unbewohnt. Pensionäre wohnen hier, Bauern, und andere, die frühmorgens, wie einst hinab zu den Feldern, nun zur Arbeit in die nächste Stadt fahren.

Und ein Tor haben diese *castra* in ihrer Stadtmauer, bei Spornlage meist nur ein einziges: auch mit den bescheidensten Mitteln ausgestaltet war schon das Tor «Stadt». Hatte man ein antikes Gebälkfragment oder eine antike Inschrift zur Hand, wurden sie hier am Tor (oder an der Kirche) als Spolie vermauert. Am Tor, oder im Tor, auch immer die blankgesessenen steinernen Bänke für die (in der Ilias so bezeichnete) «Teichoskopie», die «Mauerschau», bei der in der Abendkühle die Alten in ruhigem Gespräch dem Treiben vor dem Tor zusehen. Man hört Gespräche über Gesundheitsprobleme, Lokalpolitisches, die Höhe von Pensionen, das rapide Ansteigen der Preise, die vom Ehemann bevorzugte Zubereitung der Spaghetti, und wird, wenn man will, auch als Fremder aufs natürlichste in das Gespräch einbezogen. In Mugnano ist vom Tor nichts geblieben, nur eine Lücke, deren ursprüngliche Bedeutung an Kriegerdenkmal und Anschlagtafel kenntlich wird. Am Anschlagbrett die Todesanzeigen, die, wie die Grabsteine des nahen Friedhofs, die Leitnamen des Ortes erkennen lassen; ein Beerdigungsunternehmen bietet Bestattungen, alles inbegriffen, zu günstigem Festpreis an. Das Kriegerdenkmal zeigt, wie in anderen auch kleinsten Orten, wieder einmal die erschreckenden Verluste gerade des ländlichen Italien im Ersten Weltkrieg. Hier sind es nicht weniger als 8 Namen.

Die Elemente, die, einzeln und zumal zusammen, «Stadt» bedeuten, sind also vielfältig – und ließen sich beliebig ausbauen. Als das Städtchen Orte über dem Tiber, auf Sichtweite von Mugnano, 1452 beschloß, eine Turmuhr anzuschaffen, begründete der Stadtrat, wie die Ratsprotokolle dort im Archiv zeigen, das mit der schlichten Überlegung, «daß man in dieser Stadt nicht leben wolle wie auf dem Lande, *prout ruri*, *sed cum aliqua civilitate*, sondern mit ein bißchen Kultur» – *civilitas* könnte man korrekt auch mit «Städtischkeit» übersetzen. Darum also eine große Uhr. Denn an der fortschrittlichen Zeitmessung merkte man wenigstens (und konnte es andere merken *lassen*), daß man etwas Besseres war als ein Bauer: der schaute auf die Sonne, der Städter auf die Turmuhr. Da konnte sie ruhig falsch gehen. Hauptsache, es war nicht bloß die Sonne.

Am Zugang an der Südflanke des Ortes der einzige bedeutende (und außerhalb Mugnanos einzige bekannte) Bau: der imposante Palazzo Orsini, zu dem sich im frühen 16. Jahrhundert die hier herrschende Familie das feste Haus am Tor ausbaute. Mit seinen rund 80 großen und kleinen Räumen; seiner prachtvollen Loggia gegen das Tibertal (die man gerne Baldassarre Peruzzi zuschreibt, der ab 1519 im nahen Bomarzo den Palazzo Orsini baute; doch ist das nicht gesichert); mit seinen weiten, in den lebenden Fels geschlagenen Kellerräumen, unterhalb derer noch weitere festgestellt, aber noch nicht erkundet worden sind: mit all dem ist – in den kleinen Maßstäben der hier beschriebenen Welt – der Palazzo selbst eine Stadt in der Stadt.

Der Palast integrierte sogar den ursprünglichen Zugang in die Stadt: im Untergeschoß sieht man noch ein ansehnliches Stück massiv gepflasterter Straße, das unter dem Palast hinweg hinauf zur Piazza führte. Über dieser – dann eingewölbten – Torstraße wurde die große Loggia errichtet. Die Inschriften über den Fenstern (CAR· bzw. GABR·VRSINVS) nennen Carlo (di Orsino) Orsini † 1554 und seinen Onkel (und bis 1534 Vormund) Gabriele (di Ulisse) Orsini da Mugnano † 1550, so daß Erbauung bzw. Bauauftrag des Palazzo (Loggia, stadtseitige Fassade, Bastion) im wesentlichen im zweiten Viertel des 16. Jahrhunderts liegen. Die gegenwärtigen Besitzer, die sich ihre empfundene Verantwortung für den historischen Bau aufwendige *restauri* kosten lassen, führen hier heute ein Bed & Breakfast der besonderen Art. Denn welchen Unterschied es macht, einen historischen Palazzo zu beschauen oder aber zu bewohnen, kann man, wie an anderen Orten Italiens, auch hier, und dazu noch mit erlesener Gastlichkeit, selbst auf das schönste erleben.

Im römischen Staatsarchiv liegt ein dickleibiges, anscheinend wenig beachtetes Bündel historischer Akten zu Mugnano. Daraus sei hier nur ein Vorgang gewählt, weil er uns einen umfassenden, nüchternen Blick auf den kleinen Ort erlaubt. Es handelt sich um eine *Visita* (‹Begehung› oder ‹Evaluierung›, würde man heute sagen) aus dem Jahre 1808, schon dem neuen Geist moderner Verwaltungspraxis angenähert, der über den Schlendrian der alten Kirchenstaatsregierung nicht mehr hinwegsehen mochte. Italien ist bereits in der Hand des revolutionären Frankreich, im folgenden Jahr wird der Kirchenstaat von Napoleon annektiert werden.

Das Bild, das die Visitation von diesem rein ländlichen Ort (*luogo rustico abitato da sola gente di campagna*) zeichnet, ist recht düster. Schon die Führung der öffentlichen Bücher sei «völlig ungeeignet und inkompetent, die Folge davon eine unsägliche Konfusion» (*cagiona una confusione indicibile*). Der Staat zähle gar nichts, «die öffentlichen Beamten haben in den Häusern überhaupt keine Möglichkeit des Einschreitens» (*ingerenza*), die Prioren machen alles unter sich aus. Die Rechte zwischen Gemeinde und Schloßherrn – damals die Lante – seien zwar fixiert, aber Rom habe ja alles Gemeindeland den Lante übergeben, mit schlimmen Folgen für die davon nun ausgeschlossenen Einwohner (daß «das arme Volk des heruntergekommenen Ortes», *della disfatta terra di Mugnano*, mit dem Getreidevorrat nicht bis zur neuen Ernte auskomme, beklagt schon ein früheres Gesuch). Schule, Schlachtbank und Rathaus seien baufällig. Und erst einmal die Fontana pubblica, der öffentliche Brunnen! «Darin findet man auch tote Hunde, Schafe, Ziegen, auch tote Maultiere, und viele andere Schweinereien», *e molte altre schifezze*.

Das sind die Mißstände des späten Kirchenstaates einmal aus ihrem Innern beschrieben. Reisende aus dem Norden sehen diese Verhältnisse nur mit Kopfschütteln, erst recht wenn sie sie mit volkswirtschaftlicher Kompetenz beobachteten wie August Ludwig Schlözer, der seine grimmigen Urteile dann auch gleich in seinen – von Rom bis Petersburg gefürchteten – *Staatsanzeigen* veröffentlichte. Er hätte dem visitierenden Dr. Giuseppe Floridi seinen Respekt wohl nicht versagt. Aber der übergab seinen vernünftigen Untersuchungsbericht dem zuständigen Ministerium der Zentralregierung in Rom, der *Sagra Congregazione del Buon Governo*, noch mit den devotesten Formeln des Ancien Régime: «kniend küsse ich den Saum des Heiligen Purpurs und habe die Ehre allertiefster Verneigung und Ergebung …» Bei solcher Ergebenheit sollten die Verhältnisse wohl noch etwas warten können.

Ungefähr aus der gleichen Zeit, gegen 1820, haben wir den ersten genauen Plan von Mugnano, der nicht nur den Grundriß des Ortes, sondern auch Bebauung und Besitzverhältnisse anzeigt: in dem von Pius VII. – nach französischem Vorbild – 1816 angeordneten, von Gregor XVI. in Kraft gesetzten *Catasto Gregoriano*. Die kleine Stadt zeigt hier die scharfen Außenkonturen all dieser burgartigen Siedlungen, denn die äußeren Häuser sitzen, eine geschlossene Mauer bildend, mit ihren Außenwänden gleich vorn auf der Felskante; ja der Übergang zwischen dem gewachsenen Tuffelsen und den Tuffblöcken der aufgesetzten Häuser ist manchmal gar nicht recht zu erkennen, so als wüchse die Geschichte hier unmittelbar aus der Natur. An der westlichen Schmalseite über dem ausgemeißelten Stadtgraben Pfarrkirche und Rundturm, dann in dichter Bebauung und kleinster Parzellierung 95 Häuser bis in die Ostspitze gegen den Tiber, wo die Gebäude sämtlich *diroccate*, verfallen seien. Dazwischen die große Fläche des Palazzo von Principe Giulio di Vincenzo Lante und weiterer Lante-Besitz an der *Via lunga*, der Hauptstraße.

Ringsum bis unmittelbar unter die Häuser der Stadt waren die Steilhänge damals aufs dichteste angebaut, und auch das erklärt uns der zum Kartenblatt gehörige *brogliardo*. Am Nordhang, der heute ganz unter Gebüsch und Wald geraten ist, zahlreiche Grundstücke mit Getreideanbau, *seminativo*, aber fast immer zugleich mit Weinstöcken, *vitato*, und sogar Obst- oder Maulbeerbäumen (*seminativo vitato con frutti* oder *moroni*) – in jener anziehenden Form von Mischkultur, wie man sie in der freigebigen Fruchtbarkeit Italiens noch in unseren Tagen sehen konnte, die sich aber nicht mechanisiert abernten läßt. Ebenso auf dem besonnten Südhang zum Tiber, nur daß hier zwischen dem Getreide auch Oliven und etwas Weide ausgewiesen sind.

Auch den kleinsten dieser kastellartigen Siedlungen Latiums ist in der frühen Neuzeit meist ein Borgo angewachsen. Vor dem Tor, zu beiden Seiten der Zugangsstraße, eine lange Doppelzeile von Häusern, zwischen denen sich heute das Leben abspielt, ganz vorn am Tor die Bar. Den alten, kompakten Siedlungskern vom später angewachsenen Borgo zu unterscheiden ist reizvoll und nicht schwer. Wer es aus der Ferne machen will, überfliege einfach einmal mit Google Earth in niedriger Höhe die kleinen *castra* der Sabina an der Via Salaria wie Ponticelli, Poggio San Lorenzo, Torricella. In Mugnano hingegen ist kaum etwas angewachsen, außerhalb des nicht mehr erkennbaren alten Tors in der begrünten Schildmauer (*Porta antica* heißt noch die Flur) zeigt schon das alte Katasterblatt neben einer Ölmühle nur einige verstreute Häuser, die sich zu keinem Borgo zusammenfügen (heute ist die Bebauung dort geschlossener). Statt dessen, gleich vorn am Abschnittsgraben beginnend, erst acht, dann zwölf *grotte ad uso stalla*, ausgehauene Tuffgrotten, wie sie hier in der Tuscia, als etruskische Kammergräber oder später eingeschlagene Höhlungen, noch heute als Weinkeller, Garagen oder eben Ställe anzutreffen sind.

Während der schattige Nordhang also unter Wald geraten ist, steigt der Südhang, im Frühling gelb überquellend von Ackersenf, auch heute noch in Terrassen voller Gärten und Ölbäumen hinab in das schmale fruchtbare Tal, das auf den nahen Tiber zuführt und viel Besitz der Gemeinde, der *Università agraria*, enthält, deren Erträge allen Einwohnern zugute kommen. Oft füllt sich das Tibertal hier mit dem Nebel des Flusses, dann ragt nur noch Bomarzo daraus hervor, ist Mugnano so unsichtbar wie in den Reiseführern.

XV

Die Wasser des Aniene

Nero und der Hl. Benedikt in der Berglandschaft von Subiaco

Man kann gar nicht sagen, wie viele Bäche glitzernd in den Aniene herabfließen, wie viel Wasser unaufhörlich auf beiden Seiten des Flusses hervorquillt … Der Boden glänzt von Kieseln, die sich wegen der Strömung mit sanftem Murmeln immer wieder bewegen». So schwelgerisch beschreibt Papst Pius II. auf einem Ausflug nach Subiaco im Spätsommer 1461 den Eindruck des Wasserreichtums im oberen Tal des Aniene. Und sogar ein prosaischer Fachschriftsteller wie Trajans Aquäduktbeauftragter Frontinus wird geradezu poetisch, wenn er auf die Quellgründe hier am Fuße der Monti Simbruini zu sprechen kommt, der «Regenberge» (von *sub imbribus*, «unter den Regengüssen»), aus denen das antike Rom, wie das römische Wasserwerk teilweise noch heute, einen großen Teil seines Wassers bezog.

Via Valeria und Via Sublacense, von den großen Aquädukten mit ihren Wartungswegen begleitet, boten sicheren Zugang durch das Tal. Im Frühmittelalter flohen auch hier die Talbewohner hinauf in den Schutz der Natur in abenteuerliche, aber sichere Siedlungslagen: Cervara di Roma, Canterano, Rocca Canterano und andere. (Abb. 39).

In dieser Gebirgslandschaft, in der sich jenseits von Subiaco die Zugänglichkeit endlich verliert, ballt sich nicht nur Natur, sondern auch Geschichte, treten in spektakulärer Weise der böse Nero und der Hl. Benedikt auf derselben Szene auf. Und auf diese gegenseitige Durchdringung von Natur und Geschichte haben wir es abgesehen.

Abb. 39. Rocca Canterano hoch über dem Tal des Aniene, mit dem benachbarten Canterano gut dokumentierter Fall eines *incastellamento*: 884 nur *fundus*, 1030 *castellum cum ecclesiis et mansionibus* – der bloße Grund ist also inzwischen mit einer befestigten Siedlung bebaut.

Das obere Aniene-Tal bildete damals einen langen See, genauer: eine durch Aufstauen des Flusses geschaffene Folge von drei Seen, die der Villa Neros den landschaftlichen Rahmen und, nach Plinius, auch den Namen gab: *sub lacu*, Subiaco, «unterhalb des Sees», vor der Staumauer.

Neros Villa war nicht die übliche geschlossene Anlage, sondern bezog die umliegende Landschaft ein, ja gestaltete sie – echt römischer Eingriff in die Natur – so wie seine *Domus Aurea* mitten in Rom Gelände gestaltete. Die Gesamtanlage reichte von den Gebäuden auf Soricella am südöstlichen Rand von Subiaco (sie gelten als Kern der Villa, doch ist davon, im Olivengarten bei der Via Anicia, oberirdisch nichts geblieben) den Aniene aufwärts und besetzte beide Flußhänge mit Gartenterrassen, Pavillons, Parks. Diese verstreuten Partien der kaiserlichen Villa wurden von der Folge der drei Stauseen auf überraschende Weise zusammengeschlossen.

Die Abfolge der Seen und die Lokalisierung der Staumauern hat Gelehrte schon im 17. Jahrhundert beschäftigt. Erforschung und Kontroversen seien dem Besucher hier auf das Sichtbare reduziert: doch ohne die – heute verschwundenen – Seen wird sich ihm die Landschaft Neros und Benedikts nicht erschließen.

Die wichtigste der drei Staumauern, und wenigstens deren unbestrittene Position sollte man kennen, ist am besten vom Ponte S. Mauro zu beobachten, der Brücke, die die Straße nach Arcinazzo über den Aniene führt. Man sieht hinab in einen furchterregenden Felsspalt, den sich der Aniene rund 50 Meter tief durch die Felswand gesägt hat, und der sich leicht schließen ließ: von dieser kurzen, gewiß begehbaren Mauer hat man unmittelbar nördlich noch Spuren von Einarbeitung in die Felswand und etwas weiter flußabwärts im Wasser Zementbrocken der Mauerfüllung festgestellt. Doch ist inzwischen alles unter dichte Vegetation geraten, und auf die undurchdringliche Sohle dieser Schluchten haben sich nur wenige Archäologen, wie Lorenzo Quilici, hinuntergewagt. Man versuche es auch besser nicht. Der gegen Subiaco anschließende, unterste See hätte seine Staumauer rund 600 Meter weiter bei der Schwelle der Parata gehabt, gleich unterhalb des genannten Kerns der Villa.

Gleich östlich über der Brücke, in Sichtweite der runden Kapelle an der Straße zum Kloster und nach Jenne, ein weiterer wichtiger Punkt der Anlage und vom Hinweisschild schlicht als «Villa di Nerone» bezeichnet. Die Gebäudereste gehören zu einem Thermenkomplex wohl erst trajanischer Zeit. Von hier führte eine Brücke über den Stausee zu dem großen Nymphäum, das man, von Vegetation verhängt, am gegenüberliegenden Hang erkennt: wohl ein Sommerpavillon, der den ganzen Tag über im Schatten lag. Der Volksmund bezeichnete, wie die Thermenanlage als *Carceri*, «Kerker», so diesen Bau als «Haus der Sarazenen» (oder auch der Hexen). Zwar sind für Subiaco tatsächlich zwei Sarazeneneinfälle bezeugt, doch sind «Sarazenen» wie «Kerker» übliche Bezeichnungen für unverstandene antike Reste, die man sich nur durch solche Ausdeutung aneignen konnte.

Ein abgeschrägter Konsolstein an der Straßenseite der *Carceri* zeigt den ersten Bogenansatz der Brücke, die ihre gewaltige, noch im Mittelalter bestaunte Höhe erst richtig erkennen ließ, als der neronische Stausee ausgelaufen war. Auch das große Nymphäum gegenüber muß man sich damals noch auf gleicher Ebene dicht über der Wasserfläche vorstellen, nicht hoch im Hang wie heute. Zur Zeit der Klostergründungen bildete alles noch ein zusammenhängendes Villengelände, so wie es einmal konzipiert worden war. Die zugehörigen Bauten reichten sogar noch weiter den Aniene aufwärts: an der Costa S. Croce gleich unter der Südseite des Klosters S. Scolastica und beim Kloster selbst hat man weitere Reste gefunden.

Es war also – anders als gern dargestellt – nicht gerade unwegsame Waldeinsamkeit, in die der Hl. Benedikt hier seine angeblich 12 kleinen Klöster setzte, als er gegen 510 im oberen Aniene-Tal erschien. (Man hat, da erst Papst Gregor I. um 590 von ihm spricht, neuerdings die historische Existenz Benedikts angezweifelt, doch geht das gewiß zu weit und berührt unsere archäologisch-landschaftlichen Beobachtungen auch nicht). Es war vielmehr ein aufgegebenes kaiserliches Villengelände, das sich, viereinhalb Jahrhunderte nach seiner Erbauung, die Natur inzwischen zurückgeholt hatte, und man mag sich vorstellen, wie da kräftige Bäume bereits durch geborstene Mauern und Dächer wuchsen, Steinraub den Bestand an ansehnlichen Quadern dezimierte, die kaiserlichen Wohnabfolgen durch Vorhänge von Schlingpflanzen zerteilt waren, die von den Steilhängen herabkommenden Sturzbäche prächtige Mosaikböden aufrissen und ihr Wasser durch hundert nicht mehr ausgebesserte Fugen spieen.

Tatsächlich haben zwei Grabungskampagnen 1994–1996 am Platz des frühen Klosters S. Clemente feststellen können, wie sich die Mönchsgemeinschaft in den römischen Gebäuden – den eben genannten *Carceri* – einrichtete: ein kleines Nymphäum mit Apsis wurde der Kultraum (eine Thermenanlage mit ihrer Raumvielfalt läßt sich besonders leicht umnutzen), ein anderer Raum zur Küche, deren Geschirrfunde, 6. Jahrhundert, gut in Benedikts Zeit passen würden. Der See lag unmittelbar vor der Türe, die hinüberführende Brücke stieß an das Thermen- und nun Klostergebäude.

Der See spielt in der frühen Benediktslegende eine entsprechende Rolle: aus dem See holt Benedikt dem gotischen Knecht die aus dem Klostergarten hineingefallene Sichel; aus dem See läßt er den hineingestürzten Placidus retten; gleich beim seenahen Kloster (eine spätere Fassung sagt sogar: auf der römischen Seebrücke) postiert der Versucher sieben nackte Mädchen – und das muß schon sehr nah gewesen sein, wenn die Mönche sich versucht fühlen sollten. Ja man nimmt an, daß die Quadermauer mit zwei Wasserdurchlässen auf dem Fresko «Benedikt begegnet S. Romano» droben in *Sacro Speco* eine der längst verschwundenen Staumauern darstellen wolle.

Noch ist der See nicht ausgelaufen, als der große Innozenz III. 1202 an seinem Ufer ein sommerliches Ferienlager errichtet: die Hofleute am See, der Papst mit dem Seewasser gurgelnd (*gargarismo uti*), die römischen Ruinen über dem See (*collem ascendimus per ruinas*), die Mückenplage, die angeräucherten Zelte der päpstlichen Küche, all das erzählt uns ein Brief. Erst hundert Jahre später, 1305, bricht die antike Staumauer, wie die Klosterchronik mit Schrecken berichtet. Fortan verschwinden die Seen aus dieser Landschaft.

Gleich über dem Komplex von Therme, Kloster und Brückenkopf der große Konvent von S. Scolastica, und noch höher, im Felshang, der *Sacro Speco*, die «heilige Höhle», in der Benedikt lange gelebt haben soll, bis er schließlich weiterzog, zur Gründung von Monte Cassino. Diese vieluntersuchten und vielbesuchten Plätze, mit denen sich der Name Subiaco heute verbindet, bleiben hier außerhalb unserer Beobachtung. Nur eine Betrachtung sei eingefügt. Wenn man hier oben steht, sollte man nicht denken, daß in Italien ausgerechnet hier, und nicht in Rom oder Florenz, die ersten Bücher gedruckt worden sind: durch die deutschen Drucker Arnold Pannartz und Konrad Sweynheym, die 1465, also noch zu Lebzeiten Gutenbergs, hierher kamen, angezogen wohl durch die Information, sie würden hier auf deutsche – für die Durchführung der Klosterreform berufene – Mönche treffen. Frühdrucker waren sehr beweglich: das kleine Handgießinstrument, den Kern der Erfindung, trugen sie sowieso immer bei sich, so brauchten sie als Ausrüstung nur noch eine Presse, und die fanden sie, als ausrangierte Weinpresse, gewiß in der nächsten Klosterscheune. Die Klosterbibliothek von S. Scolastica verwahrt noch das Handexemplar der beiden Deutschen für den Druck von Augustinus' «Gottesstaat», in das sie sogar ihre Arbeitsschritte eintrugen (Ms Sublacense XLII). Zeitweilig hoffte das Kloster sogar, wie mir der Abt sagte, überhaupt zur «Wiege des Buchdrucks» zu werden: ein Druckgraphik-Spezialist hatte behauptet, daß Gutenbergs Drucke in Mainz noch nicht mit beweglichen Lettern gesetzt worden seien, wohl aber die Drucke in Subiaco! Doch ist diese These rasch in der Versenkung verschwunden. Und bald zogen die beiden Deutschen nach Rom, näher an den anvisierten Absatzmarkt – denn wie wollte man hier im Aniene-Tal schon eine ganze Druckauflage Augustinusse absetzen? Auch wenn Subiaco gar so abgelegen nicht war: das zeigen die zahllosen Besucherinschriften, die damals im nahen *Sacro Speco* als Graffiti rücksichtslos in die Fresken (auch in das Fresko, das als frühestes Porträt des Hl. Franziskus gilt) hineingeritzt wurden: «Papst Pius II. war da» (s. Abb. 17), «Johannes Fabri aus Mainz war da», usw.

Wieder hinab zum Aniene auf der Suche nach der letzten antiken Staustufe. Sie wird beim Laghetto di S. Benedetto angenommen, den man auf einem bezeichneten Pfad erreichen kann, der von dem (von den *Carceri* auf die Talsohle hinabführenden) Sträßchen abzweigt. Zu

Abb. 40.
In den Seen, die Neros ausgedehnte Villa bei Subiaco durchzogen und die Landschaft neu gestalteten, war diese Felsbarre wohl zu einer der drei Staumauern des Aniene ausgebaut. Hoch darüber in der Felswand sichtbar der *Sacro Speco*, die Höhle des Hl. Benedikt. Der ‹Laghetto di S. Benedetto› unter einer Kaskade des jungen Aniene.

diesem kleinen See sollte man durch das Waldgelände unbedingt vordringen: so idyllisch war Neros Stausee gewiß nicht.

Man erkennt zwischen den Bäumen ein Felsband, das, den Hang von *Sacro Speco* herunterziehend, auf der Talsohle eine natürliche Staumauer bildet oder dazu ausgebaut wurde. Der Aniene hat den Felsen inzwischen an verschiedenen Stellen durchlöchert: zuerst im Felsen wie aus einem Rohr stürzend, schießt er dann als Kaskade in einen kleinen See dicht umstellt von Bäumen, die ihre Zweige weit über das Wasser breiten. Hoch über diesem anmutigen Platz, über diesen Resten aus natürlicher und neronischer Landschaftsgestaltung, droben in der Felswand das Kloster *Sacro Speco*, Benedikts Höhle. (Abb. 40)

Folgt man dem Aniene nun aufwärts, betritt man ein schmales, tief eingeschnittenes Tal, das auf einer Länge von fast 10 km aufs schönste erwandert werden kann, denn das unbefestigte Sträßchen am Fluß läßt keinen Durchgangsverkehr zu, der vielmehr, zwischen Subiaco und Jenne, hoch oben im Hang verläuft. Zwischen steilen, dicht bewaldeten Hängen tief unten die grünen lebhaften Wasser des Aniene, schmale Flußwiesen mit schön gruppierten Bäumen, roh gefertigte Pferche, Kühe bis zum Bauch im Wasser, verfallene Bauernhäuser, deren Ställe fast schon zu Höhlen, deren Lauben schon wieder zu Gebüsch geworden sind. Ein arkadisches Gelände, und Silvanus, auf den in diesem Tal eine Weihinschrift gefunden wurde (CIL XIV 3456), wäre hier auch noch heute der zuständige Gott.

Nach etwa zwei Dritteln des Weges sieht man durch das Laub droben die Häuser von Jenne: ein altes, entlegenes Nest, aber jedem gebildeten Italiener bekannt aus Antonio Fogazzaros Roman-Tetralogie (*Piccolo mondo antico* und *Piccolo mondo moderno*, 1895–1911), denn *Il Santo*, Piero Maironi, erst Klostergärtner in Subiaco, dann in Jenne unter dem Namen Benedetto als Heiliger verehrt, versucht von hier aus, seine radikalen Kirchenreform-Vorstellungen des *modernismo* beim Papst persönlich durchzusetzen (der Roman kam denn auch gleich auf den Index, «denn die Kirche verehrt die toten Heiligen und verfolgt die lebenden Heiligen»). In dem bescheidenen Ort erinnert ein bescheidenes Denkmal daran, daß von hier schon einmal Großes ausgegangen war: der sanfte Alexander IV., der, damals noch erfolglos, die letzten Staufer bekämpfte.

Eine neue landschaftliche, aber auch geistliche Welt tut sich auf, wenn man diesen Talabschnitt des Aniene unter Jenne verläßt und nach Norden, der Straße nach Vallepietra folgend, mitten hinein in die Monti Simbruini vorstößt: die Welt der Santissima Trinità, eines der bedeutendsten Pilgerziele Mittelitaliens.

Nach langer Taldurchfahrt öffnet sich, beim kleinen Vallepietra, ein großer Bergkessel, in seinem grünen Innern zerklüftet durch einige markante Erhebungen. Vor uns im Hintergrund eine mächtige gelbrötliche Felswand, an der, wie ein kleines weißes Kästchen, das Heiligtum unerreichbar aufgehängt scheint: 300 m sind senkrecht darüber, 500 m (nicht ebenso steil) darunter. Weit ausholend links die Gebirgsflanke, an der der steinige Pilgerpfad, und rechts die Flanke, an der eine neuere – von November bis April gesperrte – Straße hinaufführt. Ursprung und Anlaß dieses alten Felsheiligtums verlieren sich in der Legende: Ochsen knien vor einem Trinitäts-Bild in der Felsgrotte, Christen fliehen vor Nero hier hinauf, Eremiten aus dem Orient finden hier eine Zuflucht.

Als das Eigentümliche der SS. Trinità-Wallfahrt gilt, daß sie nachts und, noch heute, grundsätzlich zu Fuß durchgeführt wird. In der – stets vollmondnahen – Nacht vor dem Dreifaltigkeitsfest, dem Sonntag nach Pfingsten, ziehen Zehntausende von Pilgern in «compagnie» auf verschiedenen gebirgigen Pfaden aus der Ciociaria, dem Aniene-Tal, den Abruzzen hinauf auf die 1340 m der SS. Trinità, um das heilige Bild (ein ins 12. Jahrhundert datiertes Fresko, drei völlig gleiche Männer mit Heiligenschein nebeneinander: wörtlicher kann man «Drei-Einigkeit» nicht abbilden) zu verehren und am «Pianto delle Zitelle» teilzunehmen, einer *Laude*, in der weiß eingekleidete Mädchen das Sterben Christi beklagen. Wer in Rom wohnt, hat gewiß italienische Bekannte, die mindestens einmal diese Wanderschaft mitgemacht haben und ergriffen vom Zauber der Vollmondnacht in wilder Bergeinsamkeit und von den frommen Empfindungen frühmorgens am Ziel erzählen.

Auch außerhalb der Feste ist der in die hohe, überhängende Felswand geschlagene Platz sehr belebt (Abb. 41). Wo es in die heilige Felsgrotte hineingeht und dort, wo es wieder hinausgeht, ist immer Bewegung. Auf schmalem Raum zwängen sich Stände, in denen Messer, Fußballtrikots und Porchetta verkauft werden, dazu die Bondieuserien des Platzes: die Hl. Dreifaltigkeit in der Schneekugel, als Kühlschrankmagnet, im Boden des Kinderbechers, auf Flaschen jeder Art. Wir kommen mit einer freundlichen Andenkenverkäuferin ins Gespräch – und müssen uns selbst hier, im allerletzten Winkel Latiums, den leisen Vorwurf anhören, die Deutschen brächten durch ihre wenig solidarische finanzielle «Strenge» die Italiener in Schwierigkeiten: die Erde hat uns wieder. Ergreifend die erwartungsvollen Gesichter alter Menschen. Voll tiefer Gläubigkeit und doch so anders als die

Abb. 41. SS. Trinità bei Vallepietra, altes und noch heute vielbesuchtes Ziel nächtlicher Wallfahrt, hoch an überhängender Felswand im entlegensten Winkel von Latium an der Grenze zu den Abruzzen. Die Pilger verlassen das Grottenheiligtum rückwärtsgehend.

am unteren Ausgang des Aniene-Tals eben noch empfundene benediktinische Spiritualität.

Wendet man den Blick zurück zum Aniene, sieht man die Bergkämme bis zu den Volskerbergen am Meer wie Vorhänge hintereinandergereiht. Immer wieder kommt eine Pilgergruppe, mit Banner und Gesang, von unten herauf, immer wieder sieht man Pilgergruppen absteigen, wie kleine Rinnsale in dieser großartigen Berglandschaft.

XVI

Auf den Spuren der Transhumanz im Molise

Die historischen Wege des Viehtriebs zwischen Apulien und den Abruzzen

Die Abruzzen und zumal das Molise gehören zu den am wenigsten bekannten Regionen Italiens. In Boccaccios *Decamerone* gilt ein sagenhaft ferner Berg aus Parmesankäse als «noch weiter weg als die Abruzzen», *più là che Abruzzi.* Vom Grand Tour wurde die Region nicht berührt, und auch heute wird man häufig Italienern begegnen, die noch nie das Molise betreten haben. Es gilt als entlegenes Land der Schafherden. Wenn man diesem undeutlichen Bild die historische Dimension hinzufügt, gewinnt man schon eine lohnendere und gerechtere Vorstellung. Und wenn man dann den alten Wegen im Gelände folgt, erschließt sich einem der historische Charakter der Landschaft noch besser als beim Aufsuchen punkthaft ergrabener Fundplätze.

Tatsächlich war diese Region im Zentrum der Halbinsel immer schon Durchgangsland für die Herden, die aus den sommerlich heißen Küstenebenen hinaufzogen ins Gebirge – oder wie sich aus den Archivalien seit dem 15. Jahrhundert genauer erkennen läßt: die im späten Frühling aus den dürr werdenden Weiden Apuliens hinaufgetrieben wurden auf die Hochflächen der Abruzzen um Celano und L'Aquila, um im Frühherbst wieder hinabzusteigen in die Ebenen. Das ist die sogenannte Transhumanz, der jahreszeitliche Viehtrieb, wie er aus vielen Zonen Europas bekannt ist. In diesem Fall sind Ablauf und Wege gut dokumentiert. Denn mit der Eroberung des Königreichs Neapel

1443 nahm Alfons von Aragon, den Nutzen für Staatsfinanz und Untertanen erkennend und mit der Transhumanz seiner katalanischen Heimat vertraut, die Organisation des Viehtriebs in die eigene kräftige Hand, legte mehrere große Trassen fest – sogenannte *tratturi*, deren breite grasige Bahn den dahinziehenden Tieren zugleich das Futter bot –, schuf Zähl- und Zollstellen mit entsprechender Buchführung, und stellte den gesamten Ablauf unter staatliche Regie.

In einer Breite von 111 m oder 60 neapolitanischen Schritt, durch Grenzsteine genau markiert, zogen diese königlichen Tratturi, mächtig wie grüne Autobahnen, in mehreren Strängen von Apulien gegen Nordwesten durchs Molise, um jenseits des Sangro die markante Geländestufe zu erklimmen (die sich im Zweiten Weltkrieg die deutsche Gustav-Linie zunutze machen wird) und auf die Weiden der Abruzzen zu finden. Die wichtigsten Routen, von denen die längsten mehr als 200 km erreichten, waren die Tratturi Foggia-L'Aquila, Foggia-Celano, Lucera-Castel di Sangro, Candela-Pescasseroli.

Die genaue Abgrenzung dieser Tratturi diente nicht nur dem flüssigen Durchzug gewaltiger Herden (die Zählungen der staatlichen Behörde, der *Dogana delle pecore* in Foggia, erreichen schon im 15. Jahrhundert Zahlen zwischen 0,4 und 1,7 Millionen Schafen neben 10–20 000 Stück Großvieh), sondern hatten auch den Zweck, bei der Transhumanz Hirten und Bauern strikt voneinander zu scheiden. Hirt und Bauer sind einander feind, denn der Bauer hat immer das Übergreifen grasender Tiere auf sein bebautes Land zu fürchten. Heute ist nach dem Hirten auch der Bauer aus der Landschaft verschwunden, wie uns die Menschen hier klagten, und man sieht es an der vielen Brache. Da gibt es nichts mehr zu trennen.

Aber damals reservierte der Staat riesige Flächen Landes nur für den Viehtrieb. Man hat errechnet, daß die Tratturi (und die sie verbindenden *tratturelli*) zusammen rund 3000 km ausmachten und 21 000 Hektar Fläche beanspruchten. Das leistete man sich nur in den Abruzzen und im Molise, das auch heute noch, mit der geringsten Bevölkerungsdichte Italiens, den Eindruck macht, viel Platz zu haben. Es kennzeichnet das 18. Jahrhundert mit seiner aufgeklärten Agronomie, daß es sich endlich rational Gedanken darüber machte, ob es denn ökonomisch überhaupt sinnvoll sei, so viel ackerbares Land für die Transhumanz nur zweier Monate zu entziehen. Als Napoleons Bruder Joseph 1806 König von Neapel wurde, hat die französische Verwaltung, konsequenter und effizienter als die (bereits aufgeklärte) bourbonische, die Bindung der Tratturi aufgehoben und sie für den Anbau freigegeben. Unter geänderten Bedingungen ging die Transhumanz weiter bis tief ins 20. Jahrhundert.

Zurück in die Zeit der Tratturi. Wenn sich solche Mengen Tiere, durchschnittlich wohl 1 Million und mehr, kurz hintereinander gestaffelt in riesige Trupps, aber fast gleichzeitig, im Mai in Bewegung setzten, um 100–200 km hinauf in die Abruzzen getrieben zu werden und im September wieder hinab nach Apulien, kann man sich vorstellen, wie sich die Landschaft belebte. Mit Schafen und mit Menschen (man rechnete auf 1000 Tiere bis zu 10 Hirten). Deren Dasein war nicht weniger hart als das ihrer Tiere: meist im Freien (soweit sie am Ziel nicht jahreszeitlich beziehbare, oft klostereigene Unterkünfte fanden), immer auf der Hut vor Wolf und Schlange und Blitz und Räuber, mit eigener Kultur, eigenem Kalender, eigener Religiosität. Aus dem Innern ihrer Welt erfährt der Historiker in seinen Quellen wenig, denn selbst zu Worte kommen diese Wanderschäfer nicht – es sei denn im Verhör durch die Inquisition wie die Wanderschäfer von Montaillou in den französischen Pyrenäen.

Was man von diesen Tratturi heute noch sehen kann, hängt vom Terrain ab. Viele sind spurlos verschwunden, andere haben sich über weite Strecken erhalten und sind auf den guten Blättern 1:25 000 des Istituto Geografico Militare, die allerdings überwiegend die Situation der späten 1930er Jahre abbilden, kontinuierlich eingetragen. Man erkennt sie im Gelände daran, daß ihre Ränder bezeichnet sind durch lange Reihen halbhoher Laubbäume (viel Eiche und Buche) begleitet von Gebüsch aus Schlehen, Weißdorn, Brombeeren, Kardeln, Waldrebe. Doch muß man auch dafür erst einen Blick entwickeln, da bei dem großen Abstand zwischen diesen beiden parallelen Buschreihen (der Tratturo ist mit 111 m immerhin so breit wie ein Fußballfeld lang ist) dem Auge der Bezug zwischen den beiden Randlinien leicht verloren geht, und zahlreich anwachsendes Gebüsch die Begrenzung

Abb. 42. Der königliche Tratturo Lucera-Castel di Sangro westlich von Pescolanciano (unten rechts; oben links 41° 40' 58"/14° 18' 31"), leicht zu erkennen an den parallelen Reihen von Büschen und Bäumen, die seine 111 m breite Bahn begrenzen (s. Pfeile).

verunklärt und nicht mehr als Linie erkennen läßt. Das gilt vor allem nach Beginn der vegetationsreichen Jahreszeit, wenn auch die Bahn selbst, oft schon von Wasserläufen zerklüftet, unter das frische Laub des Gebüschs gerät und alles bis zur Unkenntlichkeit zuwächst. Die Baum- und Buschreihen der alten Ränder sind so kompakt gewachsen, daß man manchmal nur bei Wildwechseln in sie eindringen kann; oft gehen auch sie ganz verloren.

Bevor man sich ins Gelände begibt, kann man die Zone, die man erkunden will, erst einmal mit Google Earth überfliegen, um zu wissen, was man am Boden zu erwarten und worauf man in der Landschaft zu achten hat. Am Beispiel des Tratturo Lucera-Castel di Sangro und des hier rund 6 km weiter nördlich verlaufenden Tratturo Foggia-Celano: Man erhebe sich 5 km westlich Pescolanciano in die Luft, Flughöhe etwa 2000 m, und wird unter sich am Boden bald die deutlichen Spuren eines Tratturo sehen, leicht erkennbar an seiner Begrenzung durch zwei parallele Busch- oder Baumreihen, die unbeirrt durchs Gelände ziehen und, immer wieder verloren gehend, in gleicher Flucht neu aufgegriffen werden müssen (Abb. 42). Aus der Luft erkennt man sie sogar deutlicher und zusammenhängender als am Boden (so wie man ein Teppichmuster ja auch nicht aus der Perspektive der Ameise wahrnimmt). Ist man beim Überfliegen im Zweifel, messe man aus der Luft einfach den Abstand zwischen den beiden Gebüschlinien aus: sind es um die 111 m, ist es unzweifelhaft ein königlicher Tratturo. So kann man nach Osten weiterfliegen über Pescolanciano, Civitanova del Sannio, Duronia, Torella del Sannio.

Was Luftbild und Kartenbild nicht auf den ersten Blick sehen lassen, erfährt man nicht ohne Anstrengung bei der Begehung im Gelände: die Probleme der Streckenführung in einem Landschaftsrelief, in dem man, anders als in den Abruzzen, eine gliedernde Ordnung in Gebirgszüge und Hochflächen nicht erkennt und über dessen Unebenheiten die Superstrade des Molise heute einfach kilometerweit auf Stelzen hinwegsteigen. Eine so breite Bahn wie den Tratturo, zweieinhalbmal so breit wie eine heutige Fernautobahn, möglichst gerade durch solche Landschaft zu ziehen, muß stellenweise abenteuerlich wirken: ein stetes Auf und Ab buchstäblich durch Feld und Wald, hier steil hinauf zu einer Bergscharte, dann jäh hinab in die nächste Geländefalte. Zwischen Civitanova und Duronia, beide vom Tratturo Castel di Sangro-Lucera direkt berührt, geht es auf nur 4 ½ km Luftlinie von 650 m zunächst rund 150 m hinab, dann (Durchquerung des Talbodens bei 41° 39′ 38″/14° 25′ 51″) steil hinauf auf fast 900 m (Abb. 43): höher liegen auch die entlegenen samnitischen Höhenheiligtümer nicht, die man bei Pietrabbondante oder Schiavi aufsuchen kann. Musterhaft ausgeschildert überall dort, wo der gerade Tratturo die kurvige Bergstraße schneidet (und dazu hat er hier viel Gelegenheit), überfordert diese rücksichtslose Trassierung manchmal auch den willigsten Wanderer. Die Schafe hatten keine Wahl.

So hat sich die Natur die Wege der Transhumanz wieder ganz zurückgeholt. Und man mag sich auf solchem Tratturo, wenn man seine Bahn unter Malven, Scabiosen, Labkraut (das hätten die Hirten am Abend gleich zum Käsemachen in die Milch werfen können), hohen Doldengewächsen und Gebüsch überhaupt noch erkennen kann, den Anblick vorstellen, wenn da nun ein riesiger Herdenzug lärmig durch

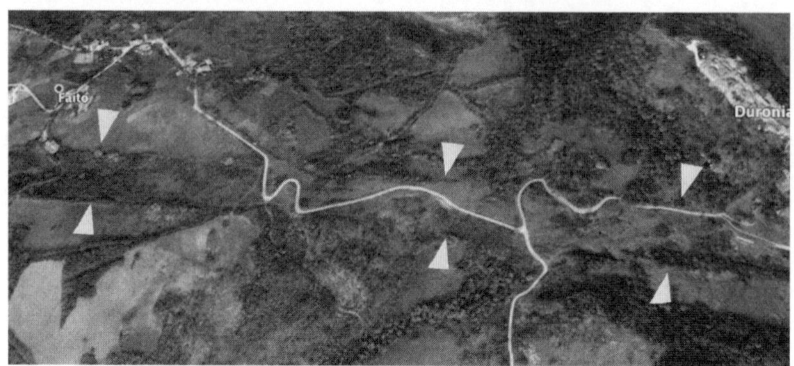

Abb. 43. Der Tratturo Lucera-Castel di Sangro westlich von Duronia (rechts). Im Abstieg nach Westen gegen Civitanova erreicht der Tratturo den Taleinschnitt dazwischen in direkter Linie – 360 m Gefälle auf nur 2½ km! – , während die stark gewundene Straße (im Bild: weiß) dafür fast das Doppelte braucht. So hat sich die Bahn des Tratturo, wegen ihrer Abschüssigkeit ganz ungenutzt, mit Vegetation gefüllt und erscheint darum dunkel.

stille Landschaft heraufgezogen käme. Vorneweg zu Pferde der anführende *massaro* und sein Stab, deren laute Kommandos militärisch strikt zu befolgen waren. Dahinter zunächst mehrere Dutzend Maultiere und Esel bepackt mit der Habe der Hirten, den Netzen für das Einzäunen der Tiere bei der nächtlichen Rast, und vor allem dem Melkgerät. Denn besonders wichtig ist in dieser Truppe die Figur des Käsers, der am Ende des Tages die gemolkene Milch gleich zu verarbeiten hatte (auch dafür brauchte es, zum Reinigen des Melkgeräts, jeden Abend fließendes Wasser) – und womöglich noch vor Ort verkaufte, um den Transport von Käse und Ricotta nicht von Tag zu Tag anschwellen zu lassen. Das klingt alles sehr archaisch zurückgeblieben, war aber doch ein hochorganisiertes Unternehmen.

Dahinter dann das gewaltige Heer der Schafe (schon 20 000 wären 3 Legionen) umkreist von kräftigen weißen Hunden, ein endloses Gewoge wolliger Rücken, Tiere grasend in raschem Dahinziehen. Das tun Schafe sowieso: eine grasende Schafherde bewegt sich in der Landschaft viel rascher als bukolische Vorstellung wahrhaben will. Überhaupt ist der Blick dieser organisierten Hirten auf die Landschaft ein ganz anderer als unserer, und ganz unsentimental: sie wünschen sich einen Fluß in die Landschaft nicht wie Ludwig Tieck, in seiner romantischen Vision, zu besserer Ausstaffierung der Landschaft (hier gehört noch ein Fluß hin – nein, mich würde ein Fluß hier stören), sondern zum Tränken ihrer Tiere.

Wichtig waren, nach einem Tagesmarsch von etwa 15 km, die Plätze für die nächtliche Rast, gern bei einem Gehöft, einer Siedlung, einer Grotte, und jedenfalls bei einem Bach. Hin und wieder findet sich am Wegrand eine verfallene Taverne, eine unscheinbare Ädikula, eine ausgetrocknete Tränke, eine restaurierte Kapelle, sie alle verzeichnet auch in der frühen Kartographie der Tratturi, schönen Vogelschaukarten des 17. und 18. Jahrhunderts anläßlich der regelmäßigen Inspektionen vor Ort (sog. *reintegre*). Als vorzeigbarste Überreste stehen sie im Programm jedes *Transhumance Trekking*, bei dem man – soweit man zu solchen Unternehmungen Neigung hat – zu Fuß, zu Pferd oder im Geländewagen einem Tratturo folgen, aus der (von der Regionalforschung gut erarbeiteten) Geschichte des Viehtriebs hören und allerletzte Hirten interviewen kann. Doch läßt sich das alles leicht auch in eigener Regie unternehmen. Ein solcher Rast- und Melkplatz, bei dem sich dann kurzfristig ein kleiner Markt bilden konnte, lag etwa gleich westlich von Pescolanciano. Hier haben sich dann schon im 19. Jahrhundert die neuen Häuser auf den aufgegebenen Tratturo gesetzt: während die Häuserzeilen des alten Ortskerns auf das Kastell orientiert sind, schwenken die neuen ohne Übergang um in die Ausrichtung des Tratturo.

Hier ist es das Kastell der D'Alessandro, dann in Duronia das der Filomarino, und so geht es weiter mit Torella, Castropignano usw. Denn in diesem feudal gestückelten Land hatten die großen Lehnsträger des Regno – die Caldora, Cantelmo, Carafa, Eboli – Kastelle gebaut zur Kontrolle ihrer Territorien und damit auch der Tratturi: immer Burgen, an die sich eine kleine städtische Siedlung schmiegt (nicht isolierte Burgen wie in Deutschland), auch die ländliche Bevölkerung lebt hier ja überwiegend in geschlossenen Ortschaften. Und so sieht man vom Tratturo aus droben immer schon die nächste Burgsiedlung, die nächste Herrschaft.

Wir sind hier tief in Samnium, und wer von den Samniten vielleicht nur gerade aus dem Lateinunterricht wußte, hier begegnet er ihnen und ihren ernsten Gesichtern leibhaftig. So berührt man viele entlegene kleine Siedlungen – und sieht wieder mit Erschütterung auf den Kriegerdenkmälern auch der kleinsten Ortschaften, selbst hier, die erschreckend hohen Gefallenenzahlen des Ersten (weit mehr als die des Zweiten) Weltkriegs, die wenigen Familien des Ortes mehrmals genannt.

Hilfreich sind – wie immer in historischer Landschaft – auch die Flurnamen. Einige Toponyme beziehen sich nämlich auf die Weide, bei den Tratturi also wohl auf die Transhumanz. *Posta* bezeichnet einen Etappen-Rastplatz, *Faggio della notte* einen häufigen nächtlichen Rastort, *Salere* Stellen um dem Vieh Salz zu geben; *Pajare* bezeichnet einen Unterstand, *Forcelletta* eine Engstelle, *Fosso passaturo* eine Furt. Heilige, vor allem S. Michele, wachen an besonders schwierigen Stellen, *Madonna Aquatina* weist auf einen – inzwischen verschwundenen – tränkenden See, *Madonna della Strada* auf ein Stück römischen Pflasters.

Was als Speise der Transhumanz gilt und nun unter die gastronomischen Spezialitäten des Molise gerechnet wird (*zurlette, mazzarelle, ventricina, coratella*), verwertet oft die Eingeweide der Tiere, mit *diavolillo* (Peperoncino) teuflisch scharf gewürzt, damit der Darm die Gedärme auch bewältigt. Man aß die Innereien und verkaufte das Bessere. Und auch die Tiere, die unterwegs verzehrt wurden, waren gewiß nicht die besten, sondern solche, die auf dem Marsch nicht mithalten konnten.

Man hat diese Tratturi des Königreichs Neapel mit Römerstraßen verglichen, weil auch sie, anders als Naturwege sonst, ihre fest definierte Trasse haben und sich möglichst geradlinig durch die Landschaft bewegen. Doch ist dieser Vergleich ganz abwegig (abgesehen davon, daß das Molise auffallenderweise nur über eine einzige nennenswerte römische Straße – Sulmona, Isernia, Saepinum, die heutige SS 17 – verfügt und heutige Fahrstraßen die Tratturi selten nutzen). Die Geradlinigkeit einer römischen Straße ist dem Geländerelief abgetrotzt durch aufwendige Kunstbauten wie Brücken, Rampen,

Böschungsmauern, nur darum ist die Straße auch befahrbar. Für Schafe macht man keine Kunstbauten. Nie würde eine römische Straße zu Auf- und Abstieg eine Geländerinne nutzen, da sie irgendwann Wasser führen und das Straßenbett auswaschen wird. Ein Tratturo kann das, selbst wenn er wollte, bei seiner Breite gar nicht vermeiden, und man sieht, an der Zerklüftung der Bahn, die Folgen. Eine ausgebaute Straße wie die römische bedarf dauernder Wartung, ein Tratturo nicht: zweimal im Jahr wird er bis an seine Ränder sauber abgegrast, seine Bahn von zigtausend Hufen schön platt gewalzt – und auch noch reichlich gedüngt für den nächsten Durchzug. Wo in dieser extrem erdrutschgefährdeten Region ein Tratturo halb verschüttet wurde, wich man eben aus: eine römische Straße weicht Hindernissen nicht aus, sondern bewältigt sie.

Natürlich konnte, wo es sich ergab, ein Tratturo streckenweise auch einer römischen Straße folgen. In Peltuinum, das erst von der Via Claudia Nova, dann vom Tratturo L'Aquila-Foggia durchzogen wurde, richtete man die Zollstelle für das Passieren der Herden (das hier wohl schon lange Tradition hatte, wie die gefundenen Weihungen an Silvanus vermuten lassen) im 15. Jahrhundert sogar im zerfallenen Westtor der römischen Stadtmauer ein. Und wenn man Glück hat, kann man noch heute eine Herde durch das Ruinengelände und, nun zollfrei, durch das römische Tor ziehen sehen.

XVII

∽ ▲▲▲ ∼

Ummauerte Landschaft

Das Gelände von Syrakus als historischer Schauplatz

Unter den Landschaften des tiefen Südens bildete Sizilien immer schon ein historisches Kräftefeld besonderer Art. Wir wählen die Südost-Spitze der Insel mit Syrakus, das nach Osten über das jonische Meer auf die Griechen, nach Südwesten über das afrikanische Meer auf Karthago blickte.

Syrakus war dem Bildungsreisenden früh vertraut, weil er hier dem Griechentum – in seiner westlichen, kolonialen, gesteigerten Ausprägung – schon auf italienischem Boden begegnete. Um das Jahr 735 v. Chr. als Kolonie von Korinth gegründet, wird der wachsende Stadtstaat, Demokratie und Alleinherrschaft in stetigem Wechsel, zum Vorkämpfer des Griechentums auf Sizilien, das gegen die Übergriffe Karthagos zu schützen war. 212 v. Chr. von Rom erobert, folgte Syrakus, fortan unselbständig, den Geschicken all der Herrschaften, die sich auf Sizilien ablösten: Römer, Byzantiner, Araber, Normannen, Staufer, Aragonesen, Spanier.

Syrakus und seine historische Landschaft hat immer schon Reisende angezogen: Sizilien gehörte – anders als Süditalien – auch zum Programm des *Grand Tour*. Und es waren nicht nur die einzelnen Monumente, die man dabei im Blick hatte, sondern das Ganze; nicht nur die Stadt, sondern ihre Landschaft als historischer Schauplatz. Gelehrte französische *voyageurs* des 18. Jahrhunderts verfertigten Karten der antiken Gesamttopographie (eben nicht nur der Stadt), englische und deutsche Reisende berichteten über ihre Streifzüge durch Stadt und Umgebung. Unter den deutschen Reisenden des 19. Jahrhunderts sind es vor allem Johann Gottfried Seume 1802 mit seinem *Spaziergang nach Syrakus* und Ferdinand Gregorovius 1855 in den *Wanderjahren* (Goethe hingegen verzichtete 1787 schließlich auf Syrakus, weil nach seinen Informationen «von dieser herrlichen Stadt wenig mehr als der prächtige Name geblieben sei»). Für Seume war Syrakus einfach der gegen Süden entfernteste Ort, zu dem er einen *Spaziergang* machen konnte, um der Lektoratsarbeit bei Göschen für eine Weile zu entfliehen, und doch ein Ort, der dem gebildeten Deutschen etwas sagte, wie die Tatsache zeigt, daß es – bei kleinen Städten Italiens selten – eine deutsche Namensform gibt. Syrakus und nicht nur Siracusa. Mit wachem Auge auch auf die Verhältnisse der Gegenwart durchritt Seume das ganze historische Terrain rings um die Stadt und besichtigte, in Begleitung eines namhaften Lokalgelehrten, Saverio Landolina, die «Trümmer» (ein Wort, das wir auf antike Reste nicht mehr anwenden, sondern nach dem Zweiten Weltkrieg für andere Eindrücke reservieren).

Für Gregorovius ist Syrakus ein frühes Stück seiner *Wanderjahre*. Er sieht, wie Seume, bei seinem ersten Besuch noch das bourbonische Sizilien, entsetzt über die – wortreich umschriebene – Ärmlichkeit und Verwahrlosung (das gegenwärtige Syrakus trostlos, tieftraurig, dürftig, freudelos, kläglich, elend, grenzenlos melancholisch), gegen die sich leicht die antike Größe ausspielen ließ. Um so deutlicher der elegische Ton, vorgetragen mit der Emphase des jungen Gregorovius: der Blick vom Hochplateau hinab auf «eine unsagbar ernste, majestätische Landschaft», «einem ungeheuren Schlachtfeld der Geschichte gleicht sie»; «wehmütiger und geisterhafter dünkte mir hier die Nacht als selbst auf den Kaiserpalästen des alten Rom».

All diesen Reisenden ist gemeinsam, daß sie hier nicht so sehr die Stadt suchten, sondern den Schauplatz eines großen Geschehens: der Belagerung von Syrakus durch die Athener, der «Sizilischen Expedition» von 415–413 v. Chr., wie sie Thukydides ausführlich und eindringlich beschreibt; ja für viele war eben dies der eigentliche Grund, Syrakus aufzusuchen und, mit Thukydides in der Hand, das weite Gelände zu begehen. Und mit Diodor, und mit Cicero (der uns alle Heiligtümer auch außerhalb der Stadt von innen beschreibt, wenn sie von Verres ausgeraubt waren – und das waren sie alle): nirgends kann man die Lektüre so vieler und bedeutender antiker Autoren derart mit Anschauung füllen wie hier. Das geschilderte Geschehen erfordert das, die große Gliederung der Landschaft ermöglicht das.

Denn was Thukydides als Episode des Peloponnesischen Krieges beschreibt, war kein gewöhnlicher regionaler Konflikt, sondern Weltgeschehen: viele Monate lang schaute die damalige Welt auf die paar Quadratkilometer, die wir hier überblicken – «noch nie war eine Stadt der Sammelplatz so vieler Völker wie damals Syrakus», und dann zählt er, zwei Kapitel lang (VII 57–58), diese Völker auf. Ein Weltkrieg wie der trojanische. Dramatisches Geschehen beschrieben von einem großen Historiker (den schon die treffenden methodischen Bemerkungen zu Anfang des ersten Buches verraten): der Aufmarsch, die unselige Rolle des Alkibiades; die Besetzung der Hochebene Epipolai, die Mauern und Gegenmauern; der Stellungskrieg, die Belagerer werden zu Belagerten; endlich die Seeschlacht im abgesperrten Hafen, 200 Trieren ineinander verkeilt auf engem Raum; Ausbruchsversuch der besiegten Athener ins Landesinnere, Gefangennahme und schreckliches Ende in den Steinbrüchen.

Soweit das Geschehen, von dem man wissen sollte, bevor man diese Landschaft betritt. Denn auch wir werden ohne die Belagerungstopographie nicht auskommen, wenn wir uns nun ins Gelände begeben.

Nördlich der Stadt erhebt sich, über dem Meer und dem Großen Hafen, ein markantes Plateau, die Epipolai, in Form eines Dreiecks, dessen Grundlinie von etwa 3 km nach Osten gegen die Küste, dessen Spitze nach Westen ins Landesinnere gerichtet ist, dazwischen die beiden verbindenden Schenkel von etwa 6 km Länge: eine von oft senkrechten Felskanten klar begrenzte, fast ebene, gegen das Meer in breiter Schräge allmählich abfallende Hochfläche wie einladend zur Errichtung einer großen Stadt, so daß man in den Quellen genannte antike Quartiere lange Zeit auch hier oben vermutete. Das lag angesichts der gerühmten Größe der Stadt – eine Metropolis groß wie Athen, seine Rivalin – durchaus nahe («so ausgedehnt, sagt man, als setze sie sich aus vier großen Städten zusammen», meint Cicero, Verr. II 4, 118, nämlich den unten genannten Vierteln). Doch beschränkte sich, wie die neuere Forschung festgestellt hat, die antike Wohnstadt auf die Fläche vom Südhang hinab zum Großen und Kleinen Hafen und auf die Insel Ortygia, waren die Epipolai nicht «Oberstadt», sondern einfach «das Gelände droben». Das ummauerte Hochplateau lag außerhalb der Stadt, war eine unbesiedelte «Landschaftsfestung». Epipolais Mauern, die nicht die eigentlichen Stadtmauern waren, umgaben Landschaft, Teil einer Stadtlandschaft, wie sie szenographischer und historischer nicht gedacht werden kann.

Wer 1955 ein erstes Mal Sizilien betrat, um den von ferne geliebten Griechen entgegenzugehen und an homerischen Küsten, wo Odysseus in jeder Bucht sein Schiff auf den Strand ziehen konnte, nun selbst in jeder Bucht sein Zelt aufzuschlagen; wer also damals das Gelände von Epipolai beging, hat diese weite ummauerte Landschaft noch vor Augen. Damals gab es in diesem Areal ein wenig Siedlung eigentlich nur an der von Catania über die *Scala Greca* hereinführenden Straße. Inzwischen hat sich die Hochfläche mit Siedlung gefüllt, elegische Vergänglichkeits-Stimmung überkommt einen hier nicht mehr. Ein Blick nach Norden zeigt, daß Syrakus heute eher belagert ist von Neubauten und Bauruinen, von Industrie und Industrieruinen. Nur die Westspitze des Plateaus und die Nordostrundung sind noch frei, und es bleibt zu hoffen, daß die Soprintendenza und ein vernünftiger *Piano regolatore* sich da durchsetzen werden (ein so großes Areal in Stadtnähe, kahl und mit antichità nur an den Rändern, von Siedlung freizuhalten ist allerdings schwer verständlich zu machen). Flurname und Casale *Buffaloro* zeigen noch an, wie stadtfern es hier auf den Epipolai einmal zuging. Die niedrigen Reste des antiken Mauerzuges sind stellenweise mit kleinen Bruchsteinen erhöht worden, um die Weidetiere einzufassen: eine bloße Viehweide, und mehr war auf dieser windüberfegten Steinwüste auch nicht zu holen.

Ringsum auf den Felskanten dieser großen Hochfläche stehen die Reste «des größten – und vielleicht spektakulärsten – Mauerbaus der antiken Welt». Es war die schlimme Erfahrung der Belagerung durch die Athener, die es geraten sein ließ, die Hochfläche über der Stadt nicht wieder dem Feind zu überlassen (neuere Forschungen haben auch den Verlauf der während der Belagerung hastig erbauten eigentlichen Stadtmauer festgestellt). Gleich darauf, 405, bedrohten die Karthager das siegreiche, aber geschwächte Syrakus. So begann der neue Stadtherr, Dionysios I., sogleich, 401, mit der Ummauerung der Epipolai. Das gewaltige Unternehmen, eine Mauer von immerhin 19,5 km Länge (und somit länger als die Aurelianischen Mauern von Rom!), wurde, nach Diodor, unter Einsatz von angeblich 60 000 Arbeitenden und 6000 Ochsengespannen innerhalb von nur 20 Tagen vollendet. Doch fällt es schwer, diese Zahlen beim Wort zu nehmen.

Die Westspitze, an der die Athener das Plateau erstiegen hatten und wo ein praktikabler Zugang vorgesehen war, wurde in besonderer Weise gesichert: zunächst durch eine starke Sperrmauer, dann durch ein modernes Sperrfort, das Kastell Euryalos, dessen Bauphasen zuletzt von Beste/Mertens auseinanderdividiert wurden. Demnach wäre, wohl noch zur Zeit Dionysios' I. († 368 v. Chr.), zuerst eine Front aus einer fünftürmigen Geschützbatterie gebildet worden. Dann folgte, im 4. und 3. Jahrhundert, der Ausbau zu einem Muster griechischer Befestigungskunst: ein in den Fels geschlagenes Grabensystem von beispiellosen Ausmaßen, vorgeschobene Bastionen, gedeckte Verbindungsgänge zwischen den Außenwerken, zwei stark gesicherte Toranlagen, und was die hellenistische Poliorketik sonst noch an Wirkungsvollem und zugleich Schönem ersonnen hatte.

Vom Euryalos, der die westlichen Enden der beiden Mauerzüge kräftig zusammenband, kann man die Mauern durch freies Gelände abgehen: die Nordmauer (direkt oder auf dem nördlich begleitenden Fahrweg), die Südmauer hinab bis zu ihrer Porta IX, dem Tor, das auch die heutige Fahrstraße benutzt. Die Mauer verläuft immer auf dem Rand des Hochplateaus: auf senkrechter Abbruchkante, auf sanfterer Hangkante, oder über einem von Felsbändern terrassierten Hang. Geländefurchen, für die antike Mauer ein zu überwindendes Hindernis, bieten hier und da einen abschüssigen Weg hinab durch das senkrechte Felsband der Abbruchkante, an deren Fuß man dann, die Mauer hoch über sich, weiter entlangwandern kann. Dabei hat man immer wieder Einblick in das Innere der zweischalig errichteten, mit Steinbrocken gefüllten Mauer von 2,60 m Breite und ursprünglich rund 6 m Höhe, das erforderliche Material gleich am Ort gebrochen, wie größere und kleinere Steinbrüche in unmittelbarer Nähe zeigen, erkennbar an den senkrechten Abarbeitungen und an den schmalen Schrotgräben im waagerechten Fels. Die Quadern waren ohne jede Verdübelung durch bloße Fugung aufeinandergeschichtet – und entsprechend leicht abzuräumen. Oft ist es nur noch eine einzige Steinlage, die aus der Macchie hervorleuchtet, ja oft ist die Mauer vollständig abgeräumt bis hinab auf die in den anstehenden Fels geschlagene Bettung. Daß die Mauern im Osten noch schlechter erhalten sind als im Westen, erklärt sich aus ihrer Nähe zum Meer und zur mittelalterlichen Stadt: hier war der jahrhundertelange Steinraub, zum Export der spoliierten Quadern per Schiff oder zu naher Wiederverwendung, am leichtesten zu bewerkstelligen.

Antike Stadtmauer in freier Landschaft abzugehen hat seinen eigenen Reiz: das tat als erster Cyriakus von Ancona in den 1420er Jahren auf griechischen Inseln. Sich bloßen dekorationslosen Mauern zuzuwenden und ihren Steinschnitt zu zeichnen war damals noch außergewöhnlich und zeigt die Tiefe des neuen Antiken-Interesses mehr als mancher Architekturtraktat.

Von hier oben, vom Euryalos und von allen Punkten der Südmauer, geht der Blick hinab auf die Stadt und den großen Hafen. Zur Linken Ortygia, die schmale Inselstadt, spitz endend in Friedrichs II. Kastell Maniace; ihm gleich gegenüber die Nordspitze der Halbinsel Plemmyrion, dazwischen die Einfahrt in den Hafen, die den Athenern so verhängnisvoll wurde (Abb. 44). Dahinter die weite Fläche des Ionischen Meeres. Die Küstenebene ist zunächst noch von den Monti Climiti begrenzt, die aber bei Syrakus brüsk enden; die Monti Iblei dann treten nicht mehr nahe an das Meer heran, so daß sich der Blick in die Ferne auf flacher Küste verliert.

So ist also Ortygia vor Augen, wo alles begann. An der höchsten Stelle des Inselrückens der Dom, wo zuvor der um 480 v. Chr. errichtete Haupttempel stand. Dieser große dorische Athena-Tempel wurde, wohl im 7. Jahrhundert, in eine Kirche verwandelt und ist vollständig in den Dom integriert, aus dessen Barockisierung er bei einer radikalen Restaurierung (um 1925) wieder hervortrat. Einen heidnischen Tempel in eine christliche Kirche zu verwandeln ist zwar

Abb. 44. Syrakus. Blick von der Südmauer der Epipolai (bei Porta IX) auf den Großen Hafen mit der Inselstadt Ortygia links und der Halbinsel Plemmyrion rechts, dahinter das Jonische Meer. In diesem Hafenbecken, aus dem die athenische Flotte nicht mehr ausbrechen konnte, vollendete sich die Katastrophe der Sizilischen Expedition.

naheliegend, aber gar nicht so einfach. Denn die Tempel-Cella, nur für den Gott und den Priester gedacht, bietet nicht den Raum, den christliche Gemeinde braucht. Man konnte diesen Raum gewinnen, wenn man die Interkolumnien, die Abstände zwischen den Außensäulen, vermauerte und die Wände der Cella so aufbrach, daß sie sich unten in Arkaden öffneten. So gewann man einen großen dreischiffigen Raum: dieser Tempel ist, neben dem sog. Concordia-Tempel in Agrigent, unter den (seltenen) Beispielen umgewandelter Tempel das eindrucksvollste.

Natürlich tragen die monumentalen Säulen, fast vollzählig erhalten, die Gebrauchsspuren von Jahrhunderten: unten sind sie von den Gläubigen so abgegriffen, daß von den kanonischen 20 Kanneluren, die dorische Tempel dieser Zeit gewöhnlich haben, einige abhanden gekommen sind. Außen hat sich über den Kapitellen sogar der Architrav mit den Tropfleisten und den Triglyphen darüber erhalten. Der Eindruck des zentralen Platzes, mit diesem (von Cicero in seiner zweiten Verres-Rede innen wie außen eingehend beschriebenen) dorischen Tempel und einem großen, etwas älteren ionischen Tempel Seite an Seite, muß großartig gewesen sein. Heute wölbt sich vor dem Dom, an weiter Piazza, in durchgehender Krümmung eine ansehnliche Folge repräsentativer Fassaden: auf Großes folgte ähnlich Großes. Tief unter dieser Piazza setzt sich die Anschauung von Geschichte unerwartet fort: eine aus dem Fels gehauene, phantastische Welt von Gängen, Schächten, Zisternen, in dichter räumlicher und zeitlicher Abfolge von der griechischen Zeit bis zum Zweiten Weltkrieg, als dieses unterirdische Reich für die Bevölkerung zum Unterstand wurde, mit eigens abgeteiltem Schutzraum für den Adel.

Historische Umwandlung traf am heftigsten den großen Apollon-Tempel am Zugang zur Ortygia: ein um 570/560 vor Chr. errichteter dorischer Peripteros (der früheste überhaupt im griechischen Westen), also rings von Säulen umgeben, deren Mächtigkeit, in ihren archaischen Proportionen, einen kolossalen Eindruck gemacht haben muß: an den Langseiten ist der Abstand zwischen den gedrungenen, monolithen Säulen geringer als deren unterer Durchmesser! In diesen – am Ende der Antike bereits tausendjährigen – Bau setzte sich dann zunächst eine byzantinische Kirche, nach der Eroberung durch die Araber 878 n. Chr. eine Moschee, nach der Eroberung durch die Normannen 1085 wird der Tempel wieder zur Kirche (davon ist der spitzbogige Durchbruch der Cella-Wand geblieben); und endlich wird noch eine spanische Kaserne daraus. So ist allein in den Umwandlungen dieses Tempels die ganze Geschichte von Syrakus, ja von Sizilien beschlossen.

Der Blick geht nun auf die breite Landbrücke zwischen der Inselstadt und der Südmauer des Hochplateaus: mit den eigentlichen Stadtmauern und den langen Einschließungs- und Gegenmauern der Belagerung von 414 setzte sich die Ummauerung von Landschaft noch weiter fort. Hier schlägt heute das Herz der Stadt, doch nimmt die neuere Forschung an, daß der meernahe Streifen des Festlands von

Anfang an Teil der städtischen Siedlung war und nicht erst ein späterer Auswuchs von Ortygia: so jedenfalls das Stadtviertel Achradina, das später gegen Norden, bis an den Hang des Hochplateaus, um die Viertel Neapolis und Tyche erweitert wurde.

Es ist dieser Südhang der Epipolai, der an seiner Abbruchkante gegenüber Ortygia die antiken Monumente versammelt und ermöglicht hat, die den Ruhm von Syrakus ausmachen und, viel beschrieben, hier nur genannt seien. Das aus der felsigen Schräge geschlagene griechische Theater, bei dem man sich gern vorgestellt hat, wer auf den Stufen dieses Theaters (oder des Vorgängerbaus), mit Blick über die weite Stadtlandschaft, einst gesessen hat: jedenfalls Pindar, Simonides, Aischylos, Platon; vorgestellt auch, wie die Aufführung von Aischylos' *Persern* hier (von der wir wissen) auf die Syrakusaner gewirkt haben mag, so unmittelbar nach ihrem Sieg über die Karthager 480 und über die Etrusker 474 v. Chr.: zwei Befreiungsschläge, die sich in erregter Stimmung mit der Abwehr der Perser entfernt vergleichen ließen (und nach dem Sieg über Athens Flotte 413 haben die Syrakusaner gewiß auf ihren Hafen gesehen wie die Athener nach 480 auf Salamis). Hier auch der riesige Altar Hierons II., *big* wie vieles in diesem «Amerika des Griechentums», wie man Süditalien und Sizilien genannt hat: der Altarsockel von 200 m Länge ganz aus dem Fels gehauen. Und die Latomien, die berühmten Steinbrüche, die die Abbruchkante des Hochplateaus in die Tiefe verlängern: gewaltige, in den Boden versenkte Steinkessel, fast bis zum Rand gefüllt mit üppiger südlicher Vegetation, auf die man von oben hinabschauen und unter der man unten wandeln kann, wahrhaft ein Paradies (wie einer dieser Steinbrüche im Namen trägt) – wüßten wir nicht, daß es diese Latomien waren, in deren unentrinnbarer Tiefe die Syrakusaner die athenischen Gefangenen von 413, ungeschützt vor Hitze und Kälte, dicht gedrängt zwischen Leichenhaufen und Kot, in Hunger und Durst verrecken ließen.

In den Großen Hafen, den man von hier oben ganz überblickt, münden von Westen, dicht beieinander, Anapos und Kyane. In ihrer Nähe liegen die Reste des Olympieion, eines gewaltigen Zeus-Tempels des 6. Jahrhunderts v. Chr., von dessen Säulen nur noch zwei auf-

Abb. 45. Blick vom Tempel des Olympischen Zeus nach Osten über den Großen Hafen auf die Inselstadt Ortygia mit Friedrichs II. Kastell Maniace im Hintergrund rechts, an der Hafeneinfahrt. Gemälde von Ettore De Maria Bergler, 1891 (Palermo, Palazzo dei Normanni).

recht stehen. Man kann, wie schon die frühen Besucher von Syrakus, den Anapos in einer Barke hinauffahren, in immer engeres Schilfdickicht. An der Kyane, auf der gleichen Strecke gleich nebenan und an ihrer nahen Quelle, sind es sogar hohe Papyrusstauden, die sich über das schmale Flüßchen neigen. Nur hier, und an der Arethusa-Quelle gegenüber auf Ortygia, ist in Europa Papyrus zu finden, und man nimmt an, daß ihn die arabischen Eroberer aus Ägypten brachten.

Von hier blickt man zurück auf die Inselstadt Ortygia in ihrer ganzen Länge: zu jeder Jahres- und Tageszeit ein blendend heller Streifen südlicher Fassaden über der dunklen Wasserfläche des Hafens (Abb. 45), der in seiner Ausdehnung, heute nicht mehr mit Schiffen gefüllt, fast schon wieder wie die natürliche Meeresbucht wirkt, die er einmal war.

ANTIKE IN DER LANDSCHAFT

XVIII

Landschaft mit römischer Straße

Römische Straßenreste scheinen eine Landschaftszutat wie Wegkapelle oder Bachbrücke und sind doch mehr. Eine aufgegebene römische Straße zu verfolgen, führt tiefer in eine Landschaft hinein als der schönste angelegte Wanderpfad. Nicht weil die römische Straße besonders hoch hinaufstiege oder sich dem Geländerelief in einladender Weise anpaßte. Im Gegenteil. Das tut erst die nachantike Straße, die natürlichere Wege sucht und die rücksichtslose Gerade der römischen Straße aufgibt, so daß das antike Pflaster nun unter Gebüsch gerät und an nicht mehr überbrückten Schluchten endet. Solch verwischter historischer Spur geradeaus durch unwegsam gewordenes Gelände zu folgen, macht mit der Landschaft aufs tiefste vertraut: das Auge verweilt im Nahblick auf römischem Stein zwischen Gras und Unterholz – und doch geht es unentwegt vorwärts, sucht der Fernblick bereits die nächsten landschaftlichen Anhaltspunkte für den weiteren Verlauf der Trasse. Straßenforschung bewirkt mit sanftem Zwang, eine Landschaft mit allen Sinnen aufzunehmen. Auch mit dem historischen Sinn. Und davon soll im folgenden die Rede sein.

Es sind die alten Straßen um Rom, denen wir in die Landschaft folgen wollen, dort, wo sie nicht unter den Asphalt der Nachfolgestraßen geraten sind, sondern sich im Gelände verlieren und der Landschaft doch ihren prägenden Namen hinterlassen: Via Cassia und Via Flaminia, Via Salaria, Valeria, Appia. Und die weniger bekannte Via Amerina, die aus dem nördlichen Latium gerade hinauf ins südliche Umbrien führte und, durch allmähliche Umorientierung des Landstrichs aus Nord/Süd- in Ost/West-Richtung ohne Nachfolgerin geblieben, fast ganz aus dem heutigen Straßennetz verschwunden ist.

Wer sich mit solchen Absichten in die Landschaft begibt, muß sich zunächst darüber klar sein, daß die innige Verbindung von historischem Monument und überquellendem Pflanzenwuchs, die den nördlichen Wanderer so anzieht, im vegetationsreichen Italien ihre Tücken, daß Straßenforschung ihre Jahreszeiten hat. Man muß deshalb wissen, daß man bis Ostern die eigenen Forschungsinteressen verfolgt und Pflasterprofile untersucht haben sollte; sich in elegische Stimmung versetzen kann man auch danach noch. Denn wenn in Italien erst einmal die Vegetation beginnt, verschwindet sogar eine geschlossene römische Pflasterdecke unter dem aus den Fugen sprießenden hohen Gras (andererseits zeichnet sich die römische Trasse erst dann als nicht beackerbarer Streifen zwischen bestellten Feldern ab). Daß im übrigen die Vegetation hier heute viel üppiger ist als vor hundert Jahren, wurde bereits gesagt.

Die erste Frage – eine historische Frage, hier aber zu praktischen Zwecken – muß sein: warum zerfielen diese Straßen, die doch wie für die Ewigkeit gebaut schienen? Daß es der Verfall des römischen Reiches war, der auch die Straßen verfallen ließ, ist eine naheliegende Antwort, aber sie reicht noch nicht, uns im Gelände zu sagen, worauf wir zu achten haben. Dazu bedarf es mindestens zweier elementarer Einsichten.

Erstens. Römische Straße bewegt sich anders im Gelände als mittelalterliche und neuzeitliche Straße. Die römische Straße steuert ihr Ziel möglichst geradlinig an, ist also eine Gerade (oder doch, da nicht unvernünftig geradlinig, aus geraden Stücken zusammengesetzt). Solch herrscherliche, auf das Geländerelief wenig Rücksicht nehmende Streckenführung macht viele Kunstbauten erforderlich: Geländeeinschnitte, Brücken, Straßendämme, Böschungsmauern, Abarbeitung von Felsvorsprüngen. All diese Bauten erfordern regelmäßige Instandhaltung. Und eben darin liegt die spezifische Gefährdung römischer Straßen. Denn wenn die professionellen Wartungsarbeiten mit dem Ende des römischen Reiches aufhören, wird auch das solideste Pflaster nicht mehr helfen; wird die Straße fortan Schwierigkeiten nicht mehr überwinden, sondern ihnen ausweichen: eine eingestürzte Brücke, einen Erdrutsch, einen geborstenen Wasserabfluß mal links,

Abb. 46. Eine römische Straße zieht schnurgerade durch die Landschaft, hier die Via Appia in den Weinbergen bei Velletri. Hindernisse beseitigte man nun nicht mehr, sondern umging sie. So bilden sich die im ganzen auffallend geraden, aber leicht ausschwingenden, wie mit zittriger Hand gezogenen Strecken, die doch immer wieder in die römische Gerade zurückfallen: antike Gerade von mittelalterlicher Hand gezogen.

mal rechts umgehen (Abb. 46). Das ergibt auf der 1:25 000-Karte diese auffallenden, nun wie mit zittriger Hand gezogenen Geraden: antike Geraden von mittelalterlicher Hand gezogen.

Zweitens. Mit dem Ende des Römischen Reiches ändern sich auch die Prioritäten und Funktionen der Straßen. Die zunehmende Dezentralisierung und Regionalisierung, der abnehmende Bedarf an Fernverkehr, die zunehmend lokale Selbstversorgung, kurz: die neuen Prioritäten einer neuen Zeit, der die Abwehr wichtiger sein mußte als das Ausgreifen, die Nahziele wichtiger als die Fernziele, sie taten ihre Wirkung. Aus den Ausfallstraßen römischer Heere waren Einfallstraßen der Feinde geworden, und die Globalisierung durch Straßenbau hatte ihren Sinn verloren. Während die römische Straße, als Fernverbindung, auf Siedlungen wenig Rücksicht genommen hatte, richtet sich die mittelalterliche Straße nun in kleineren Räumen ein, paßt sich wieder dem Geländerelief an und berücksichtigt, die autobahnartigen Geraden aufgebend, endlich die Erwartung der größeren Siedlungen, daß eine Straße doch wohl dazu da sei, sie direkt zu bedienen. So ziehen kräftige Kommunen seit dem 11./12. Jahrhundert römische Straßen magnetisch an sich und lassen die ursprünglich an ihnen vorbeiführenden Geraden, denen sie sich durch eine Stichstraße anzuschließen hatten, bei völlig intaktem Pflaster vereinsamen: die Via Cassia auf der Höhe von Viterbo, die Via Appia bei Velletri, die Via Flaminia bei Civita Castellana. Voraufgegangen war im frühmittelalterlichen Latium ein Wandel der Siedlungsweise, der die ländlichen Bewohner aus den ungeschützten Tallagen und der Nähe der römischen Konsularstraßen hinauftrieb auf die Höhen in kleine kompakte Burgsiedlungen. Denn wenn Rom nicht mehr schützt, muß es die Natur tun. Und auch dieses sogenannte *incastellamento* führt zu markanten Änderungen im Wegenetz.

Für die praktische Anwendung im Gelände hat die historische Einsicht in Anlaß und Verlauf des Zerfalls einige Folgen. Wir haben, außer auf Pflasterreste und Böschungsmauern, auf straßenbegleitende Eingriffe zu achten mehr als bei jeder mittelalterlichen Straße, etwa auf Geländeeinschnitte, die auf den ersten Blick naturgegeben scheinen, sich aber doch als künstlich erweisen, wenn sie genau in der Flucht der römischen Straße liegen. Und wir können auf völlig intakte Straßenstücke stoßen, die ohne jeden Verfall aufgegeben wurden und in der Landschaft verschwanden, weil sie einer neuen Zeit nicht mehr dienlich waren. Gerade auf diese vereinsamten, von der Natur zurückgeholten Straßenstücke haben wir es abgesehen.

Daß es eine Gerade ist, der man durchs Gelände zu folgen hat, läßt (um die Beobachtung vom Anfang wieder aufzugreifen) besonders tief in die Landschaft eindringen. Denn da kann man dichtem Gebüsch nicht ausweichen: man muß hindurch; kann einen Bach nicht umgehen: man muß irgendwie hinüber, um die Trasse nicht zu verlieren. So gerät man viel unbedingter in die Landschaft hinein als auf angepaßtem Pfad. Die Geradlinigkeit hat aber auch einen Vorteil: eine Gerade wird man in der Landschaft immer wiederfinden, ein Schnitt durch die Landschaft ist untilgbar.

Wer einer geraden Linie durch Busch und Feld folgt, wird mit den Bauern eher ins Gespräch kommen, als wer sich an fahrbare Straße hält. Der Bauer des Südens ist weniger mißtrauisch als der des Nordens. Nur daß ihn der angegebene Grund erstaunt: hier eine unbekannte alte Straße suchen? Sich derart ins Gelände zu wagen muß doch einen vernünftigen Anlaß haben! Sie suchen wohl ein gutes Baugrundstück, wird dann verständnisvoll vorgeschlagen. Wir hörten auch: Sie suchen gewiß den Schatz, den deutsche Soldaten auf dem Rückzug 1944 hier irgendwo versteckt haben. Endlich tun die alten Römer doch ihre Wirkung (‹Nerone!›), so glaubwürdig sind sie im Mund des Fremden. Bei weiterem Gespräch erfährt man auch, wieviel Ertrag die Bauern von einem Hektar Wein, einem Hektar Haselnuß, einem Hektar Kiwi erwarten dürfen – und da erklärt sich uns leicht, daß antike Pflasterreste, die in Weinbergen Jahrhunderte überlebt haben, jetzt in maschinengeernteten Kulturen sogleich bis auf den letzten Pflasterstein verschwinden. Für moderne Baumaschinen ist es ein leichtes, römisches Pflaster abzuräumen, hier draußen schützt keine Sopraintendenza, nur die schonende Haltung des Grundeigentümers. Und auch solchen Grundeigentümern wird man begegnen.

Wenn sie einem etwas Gutes tun wollen, schenken die Bauern während des Gesprächs ohne große Geste etwa einen Blumenkohl aus dem Beet geschnitten, ein Ei aus der Tasche gezogen, eine Handvoll Kräuter. Wer Kinder dabei hat, lasse sie vorauslaufen: sie werden jedes italienische Herz öffnen und jedes römische Monument auf dem Bauernhof zugänglich machen. Allerdings kann es einem inzwischen auch passieren, daß die verfolgte Spur vor einer strengen Umzäunung endet, hinter der sich eine städtische Herrschaft abweisend in ihrem Zweithaus verschließt, oder daß in verlassenem Casale verschüchtert ein Migrant haust, der die Annäherung sichtlich mißbilligt.

In freier Landschaft einer römischen Straße auf der Spur zu bleiben (und es kann, da der Verlauf solcher Straßen im wesentlichen bekannt ist, nur um einzelne Strecken gehen), erfordert erst einmal einen sicheren Ausgangspunkt. Am besten einen Rest römischer Pflasterung, oberirdisch selten anzutreffen und dann von Vegetation überwuchert und die Ränder beschädigt. So beginnt es schon in der Spätantike:

«von Vegetation bedeckt», «von Wasserläufen zerfurcht», «die Straßenränder von Gebüsch überwuchert», so beschreiben Autoren wie Cassiodor und Prokop den Anblick, den wichtige Straßen stellenweise damals schon boten. Oder sichtlich abgenutzt mit tief eingeschliffenen Radspuren, in denen sich Humus und Wasser sammeln, so daß sie im Frühling zu Blumenrinnen werden. Geschlossenes Pflaster also, oder wenigstens einzelne ausgebrochene Basaltpflasterbrocken, für die man bald einen Blick bekommt: ihr dunkelgrauer basaltner Ton, die glatt bearbeitete Oberfläche und die konisch zugerichtete Unterseite sind unverkennbar. Wenn sie freilich nicht mehr im Verbund stehen, geraten sie oft, kopfüber, auf ihre breitere, flach bearbeitete Oberseite und sind dann nur noch für den geübten Blick zu erkennen. Schwierig auch, wenn die Straße durch nichtvulkanisches Gelände führt: dann muß man sein Auge auf ganz anderen Stein einstellen, der womöglich anders bricht und nicht so ins Auge fällt wie konisch zugerichteter dunkler Basalt.

Pflasterreste aneinanderzureihen: damit würde man freilich nicht weit kommen, das Verfolgen im Gelände erfordert den genaueren Blick, der auch das Beschädigte, das Unansehnliche, ja das Verlorene wahrnimmt. Ist man einer römischen Straße auf der Spur, verfolge man ihre Trasse unbeirrt weiter. So kann man in Bachbetten, die die Trasse queren, an der Kreuzungsstelle manchmal die römische Straße im Anschnitt finden: ein geschlossenes Profil großer Pflastersteine, die einen wie eine Reihe alter Zähne anblecken. Oder wenn nicht das intakte Pflasterprofil, so findet man an der Übergangsstelle doch einige Pflasterbrocken im Wasser, da die Erosion das unter Humus geratene Pflaster auswäscht, in den Bach stürzen und erst so sichtbar werden läßt. Im Prinzip halten sich römische Straßen instinktiv fern von Wasserläufen mit ihren Unberechenbarkeiten, aber überqueren müssen sie sie doch.

Oder man versuche es so: Verläßt eine heutige Fahrstraße, die offenbar auf römischer Trasse läuft, ihre Gerade, so gehe man geradeaus ins Gelände weiter – und wird auf dieser ausgezogenen Linie wahrscheinlich wieder auf römische Straßenreste stoßen. Denn die nachantike Straße mußte die Gerade verlassen, um kurvenreich Orte anzusteuern, die die antike Fernstraße nicht beachtet hätte. In der Regel bilden sich antike Straßen im heutigen Straßennetz ab. Wo sich aber, wie bei der Via Amerina im nördlichen Latium, das Straßennetz später völlig umorientierte, liegen die antiken Straßenreste heute in völliger Abgeschiedenheit und Stille.

Hat man die Spur ganz verloren, kann es hilfreich sein, in begründeter Vermutung geraden Verlaufs auf der Karte den letzten sicheren Punkt durch eine gerade Linie mit dem nächsten (nicht allzu entfernten) bekannten Punkt zu verbinden, um auf diese Weise einen gewissen Anhalt im Gelände zu haben. Als Karte diene die italienische Militärkarte 1:25 000, auch wenn die Blätter meist aus den späten 1930er Jahren sind (doch lassen sie das alte Wegenetz besser erkennen als jüngste Karten). Für die Straßenforschung hier von großem Nutzen sind auch die Luftaufnahmen der Royal Air Force, die im Zusammenhang mit der alliierten Landung in Anzio-Nettuno (Januar 1944) die deutschen Stellungen in Mittelitalien aufnahm. Stiegen die Aufklärungsflugzeuge morgens auf, zeichnen sich besonders deutlich die künstlichen Geländeeinschnitte der Via Amerina ab (da in Südnordrichtung führend), nachmittags hingegen besser die Geländeeinschnitte der (gegen Südwesten führenden) Via Appia. Oder man überfliege selbst im Flugzeug die Straße (wie es mir meine Mitarbeiter zum Abschied vom Institut schenkten), mache sich ein Gesamtbild, wie sich die Straße in der Landschaft bewegt, und erschließe die am Boden nicht aufgespürten Stücke. Heute tut Google Earth in Vor- und Nachbereitung gute Dienste.

Karte und Luftbild bestätigen, was man schon, aber undeutlicher, im Gelände erkennt: die römische Trasse mag sich ein Stück weit in einer Fahrstraße abbilden, dann aber ist es ein Pfad, ein Rain, dann einmal gar nichts, dann wieder ein Waldrand, eine Grenze (Abb. 47) – aber alles zusammen doch eine Linie bildend, letzte Spur der römischen Geraden.

Oft erweisen sich lange gerade dichte Hecken und Raine, meist begleitet von ungepflastertem Fahrweg, als die antike Straße. Denn die Bauern werfen die aus ihren Feldern geräumten Steine auf das römische Pflaster, das ja nicht zu bepflügen war. So wuchs Gebüsch dar-

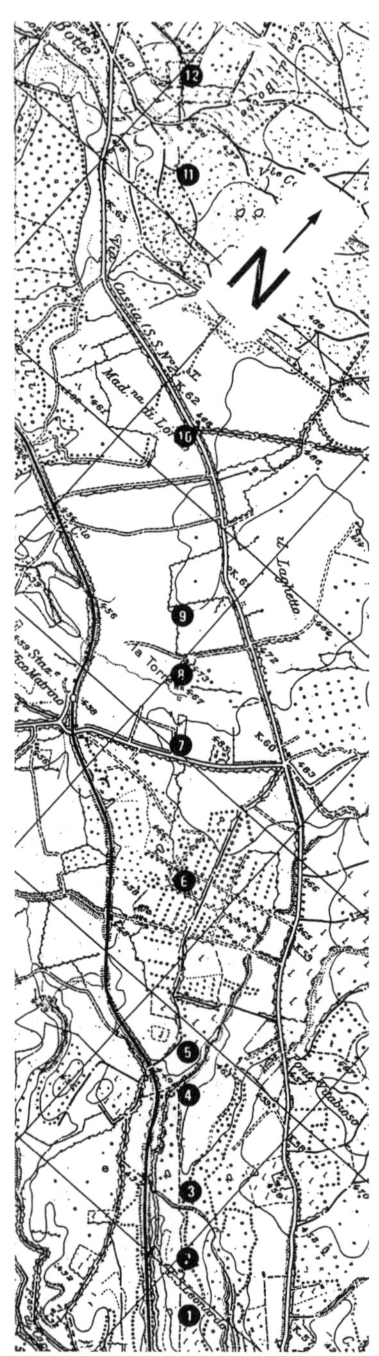

Abb. 47.
Die Trasse der Via Cassia im heutigen Wegenetz zwischen Sutri und Vetralla: eine schnurgerade, von der heutigen Strada statale 2 Cassia (rechts) und der Eisenbahn (links) kurvig umspielte Folge von Feldwegen, Hecken, Grenzrainen, Waldrändern, der man im Gelände mit einiger Mühe nachgehen kann. Denn eine Gerade in der Landschaft wird man immer wiederfinden.

auf, häufte sich Humus an, wurde die alte Straße zu einem hochbebuschten Damm, ja manchmal hat er sich, durch Anschwemmung von Erde an sanftem Hang, aufgewölbt zu einer markanten Geländestufe. Ein Dickicht aus Steineichen, Heckenrosen, Ginster, Brombeeren, in das man nur bei querenden Wildwechseln gebückt eindringen kann, um das Unterholz voll von antikem Pflaster zu finden – und den Straßenkörper dicht bewohnt von Tieren, die das römische Pflaster sozusagen von unten sehen. Die Hecke *begleitet* nicht die antike Straße (wie man meinen könnte), sie *ist* die antike Straße – ist aber, ihr Wesen ins Gegenteil verkehrend, aus einer verbindenden Straße zu einer trennenden Grenze geworden. Solch unsichtbar gewordene Pflasterstücke werden durch hochsommerliche Buschbrände bisweilen über weite Strecken freigelegt. Oder man hatte der Straße eine natürliche Felsrinne künstlich ausgeschlagen zum Hohlweg, der sich aber nun so dicht mit Gestrüpp gefüllt hat, daß man keinen Schritt in ihn hineintun kann. Die Fülle der Beerensträucher ist dicht, denn Holunder oder Hagebutten werden hier von niemandem gepflückt, die Vögel waren beim Sammeln unsere einzige Konkurrenz.

In eine eigene landschaftliche Welt gerät man, wenn man römischer Straße durch die von Schluchten zersägten Tuffplateaus des nördlichen Latium folgt. Ohne viel Konzessionen an das Geländerelief zieht die Via Amerina, in römischer Rücksichtslosigkeit Landschaft dominierend, Landschaft gestaltend, geradeaus nach Norden; und wenn man der Straße, die sich für jede Schlucht eine – nun verlorene – Brücke leistete (7 Brücken auf 7 km!), wirklich folgen will, muß man, ob man will oder nicht, nun in jede Schlucht hinab und am Gegenhang wieder hinauf. In solch schwierigem Gelände sieht man gut, wie sich die Straße vor Hindernissen verhält: ganz römisch geht sie mit dem Kopf durch die Wand, durch die nächste sperrende Felswand nämlich.

Querende Tuffschluchten werden überwunden, indem man die Abbruchkanten der Schluchten aufschlitzte und die Straße durch die so geschaffenen Hohlwege hinabführte auf das Niveau der Brücke. Die Wände dieser sauber ausgeschnittenen Hohlwege boten dann den gern genutzten Raum für Kammergräber (Abb. 48): erst Ruhestätte

Abb. 48. Gerade Streckenführung durch schluchtenreiches Gebiet machte zahlreiche Kunstbauten erforderlich. Hier ein künstlicher – sogleich für Kammergräber genutzter – Geländeeinschnitt, um die Via Amerina auf die Brücke über den Fosso Maggiore (Pflasterung sichtbar im Hintergrund rechts) hinunterzuführen, eine der vielen Schluchten, die das Tuffplateau des *Ager Faliscus* zersägen. Cavo degli Zucchi südl. von Falleri Novi.

der Toten, später dann, geschwärzt vom Feuer der Hirten, Wohnstätte für Herden, die hier bei Unwetter oder nachts Unterschlupf, und unten im Bach, zwischen den Trümmern der Brücke, ihre Tränke finden. Die Zugänge dieser Kammergräber, von denen einige noch Reste antiker Farbdekoration zeigen, sind manchmal von Schlingpflanzen verhängt, die wie die lockeren Vorhangschnüre im Eingang italienischer Bars wirken, hellgrüne Vorhänge vor der langen, von dunkelgrünem Moos und rötlich-gelber Flechte überzogenen glattgeschlagenen Tuffwand: im Dämmer dieser von überhängenden Bäumen beschatteten Hohlwege ein zauberhafter Anblick. In diesen Tuffschluchten bei Civita Castellana, deren Sonnenseite sich schon im Vorfrühling mit blühenden Veilchen, Weißdorn, blauen und weißen Anemonen füllt, malten und zeichneten Camille Corot und Ernst Fries. Dann folgt man

Abb. 49. Das Ende einer römischen Fernstraße. Bei Acquasparta hat sich im späten Mittelalter das Kirchlein S. Giovanni de Butris direkt auf eine intakte römische Brücke der Via Flaminia gesetzt, deren antike Trasse hier aufgegeben wurde, während die Via Flaminia als solche weiterhin wichtige Verbindung nach Norden und zur adriatischen Küste blieb.

den Spuren der römischen Straße, zwischen Baumgruppen, Gemüsegärten, weidenden Schafen und grunzenden Schweinen, weiter zur nächsten Tuffschlucht.

Die straßenbezogenen Bauten sind gleichfalls tief unter Vegetation geraten und darum leicht zu übersehen: Brückenreste, Böschungsmauern, Grabmonumente – hier wieder nicht als Forschungsgegenstand beschrieben, sondern als Elemente der Landschaft. Denn was der römische Straßenbau durch Kunstbauten gewaltsam der Natur abgewonnen und durch regelmäßige Instandhaltung gegen die Natur verteidigt hatte, wird sich die Natur zurückholen. Eine völlig intakte Brücke der Via Salaria ist derart von Gebüsch überwuchert, daß sie in einem Verzeichnis römischer Brücken als «scomparso da tempo», als «längst verschwunden» gilt. Eine intakte Brücke der Via Flaminia

Abb. 50. Bachübergang einer römischen Straße in entlegenem Waldtal. In der Mitte rechts, unter der Baum-Knolle, der Brückenkopf. Hoch oben die Torre dell'Isola, die im Mittelalter diesen Übergang der Via Amerina bewachte.

könnte man übersehen, weil sie zum Fundament einer Kirche geworden war (Abb. 49). Von anderen Brücken hingegen findet man, auch im Bach watend, keinen einzigen Stein mehr. In der Regel haben sich Reste der Brückenköpfe und der Rampen erhalten, deren Quadern – auch an entlegenster Stelle in schönem Steinschnitt – stellenweise von Baumwurzeln so auseinandergedrängt und umklammert sind, daß man sie kaum noch als Menschenwerk wahrnimmt (Abb. 50). In intaktem Mauerwerk schmiegen sich Ranken und Wurzeln gern in den Randschlag der Quadern, und das ergibt ein schönes Bild.

Böschungsmauern sind leicht zu übersehen, weil sie die Straße meist talseitig unterfangen und von oben kaum zu erkennen sind. Stößt man, bei einer römischen Straße an steilem Hang, bergseitig auf Abarbeitung des Felsens, so entspricht dem meist talseitig eine Böschungsmauer, die im Steilhang allerdings nur halsbrecherisch zu erreichen ist. Ein Madonnenbild an römisch geglätteter Mauer läßt erkennen, daß der hier vorbeiführende – jetzt weggebrochene oder durch eine Asphaltstraße ersetzte – antike Straßenzug noch lange begangen wurde und hier vielleicht eine (darum das heilige Bild) gefährliche Stelle hatte.

Zu den straßenbegleitenden Bauten gehören auch die Grabdenkmäler vor allem dort, wo sich die Straße einer städtischen Siedlung näherte (dann wird jede römische Straße zur Gräberstraße), aber auch in freier Landschaft. Erhalten hat sich besonders der Typ des Turmgrabs. Die oft aufwendige Marmordekoration wurde im Laufe der Zeit geraubt oder stürzte allmählich herab. Was blieb, sind die nackten Zementkerne, in denen man die Zementgußschichten gut erkennt. Wenn man sie, manche mit einem Schopf von Efeu oder Steineiche obendrauf, in freier Landschaft antrifft, sind sie immer ein unfehlbares Indiz dafür, daß eine römische Straße in unmittelbarer Nähe ist, denn die Toten wollen an die Straße, wollen gesehen werden. Ansehnlich und unzerstörbar wirken sie noch als Ruinen. Ansehnlichkeit und Dauerhaftigkeit war es denn auch, was gewöhnliche mittelalterliche Menschen an einer römischen Straße und ihren begleitenden Bauten wahrnahmen und was sie daran beeindruckte: das verraten die in Urkunden benannten, als Grenzmarken gewählten antiken Reste.

Grabdenkmäler von weniger sperrigem Typ, etwa ein monumentales Rundgrab, können von der Natur wiederangeeignet worden sein und, als baumbestandener Hügel, in nichts mehr ihre ursprüngliche Bestimmung verraten. Wohl aber in ihrem Innern: denn römische Grabkammern werden gern als bäuerliche Abstellräume benutzt, da man in freier Landschaft festere Unterkunft schwerlich finden kann. In der – nun aufgebrochenen – Grabkammer und dem (stets straßenabgewandten) Zugangsstollen lehnen nun Hacken und Rechen, ringeln sich Weidenruten für das Anbinden des Weins, liegen bunte Patronenhülsen von der letzten Jagd, stehen stumpfe Glasflaschen für die nächste Tomaten-Einkocherei. Das ist nicht die künstliche sonntägliche Antiken-Idylle von Rokoko-Veduten, sondern die natürliche, alltägliche Benutzung von Antike. Vor dem kaum erkennbaren Zugang vielleicht ein kleiner Panda, das unempfindliche bäuerliche Auto, mit dem man hier nicht auffällt.

Zur Ausstattung römischer Straßen gehören auch Straßenstationen, deren größere in den römischen Routenverzeichnissen notiert waren: von Rom bis Mailand 68 Pferdewechsel- und Übernachtungsstationen ohne die Städte (man kann auf der *Tabula Peutingeriana*, der römischen Routenkarte des 4. Jahrhunderts n. Chr., auch die Stationen bis ins hintere Persien vormerken). Manche hatten recht ländliche Namen: ‹Lebendiges Wasser›, ‹Zum großen Pferd›, ‹Zur Platane›, ‹Zur guten Unterkunft›, ‹Zum neunten Meilenstein›. Sie verfielen, soweit nicht frühe Kirchen in sie hineingebaut wurden (Abb. 7), mit dem Ende des Reiches, als den Reisenden hier nicht mehr der übliche Service geboten werden konnte, für den es noch im frühen 6. Jahrhundert einen festen Preistarif gab («Preisedikt für die Via Flaminia: Gastbetrieb zu Festpreisen», *ad pretia definita*). Und solcher Verfall geht rasch. Man sehe nur, wie an heutigen «Straßenstationen», nämlich den Bahnstationen der stillgelegten kleinen Eisenbahn im Bereich der Via Amerina, Efeu und Trompetenblumen bereits in die Warteräume und Treppenaufgänge vorgedrungen sind, und wird erkennen, daß es nicht langer Jahrhunderte zwischen Antike und Mittelalter bedurfte, um die kleinen Straßenstationen in Ruinen zu verwandeln.

Endlich einige Indizien, die weiterhelfen könnten dort, wo Pflaster, Brücken, Grabbauten völlig fehlen. Ein mittelalterlicher Wachtturm einsam in der Landschaft deutet oft auf eine inzwischen verschwundene Altstraße hin, denn irgendetwas sollte er ja bewachen, meistens einen Straßenzug. Flurnamen können sprechende Hinweise auf antike Reste sein: «La Sassara» meint Brocken natürlichen Steins, aber der Flurname «Le Mura» gleich gegenüber weist auf alte Baureste, und das werden, in siedlungsarmer Landschaft, wohl antike Ruinen sein. *Selce, in Selci, Selciata* ist immer römisches Pflaster, Rolands-Toponyme an der Via Cassia wie «Türme Rolands» oder «Wurfscheibe Rolands» (allein 4 Fälle zwischen Sutri und Viterbo) gelten antiken Resten und zeigen das Vordringen der französischen *Chansons de geste* auf diesem zur *Via Francigena* gewordenen Straßenzug.

Sogar eine leise Richtungsänderung der Ackerfurchen, die nun alle in (sagen wir) nordöstliche statt zuvor in nordnordöstliche Richtung streichen, kann einen leichten Knick der – sonst nicht mehr feststellbaren – römischen Trasse abbilden, wenn der Befund (am ehesten aus der Luft wahrzunehmen: also wieder Royal Air Force oder Google Earth) großflächig und eindeutig genug ist. Man kann Antike in der Landschaft auch geradezu riechen. Denn bei römischen Ruinen und Ziegelresten findet man auffallend häufig den Feigenbaum mit seinem kräftigen, charakteristischen Geruch.

Vor allem achte man auf wiederverwendete Architekturstücke, sogenannte Spolien: Reliefs, Gesimsteile, Architravfragmente wiederverwendet in kleinen Landkirchen, weil sie ansehnlich und kostbar aussahen; Inschriften in Kirchenwänden vermauert, weil sie (den Inhalt verstand man nicht mehr) Alter und Ansehen verliehen; Meilensteine vom Straßenrand geholt und zu Kirchensäulen gemacht, ohne ihre Inschrift zu tilgen, in der man vielleicht nur noch das Wort CAESAR begriff. In freier Landschaft stammen solche Spolien fast immer von Grabbauten, und Grabbauten stehen stets an römischen Straßen. Oder ein anderes, viel bescheideneres Indiz: Pflastersteine in bäuerlichen Trockenmauern deuten auf unmittelbare Nähe einer Straße, denn der Bauer verwendet zum Aufschichten seiner Feldgrenzen nur Steine, die gleich zur Hand sind, da er in seinen Feldern deren übergenug hat.

Einer verlorenen Straße im Gelände nachzugehen, gibt dem natürlichen Raum historische Dimension, ganz beiläufig und ambulant ohne großes historisches Räsonnieren, bloß mit dem Auge. Denn da erschließt sich, der alten Straße folgend, schrittweise Natur und Geschichte einer Landschaft. Man achtet auf die geringsten, von der Zeit oft schon weggeglätteten Anzeichen menschlichen Eingriffs. Der Blick für solche Indizien schärft zugleich den Blick für die Landschaft. Denn Straße und Landschaft sind ineinander aufgegangen. So kann Straßenforschung zum Mittel, ja zum Vorwand werden, sich einer Landschaft mit allen Sinnen zuzuwenden.

XIX

~ ▲▲▲ ~

Archäologie aus dem Archiv

Antike Monumente in frühmittelalterlichen Grenzbeschreibungen um Rom

Wer Landschaft am Übergang von der Antike zum Mittelalter vor Augen haben will, wird sie in erzählenden Quellen nicht geschildert finden. Denn Landschaft als solche war nicht berichtenswert. Nur wenn in einer damals vorherrschenden Quellengattung, den Heiligen-Viten und Märtyrer-Passionen, eine mutige Tat oder eine Wundergeschichte das erforderte, kommt Landschaft kurz ins Bild. Etwa wenn ein Heiliger die Zerstörung letzter ländlicher heidnischer Kultstätten wagt; oder wenn er die Gründung eines Klosters in unwegsamer Berglandschaft unternimmt oder eine Mönchsgemeinschaft in zugewucherten römischen Ruinen einrichtet, kann auf die einsame Lage in entlegener Landschaft (*mons, saltus, rus, habitacula silvis obtecta, locus in densissimam redactus solitudinem*) angespielt werden. Und wenn ein Märtyrer in einer Straßenstation der Via Cassia zu Tode gebracht wurde, wird uns womöglich die ganze römische Straßenstation Baccano – mit *vicus*, Thermen, Brunnen, Meilenstein, öffentlicher Inschrift – beschrieben! Oder wir sehen als Rahmenhandlung einer Wundererzählung Schafherden an der Via Aurelia weiden.

Aber das sind meist karge, beiläufige Auskünfte, oft nur von der literarischen Gattung geforderte Topoi, die vom Nachleben der Antike in der Landschaft nur sprechen, wenn sie das für ihre Zwecke instrumentalisieren können. Wir müssen uns also etwas anderes einfallen lassen.

Antike in der Landschaft erwähnt zu finden, schlichte Antiken-Wahrnehmung im ländlichen Alltag zu erfahren: dazu geben uns im frühen Mittelalter vor allem Grenzbeschreibungen unabsichtlich Gelegenheit. Unabsichtlich, denn wir fragen diese Urkunden nach Dingen, die sie uns eigentlich gar nicht sagen wollen. Ohne daß ein praktischer Anlaß vorläge und ohne daß die *antichità* eine aktuelle Funktion bekäme, hatte Antike im ländlichen Alltag keine Chance, wahrgenommen und überliefert zu werden. In Rechtsakten wie solchen Grenzbeschreibungen sind diese Voraussetzungen gegeben. Ihre häufige Bezugnahme auf antike Monumente – mehr natürlich in den Städten als auf dem Lande – ist auffallend und von Historikern, Archäologen, Linguisten schon vielfach beachtet worden. Aus einer breiten Sammlung von Fällen seien hier nur einige Beispiele aus der Umgebung Roms gebracht.

Es geht hier nicht darum, wie das antiquarisch geschulte Auge des Humanisten antike Reste wahrnahm und sogleich in – durch antike Autoren legitimierte – Begriffe faßte (wobei diese «wissenschaftliche» Begrifflichkeit oft Anschauung verloren gehen ließ oder von vornherein ersetzte). Sondern es geht darum, wie im frühen Mittelalter Menschen ohne entsprechenden Bildungsanspruch und ohne antiquarische Absicht – Landnotare, Grundbesitzer, um Auskunft befragte Bauern, die mit Antike nichts im Sinn hatten – antike Reste draußen in der Landschaft mit ihren Augen sahen und mit eigenen, nicht aus antiker Fachliteratur entlehnten Worten bezeichneten. Denn auch wo sie *balneum* oder *mausoleum* sagten, hatte das mit antiker Architekturterminologie, wie sie dann den Humanisten wieder geläufig wurde, unmittelbar nichts mehr zu tun.

Daß antike Reste so häufig in Grenzbeschreibungen genannt werden, hat einen einfachen Grund. Grenzmarken müssen ansehnlich (oder doch auffallend) und dauerhaft sein. Diese beiden Bedingungen erfüllte am ehesten eine antike Ruine. Ein Turmgrab erhob sich in mittelalterlicher Agrarlandschaft unübersehbar imposant über allem und war auch nicht in einer einzigen Nacht beiseite zu räumen wie ein Grenzstein; ebensowenig römische Pflasterung oder die Fundamente einer Villa. Ein römischer Meilenstein war größer, ein mächtiger Sarkophag an der Straße auffallender als jeder Grenzstein. Darum war es naheliegend, antike Reste als Grenzmarken zu benennen.

So kann der Historiker sozusagen Archäologie aus dem Archiv beitragen. Ländliche Grenzbegehungen dieser Art haben zudem den Reiz, daß sie uns wie auf langer Wanderung tief in die offene Landschaft von Grenzmarke zu Grenzmarke führen: von einem großen Baum zu den Kellergewölben einer Villenruine zu einer Quelle zu einem Waldrand zu einem marmorweißen Turmgrab zu einem Bach – so wie man mit Richard Krautheimer draußen in der Landschaft Altertümern nachgehen konnte und er für die Topographie auch des römischen *Disabitato*, der verlassenen Zonen Roms, solche mittelalterliche Benennung antiker Reste heranzog.

Zunächst einmal könnten draußen in der Landschaft alle Toponyme, die Verfall im Namen tragen (*pons fractus, pilus ruptus* usw.), Indiz für antike Hinterlassenschaft sein, denn nur Reste von einer gewissen Ansehnlichkeit eigneten sich zum Toponym: mit *ad murum inclinatum*, «Zur schiefen Mauer», hätte man ein verfallenes mittelalterliches Mäuerchen nicht bezeichnet. Doch ist das nur ein erster Verdacht, der jeweils verifiziert werden muß. Ähnliches gilt, auf der Skala der Wahrscheinlichkeit aber schon nahe an der Gewißheit, für auffallende Zahlentoponyme: *sette camere, ad centum muros, ad centum guttas, ad cento archi*, usw. Denn natürlich meinen solche Zahlentoponyme (die unbedingt von den Zahlenbezeichnungen aus Distanzangaben wie *ubi dicitur vigesimo, pons quinquagesimus* usw. zu unterscheiden sind) nicht genau 7 Kammern, 100 Mauern, 100 Bögen, sondern «befremdlich viele», «jedenfalls nicht von uns gebaut».

Aus solchen Bezeichnungen spricht Befremden und scheue Bewunderung für das unerklärbar Große, das sich eben nur in mythischen oder kolossalen Zahlen fassen läßt. Sie haften fast immer an großen römischen Zisternen mit ihren (den Wasserdruck mindernden, aber nun nicht mehr verstandenen) Unterteilungen, oder gelten den zahllosen Kellerräumen einer römischen Villa oder sonstiger ausgedehnter, weites Gelände terrassierender Substruktionen, die, seit die von ihnen getragenen Gebäude verschwunden waren, in ihrer Bedeutung um so rätselhafter sein mußten (Abb. 51). Bewunderung so-

Abb. 51. «Zu den 100 Mauern», «Zu den 7 Kammern» und ähnliche Flurnamen beziehen sich fast immer auf römische Ruinen und drücken das Erstaunen aus über die Rätselhaftigkeit und Vielfalt von Mauerzügen einer römischen Villa, einer Zisterne oder irgendwelcher Substruktionen. Hier die Kirche S. Pietro «zu den 100 Mauern» (*ad Muricentum* oder *ad Centummuros*) bei Montebuono in der Sabina, die sich im 12. Jh. auf die Reste einer ausgedehnten – nach gefundener Inschrift vielleicht Agrippa gehörenden – römischen Villa setzte, von deren beherrschender Lage man über das Tibertal auf den Monte Soracte blickt.

gar noch für den einzelnen römischen Quader, der – als Spolie in Bruchsteinmauer wie eine Epiphanie der Antike wirkend – durch sein schimmerndes Material und seinen präzisen Schnitt (darum *lapis marmoreus, lapis quadratus)* seine Andersartigkeit deutlich zu erkennen gibt, als wolle er die Schäbigkeit des jetzigen, des mittelalterlichen Mauerwerks anklagen: «Mauern aus Quadern, die die Kümmerlichkeit der Heutigen bloßstellt», *murus in quadris lapidibus modernorum parcitatem accusans*, bemerkt eine französische Chronik des 12. Jahrhunderts über eine römische Mauer.

Gleichfalls als antikenverdächtig erweisen sich aber auch Begriffe, die immer wieder in den Grenzbeschreibungen begegnen und auf Bauten anspielen. Hier sei beispielhaft nur einer genannt, der eher unauffällig wirkt: *cripta* – das wird italienisch ‹grotta› – bezeichnet in der Regel antike Gewölbe, in Rom etwa die *crypte* des Kolosseums in den Mietverträgen des 11. Jahrhunderts, und vor allem die *crypte* von Neros *Domus Aurea*, die der *Grottesken*-Malerei der Renaissance den Namen geben werden. *Crypte* erscheinen fast stets im Plural, weil meist in langer Reihung angetroffen als Teil von Substruktionen oder Magazinbauten, und sind gewiß antik, wenn in Gesellschaft mit einem *centum*-Toponym, oder mit römischer Pflasterung, *silex*. Eine *crypta obscura* kann natürlich auch eine Tuffhöhle sein, ebenso eine *cripta rubea*; aber wenn als Grenzmarke gewählt, könnte das ein antikes Ziegelgewölbe bezeichnen – so wie eine *crypta alba* vielleicht ein marmorverkleidetes Grabgewölbe war, denn aus dieser selben 968 vor der Porta Portese genannten *crypta alba* wird in einer anderen Urkunde nur fünf Jahre später ein *monumentum album*, war also eindeutig keine natürliche Grotte.

Als geschlossenes Beispiel sei hier einmal der Komplex der Besitzurkunden von Kloster Farfa genommen: eine ungewöhnlich frühe und dichte Überlieferung für ein begrenztes Territorium, die Sabina, die von einer römischen Straße, der Via Salaria, durchzogen wird und noch heute von zahlreichen Resten römischer Villensiedlung bedeckt ist. Dieser reiche Urkundenbestand des achten bis elften Jahrhunderts ist denn auch für viele Untersuchungen herangezogen worden, etwa von Pierre Toubert in seiner bedeutenden Arbeit über den Siedlungswandel des *incastellamento*, das in der nachkarolingischen Anarchie die offene antike Siedlung durch die befestigte Höhensiedlung ablöste. Die Hunderte von Grenzbeschreibungen enthalten, wo sie natürliche Landmarken nennen, wahre Landschaftsidyllen, die man sich gern vor Augen stellt: «eine Eiche unten im Tal, dann an weiteren Eichen entlang bis zu der Eiche mit den zwei großen Ästen am Wald bei der öffentlichen Straße.» Dazwischen die Landmarken von Menschenhand, darunter auffallend häufig solche mit ausdrücklicher Kennzeichnung als *antiquus*, etwa in Verbindung mit *murus, monumentum, civitas, cisterna, via, forma.* Antike wird zum Element der Landschaft, zum Flurnamen.

Antiquus bezeichnet hier Strukturen von älterem Aussehen, darunter gewiß oft auch verfallende römische Monumente, aber natürlich nicht durchweg «Antike» in unserem Sinne. Vielmehr ist relatives Alter gemeint: irgendwann früher errichtet, lange vor den jetzt hier fixierten Rechtsverhältnissen. Was das Nebeneinander von *antiquus* und *vetus* angeht, so ist die bisweilen anzutreffende Vorstellung doch wohl auszuschließen, der damalige Sprachgebrauch habe hier unterschieden und mit dem einen «alt», mit dem anderen «antik» gemeint: zu solcher Differenzierung bestand, solange antiquarische Absicht nicht im Spiele war, weder Fähigkeit noch Anlaß.

Hier aber geht es darum, wie antike Reste damals auch ohne Alterskennzeichnung benannt worden sein könnten: ob also in der schlichten Sprache nichtliterarischer Texte ein Vorrat von Begriffen feststellbar ist, mit denen man antike Monumente bezeichnete – nicht weil man sie als «antik» identifiziert und ihre ursprüngliche Funktion erkannt hätte, sondern gerade umgekehrt: weil man sie nicht einordnen konnte. Zu solchen antikenverdächtigen Begriffen gehören, neben *crypta,* etwa *monumentum, mausoleum, cisterna, balneum, forma.* Doch mahnt gerade dieser dichte Urkundenbestand zur Vorsicht, da er Begriffe wie *cisterna* oder *forma* natürlich auch in aktuellem Gebrauch zeigt, Zisterne und Wasserleitung funktionierend und nicht antik verfallen.

Eindeutiger wird es wieder bei *monumentum,* womit man einen gewöhnlichen Bau der jüngeren Vergangenheit schwerlich bezeichnet hätte, und das im Chronicon Farfense allein dreiundzwanzig Mal vorkommt: *monumentum, monumentum antiquum,* besser noch (weil es wohl eine ins Auge fallende Marmor- oder Travertinverkleidung anspricht) *monumentum album,* oder mit Namen spezifiziert: *monumentum Cupi, monumentum Clesurule.* Auch *balneum* bezeichnet häufig einen alten, in seiner Funktion nun nicht mehr erklärlichen Bau, zumal wenn *balneum vetus.* Eine aktuelle Funktion als Bad kann das in der ländlichen Sabina des 9. Jahrhunderts nicht mehr gehabt haben, und auch eine Pferdeschwemme wird man so nicht bezeichnet haben –

sondern eher einen fremdartigen Anblick, und das waren vor allem Rundbauten, die ja Bestandteil auch von kleinen Thermenanlagen waren. Man wird das Funktionieren und die Raumabfolge einer Thermenanlage nicht mehr begriffen, aber vielleicht doch Bassins mit wasserdichtem Verputz wahrgenommen haben. Gerade solche Bauten erregten Staunen, boten mehr nutzbaren Innenraum als selbst ein Tempel, und waren durch ihre massive Bauart besonders dauerhaft. Schon die bloßen Namen von einigen Gütern des Klosters Farfa lassen auf antike Reste schließen: *fundum Musileum* (Mausoleum), *fundum Criptulas* (Cryptule, kleine Gewölbe), *fundum Altariolum*.

Die Wahrscheinlichkeit, antike Ruinen vor sich zu haben, wächst, wenn mehrere solcher antikenhaltigen Benennungen gemeinsam auftreten. «Bad» plus «Säulen» plus «Monument» könnte ein ganzes Antikenensemble bezeichnen (*via ad balneum que pergit ad columnellas et ad monumentum*); und erst recht «Pflasterung» und «Monument» erklären sich gegenseitig, etwa in einer Urkunde des 8. Jahrhunderts. Wenn man den Markt vor Augen hat, der noch heute in der Sabina regelmäßig bei Osteria Nuova in freier Landschaft auf einem Stück aufgegebener antiker Via Salaria abgehalten wird, und seine Landmarken benennen sollte, würde man nur angeben können: *cripta* (der riesige antike Grabbau im Innern der Osteria Nuova), *monumentum* (die beiden hohen Turmgräber an der antiken Straße), *via silicata* (die Via Salaria). So wie 1169 auf der Via Appia in den Pontinischen Sümpfen ein «alter Markt auf dem Pflaster» genannt wird, *mercatum vetulum supra silicem*.

Ein eigenes Problem ist die mittelalterliche Benennung römischer Straßen, deren Nachleben zu verfolgen besonders lohnend ist, weil es zugleich viele straßenbezogene Monumente betrifft. Doch bleiben wir hier beim Urkundenbestand Farfas. *Via antiqua* reicht nicht aus, um auf «antike» Straße zu schließen. Und *via romana* meint natürlich nicht – wie angenommen worden ist – eine «Römerstraße», sondern eine «Romstraße», nämlich eine nach Rom führende Straße. Allerdings wird man, damals wie heute, eine unbedeutende lokale Straße nicht als «Straße nach Rom» bezeichnet haben: man muß von ihr schon den Eindruck gehabt haben, daß sie dort auch ankam. Tritt zur *via romana* aber noch *silex* «Pflasterung», oder wird an ihr gar ein *pons marmoreus* genannt, könnte es tatsächlich eine alte römische Straße sein. Jedoch generell eine «équivalence entre *via romana* et *via silicata*» herzustellen, ist nicht zulässig. Sicherstes Indiz für eine römische Straße bleibt das Staunen über ihre durchgehende Pflasterung (*silex, silicata*). In den Grenzbeschreibungen der Sabina findet sich diese Bezeichnung nicht eben häufig. Da bei Konsularstraßen gern Pflasterung unterstellt wird, sei hervorgehoben, daß die Via Salaria in der Sabina nicht gepflastert, nicht *silicata* war, sondern nur eine von kräftigen bossierten Quadern eingefaßte Schotterung hatte (die im Mittelalter aber vielleicht gleichfalls als *silex* bezeichnet werden konnte).

Forma als Bezeichnung für den antiken Aquädukt begegnet in Besitzbeschreibungen gerade um Rom öfters, vor allem natürlich dort, wo Aquädukte gehäuft anzutreffen waren: im Aniene-Tal, durch das die meisten römischen Wasserleitungen führten (so geraten sie in die Urkunden von Kloster Subiaco, das dort viel Besitz hatte), und dann vor Porta Maggiore, wo sie, *Aqua Marcia* und *Claudia*, *Anio Vetus* und *Novus*, gemeinsam mit Via Praenestina und Via Labicana gebündelt und hoch in die Stadt eintraten und in entsprechend dichter Gemengelage von Aquädukten und Straßen in den Grenzbeschreibungen dort erscheinen. Freilich muß nicht jede *forma* antik sein, kann auch eine *forma antiqua* Wasser führen, was bei antiken Aquäduktbögen ohne massive Instandsetzungsarbeiten kaum denkbar und hier auszuschließen ist. Bekanntlich hat die Bezeichnung *forma* für antike Aquädukte im mittelalterlichen Italien Kirchen und Fluren den Beinamen *in Formis* gegeben.

Mausoleum begegnet, wie in anderen Gegenden Italiens, auch in Latium, so im großen Privileg Papst Leos IV. (847–855) für das Bistum Tuscania, als *mausileum* allein bei der Beschreibung der Nordgrenze drei Mal: «die Grenze läuft ... zum Mausileum und dann durch den See [von Bolsena] zum Mausileum auf dem Campo Rosano ... und von dort zum Mausileum Caninum». Die vorgeschlagene Identifizierung mit dortigen römischen Grabbauten ist denkbar, setzt aber voraus, daß man noch in der Lage gewesen wäre, in solchen Monumenten römische Grabbauten zu erkennen. Das ist eher unwahrscheinlich. Aber eine römische Ruine wird es vermutlich doch gewesen sein, was da mit solch nicht alltäglichem Wort bezeichnet wurde; oder aber das Toponym *mausoleum* haftete seit spätantiker Zeit, als man von der Funktion des Baus noch wußte, an diesen verfallenden Monumenten.

Darum sei ausdrücklich hervorgehoben, daß die verwendeten Begriffe nicht beim Worte zu nehmen sind: ein *mausoleum* muß nicht ein Mausoleum, ein *balneum* nicht eine Therme, ein *caput Serapi* nicht ein Serapiskopf gewesen sein. Aber *irgend etwas* Antikes wird es gewesen sein: das Außergewöhnliche bezeichnet mit dem außergewöhnlichen Wort.

Die in Grenzbeschreibungen häufig begegnende *columna* kann in freier Landschaft natürlich vieles sein: eine wiederaufgerichtete Säule aus einer nahen Ruine; ein antiker Meilenstein an der Straße (*columna antiqua marmorea qui iusta via stare videtur*); ein Grenzcippus noch aus der Zenturiation, der römischen Flureinteilung. Aber auch ein ganz neu zugerichteter Stein kann natürlich *columna* sein. Nur würde man in solchem Fall das bewundernde Epitheton *marmorea* (das natürlich nicht nur Marmor im mineralogischen Sinn, sondern jeden schönen Kalkstein meinte) kaum verwendet haben.

Auch auf antike Skulpturen könnte in einigen Grenzbeschreibungen angespielt sein. Antike Statuen hatten eine vergleichsweise geringe Überlieferungs-Chance, denn wenn sie sich nicht christlich uminterpretieren ließen, war mit ihnen wenig anzufangen. Die Fülle von Statuen in unseren Museen stammt aus späteren Grabungen und darf nicht glauben machen, die Statuen hätten, im Mittelalter, über der Erde überlebt. Die wenigen Stücke, die über der Erde erhalten blieben und sozusagen mit den Menschen in Umgang traten, eigneten sich um so mehr als unverwechselbare Bezugspunkte – und natürlich fanden sie sich auch draußen in der Landschaft, Reste der reichen Statuenausstattung römischer Villen etwa in der Sabina, wo eine einzige Villa an der Via Salaria allein Dutzende von Statuen hergegeben hat: sie wurden zum Grundstock der Ny Carlsberg Glyptothek in Kopenhagen. Ein Berg oder ein Brunnen, wenn sie Statuen im Namen haben (*mons qui vocatur de statua, fons ymaginis*), könnten auf antike Statuen anspielen, ein *caput leonis* einen Sarkophag mit Löwenprotomen meinen oder gar eine vollplastische Löwenfigur, wie es jedenfalls die «steinernen Löwen», die *leones lapidei* waren, die südlich von Montecassino ausdrücklich als Grenzmarken genannt werden.

Folgen wir nun einigen Grenzbeschreibungen ins Gelände, um in kontinuierlicher Begehung Antike in der Landschaft aufzusuchen.

Die Besitzbeschreibung einer Urkunde, mit der der Bischof von Velletri, wohl 946, im Zuge jenes *incastellamento* einen Berg «zum Bau eines Kastells» verleiht, führt in das Gelände südlich der Albanerberge, das von der Via Appia durchquert wurde, bis die Stadt Velletri die Straße aus ihrer antiken Geraden ablenkte und an sich zog. In die gleiche Gegend führt eine Besitzbestätigung Paschalis' II. von 1102 für Velletri. Die solide gepflasterte Trasse der alten Appia, heute nur noch ein bescheidener Pfad, war hier von großen Latifundien begleitet (von denen einige schon im Frühmittelalter in den Besitz von St. Peter gerieten), und zog zwischen den Resten von Straßenstationen, Grabbauten, Villen, Zisternen schnurgerade über zahlreiche antike Brückchen durch die zerfurchte, noch heute von endlosen Weinbergen bedeckte Landschaft (s. Abb. 46).

All das spiegelt sich schon in den Flurnamen dieser Urkunden. Beide Urkunden nehmen in ihrer Grenzbeschreibung immer wieder auf *silex* Bezug, die Basaltpflasterung der Via Appia, die sogar einer Kirche hier den Namen gab, Sant'Andrea *in Silice*, um 600 zeitweilig Ausweichsitz des bedrohten Bischofs von Velletri. Und so folgt die Grenze immer wieder dieser – ganz unverkennbaren, fast unzerstörbaren – antiken Pflasterung durchs Gelände: «Die Grenze verläuft zur Andreas-Kirche mit dem Beinamen ‹zum Pflaster› ..., dann das Pflaster zurück zur Bolagai-Brücke und von dort durch den Graben zur Mainelli-Brücke ...; beginnend beim alten Pflaster (*a silice antiqua*) in seinem Verlauf zur St. Stephans-Brücke ..., und wie sie dann auf diesem alten Pflaster verläuft» (946). Dazwischen weitere Toponyme, hinter denen sich antike Ruinen verbergen dürften. So folgen wir der Grenze, wie sie, von einer Strecke *silice de Marco* (oder *Macro*) abgehend, «von dort weiterläuft ins Tal ‹Zu den 100 Tropfen› und hinab zum ‹Neuen Bad›», *inde vero protenditur in vallem ad Centum Guttas et descendit ad Balneum Novum* (1102): vielleicht alte Zisternen, wie man sie dort noch heute längs der antiken Trasse findet. *Arcione, forma, columnella marmorea* könnten weitere Altertümer bezeichnen.

Bei den bemerkenswerten Namen der Gutsbezirke in der Urkunde von 946 hat man hinter *Soleluna*, ‹Sonne Mond› (noch heute als Flurname an der antiken, aufgegebenen Trasse der Appia weiterlebend!) die Erinnerung an irgendein ländliches Heiligtum vermutet, bei *Duo amanti* an einen großen Sarkophag am Straßenrand mit den Liegefiguren eines Ehepaars gedacht, das dieser Stelle den Namen gegeben haben könnte. Das ist natürlich bloße Vermutung. Aber irgendetwas Ungewöhnliches – ein unverstandenes Relief, eine volkstümliche Uminterpretation – wird es häufig gewesen sein, was, zumal bei ländlicher Bevölkerung, solche Namengebung auslöste. Und ungewöhnlich war am ehesten das *antike* Stück. Heiligenfiguren an einer Landkirche hätte man so nicht bezeichnet.

Ein Weinberg in den Albanerbergen scheint, in seiner Beschreibung 936, ganz in Ruinengelände gebettet, zwischen «alten Mäuerchen und Gewölben» (wohl den großen Terrassierungen der Domitiansvilla in der heutigen Villa papale) und «bis zur Pflasterstraße mit ihrem Monument» reichend, der Via Appia mit einem ihrer monumentalen Grabbauten dort. Oder man durchstreife ein anderes antikenhaltiges Gelände, Portus bei Ostia, mit einer ausführlichen Grenzbeschreibung von 1018. Da sind Altertümer als Grenzmarken sozusagen unvermeidlich.

Daß man sich dort ganz zwischen *antichità* bewegt, ist für das Vorhaben, zeitgenössische Begriffe für die Bezeichnung von antiken Resten zu gewinnen, eine wesentliche Voraussetzung. Zugleich zeigt sich aber auch um so deutlicher, daß der Vorrat an Begriffen im Vergleich zur Vielfalt der angetroffenen Monumente doch eher begrenzt und geradezu typisiert war. Meist sind es *balneum* und *balnearia, crypte, monumentum antiquum, columnella*: auf diese Begriffe reduziert sich (allerdings bei rein funktionaler Wahrnehmung als topographische Anhaltspunkte) womöglich die Fülle einer ganzen Ruinenlandschaft.

Eine Grenzbeschreibung mit besonders vielen Antiken enthält die angebliche Schenkung von Besitz durch Papst Gregors des Großen Mutter Silvia an das Kloster SS. Andrea e Gregorio in Clivo Scauri, in

Wahrheit eine hochmittelalterliche Fälschung. Die Besitzbeschreibung nennt, beginnend mit einem «großen runden Monument» und einer «alten Marmorbrücke», zahlreiche Grundstücke mit antikenhaltigen Namen (wie *Palatiolum, Criptule, Sarcofago, Caput Serapi, Septem Balnea, Nimphulae*) gelegen «an der Via Aurelia ungefähr beim zehnten Meilenstein ab Rom», und begeht die Grenzen Schritt für Schritt von Marmorstein zu Marmorstein, von alten Bögen zu antiker Pflasterung zu marmorner Brücke (die Brücke der Via Aurelia über den Arrone). Wahrhaftig eine schöne Antiken-Wanderung, die, gerade weil sie Besitzverhältnisse des frühen 7. Jahrhunderts vorspiegeln will, mit dem Antiken-Vokabular der eigenen Zeit, des 12. Jahrhunderts, zu existierenden Toponymen vielleicht noch weitere hinzuphantasierte: Petrus Diaconus, der begabteste Fälscher dieses Jahrhunderts, hätte es nicht besser machen können. Hier ist sozusagen alles beisammen, womit man damals Altertum beglaubigen konnte: Rundgrab und Marmorbrücke, *septem* und *centum*, alte Pflasterung und alte Bögen, Serapis und Nymphen, Grotte und Sarkophag!

Unsere Grenzbegehungen führten durch mittelalterliche Landschaften, in denen antike Reste stellenweise noch so häufig als Grenzmarken genannt waren, als befände man sich in einer Landschaft römischer Landvermesser (*agrimensores*) mit ihren Hainen, Baumreihen, Grenzsäulen, Steinbrücken, Altären und Tempelchen an rechtwinklig angelegten *limites* (die ihrerseits von den Sakrallandschaften pompejanischer Fresken nicht weit entfernt ist) (Abb. 52). Aber in mittelalterlichem Munde bekommen antike Monumente andere Züge. Mit ihrem Verfall allein erklärt sich das nicht. Auch mit Pausanias kann man durch Landschaft wandern und dabei, im Griechenland des 2. Jahrhunderts n. Chr., schon Verfall beschrieben finden: von Efeu zersprengte Tempel, Statuenbasen ohne Statuen, das Kultbild von herabstürzenden Blöcken zerschlagen, von einstiger Stadt nur noch Reste des Marktes und der Mauern zu sehen. Aber mag der zeitliche Abstand zwischen Pausanias und einer archaischen Kultstätte auch nicht geringer sein als die sieben Jahrhunderte zwischen einer karolingischen Grenzbeschreibung und einem hadrianischen Mausoleum, so wußte ein Pausanias jeden Überrest doch zu deuten und ein-

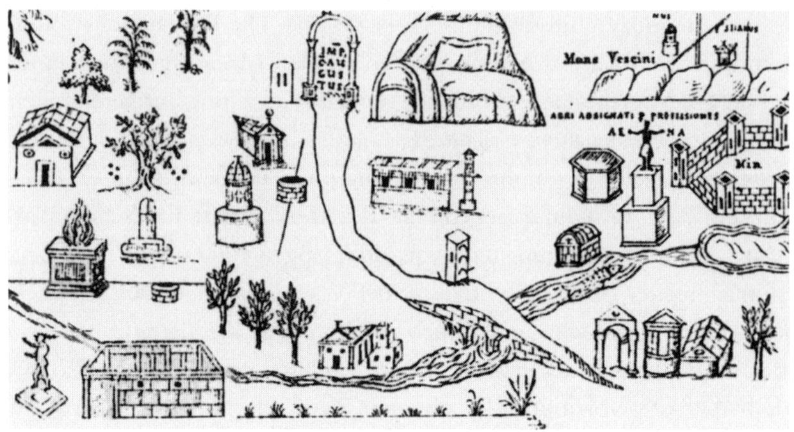

Abb. 52. Römische Agrimensoren-Landschaft. Die römische Flureinteilung (Zenturiation), stellenweise noch heute erkennbar, wurde seit dem frühen Mittelalter zunehmend überlagert von neuer Grenzziehung, die nun als Grenzmarken neben Bäumen, Bächen, Waldrändern antike Reste wie Grabtürme, Villenruinen, Pflasterstraßen nahm, da sie noch im Verfall ansehnlich waren und nicht in einer Nacht beiseite zu räumen wie ein Grenzstein. Collage aus Umzeichnungen von Landmarken der Agrimensoren-Codices Wolfenbüttel Arcerianus A und Bibl. Ap. Vat. cod. Palat. 1564.

zuordnen. Das ist hier anders. Nicht daß im Früh- und Hochmittelalter Einzelne nicht schon fähig gewesen wären, Mauern als antik, Sarkophage als römisch, Grabbeigaben als vorchristlich zu bestimmen, wenngleich noch ohne den Versuch von Datierung und Identifizierung. Aber nicht in solch kleinen und interessierten Kreisen sollte hier dem Nachleben antiker Monumente nachgegangen werden, sondern im ländlichen Alltag: Antike nicht aus antiquarischer oder gar elegischer Absicht gesucht, nicht aus antiken Autoren angelesen, sondern schlicht vorgefunden und zu praktischen Zwecken benannt.

XX

Unausgegrabene Amphitheater als Bestandteil der Landschaft

Daß römische Bauwerke von den Dimensionen eines Amphitheaters spurlos von der Oberfläche verschwinden und völlig in der Landschaft aufgehen könnten, im Geländerelief gerade noch eine flache, ganz natürlich anmutende Senke hinterlassend: das scheint nicht vorstellbar, auch wenn man aus häufigem Begehen von antikem Gelände weiß, wieviel Menschenwerk sich die Natur zurückzuholen vermag. Und doch ist es so. Höhenlinien bilden dann auf der Karte gerade noch den Umriß einer Mulde ab, die sich, aufs natürlichste eingebettet in die umgebenden Hänge, schließlich durch Grabung als das lange gesuchte Amphitheater erweist (Abb. 53).

Wie aber kommt es zum Verfall, ja zum Verschwinden solch gewaltiger Bauten? Der Verfall beginnt, wenn die ursprüngliche Funktion des Bauwerks verloren geht, und setzt sich fort, wenn keine Umnutzung einsetzt, neue Generationen also nichts mit den Resten anzufangen wissen. Diese Schritte seien zunächst einmal verfolgt.

Während Gladiatorenkämpfe, seit das Christentum Staatsreligion geworden war, gegen 400 n. Chr. allgemein aufhörten, sind Tierhatzen (*venationes*) und Zirkusspiele mit den dafür noch erforderlichen – wahrscheinlich nur notdürftigen – Reparaturen an Amphitheatern noch im ostgotischen Italien des 6. Jahrhunderts belegt. Voraussetzung war, daß sich noch, abgesehen von den Kaisern, lokale Patrone fanden, die solche Spiele finanzierten. In Rom ist das unter den Senatoren bis etwa 425 noch nachweisbar (Symmachus traute sich sogar zu, für seine reichen Spiele 393 und 401 noch Krokodile zu beschaf-

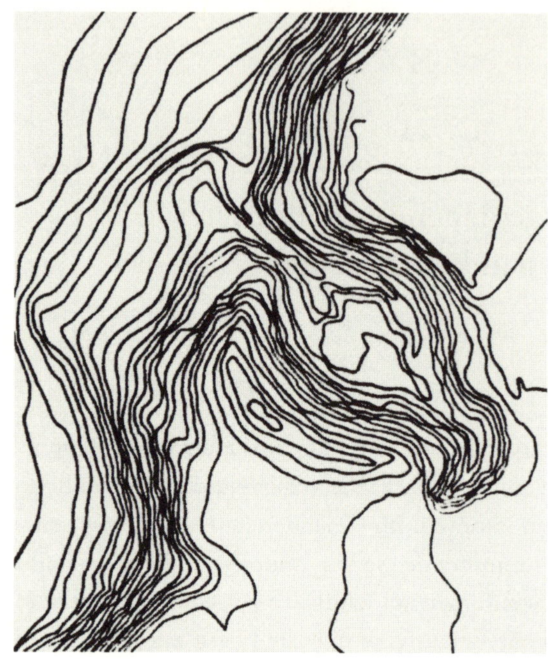

Abb. 53.
Das Amphitheater von Augst/*Augusta Raurica* vor seiner Entdeckung noch unerkannt als Mulde im Gelände. Nur die elliptische Gestalt der Höhenlinien verrät, im nachhinein, den menschlichen Eingriff.

fen), wird als Ehrenpflicht neuer Konsuln hier noch in der 1. Hälfte des 6. Jahrhunderts angesehen (Boethius, Cassiodor, Konsulardiptychen) und von Theoderichs Schwiegersohn Eutharich 519 auch noch einmal durchgeführt. In der Provinz war das gewiß schwieriger, hat man sich Tierhatzen nicht mehr mit teuren afrikanischen Löwen und Krokodilen vorzustellen, sondern mit leichter beschaffbarem lokalem Getier, gewiß auch mal einem Bären. Mit dem 6. Jahrhundert scheint dann auch solche Nutzung von Amphitheatern aufgehört zu haben.

Was dann geschah, verlief ganz unterschiedlich, und das hatte seinen Grund vor allem darin, daß die Amphitheater fast immer außerhalb der römischen Stadtmauern lagen. Zwar wurden öffentliche Gebäude auch im Zerfall nicht *res nullius*, blieb der Steinraub grundsätzlich untersagt: doch war das bei solch monumentalen Bauwerken, zumal außerhalb der Stadt, schwer zu kontrollieren und leicht zuzulassen. Wurden früh Oratorien oder Kirchen eingebaut zur Erinnerung an Christen, die man in der Arena als Märtyrer gestorben glaubte (und das gab es zwischen Tarragona und Durrës, zwischen Metz und Carnuntum überall), dann zog das Siedlung an, die mit der nahen Stadt irgendwann zusammenwuchs.

So gerieten einige Amphitheater früh in das mittelalterliche Siedlungsgewebe, einzelne ihrer Gewölbe wurden als *cryptae* oder *grotte* besessen, verkauft, verpachtet, wie frühmittelalterliche Urkunden zeigen. Man richtete sich mit Wohnungen, Werkstätten, Magazinen unter den Sitzstufen ein und baute zugleich Häuser auf den Sitzstufen – bis die Sitzstufen, als brauchbares Steinformat ohnehin gern zu Wiederverwendung entfernt, irgendwann verschwanden und die Räume darunter und darüber senkrecht zu Häusern zusammenwuchsen. Daß sie ein Amphitheater ausfüllen, erkennt man nur noch im Luftbild oder an der Parzellenstruktur. Andere Amphitheater, bis zur Unkenntlichkeit verbaut, wurden zum *castrum*, zur Zitadelle der Stadt. Wieder andere kamen erst spät in die Stadt zu liegen (Capua, Terni, Todi), und dienten bis dahin als Weinberg, Stallung, Steinbruch. In Venafro bildete das Amphitheater durch die regelmäßige Bebauung nur der *cavea* mit ländlichen Gebäuden einen Rundling vor den Mauern der Stadt. In der differenzierten Typologie zum Nachleben von Amphitheatern, wie man sie bei Pierre Pinon und bei Lukas Clemens findet, sind alle Formen der Umnutzung aufgeführt. Und eben auch der Fall, daß Amphitheater außerhalb der schrumpfenden Stadt blieben, und wenn die zugehörige Stadt gar aufgegeben wurde, ganz vereinsamten und in der Landschaft aufgingen. Das macht sie zu einem Gegenstand dieses Buches.

Für unsere Vorstellung von Nachleben und Wahrnehmung wesentlich ist schon die mittelalterliche Benennung, da sie ein Indiz sein kann, ob in den weiterlebenden Städten die Erinnerung an (oder doch das Verständnis für) die ursprüngliche Funktion des Bauwerks erhalten blieb oder gänzlich verloren ging. In Italien ist auffallend häufig – und nur bei Amphitheatern – die Bezeichnung *parlascio, perlascium, verlascio, birilascio* (Florenz, Lucca, Minturnae, Cassino u. a.), was man aus griechisch ‹Herumgehen›, περιελαύνειν, oder aus germanisch ‹Bärengelaß› hat ableiten wollen, ohne zu einem endgültigen Ergebnis zu kommen. In Frankreich finden sich *de Arenis, in Cavea, in*

Abb. 54. Weite Teil der Substruktionen von Amphitheatern sind aus *opus caementicium*, das mit *opus reticulatum* verkleidet ist. Da die kleinen Tuffklötze des Retikulatmauerwerks oft weicher sind als der umgebende Mörtel und darum leichter verwittern, füllen sie sich, wenn die eingestürzte Wand nun waagerecht zu liegen kommt, mit Humus und mit Blumen und werden zu kleinen Gärtchen von seltsamem Waffelmuster.

loco qui dicitur les Arennes in Familiennamen, Kirchennamen, Flurnamen, neben *arenae* stellenweise noch im Hochmittelalter auch *amphitheatrum* (Rouen 11. Jh., Trier um 1100, Metz 12. Jh.): ob mit dem Begriff auch das Wissen um den ursprünglichen Zweck erhalten blieb, ist allerdings zweifelhaft. Dann aber, im späten Mittelalter, breitete sich die sagenhafte Ausdeutung antiker Monumente noch weiter aus, hier vor allem – wie schon zuvor – in Anlehnung an die *Chansons de geste* um Karl den Großen, werden Amphitheater nun zum Palast der Galiena (der sagenhaften Tochter des muslimischen Königs von Toledo, Ehefrau Karls) oder des Paladins Roland.

Die Amphitheater aber, die draußen in der Landschaft ohne den Zugriff des Menschen ihrem allmählichen Verfall überlassen waren, boten bald einen anderen Anblick. Von einem Erdbeben durcheinandergerüttelt oder in ungestört natürlichem Zerfall, die Fugen von Wurzeln auseinandergehebelt, die Unterbauten der *cavea* (des abgestuften, elliptischen Sitzraums) stellenweise einbrechend, bedeckten sie sich mit dichter Vegetation. Und da Amphitheater mehr aus verkleidetem *opus caementicium* gebaut sind als aus Quadern wie ein Tempel oder ein Theater mit seiner Bühnenwand, fallen sie nicht so säuberlich wie Bauklötze auseinander, sondern eher in formlosen Klumpen, die sich leichter mit der Natur verbinden. Da die Tuffklötzchen des verkleidenden Retikulatmauerwerks oft weicher sind als der umgebende Mörtel und darum leichter verwittern, füllen sie sich, wenn die eingestürzte Wand nun waagerecht zu liegen kommt, mit Humus und mit Blumen und werden zu kleinen Gärtchen von seltsamem Waffelmuster (Abb. 54).

Wie solch ein verfallendes Amphitheater auf die Menschen wirkte, kann man sich vorstellen. Befremdlich die äußere Gestalt. Schon ein monumentaler antiker Rundbau war auffallend und diente als Kennzeichen, wenn Fremdes, Fernes dargestellt werden sollte. Aber dieses Gebilde war von anderer, ungewöhnlicher – nämlich elliptischer – Rundgestalt, die sich im übrigen unauffälliger in die Landschaft einpaßte als ein Rund- oder Rechteckbau. Wenn das Amphitheater tief in die Erde versunken und ohne viel erhaltenes aufgehendes Mauerwerk war, konnte es wie eine natürliche Depression, fast wie eine Doline wirken. War das Amphitheater – wenigstens mit einer Seite – in die Hänge eines Hügels gebaut, so ging der Bau im Verfall noch leichter im Gelände auf. Das nun bei jedem Regen von den Hängen herabgeschwemmte Erdreich deckte die Ränge der *cavea*, unter der bei solcher Einbettung kaum Substruktionen nötig und darum wenig Hohlräume zu füllen waren, und erst recht die Arena bald hoch zu. Bei den Bauresten in freier Landschaft war es häufig so, daß die ebene Arena im Innern von den Bauern beackert wurde (noch heute etwa in Ferento und Falleri Novi), während auf den ansteigenden Mauerresten der *cavea*, da sie nicht zu bepflügen waren, dichtes Buschwerk wuchs. Schon das läßt die Konturen des Baus klar hervortreten. Wenn nun einer der zahlreichen hochsommerlichen Buschbrände das Gebüsch schwärzt, hebt sich der Grundriß des Amphitheaters überdeutlich von den umgebenden Feldern ab.

Noch rätselhafter das Innere, die innere Anordnung der Räume. Weite Folgen von zahllosen Gängen und Räumen kannte man draußen in der Landschaft auch von den *basis villae*, den großen Villen-Plattformen (daher Toponyme wie *ad centum muros, cento camere*). Aber da verliefen die Mauern parallel, hier radial. Wer in den Dämmer dieser Gänge eindrang, fand sie hoch gefüllt mit Schutt und Erdreich, das durch die Vomitorien, die Treppenzugänge hereindrang oder durch die geborstenen Sitzreihen herabrieselte, fand in den Kavernen, wie sie sich unter zusammengebrochenen Gewölben bilden, die Wohnungen von Tieren.

Für den, der von der eigentlichen Funktion des Bauwerks nicht wußte (und draußen auf dem Lande sah man auf solch monumentale Reste natürlich mit noch mehr Unverständnis als in der Stadt), mußte auch rätselhaft sein, daß das weitläufige System der Gänge in sich geschlossen, buchstäblich endlos war. So etwas konnten sich doch nur Dämonen ausdenken, konnten doch nur Ungeheuer zur Behausung wählen. (Noch in der Phantasie neuerer Literatur, wie bei Kenneth Grahame oder Michael Ende, ist das Hausen in versunkenen antiken Gewölben und gar in einem Amphitheater eine nicht geheure Welt von beklemmendem Reiz). Gelehrteren Gemütern fiel dann wohl, mit oder ohne den Anklang bei Isidor von Sevilla (Etym. 15,2), das Labyrinth ein. Denn es war ja wirklich so: hatte man, durch irgendeine Einbruchstelle, in ein verfallenes Amphitheater hineingefunden, so war nicht gesagt, daß man, bei verschütteten Ausgängen, aus den dunklen, ringsum ineinander übergehenden Gängen auch wieder hinausfand. Oder wie es vom Amphitheater von Verona um 800 heißt: «ein hohes Labyrinth groß an Umfang, aus dem, wer den Eingang nicht kennt, nicht wieder herauskommen kann, es sei denn mit einem Licht oder einem Garnknäuel».

In Ruinen von solcher Dimension mußten denn wohl auch Tiere von anderer Dimension hausen als die Füchse und Wildkaninchen, wie wir sie dort antreffen, nämlich riesige Drachen oder Schlangen: «den vor dem Stadttor von den Bürgern für Spiele errichteten Rundbau, *in girum edificata,* hatte ein riesiger Drache, *draco mire magnitudinis,* zu seiner Wohnung erwählt», weiß zum Amphitheater von Metz die

Vita Clementis (um 1000). Bis ihn der Hl. Clemens daraus vertreibt, denn an solche Tat konnte sich ein Heiliger ja wagen, und erst das bringt das Monument in die Quelle.

Einen rätselhaft erhabenen Anblick boten Amphitheater auch im Verfall. Auf solch einen Eindruck wird man wohl auch die bewegende Geschichte zu beziehen haben, die in der Versilia im kleinen Luni spielt, das damals bereits halb verfallen war (Grabungen haben ergeben, daß die Hauptstraße bereits im späten 4. Jahrhundert ihre Pflasterung verlor). Da berichtet eine Chronik zum Jahr 860, ein Wikingerhäuptling habe, als er Luni eroberte, schon geglaubt, er habe Rom erobert, *ratus cepisse Romam caput mundi*. Wem man vielleicht eine hölzerne Bischofsstadt an der Nordsee als «Rom des Nordens» gepriesen hatte, der sollte wohl glauben, das wahre Rom vor sich zu haben, wenn er auf sein erstes Amphitheater stieß. Noch in einer Urkunde Barbarossas von 1185 wird Lunis Amphitheater eigens hervorgehoben und, mit entliehenen Worten, befremdet als *edificium quod circulum vocatur aut arena* umschrieben.

Wie unterschiedlich ein verfallenes Amphitheater noch in der Renaissance wahrgenommen werden konnte, wenn es naiv von einem unvorbereiteten nördlichen Reisenden gesehen wurde oder aber kennerisch von einem bereits antiquarisch gebildeten italienischen Humanisten: dieser ganze Abstand läßt sich ermessen, wenn man zwei Texte aus den gleichen Jahren gegeneinander hält: das Amphitheater von Pula beschrieben von dem Luzerner Ratsherrn Hans Schürpf auf seiner Jerusalemfahrt 1497, und das Amphitheater von Verona beschrieben von dem Veroneser Notar Pietro Avogaro 1493. Für den Luzerner, dem solch ein Anblick sichtlich noch nicht zugestoßen war, ist die Arena ein Turnierplatz in einem runden Palast Karls des Großen (so deutet er es oder läßt es sich von der Lokaltradition deuten), die Substruktionen sind gedacht als Schattenplätze gegen die Sommerhitze. Ganz anders der Italiener. Ihm sind bereits die Fachausdrücke geläufig, mit dem einen Begriff *amphitheatrum* stellt er seinen humanistischen Lesern bereits die ungewöhnliche Gestalt dieses seltsamen Bauwerks vor Augen, die der Luzerner umständlich und additiv beschreiben muß. Die Größe des Baus vermittelt der Italiener, wie heutige Archäologen, über das geschätzte Fassungsvermögen (wenn auch viel zu hoch gegriffen) – während es der andere treuherzig in seine heimatlichen Maßstäbe übersetzt: stünde die Arena voll Gras, brauche der Mäher mehr als ein Tagwerk. Man könnte den Vergleich noch vertiefen und weitere Texte einbeziehen. Aber hier sollte nur gezeigt (und in den Worten einer Quelle vorgeführt) werden, wie fern von der uns vertrauten Sehweise ein solcher Bau wahrgenommen wurde.

In neuerer Zeit hat die Verbindung von Ruine und Ruinenflora, wie sie, wegen Monumentalität und Zerklüftung, so dicht vor allem an einem Amphitheater zu beobachten ist, viele Maler angezogen. Die Ruinenflora des Kolosseums, die da auf den zersprengten Zuschauerrängen Platz genommen hatte, ist oft gemalt worden. Oder das Amphitheater von Pozzuoli, die roten Ziegelbögen verhängt von üppiger Vegetation, in seinem Äußeren wie in seinem Innern einfühlsam gemalt von Abraham Ducros (um 1794). Tatsächlich ist das Innere eben dieses Amphitheaters in einer Zeichnung des frühen 19. Jahrhunderts vom Herausgeber irrigerweise als «Felsenhöhle», also als Bestandteil einer Landschaft identifiziert worden, so sehr kamen die verfallenen Substruktionen in ihrer Wirkung einem Naturgebilde nahe.

Zurück zum Bestand und ins Gelände. Wie natürlich ein Amphitheater zum Bestandteil der Landschaft werden kann, zeigt etwa Ferento nördlich von Viterbo, wo für die teilweise Unterfangung der *cavea* eine Geländefalte benutzt wurde, in die sich der Bau dann wieder zurückgebildet hat. Die kleine römische Stadt *Ferentium* florierte in der frühen Kaiserzeit und lebte im Hochmittelalter wieder auf, unterlag dann aber dem nahen aufstrebenden Viterbo, das kräftig ins Umland ausgriff, die Via Cassia aus ihrer römischen Geraden ab- und nun durch die eigene Stadt lenkte, und eben die Konkurrentin Ferento gewaltsam ausschaltete, angeblich unter dem bemerkenswerten Vorwand, in der Kirche dort sei der gekreuzigte Christus mit geschlossenen statt mit geöffneten Augen dargestellt, und solche Häresie könne nicht geduldet werden. Jedenfalls wurde die Stadt 1172 von den Viterbesen zerstört, das römische Theater ausdrücklich demoliert (*Quod*

Abb. 55. Das Amphitheater von Ferento bei Viterbo, eine baumbestandene Einsenkung in der ansteigenden Geländeoberfläche, so daß der hohe Ost- und Südrand der Cavea in den Hang eingearbeitet werden konnten, Nord- und Westrand aufgemauert werden mußten. Doch können darüber erst Sondierungen Aufschluß geben. Noch ist der monumentale Bau ganz in die Landschaft integriert, sind die steilen Böschungen von Tieren bewohnt. Links der einstige Hauptzugang, heute Einfahrt der Erntewagen.

destruatur circulus Ferenti). Das zugehörige Amphitheater liegt rund 600 m nordöstlich der ausgegrabenen Stadt auf der gleichen schmalen, dann bald endenden Hochebene, die von tiefen Schluchten umzogen ist und heute von Pferden und weißen Rindern beweidet wird. Der Platz ist leicht zu erreichen auf dem zur nördlichen Hangkante führenden Weg, dessen begleitende Trockenmauer dort, wo zwischen den aufgeschichteten Natursteinen auf einmal ein Dutzend basaltene Pflastersteine erscheinen, deutlich erkennen läßt, daß hier ein gegen Osten weiterführender gepflasterter *decumanus* geschnitten wird. Denn auch dieser Teil der Hochfläche war besiedelt, das Amphitheater ganz in das (nicht ergrabene, aber luftarchäologisch festgestellte) orthogonale Straßennetz eingebunden: kein Maulwurfshaufen, der hier nicht antike Ziegel- und Keramiksplitter zutage förderte.

Das Areal des Amphitheaters, auf Luftphotos (und Google Earth) gut hervortretend, ist als baumbestandene Einsenkung schon von weitem leicht zu erkennen. Vollkommen in die Landschaft integriert, wirkt es wie eingeschnitten in die Schräge der – hier nach Osten ansteigenden – Geländeoberfläche, so daß der östliche Rand recht hoch ist, während der gegenüberliegende Scheitel der Ellipse, wo sich einst der Hauptzugang von der Stadt her befand, fast zu ebener Erde liegt (Abb. 55): heute Zugang für die Heuwagen in die landwirtschaftlich genutzte Arena. Ost- und Südhang, in deren felsigen Hintergrund wohl auch hineingearbeitet worden ist, könnten also die *cavea* ohne große Substruktionen unterfangen haben, Nord- und Westrand müßten aufgemauert gewesen sein. Doch ist davon nichts zu erkennen, außer daß sich unter Gebüsch undeutlich Abtreppungen im Stein zeigen. Die Wurzeln einer der den hohen Rand umstehenden monumentalen Eichen umklammern Ziegelwerk undeutlicher Art. Inwieweit antike Bausubstanz erhalten ist, werden Sondierungen der Università della Tuscia ergeben, die aber noch ausstehen. Was sich in Ost- und Südhang an Resten der Sitzreihen verbirgt, wissen bisher nur die dort wohnenden Tiere.

Einen ungewöhnlichen Anblick bietet das Amphitheater von Tusculum in den Albanerbergen, da es ganz unter Wald geraten ist. Die Anlage, weit im Westen außerhalb der Stadmauern, schmiegt sich in ein schmales Tal, so daß die Langseiten der *cavea* von den Talhängen unterfangen werden und nur die Schmalseiten mit den Zugängen in der Hauptachse hochgemauert werden mußten. An diesen beiden Punkten hat man denn auch, schon im 19. Jahrhundert, Teilgrabungen unternommen, die aber wieder zugewuchert sind. Der Bau, der außen 73:55, innen in der Arena 53:35 m mißt und nach Ziegelstempeln in die Mitte des 2. Jahrhunderts n. Chr. datiert wird, ist derart mit Vegetation zugedeckt, daß man nur gerade die Mulde der *cavea* bemerkt. Der regelmäßige Laubfall sorgt für ein kräftiges Anwachsen der Humusschicht; Eichen, Hainbuchen und Kastanien umstehen die *cavea*, Brombeergesträuch, Holunder und Efeu füllen die Arena, und wenn man nach Jahren das Areal aufs neue betritt, erkennt man schon wieder weniger als beim vorigen Mal. An wenigen Stellen bemerkt man Reste des hohen Podiums, das Arena und Sitzreihen trennte. Den besten Einblick gewinnt man, wenn man, mit der gebotenen Vorsicht, von der Arena in die – einst freigelegten, nun wieder weitgehend verschütteten – Substruktionen beim Südost-Portal eindringt (das durch die nahe Böschung der heutigen Fahrstraße von außen nicht mehr zugänglich ist). Die Schräge der Decke zeigt, daß darüber die Sitzstufen der *cavea* aufruhten, durch jedes Loch hängen Schlingpflanzen in die dunklen Räume, rieselt Erdreich herab und häuft sich im Innern zu hohen Kegeln. Wo das *opus reticulatum* abgefallen ist, tritt als Füllmauerwerk *opus caementicium* zutage. Hier hat man Einblick in den rings umlaufenden Gang, sieht man im Dunkel Treppenstufen hinauf in die *cavea* führen.

Das Amphitheater von *Volsinii*, auf einer Terrasse über Bolsena gelegen, hob sich lange Zeit kaum aus dem umgebenden Gartengelände ab: ein mit Bäumen und Gebüsch dicht bestandener gekrümmter Wall, an dem – aus der Luft leichter zu erkennen als am Boden – allein die streng elliptische Grundform das Menschenwerk verriet. Grabungen an einem Teil der nördlichen *cavea* ergaben dann einen (wohl flavischen) Bau mit zweistöckigen Arkaden aus Ziegel- und Quaderwerk, mit deutlichen Spuren starker Spoliierung in nachantiker Zeit, die Cavea völlig zusammengebrochen, so daß von den tragenden Galerien nur die Wände, nicht die Gewölbe blieben. Das läßt die Reste – Mauerwerk, Humus, Wurzelwerk, aufgefüllte Substruktionen – hier zu einer besonders kompakten Masse zusammenbacken, die ganz naturgeschaffen scheint. In dichter Gegenüberstellung sieht man bei diesem Amphitheater die Cavea teils mit ihren ausgegrabenen Strukturen, teils unter ihrem ursprünglichen Bewuchs. Auch in Carsulae, wo Theater und Amphitheater beieinander vor der Ausgrabung zwei – auf den ersten Blick unerklärliche – gekrümmte, baumbestandene Wälle in der Landschaft bildeten, hat man, völlig ausreichend, nur eine Hälfte des Amphitheaters freigelegt.

Und weitere Amphitheater, ein jedes – vor allem durch sein Nachleben – ein eigenes Wesen. In Cumae hat sich ein bäuerliches Casale auf den nördlichen Hauptzugang gesetzt, gleich anstoßend auf dem obersten Theaterrang die Schweineställe (so sah man es jedenfalls noch 1975, vor den behutsamen Eingriffen von Paolo Caputo), die Cavea bildet einen abwärts terrassierten Obstgarten. Oder das Amphitheater von Aquinum unbeachtet mit einem ländlichen Casale in seiner Mitte, bis das Ganze durch die neue Autostrada Roma-Napoli weggeschnitten wurde. Das Amphitheater von Telesia (westlich Benevent) war lange Zeit nur eine grüne Mulde zwischen Gärten und Bauernhäusern.

Noch ganz unter dichtem Bewuchs verbirgt sich das Amphitheater von Cales (bei Calvi Vecchia nordwestlich Capua). Gegründet als latinische Kolonie im Gebiet der Aurunker, war Cales eine ansehnliche Stadt an der Via Casilina, bekannt für Weinbau und Keramik-Industrie, wurde schon im 5. Jahrhundert Bischofssitz, dann aber verlassen (die nahe, vereinsamte Kathedrale hat von daher in der Krypta viele Spoliensäulen): heute ein weites, freies Ruinengelände eingebettet in die fruchtbare Landschaft Campaniens, mit Theater, Tempel, Thermen, die alle schon einmal archäologisch untersucht und mehr oder weniger freigelegt worden waren, aber nun vielfach wieder unter Vegetation geraten sind. Archäologische Sondierungen am Amphitheater in der Flur mit dem sprechenden Namen ‹Circolo› zwischen Via Casilina und Autobahn ergaben, daß die *cavea*, mit zwei Zugängen in der Hauptachse (Außenmaße 110:72 m), in ihrem unteren Rang in den Tuff geschlagen, in ihren oberen Rängen (Monsignor Zurlo, Bischof von Calvi, konnte 1792 drei Ränge unterscheiden) im Westen gegen den Hügel gelehnt, im Osten aufgemauert war, und im ersten Jahrhundert n. Chr. eine Ziegelfassade erhielt.

Von all dem ist heute nur noch ein Ziegelpfeiler mit vorgelegter Halbsäule an der Südostseite sichtbar, gewiß zum obersten Umgang gehörend. Sonst liegt alles unter undurchdringlicher Vegetation, und ist auch nicht frei zu umschreiten. Rings um die *cavea* dichtes Gebüsch, Hainbuche, Eiche, Haselnuß, Brombeere, dazwischen die hellen hohen Stangen des sogenannten Götterbaums (dem man solch hehren Namen nicht ansieht), die wie ein Wald von Lanzen die *cavea* umstehen und, wenn sie im Frühling ihre Blätter austreiben, nichts anderes mehr sehen lassen. Gebüsch so dicht miteinander verwachsen, Bäume so sehr mit Schlingpflanzen behängt, daß man – außer an der nördlichen Schmalseite – nicht einmal Einblick in die Arena hat. Wüßte man es nicht, nie würde man in diesem grünen Kessel, der sich nicht einmal im Luftbild deutlich abhebt, ein Amphitheater vermuten. Auch das – deutlich tiefer liegende – Innere der Arena ist mit

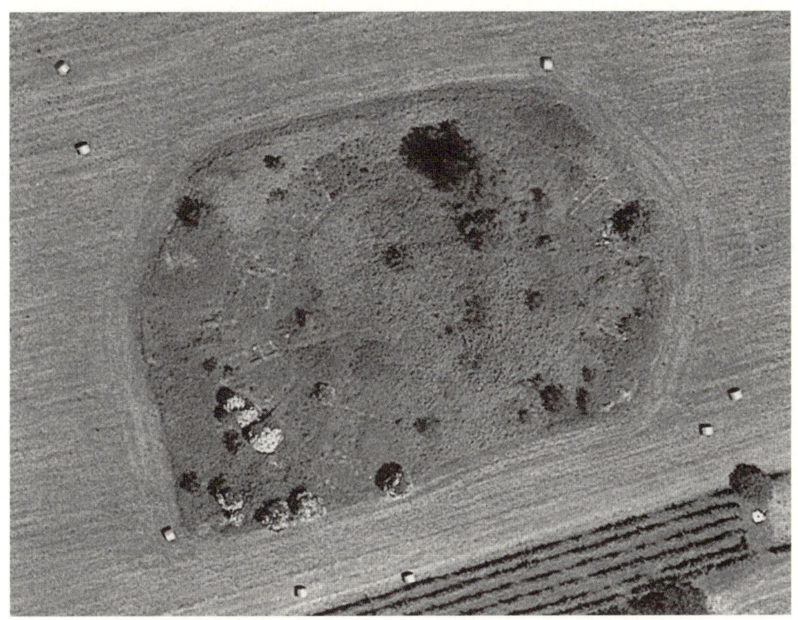

Abb. 56. Daß selbst solche Monumente völlig vom Erdboden verschwinden können, zeigt das Amphitheater von *Fabrateria Nova* bei Ceprano: heute nur noch eine flache Senke voll von wildem Bewuchs, nicht beackerbarer Fleck im Getreidefeld, festgestellt am radialen Mauerverlauf durch Luftaufnahmen in vegetationsloser Jahreszeit.

wildem Grün gefüllt, dazwischen undeutliche Reste früheren Obst- und Gemüseanbaus. Ein freundlicher Bauer bestätigt uns, daß früher, «als hier noch jedes Fleckchen genutzt werden mußte», auch das Innere des Amphitheaters landwirtschaftlich bebaut und mit Gärtchen besetzt war.

Daß sogar ein Bauwerk von solcher Gestalt und Größe völlig vom Erdboden verschwinden und in der Landschaft aufgehen kann, zeigt erst recht das Amphitheater von *Fabrateria Nova* bei S. Giovanni Incarico (südöstlich Ceprano), heute nur noch ein brauner, nicht beackerbarer Fleck im grünen Saatfeld (man gehe von der Fahrstraße, 300 m südlich der Liri-Brücke, 250 m nach Osten ins Feld). Erst 1982 und nur durch Luftaufnahmen entdeckt, hat man kurz die Mauerzüge des ca. 70 x 57 m messenden Baus freigelegt, die aber wahrscheinlich nur ein Geschoß trugen. Doch sind diese niedrigen Mauern längst wieder unter Gestrüpp geraten und nur in vegetationsloser Jahreszeit an ihrem radialen Verlauf als Substruktionen eines Amphitheaters zu erkennen (Abb. 56). Was man heute im Gelände wahrnimmt, ist nicht mehr als eine undeutliche flache Senke bestanden mit wilder Vegetation, Brombeeren und anderem Dorngesträuch. Eine kleine, eng umpflügte Insel in der weiten, hier vom Monte Cairo beherrschten Talebene von Sacco und Liri.

Da Amphitheater völlig von der Oberfläche verschwinden können, gibt es auch den Fall, daß solch ein Bauwerk unerwartet entdeckt wird. Oder den Fall, daß Amphitheater, die – weil in ihrer Existenz literarisch oder inschriftlich gesichert oder einfach weil bei einer bedeutenden Stadt vorauszusetzen – lange gesucht und erst spät gefunden wurden (in Frankreich Amiens, Metz, Paris, Rouen); das inschriftlich bezeugte Amphitheater von Köln ist nie aufgefunden worden.

Umgekehrt kann sich eine Senkung im Gelände, die bei einer Ruinenstadt ein Amphitheater vermuten ließ, als rein natürliches Gebilde erweisen – und auch das sagt etwas über unser Thema aus. So wurde die Depression im nördlichen Stadtgebiet von Peltuinum bei L'Aquila – von schön elliptischer Kontur, von passender Größe, der obere Rand markant von Bäumen bestanden – allgemein für das Amphitheater der Stadt gehalten, nur die Lage innerhalb der Stadtmauern schien ungewöhnlich. Doch hat Paolo Sommella, mit Amphitheatern – von Lucca bis Marruvium – besonders vertraut, keinerlei Bausubstanz feststellen können. Man hätte, wie bei der eingangs genannten Geländemulde von Augst (Abb. 53), aus den Höhenlinien das schönste Amphitheater herauslesen können. Aber das letzte Wort hat die Grabung; und hier bestätigte sie die allgemeine Vermutung nicht.

Einige Amphitheater, die man früher noch ganz unberührt sah, hat man, nicht immer zum Vorteil des Monuments, vor allem zu besserer «valorizzazione», zu touristischer Aufwertung des Platzes, erst in den letzten Jahren ganz oder teilweise freigelegt. Einige liegen nun kahl und ohne Nachleben da, unansehnliche Gerippe, die sich, anders als zuvor, kaum noch voneinander unterscheiden. Für die Bauuntersuchung – auf die selbstverständlich nicht verzichtet werden kann – würde die Freilegung eines Segments genügt haben. In Urbisaglia hat man der *cavea* glücklicherweise ihren Baumbewuchs gelassen. Man gehe mit Amphitheatern in der Landschaft so behutsam um wie mit Amphitheatern in der Stadt, so wie es Lorenzo Nottolini 1830 in Lucca vorgemacht hat, als er das Amphitheater dort zwar in seinen Konturen freilegte, aber bewohnbar ließ (heute kann man auch als Gast darin wohnen: unser Raum verjüngte sich gegen die Arena, wie bei radialem Mauerverlauf der *cunei*, der «Keile» eines Amphitheaters nicht anders zu erwarten). Man verschone uns mit der Freilegung des Amphitheaters von Florenz.

Alle Gattungen römischer Baureste haben in der Landschaft ihr eigenes, ihr spezifisches Nachleben. Die Zisterne, mit ihren mächtigen, dem Wasserdruck standhaltenden Mauern besonders dauerhaft gebaut und durch ihre tiefe Einbettung in den Boden und die dicke Schicht wasserundurchlässigen Putzes immer mit feuchtem Humus versehen, lädt die Vegetation geradezu ein, sie ganz auszufüllen. Das Turmgrab, das, wenn es erst einmal seine dekorative Verkleidung verloren hat, so abweisend wirkt, bietet noch in den Ritzen und Schründen der ungleichmäßig verwitternden Gußschichten seines Zementkerns Lebensraum für Büsche und Flechten und Vögel. Die Gestalt, die Mauerstärke, die Verwendbarkeit, die Nähe von Siedlungen – all das geht in die Rechnung ein, die Natur und Zeit mit solchem Menschenwerk in der Landschaft aufmachen. Und so könnte man den Grad einzeln zu bestimmen versuchen, in dem Monumente von der Natur zurückgeholt werden und mit der Landschaft eins werden: die Plattformen römischer Villen mit ihren zahllosen zugewucherten Räumen; die Talbrücken römischer Aquädukte dicht von Vegetation verhängt und nur noch von Tieren zu betreten; die Dämme aufgegebener römischer Straßen so überwachsen, daß man nur bei Wildwechseln in sie eindringen kann. Das Monument aber, das in seinem Zerfall am innigsten in der Landschaft aufgeht, ist das Amphitheater.

XXI

Landschaft mit Aquädukten

Zwischen Tivoli und Palestrina

Wo der Aniene in mächtigen Kaskaden aus dem Gebirge tritt und Tivoli römische Kaiser, Renaissance-Kardinäle und Barockfürsten mit Wasserreichtum erfreute und mit dem Fernblick auf die Stadt, in der sie etwas galten, öffnet sich an den Hängen über der Campagna eine Landschaft, die, ohne daß man es ihr ansähe, von Aquädukten durchlöchert und durchzogen, von Menschenhand zerwühlt und gestaltet ist. Diese Reste wollen wir im Gelände verfolgen: unterirdische Aquäduktstücke mit ihren im Laufe der Zeit angesetzten Kalkschichten, bei denen man sich fragen mag, welche Jahrhunderte römischer Geschichte da wohl abgelagert sind. Da unwegsame Stellen in freier Landschaft nur über ihre Koordinaten lokalisiert werden können, habe man eine Möglichkeit zur Positionsbestimmung und Zieleingabe bei sich; beim Verfolgen nivellierter Wasserleitungen ist dabei auch die Angabe der Höhenmeter von Nutzen.

Während wir mit römischen Aquädukten meist den Anblick endloser Bogenreihen in der Ebene der römischen Campagna verbinden (die, wären sie nicht antik, als grandiose Verschandelung der Landschaft gelten würden), mußten diese Aquädukte weiter oben, in gebirgigem Gelände, kunstvoll mal über mal unter der Erde geführt werden. Denn da es nicht Druckwasserleitungen waren, sondern nivellierte Wasserleitungen und darum auf entsprechendes Gefälle angewiesen (und das über eine Distanz von bis zu 90 km zwischen Quellfassung und Rom!), mußte in einigermaßen regelmäßigem Gefälle jeder querende Bergzug durchstoßen, jedes querende Tal überbrückt, der folgende Höhenzug gleich wieder durchbohrt werden, so wie bei einer Modelleisenbahnlandschaft mit ihrer möglichst gedrängten Abfolge von Tunneln und Brücken. Was das in der Praxis bedeutete, werden wir bald sehen.

Nach verbreiteter Vorstellung waren es alle Himmelsrichtungen, aus denen die Aquädukte Rom zustrebten. Aber so war es nicht. Gerade die vier bedeutendsten, denen wir hier ein Stück weit folgen wollen, kamen alle aus dem Aniene-Tal hinter Tivoli: der *Anio Vetus*, nächst der Aqua Appia der früheste der zuletzt 11 Aquädukte Roms, erbaut 272 v. Chr. aus der Beute des Sieges über Pyrrhus; aus republikanischer Zeit auch die *Aqua Marcia* (errichtet 144 v. Chr. von – und benannt nach – dem Stadtprätor Quintus Marcius Rex), deren Wasser als besonders gut galt. Dann *Aqua Claudia,* und *Anio Novus* als «Neuer Aniene», beide aus der Zeit des Kaisers Claudius (47 bzw. 52 n. Chr.). Sie alle treten von Osten, bei der Porta Maggiore, in die Stadt ein. Ein Aquädukt am Monte Soracte kann nicht sein. Wenn ein Maler so etwas malt, hat er Landschaft komponiert und nicht porträtiert. Und so ist es die Landschaft zwischen Tivoli und Palestrina, der wir uns hier näher zuwenden wollen, denn hier zogen die großen Aquädukte gebündelt gegen Rom. Und hier, wo Monti Tiburtini und Monti Prenestini in die Campagna auslaufen und die von ihnen herabkommenden Gewässer die Flächen zerschneiden, gab es in dichter Folge querende Geländewellen, die durchbohrt und überbrückt sein wollten, oder biblisch gesagt: auf einer Linie mußten alle Täler erhöht, alle Berge erniedrigt, was uneben ist, geebnet werden. Ein Ineinander von Menschenwerk und Natur, das durch den Zerfall noch inniger geworden ist und technisch wie malerisch Besonderes bietet. Doch haben sich Maler in diese unwegsame Gegend selten begeben, erst Ettore Roesler Franz hat die Aquäduktbrücken hier gemalt.

Zu allen stadtrömischen Fernwasserleitungen hat der Aquädukt-Beauftragte der Kaiser Nerva und Trajan, Sextus Iulius Frontinus, in seiner (ganz unliterarischen und dennoch mittelalterlich überlieferten) Schrift *De aquis* Quelle, Verlauf, Länge, Förderleistung pro Tag, Wasserverlust zwischen Quelle und Stadt, konzessionierte Wasserentnahme oder heimliches Anzapfen durch Anlieger usw. vermerkt, auch spezifische Gefährdung wie die aufsprengende Wirkung von Baumwurzeln und überhaupt die zerstörerische (und erst uns verzaubernde) Wirkung der Vegetation, die durch einen Schutzstreifen ferngehalten werden müsse: auch Weinreben, Dornsträucher, Weiden- und Schilfgebüsch dürfe man nicht zu nah an die Leitungsrinne heranwachsen lassen (c. 129). Am Beispiel des Anio Novus notiert Frontinus etwa, in moderne Maße übersetzt: «Länge 87 km, davon 73 unterirdisch und 14 km oberirdisch, davon wiederum in der Campagna 9,6 km auf Bogenkonstruktionen; Förderleistung pro Tag (mit Differenz seiner Messung gegenüber den offiziellen Protokollen) beim Eintreffen in der Stadt 168 440 Kubikmeter, davon allein für den Kaiser x, für den öffentlichen Bedarf y, für Privatleute z», und so fort. Und Frontin fügt dem, römisch pragmatisch und römisch arrogant, noch die Bemerkung hinzu, man möge den Nutzen dieser kolossalen Aquäduktbauten doch nur mit der unnützen Großartigkeit der ägyptischen Pyramiden vergleichen, «mögen die Leute auch noch so viel davon reden» (cap. 16).

Solche Fernwasserleitungen nach dem Ende des römischen Reiches instand zu halten war eine Aufgabe, der das frühe Mittelalter kaum gewachsen war. Daß schon die systematische Unterbrechung aller Aquädukte durch die belagernden Goten, wie sie Prokop (I 19) für 537 berichtet, das Ende des Aquäduktsystems bedeutete, wie vielfach angenommen wird, ist doch zweifelhaft. Denn Unterbrechungen an einer Stelle ließen sich beheben. Daß die Päpste in der Reparatur auch der Aquädukte zunächst noch ihre Aufgabe sahen (zumal ja auch der Wasserbedarf der großen Kirchen zu befriedigen war), ist im *Liber Pontificalis* bis ins 8. Jahrhundert belegt, und man hat in Stadtnähe auch materiell einige späte Reparaturen (erkennbar vor allem an den welligen Lagen wiederverwendeter Ziegel) feststellen wollen. Wie umfassend diese Reparaturen wirklich waren, ist allerdings schwer einzuschätzen, und man darf seine Zweifel haben. Das eigentliche Problem war, die Aquädukte auf ihrer ganzen Länge zu warten, bis hinauf zur Quelle. Denn wenn eine solche Fernwasserleitung auch nur an wenigen Stellen draußen in der Landschaft dauerhaft unterbrochen war, taugte sie nicht weniger, sondern gar nichts mehr.

Die wichtigsten Aquädukte kamen also aus dem Tal des Aniene, an dessen Oberlauf unter den «Regenbergen» (Monti Simbruini = *sub imbribus*) gutes Wasser so reichlich zu schöpfen war, und mußten nun, in einem nach Norden ausholenden engen Bogen am Südrand des alten Tivoli den letzten Bergriegel vor der Campagna überwinden (den letzten Aquäduktbogen des Anio Novus vor dem Berg zeichnete Claude Lorrain, s. Abb. 21). Von dort liefen sie, alle vier dicht beieinander geführt, unten am Westhang dieses Monte S. Angelo in südöstlicher Richtung, teils unterirdisch, aber spätestens bei jeder querenden Geländerinne zutage tretend. Thomas Ashby, von 1906 bis 1925 Direktor der British School at Rome, dem wir das immer noch beste Buch über die Aquädukte verdanken, hat auch diese Strecke, die Beobachtungen Früherer einbeziehend, auf das genaueste begangen und dabei immer verstanden, die vier Leitungen im Gelände zu unterscheiden und korrekt zu benennen, ja Bauphasen zu erkennen: denn diese Aquädukte mußten immer wieder restauriert, verstärkt, ihr Verlauf gegebenenfalls (meist begradigend) verändert werden. Vieles von dem, was er damals vorfand, ist nicht mehr zu sehen (einiges war schon bald nach der ersten Begehung 1908 verschwunden) oder in privates Villengelände geraten. Heute geben lokale Initiativen mit großem Einsatz weitere Hinweise.

Die Aquädukte hier haben immer schon Neugier und Bewunderung erregt, seit der Frührenaissance wurden sie auch gezielt aufgesucht. Anläßlich eines der Antiken-Ausflüge in freier Landschaft, wie sie Papst Pius II. so gern unternahm, diskutiert der Humanist und Protoarchäologe Flavio Biondo im September 1461 in einem Brief an seinen Begleiter, den Humanisten (und Cousin des Papstes) Gregorio Lolli ausführlich ihre Begegnung mit den römischen Aquädukten just hier am Monte S. Angelo: «Wir kamen dann zu den Aquädukten. Wer sich weniger auskennt als Du, könnte meinen, es seien hier viele gewesen, während Du mir nur drei angabst [womit er das zentrale Problem solcher Begehungen anspricht, nicht gleich zu wissen, wie viele – und welche – Aquädukte man vor sich hat, welche aufgefundenen Teilstücke also zusammengehören]. Denn das Gelände ist bewegt, steile Höhenzüge und tiefe Täler folgen dicht aufeinander. Angesichts

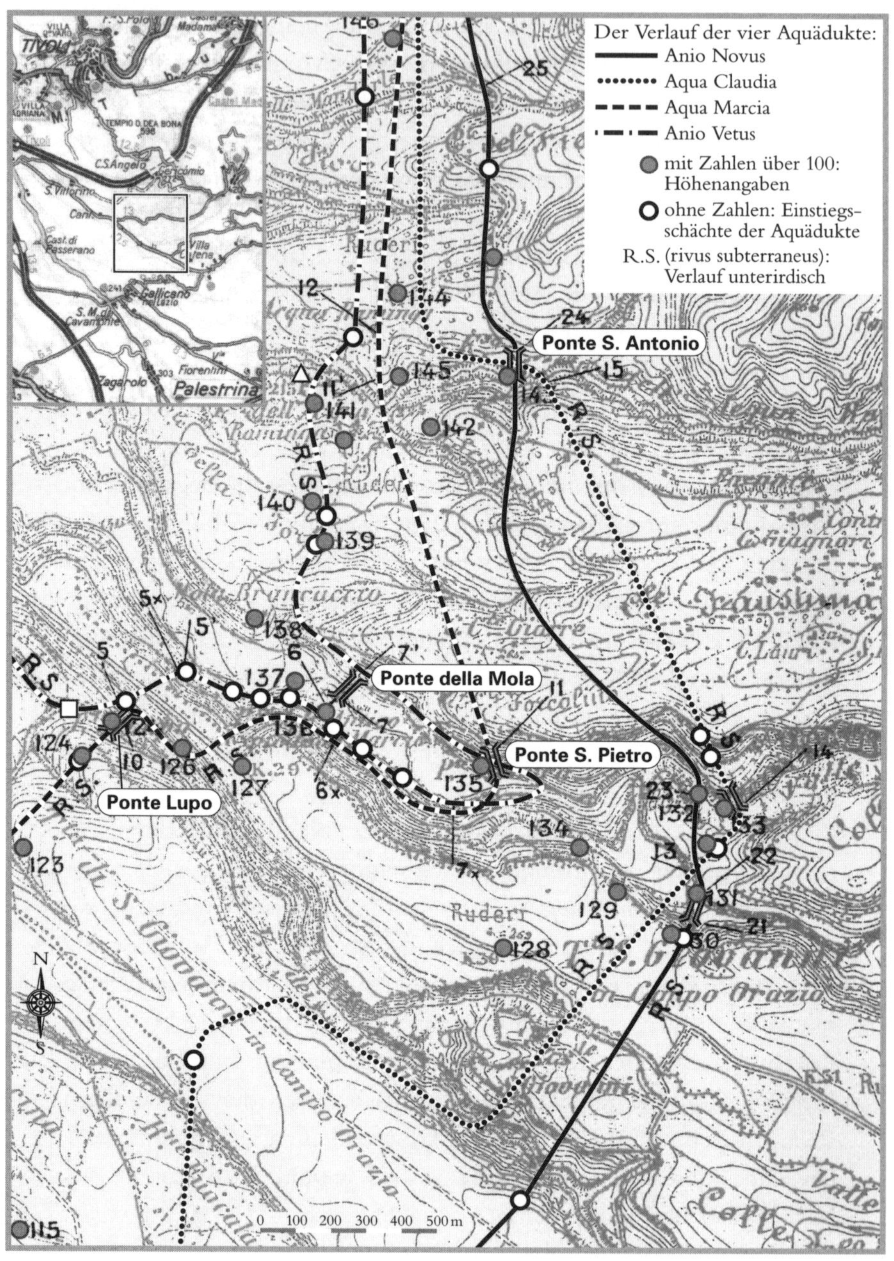

Abb. 57. Der Verlauf der vier Aquädukte zwischen dem Monte S. Angelo und Gallicano (nach Ashby, Gli Acquedotti dell'antica Roma, Roma 1991)

der vielen gut gemauerten Aquädukte würde man ebenso viele verschiedene Wasserleitungen erwarten. Aber da eine Aquäduktbrücke das Tal schließt und von einer Seite zur anderen reicht, muß sein Kanal den nächsten Hügel durchstoßen …» und sein Wasser an die in den nächsten Tälern sichtbaren Wasserleitungsstücke weitergegeben haben. Dann steigen sie in die Kanäle ein, die im Innern wie «mit Marmor, vier Finger dick», ausgekleidet wirken. «Aber Du sagtest, dieser Marmor sei nicht Menschenwerk …, sondern das Wasser hinterlasse in seinen Leitungen und Kanälen eine weiße und harte Verkrustung (*crustamentum*) weiß und hart wie geschliffener Marmor.» Tatsächlich hat man bis zu 7 Schichten Kalkablagerung im Anio Novus festgestellt.

Und nun ins Gelände (Abb. 57). Man nehme in Tivoli die Straße nach S. Gregorio da Sassola, von der am Südrand der Besiedlung (bei 41° 57′ 04″/12° 47′ 36″) rechts hinab die Strada di Pomata abzweigt: eine schmale, schon im 18. Jahrhundert gern begangene Straße, da sie, zwischen Olivenhainen, einen hinreißenden Blick auf die römische Campagna bietet und immer wieder antike Reste berührt: Reste von großen römischen Villen (die aber hier beiseite bleiben sollen), und eben von Aquädukten. Auf einige lohnende Stellen, die von der Straße aus – sie selbst vielleicht auf der Trasse eines Wartungsweges für die Aquädukte liegend – aufgesucht werden können (Hinweissteine), sei im folgenden aufmerksam gemacht.

Einen längeren überirdischen Aquädukttrakt erreicht man von Hinweisstein 10 der Straße: den sogenannten Ponte degli Arcinelli, der hier den Anio Novus – auf dieser ganzen Strecke der östlichste der vier Aquädukte und somit der höchste im Hang – in zwei Bögen über eine breitere Talrinne führt. Länge rund 60 m, Breite rund 6 m, guter Einblick in die Ziegelrippen der Bogenkonstruktion aus dem Innern des rechten Bogens. Darunter beginnt undurchdringliches Feigengesträuch, der linke Bogen ist von herabhängender Vegetation vollständig verhängt.

Zu einem nächsten lohnenden Punkt des Anio Novus steigt man von Hinweisstein 11 durch die Oliven hinauf. Die weiterhin den Hang bedeckenden Olivengärten sind alte Kulturen, die Bäume noch nicht in Reih und Glied wie heute, viele bizarr verknorzt oder nur noch auf ihrer geborstenen Rinde stehend und doch Frucht tragend. Der Anbau reicht hinunter bis zur Villa Adriana, die von hier oben deutlich vor Augen ist. Man kann sich bei den Ölbauern oder den Genossenschaften hier sein Öl kaufen und weiß dann, zwischen welchen Aquädukten es gewachsen und gereift ist und von welchem Hang es herabblickte. Über das Alter dieser Bäume wird man im Gespräch nichts Genaueres erfahren, als daß sie «secolari» seien.

Der völlig zugewachsene Zugang in den Aquädukt ist schwer zu erkennen (41° 56′ 02″/12° 48′ 11″). Dann steht man plötzlich im kühlen, dunklen Wasserkanal, der hier zu beiden Seiten vollständig erhalten und, mit Licht, zu begehen ist (sog. *Galleria Egidio*, Abb. 58). An wenigen Stellen haben sich Wurzeln von außen durch die intakten Wände gegraben. Der *specus* des Anio Novus ist in der Regel innen zwischen 1 und 1,30 m breit und 2,20–2,70 m hoch (und hat somit einen größeren Leitungsquerschnitt als der Anio Vetus) und ist hier gewölbt, doch wechselt das, wie bei den anderen Leitungen, mit der spitzen *a cappuccina*-Abdeckung. (Man mag sich, in diesem finsteren Gang stehend, einmal vorstellen, durch einen solchen Aquädukt heimlich in eine belagerte Stadt einzudringen, wie das Prokop für Neapel berichtet und Gustave Flaubert in seinem Roman *Salammbo* für Karthago ausmalt: mit den sperrigen Waffen und mit dem Wasser bis zur Brust!). Aus dem Leitungskanal wieder hinaustretend, kann man sich hier auch einmal ein Bild davon machen, wie sich ein intakter, dicht unter der Oberfläche laufender Wasserkanal von außen ausnimmt, und inwieweit er überhaupt erkennbar ist. Hier am Hang läßt die im Laufe der Zeit gegen seine Aufwölbung herabgeschwemmte Erde den Aquädukt stellenweise wie eine Geländestufe erscheinen. Jedoch nur, wenn man den Verlauf schon kennt.

Auf ein nächstes Stück Wasserkanal stößt man rund 500 m weiter, indem man von der Straße ca. 120 m durch den alten Olivenhain zu Punkt 41° 55′ 49″/12° 48′ 19″ hinaufgeht. Der Kanaltunnel ist hier wieder unter dichtes Gebüsch geraten – Ginster, Brombeeren, Hainbuche, Olivengesträuch – und praktisch unkenntlich außer an der bezeichneten Stelle. Hier ist er, ein kurzes Stück völlig intakt mit spitzer

Abb. 58. Im unterirdischen Wasserkanal des Anio Novus zwischen den alten Olivenhainen am Hang des Monte S. Angelo.

a cappuccina-Abdeckung, sogar zu betreten, anscheinend Unterschlupf eines Hirten und erkennbar von Schafen umlagert. Bei Hinweisstein 15 hinab nah ein Zugang in die Aqua Claudia, hier als lange Ziegelfront mit talseitigen Stützmauern.

Eine Aquäduktrinne, wenn dicht unter der Oberfläche, ist im Ölgarten nicht zu bepflanzen, ist im Feld nicht beackerbar, in beiden Fällen also eine ideale Grenze. In der Regel aber gerät sie gerade darum so unter Gebüsch, daß sie nur noch bei Wildwechseln zu durchdringen ist.

Da der unterirdische Verlauf der Aquädukte für die Wartung bekannt sein und sichtlich unter öffentlichem Schutz stehen mußte, wurde der Verlauf seit Augustus mit beschrifteten Steinen (*cippi*) gekennzeichnet, die in möglichst regelmäßigem Abstand von 240 Fuß versetzt wurden (doch gibt es auch kürzere Abstände, vielleicht durch die Position der Einstiegsschächte bedingt). Die Inschrift gab, neben dem Namen des Aquädukts und dem kaiserlichen Formular, jeweils zwei Zahlen: 1. die Laufnummer des Steins (gerechnet vom Eintrittsbassin in Rom aufwärts gegen die Quellen), und 2. jene 240 Fuß (so fast immer) Abstand zum nächsten Stein. Der *cippus* des Anio Vetus, auf den man beim Abstieg zum Ponte Taulella rechts des Waldpfades in einer trockenen Bachrinne stößt (41° 53′ 10.9″/12° 47′ 36.1″), gibt, wenn man ihn etwas vom Moos befreit, als Rest seiner Inschrift zu erkennen: [Anio. Imp(erator) Caesar div]i f(ilius) Aug(ustus) ex [S(enatus) C(onsultu)] DCXXVI [p(edes) CCXL]. Es ist also, von Rom gerechnet, Stein Nr. 626 des Anio Vetus. Mit dem *in situ* gefundenen *cippus* Nr. 1215 der Aqua Marcia ist man noch nicht einmal an der Quelle. So dicht war diese römische Landschaft mit Zählsteinen organisiert!

Die Strada di Pomata ist fortan ein bloßer Fahrweg, der nur mit unempfindlichem Auto zu befahren ist, bis, nun nur noch zu Fuß, der alte Weg hinabführt in den schönen, stillen Einschnitt des Fosso di Ponte Terra, so genannt, weil sein Wasser zwei Kilometer weiter abwärts, bei S. Vittorino, durch zwei von den Römern geschlagene, lange Stollen geführt wird und dabei eine Erdbrücke bildet.

Die vier Aquädukte verliefen weiterhin dicht gebündelt, ja wie ein einheitliches System, denn Verbindungskanäle machten es, weiter oben, stellenweise möglich, daß der Anio Novus bei Bedarf Wasser an die drei anderen, tieferen abgab. Hier, zwischen dem Casale S. Angelo und dem Gehöft Gericomio über dem Tunneleingang der Autobahn, knickten sie alle aus südöstlicher in südliche Richtung. Um einen Überblick zu haben, kann man zu der Mauer hinaufgehen, mit der dieses alte Casale S. Angelo die Südgrenze seines Areals abschloß und die vielleicht auf einer Aquäduktrinne verläuft (bei 41° 55′ 19″/12° 49′ 31″). Längs dieser von schönen Bäumen geschützten Hofmauer sieht man, an graslosen Stellen mit aufgerührtem Staub, daß sich hier in der Mittagshitze regelmäßig Schafherden lagern. Solche bukolischen Lagerstätten erkennt man in dieser stillen Landschaft leicht auch sonst an – von ausladenden Laubbäumen beschatteten – Mauern oder niedrigen Felswänden oder unter einzelstehenden Prachtbäumen.

Die vier Aquädukte treten nun also, weiterhin eng beieinander (wohl weil eine bessere Führung als die beim Anio Vetus erprobte nicht zu finden war) und gewiß beim Bau der Autobahn angeschnitten, jenseits des fosso in das Gelände ein, das wir nun begehen wollen (Abb. 57).

Neuer Ausgangspunkt sei San Vittorino, von der Autobahnabfahrt Tivoli leicht zu erreichen, schon von weitem kenntlich an der konkaven Blechhaube seines Fatima-Heiligtums. Ein kleiner, entlegener Ort in der typischen Spornlage frühmittelalterlicher Siedlungen, die bescheidenen Häuser eins dicht am andern auf dem äußeren Rand des steilen Felssporns, der durch einen tief ausgehauenen, nun mit Bäumen und Gebüsch gefüllten Burggraben abgetrennt ist. Das kleine *castrum* gehörte zunächst dem römischen Kloster S. Paolo-fuori-le-mura, dann den Colonna, seit Urban VIII. seinen Barberini. Denn diese Landschaft ist eine historische, nicht nur weil von den römischen Wasserbauten gestaltet, sondern auch als das Hinterland der Rom beherrschenden Familien, vor allem der Colonna, die in ihren verschiedenen Linien (Palestrina, Genazzano, Gallicano) seit dem 12. Jahrhundert einen großen Teil dieser Gegend an sich brachten (Corcolle, Passerano, San Giovanni in Camporazio, Gallicano, Zagarolo) und von Palestrina nach Rom hineinwirkten wie kein anderes Adelsgeschlecht.

Zurück in das San Vittorino der Barberini. Ihre Bienen kriechen riesig auf dem Wappen über dem einzigen schmalen Tor, und ihr hohes, schlichtes Schloß, heute mit leeren Fensterhöhlen, liegt dort, wo es bei diesem Siedlungstyp hingehört: den einzigen Zugang schützend und zugleich kontrollierend. Vor dem Tor mit Kriegerdenkmal und Bar (für längere Zeit die letzte) der Platz, auf dem der Bus hält oder auch nur eine Schleife dreht, denn in diesem stillen, freundlichen Ort steigt nicht jedesmal jemand aus oder ein. Hier endet die Straße.

Man verlasse den Ort nach Osten auf der Via Crucis, die bald zum bloßen Fahrweg wird, der unter prächtigen Bäumen, gegen das erhabene Profil der Monti Prenestini, durch unbesiedelte Landschaft zieht. Nach 3,6 km (bei 41° 54′ 45″/12° 49′ 35″) führt ein Weg rechts in das von Aquädukten durchlöcherte Gelände und, nach etwa 1,4 km, zum Ponte S. Antonio (man kann noch so weit fahren, wie man es sich und

Abb. 59. Der Ponte S. Antonio führte den Anio Novus in rund 35 m Höhe und fast 120 m Länge über den tiefen Taleinschnitt. Zwischen der – nachträglich verstärkenden – Ziegelverpackung tritt stellenweise das ursprüngliche Quaderwerk wieder hervor.

dem Wagen zutraut). Dem gewundenen, von Eichen gesäumten Weg durch Olivenhaine folgend, steht man endlich am oberen Talrand des tief eingeschnittenen Fosso di Acqua Raminga und erkennt zur Linken, bei vegetationsreicher Jahreszeit kaum sichtbar, den Ziegelkoloß des Ponte S. Antonio (Abb. 59, 41° 54′ 13″/12° 49′ 50″).

Fast 120 m lang, führte die Brücke, in rund 35 m Höhe über dem Bachbett, den Anio Novus über das Tal, ist also im Kern claudisch. Tatsächlich beobachtet man hier (Zugang von Osten), was man dann auch an den anderen Aquäduktbrücken sehen wird: die Brücke war ursprünglich ganz aus Quaderwerk errichtet, wurde zu ihrer Stabilisierung aber später, in severischer oder nachseverischer Zeit, mit Zement- und Ziegelwerk dicht ummantelt. Doch ist das *opus quadratum* unter dem Ziegelmantel stellenweise wieder hervorgetreten, ja zwischen den beiden Mauerwerksstrukturen können sich Höhlungen bilden, die den Tieren Unterschlupf und den Bauern Abstellraum bieten. Man widerstehe der Versuchung, die Brücke auf ihrem schmalen Pfad zu überschreiten, und überlasse das lieber dem Wild.

Man hätte erwartet, daß eine solch aufwendige Brücke beide claudischen Aquädukte tragen werde (wie dann in der Campagna der Anio Novus huckepack auf den Bögen der Aqua Claudia). Doch würde man zwei Kanäle übereinander leicht erkennen. Der römische Wasserkanal, den man gewölbt gleich am nördlichen Brückenkopf aus dem Hang treten sieht, ist nicht der *specus* des Anio Novus, sondern der der Aqua Claudia (primitives Rezept der Erkundung: wo man nicht hineinkriechen kann, blitze man hinein). Sie führte nicht hier über die Brücke, sondern etwa 70 m weiter östlich tiefer durch das Tal, das zu überspannen auf diesem niedrigen Niveau über dem schmalen Talboden ein einziger Brückenbogen genügte. Man erreicht diese Stelle, wenn man den gekommenen Weg ein kleines Stück weiter abwärts geht und, den bewaldeten Steilhang mit Vorsicht in den dunklen Bacheinschnitt hinabsteigend, zu Punkt 41°54'12"/12°49'52" findet. Beide Brückenköpfe, in *opus quadratum*, sind in mehreren Lagen erhalten. Man achte in solchem Gelände immer im Bachbett auf abgestürzte Quadern oder Zementbrocken.

Der Anio Novus ist auf den gut 6500 m zwischen den Grotte Sconcie am Südrand von Tivoli und dem Ponte S. Antonio um gut 11 m gefallen; das wären rund 1,7 m auf 1000 m und somit weniger als das von den antiken Fachschriftstellern (Plinius, Vitruv) empfohlene Gefälle von 2,5 bzw. 5 m auf 1000 m. Die vier Aquädukte hatten am Südrand von Tivoli (Grotte Sconcie) um die 235 m Höhe (zuoberst der Anio Novus mit 247 m, zuunterst der Anio Vetus mit 214 m); alle vier müssen in Rom noch möglichst hoch eintreten (Wasserturm-Prinzip), bei Höhe 50 der Porta Maggiore: daraus errechnet sich die verbleibende Gefällereserve. In den Kanalverlauf konnten Wasserbassins eingeschoben werden mit tiefer Wassereintrittsöffnung und hoher Austrittsöffnung, um nicht nur eine Klärung des Wassers zu erreichen, sondern auch eine Anhebung des Wasserniveaus für die folgende Strecke.

Der Anio Novus auf dem Ponte S. Antonio und die Aqua Claudia auf ihrer eigenen Brücke stießen dann in den nächsten querenden

Höhenzug, den Colle Faustiniano, um nach rund 1300 m in der nächsten Talkante wieder zutage zu treten. Auf diesen Flächen zwischen den Taleinschnitten hat man sich in römischer Zeit zahlreiche *villae rusticae* vorzustellen, von denen hier viele Spuren gefunden worden sind (auch an solche Villen dachte Frontinus, wenn er das heimliche Anzapfen der Leitungen beklagte). Aus dieser offenen Siedlungsweise flohen die Menschen im frühen Mittelalter auf Höhenlagen wie den schmalen Tuffsporn des nahen Gallicano: von der Natur besser geschützt, aber auch besser kontrolliert von Herrschaften, die von hier aus ihre Positionen ausbauten. Dann aber erhoben sich auf diesem Colle Faustiniano, auch auf dem nächsten Höhenzug mit dem ebenso schönen Namen Campo Orazio, mittelalterliche Türme und Mini-Kastelle, deren Reste noch heute zu sehen sind. Auch dem größten unter ihnen, Passerano, sieht man nicht an, daß hier sogar ein Papst residiert hat, und sei es auch nur ein Gegenpapst, Benedikt X. 1058, unter dem Schutz der Grafen von Tusculum, die aus dem südlichen Latium im Hochmittelalter mächtig nach Rom hinein wirkten wie später die Colonna.

Neben Anio Novus und Aqua Claudia läßt sich in diesem Gelände – an ungewöhnlicher Stelle – noch ein dritter Aquädukt feststellen. In einem nahen Casale zwischen den Oliven fanden wir uns, bei einem ersten Besuch 1974, auf spontane Einladung des damaligen Besitzers in seinen Weinkeller, zu unserer Überraschung im dunklen kühlen Innern eines römischen Aquäduktes, wie der Querschnitt, das Profil der Abdeckung, die lange Gerade sogleich verrieten. Man steht hier im *specus* der Aqua Marcia, auf den sich das alte Casale einst gebaut hatte, und ein ferner Punkt Tageslicht zeigte an, daß die Aqua Marcia dort hinten wieder zutage tritt, vor dem tiefen Fosso dell'Acqua Raminga, an dessen nördlicher Abbruchkante wir, beim Ponte S. Antonio, bereits gestanden haben.

Das eigentümliche Gefüge dieser Landschaft mit seiner dichten Folge schmaler Höhenrücken und schmaler Taleinschnitte, die alle von Südosten gegen Nordwesten streichen und somit quer zum Verlauf der Aquädukte nach Rom stehen, bestimmt das weitere Vorgehen und läßt uns im nächsten querenden Tal neu einsetzen, dem Fosso della Mola di

S. Gregorio. Man erreicht diese Stelle, indem man über S. Vittorino in Richtung Tivoli zurückfährt, gleich nach Unterquerung des Felsbogens die Straße nach Poli und von dieser bei km 29,5 die Straße nach S. Gregorio da Sassola nimmt, und nach knapp 900 m, bei 41° 54′ 10″/ 12° 48′ 57″ den Fahrweg rechts hineinfährt. Er zeigt bald Reste intakten römischen Pflasters: natürlich keine Konsularstraße, sondern vielleicht einer der gepflasterten Bau- und Wartungswege, wie sie bei Aquädukten auch nahe Rom festgestellt worden sind.

Nach 1,3 km erscheint der Ponte della Mola, Aquäduktbrücke des Anio Vetus. Photographien um 1900 zeigen die Brücke, das Tal in ganzer Breite querend, noch mit 22 Bögen, von denen heute nur noch einige aufrecht stehen. Es ist, nach Ashbys Erkundungen, der dritte und letzte Ansatz, den Anio Vetus über dieses Tal zu führen, nachdem die beiden vorigen Brücken, weiter talaufwärts, eingestürzt waren. In ihrer jetzigen Gestalt hadrianisch, aus *opus caementicium* mit Retikulat-Verkleidung errichtet und dann mit Ziegeln verstärkt, der zentrale Teil als zweigeschossige Arkaden, ist die Brücke in ihrer Länge von 155 m, über dem Wasser 24,5 m hoch, ein weiteres imposantes Beispiel aufwendiger Wasserzufuhr durch einen einzelnen Aquädukt. Ein Baudetail in Nahsicht: am zweiten Pfeiler links des heutigen Durchgangsweges erkennt man auf einem Ziegel 1 m über dem Boden das Bruchstück eines römischen Ziegelstempels, auf der gleichen Bipedalen- (Großziegel-) Schicht noch ein zweites (Ziegelstempel *in situ* zu finden ist selten); doch sind die Ausschnitte zu klein, als daß die liefernde römische Ziegelei daraus sicher zu bestimmen wäre. Der Austritt des Wasserkanals aus dem Hang auf die Brücke ist im Nordhang auf steilem Pfad zu erreichen; der Wasserkanal tritt hier in gerader Linie auf die Brücke, nicht – wie üblich – mit einem die Fließgeschwindigkeit vermindernden Knick.

Noch tiefer ins Tal vorstoßend, das unter dem hohen Bewuchs von verwilderten Gartenkulturen das Gewässer kaum noch erkennen läßt, trifft man im Abstand von einem halben Kilometer auf den nächsten querenden Aquädukt, die Aqua Marcia mit dem Ponte S. Pietro. Man folge dem gekommenen Weg weiter taleinwärts (hier fließt alles zum Aniene hin, also nach Nordwesten) – und steht, bei näherem Zusehen, nach rund 250 m vor einer bemerkenswerten Anlage: einem der Schächte, die zunächst zum Auswerfen des Abraums, dann zur Entlüftung und Wartung der Aquädukte dienten. Sie waren früher zahlreich zu erkennen und sehr hilfreich bei der Verfolgung eines unterirdischen Aquädukts im Gelände, zumal die regelmäßig aus den Stollen zu entfernenden Kalkablagerungen durch diese Schächte hinausbefördert wurden und dort manchmal gut sichtbare Kalkflecken bildeten. Doch sind sie inzwischen bei neuen Kulturen oft als hinderlich zugeschüttet worden und in nicht kultiviertem Gelände bei vegetationsreicher Jahreszeit ohnehin kaum zu erkennen.

Hier aber sieht man einen solchen *puteus* sogar im Längsschnitt, mitsamt dem zugehörigen Wasserkanal, in den er hinabstieg (41° 53′ 38″/12° 49′ 39″). Angeschnitten von dem Hohlweg, erscheint in dessen linker Wand, nun nur noch als Halbrund, der runde Einstiegsschacht, leicht erkennbar an seiner Auskleidung in Retikulatmauerwerk oben und dem in den Fels geschlagenen Teil darunter. Der Schacht sitzt genau auf dem Wasserkanal, den man zur Linken aus dem Fels treten sieht, mit dicker Kalkschicht bis an seine Wölbung. Da sieht man auch, wie tief man in dieser durchlöcherten Landschaft unversehens hinabstürzen kann. Es ist der Kanal des Anio Vetus, der vor dem Bau des Ponte della Mola einen Talübergang weiter oberhalb suchte. Wo der Kanal nicht, wie hier, dicht unter der Oberfläche verlief, sondern tief unter hohen Erhebungen, waren solche Schächte kaum möglich.

Und nur 30 m weiter ein nächster Einstiegsschacht (41°53′37″/12°49′40″, bei der Gabelung den rechten Weg nehmen). Wieder zu erkennen als in den Tuff geschlagenes (Halb)rund von etwa 150 cm Durchmesser, darauf aufsitzend ein Kragen von Retikulat, von dem zwischen den Wurzeln aber nur noch drei Steine sichtbar sind. Im Innern des Schachtes haben sich mehrere Eichenstämme heraufgewunden, die es gewiß auf den – hier nicht sichtbaren – Wasserkanal abgesehen haben, in dem sich vielleicht noch etwas Wasser sammelt. Weitere solcher Schächte sind im Anhang lokalisiert.

Nach weiteren rund 250 m taleinwärts steht man, bei 41°53′32″/12°49′47″, am Anfang eines von Gebüsch überwölbten Pfades, von dem man nicht gleich erkennt, daß er über eine hohe römische Brücke führt, den Ponte S. Pietro der Aqua Marcia. Bei näherem Zusehen bemerkt man die Wasserrinne, in der der Pfad verläuft. Man erkennt die immerhin rund 25 m hohe Brücke erst (und bei vegetationsreicher Jahreszeit vielleicht nicht einmal dann), wenn man hier zum Bach hinabsteigt. Die Aquäduktbrücke, die mit weitem Bogen den kleinen Bach überspannt, war ursprünglich auf vier schlanken Pfeilern aus Quaderwerk gebaut, wie man im zentralen Bogen von unten noch erkennen kann, wurde aber später, wie alle diese Brükken, mit *opus caementicium* eingefaßt, das mit Retikulatmauerwerk verkleidet war und dann noch, wohl erst in severischer Zeit, in eine kräftige Außenhaut aus Ziegeln und vorgelegten Ziegelpfeilern eingepackt wurde. Der kleine Bogen links, nachantik vermauert und zu einem rauchgeschwärzten Unterschlupf gemacht, gibt Einblick in das bereits ziegelummantelte Innere. Die Türfassung enthält rechts einige behauene Stücke des Kalksinters aus dem Wasserkanal, wie er, als «Aquäduktenmarmor», auch aus der römischen Eifelwasserleitung als Baustoff in romanischen Kirchen Kölns Verwendung fand.

Taleinwärts wird die Vegetation immer üppiger und undurchdringlicher, der Bach ist nur noch hörbar: eine mit grüner Wildnis und Vogelstimmen angefüllte Talschlucht – auch ohne römische Reste ein zauberhaftes Gelände, dicht bewohnt von Tieren, deren einige sich vielleicht auch die römischen Höhlungen zunutze machen (man findet sogar Stacheln des Stachelschweins). Und immer wieder in den bewaldeten Steilhängen die Wildwechsel auch größerer Tiere.

Auch dieser abgeschiedene Teil des Tales gehört zur Aquäduktenlandschaft, denn auch Aqua Claudia und Anio Novus mußten diesen Fosso überqueren und taten das weiter talaufwärts (vom Ponte S. Pietro ca. 700 m Luftlinie, ca. 950 m im Bach). Die Brücke des Anio Novus muß, nach Ashbys Berechnung aus dem Höhenunterschied zwischen Bach und letztem Stück Kanal, mit gut 40 m die größte Höhe aller Aquäduktbrücken hier erreicht haben. Die in Hang und Talgrund sichtbaren Reste beider Leitungen, *Forme Rotte* («kaputte Aquädukte») genannt, waren allerdings schon zu seiner Zeit wenig ansehnlich. Diese Stelle vom Ponte S. Pietro aus zu erreichen ist schwierig. Denn an den Engstellen der Talschlucht muß man den Bach mehrfach durchqueren oder aufwärts waten. Sehe ein jeder, wie weit er kommt. Wir mußten zuletzt aufgeben.

Endlich die letzte und imposanteste dieser Aquäduktbrücken: der Ponte Lupo. Er führte die Aqua Marcia, die eben mit dem Ponte S. Pietro eine aufwendige Talüberquerung hinter sich hatte, noch großartiger über den nächsten Taleinschnitt, den Fosso di Acqua Rossa – nicht in gerader Linie, sondern zunächst die Höhenlinien des Talhangs ausfahrend. Das Monument, trotz seiner Größe auch von der Hangkante her nicht zu erkennen, ist gegenwärtig schwer zu erreichen, doch hört man, daß demnächst neben der notwendigen Restaurierung auch eine *valorizzazione,* eine «Aufwertung» des Platzes durch Events mit entsprechender Zugänglichkeit geplant sei (wobei des Guten hoffentlich nicht zu viel getan wird). Bis dahin nehme man, bei km 30,0 der Strada di Poli, den zugewachsenen Weg (41° 53′ 51.4″/12° 48′ 44.4″) rechts hinab und gehe im Talgrund die 300 m bis zur Brücke.

Der Ponte Lupo wirkt von hier wie ein steiler bewaldeter Talschluß. Tatsächlich sperrt die Brücke, von Vegetation vollständig verhangen, mit ihren gut 110 m Länge und rund 27 m Höhe das Tal in voller Breite. Hier sieht man besonders gut, daß der ursprüngliche, republikanische Bau in seinem Mittelteil über dem Gewässer in zwei hohen Bögen aus *opus quadratum* bestand. In augusteischer, flavischer, hadrianischer Zeit immer wieder restauriert und verstärkt, erhielt das Bauwerk dann unter Septimius Severus eine massive Zement- und Ziegelverpackung, die es zu dem Ziegelkoloß werden ließ, als der der Ponte Lupo heute auf uns wirkt (Abb. 60). Die Quaderarkaden wurden mit Ziegelbögen unterfangen, die ganze Ostseite halbhoch mit einer mächtigen, von Pfeilern gestützten Ziegelmauer verstärkt, breit genug für eine Straße. Hirten bauten später darauf ihre Hütten, wie noch diese frühen Photographien zeigen; hier kann man die Brücke noch heute überschreiten. Die alten Aufnahmen lassen auch die Struktur des Bauwerks besser erkennen und belegen wieder einmal, wie sehr sich die Vegetation im Laufe der letzten hundert Jahre vermehrt und verdichtet hat. Der Wasserkanal ist gut zu sehen, wo er aus

Abb. 60. Der mächtigste unter diesen Ziegelkolossen, der Ponte Lupo der Aqua Marcia, ist von Vegetation derart verhangen, daß seine Mauerwerksstruktur auf alten Aufnahmen besser zu erkennen ist. Die Ostseite erhielt eine massive Zement- und Ziegelverpackung, breit wie eine Straße, auf der, wie hier zu sehen, Hirten ihre langen strohgedeckten Unterstände errichtet haben (Ashby, Aquedotti, Photo von 1895).

dem Nordhang tritt, um dann mit dem üblichen scharfen Knick auf die Brücke einzubiegen.

Nach Überquerung dieser markanten Täler benötigten die vier Aquädukte schließlich im bewegten Geländerelief von Gallicano noch einige Brücken und Stollen, auf die im Anhang kurz hingewiesen sei, da sie auf kleinem Raum äußerst lohnende Stellen bieten, ohne zum historischen Thema noch Zusätzliches beizutragen. Dann liefen die Aquädukte, letzte Geländewellen überwindend und letzte Gefällereserven nutzend, auf hohen Bögen durch die ebene Campagna in die Stadt, auf die die beschriebene historische Landschaft seit je in allem ausgerichtet war.

Literaturhinweise

I. Wie Ruinenlandschaft entsteht. Die letzten Bewohner von Ostia

Scavi di Ostia, vol. I-XVI (Roma 1953–2018); R. Meiggs, Roman Ostia (Oxford [2]1973); ‹Roman Ostia› Revisited, ed. by A. Gallina Zevi and A. Claridge (Roma 1996), dort auch zum späten Portus: S. Coccia S. 293–307; C. Pavolini, La vita quotidiana a Ostia (Roma-Bari 1996), bes. S. 255 ff.; D. Boin, Ostia in Late Antiquity (Cambridge 2013). – La storia economica di Roma nell'alto medioevo alla luce dei recenti scavi archeologici, a cura di L. Paroli e P. Delogu (Firenze 1993), darin Ostia und Portus S. 153–266; Ostia port et porte de la Rome antique, hg. von J.-P. Descoeudres (Genève 2001); jüngst 17 Beiträge zu Ostia in den Mélanges de l'École française de Rome-Antiquité 126–1 (2014), darunter A. Gering über die Restaurierungen am Forum noch im 5. Jh.. Für Spätantike und Übergang ins frühe Mittelalter C. Pavolini; Ostia-Führer: Ders., Ostia (Roma-Bari 2006). Ein Workshop im Deutschen Archäologischen Institut in Rom (Nuove ricerche su Ostia tardoantica, 7.7.2017) erlaubte die Einbeziehung des jüngsten Forschungsstandes. – Zu *Portus* umfassend S. Keay/M. Millett/L. Paroli/K. Strutt, Portus. An Archaeological Survey of the Port of Imperial Rome (London-Rome 2001); S. Keay, Rome, Portus and the Mediterranean (London-Rome 2013). Zur Position des *Leuchtturms* zuletzt L. Quilici in Atlante tematico di topografia antica 27 (2017) S. 45–64. – Zu einzelnen berührten Themen (in der Reihenfolge unserer Darstellung): *Ostias Flußhafen*: M. Heinzelmann/A. Martin in: Journal of Roman Archaeology 15 (2002), S. 5–29; *domus*: G. Becatti, Case Ostiensi del tardo impero (Roma 1949), und demnächst Marcel Danner; zum Quartier vor der Porta Marina jetzt M. David, Publikation in Vorbereitung. *Buntmarmore und Spolien:* P. Pensabene, Ostiensium marmorum decus et decor (Roma 2007); Spoliierung hier schon in der Spätantike: demnächst C. Murer. *Spolien-Export*: Ostia-Inschriften Pisa: A. Esch, Inschrift-Spolien. Zum Umgang mit antiken Schriftdenkmälern im mittelalterlichen Italien (im Druck); zerstückelte Fasti: F. Zevi, Fotografie dei Fasti Ostiensi, in: Archeologia Classica 46 (1994), S. 401–410; *Bischofskirche* (1996 durch Michael Heinzelmann und Franz Alto

Bauer festgestellt): F. A. Bauer/M. Heinzelmann/A. Martin/A. Schaub, Untersuchungen im Bereich der konstantinischen Bischofskirche Ostias, in: Mitteilungen des Deutschen Archäologischen Instituts, Römische Abteilung 106 (1999), S. 289–341; *heidnischer Widerstand*: H. Bloch, The Pagan Revival in the West at the End of the Fourth Century, in: The Conflict between Paganism and Christianity in the Fourth Century, ed. by A. Momigliano (Oxford 1963), S. 193–218; *Hieronymus*: Adversus Rufinum c. 22 bzw. Epitaphium S. Paulae c. 6; Prokop, Gotenkriege I 26, III 15, 10–13; *Märtyrer von Ostia und Portus, S. Aurea*: Meiggs S. 390 f., 519–531; *Monika geistert*: L. Milis in Studi in onore di C. Violante (Spoleto 1994) S. 542; *Nekropolen*: Heinzelmann in Ostia port, S. 373–384; *mittelalterliche Grundstücksumschreibungen*: G. e F. Tomassetti, La Campagna Romana, in der Neubearbeitung von L. Chiumenti e F. Bilancia, 5 (Firenze 1979), Spätantike und Mittelalter: S. 262–388; für Portus aus den Censuali des Kapitels von St. Peter R. Montel in Mélanges de l'École française de Rome-Moyen Âge 83 (1971) S. 31–87; s. a. unten Kap. XIX; *Kalköfen*: P. Lenzi, Attività di spoliazione e forni a Ostia, in: Archeologia medievale 25 (1998) S. 247–263; *Ostias Schiffsverkehr im Mittelalter*: A. Esch, Economia, cultura materiale e arte. Studi sui registri doganali romani 1445–1485 (Roma 2007); *Ostias Ruinenflora*: F. Lucchese e E. Pignatti, La vegetazione nelle aree archeologiche di Roma e della Campagna Romana, in: Quaderni di Botanica ambientale e applicata 20–2 (2009) S. 3–89; *Pius II.*: s. unten Kap. VI S. 123 f. – Sowie eigene Beobachtungen aus zahlreichen Besuchen des Geländes.

II. Landschaft des frühen Mittelalters. Zwischen den alten Landkirchen des südlichen Umbrien

Siedlung, Pieve, Landschaft in der frühmittelalterlichen Sabina und angrenzenden Zonen: P. Toubert, Les structures du Latium médiéval (Rome 1973), bes. Kap. 2–4 u. 8; zum frühmittelalterlichen Umbrien die Beiträge in: Aspetti dell'Umbria dall'inizio del sec. VIII alla fine del sec. IX (Perugia 1966); und in: L'Umbria meridionale fra tardo antico ed altomedioevo, hg. von G. Binazzi (Assisi 1991); zu den «ländlichen Diözesen» zuletzt M. De Fino, Le diocesi rurali nell'Italia tardoantica fra IV e VII sec., in: Rendiconti d. Pontif. Acc. rom. di archeologia 87 (2014–15), S. 391–411. – *Straßen*: E. Martinori, Via Flaminia (Roma 1929); Verlauf und Nachleben: A. Esch, Römische Straßen in ihrer Landschaft (Mainz 1997), S. 59–90; Ders., Zwischen Antike und Mittelalter. Der Verfall des römischen Straßensystems in Mittelitalien und die Via Amerina (München 2011); Il corridoio bizantino e la via Amerina in Umbria nell'alto medioevo, hg. von E. Menestò (Spoleto 1999); *zu den Brücken* M. H. Ballance in Papers of the British School at Rome 19 (1951), S. 78–117. – *Kirchen, Bau und*

Ausstattung: Corpus della scultura altomedievale, bes. Bd. XII u. XIII (Spoleto 1985 u. 1993) mit guten knappen Darbietungen der einzelnen Kirchen; Monasteri benedettini in Umbria. Alle radici del paesaggio umbro, hg. von E. Farnedi u. N. Togni (Cesena 2014). – Zu einzelnen Kirchen (neben *Corpus* cit.): *S. Eusebio*: Fra tardo antico e medioevo. Un santuario della via Francigena: Sant'Eusebio di Ronciglione (Roma 2016); *Carsulae*: Carsulae. Topografia e monumenti, hg. von L. Quilici u. St. Quilici Gigli (Roma 1997), S. 32 ff.; zwischen Massa Martana und Sangemini: S. Nessi/S. Ceccaroni, Itinerari Spoletini 3 u. 4 (1975 u. 1978); *Katakombe*: F. Bisconti in Rivista di archeologia cristiana 74 (1998), S. 27–62; *Ad Martis* zuletzt: fastionline.org (Muccigrosso).

Position der genannten Landkirchen:

S. Eusebio	42.237804/12.243197
S. Pudenziana di Visciano	42.477100/12.488373
S. Martino di Taizzano	42.484832/12.490463
S. Damiano, Carsulae	42.639190/12.557806
S. Vittorina bei Dunarobba	42.677846/12.446298
S. Lorenzo in Nifili	42.650970/12.466454
Ponte Fondaia	42.717785/12.543190
S. Faustino	42.732040/12.528823
S. Maria in Pantano	42.750980/12.531820

III. Venedig vor Venedig. Ein Streifzug durch die Lagunenlandschaft Venetiens

Eingangszitat: Cassiodor, *Variae* XII 24, vgl. 22 u. 27 (Übersetzung A. u. D. Esch). Die Lagunen vor und während ihrer ersten Besiedelung bis zu den Anfängen von Venedig (natürliche Gegebenheiten, römische Zeit, frühe Fluchtsiedlung, Langobarden und Byzanz): A. Carile/G. Fedalto, Le origini di Venezia (Bologna 1978); Le origini di Venezia. Problemi esperienze proposte. Symposium italo-polacco 1980 (Venezia 1981) mit den polnischen Grabungsergebnissen; W. Dorigo, Venezia origini (Milano 1983), der in der Annahme römischer Vorbesiedlung aber zu weit geht; Storia di Venezia, I, hg. von L. Cracco Ruggini u. a. (Roma 1992), darin etwa G. Uggeri zu Lagune und Meer; L. Bosio, Land- und Wasserverbindungen; G. Rosada, Küsten- und Lagunen-Orte; J.-C. Hocquet, Salinen; G. Cantino Wataghin, Übergang und Wandel des Lebensstils; G. Cuscito, Aquileia und frühe Kirchen in der Lagune; D. Rando, Verlegte und neue Bischofssitze und Pievensystem; M. Pavan/G. Arnaldi, Prozeß der Verselbständigung von Byzanz und Identität der entstehenden Führungsschichten; A. Castagnetti, Zusammenwachsen der Inselsiedlungen am

Rialto; G. Ortalli, Venedig zwischen Byzanz und Karolingern; L. Cracco Ruggini, gute Synthese der Entwicklung. Der Kontext im 9. Jh.: G. Ortalli, Aquisgrana 812: Le premesse degli equilibri alto-adriatici e del ruolo di Venezia, in: Bullettino dell' Istituto storico italiano per il medioevo 118 (2016), S. 109–124. – Venezia prima di Venezia: Archeologia e mito, hg. von M. Bassani (Lezioni Marciane 2013–2014, Roma 2015), daraus für unsere Zwecke besonders M. Bassani/M. Molin, Paesaggi ritrovati. Torcello e la laguna nord fra età antica e medievale, S. 9–33; und immer noch J. von Schlosser, Venedig. Zwei Kapitel aus der Biographie einer Stadt (Nachdruck Darmstadt 1958). – Schiffstypen der Lagune: Le barche di Venezia, hg. von G. Fullin (Venezia 1981). – Via Annia: Via Annia. Adria, Padova, Altino, Concordia, Aquileia, hg. von F. Veronese (Padova 2009 u. 2011) mit luftarchäologischen Aufnahmen; Zenturiation dort: R. Camaiora in: S. Settis (coord.), Misurare la terra. Centuriazione e coloni nel mondo romano (Modena 1983), S. 204–209. – Wichtigste Quelle zur Frühgeschichte der Langobarden: Paulus Diaconus, *Historia Langobardorum*, zuletzt hg. (lat. u. deutsch) von W. F. Schwarz (Darmstadt 2009); die frühesten dokumentarischen Quellen zur Lagunensiedlung in R. Cessi, Documenti relativi alla storia di Venezia anteriori al Mille (Padova 1940). – Grado: S. Tavano, Grado (Udine 1976); Säulen u. Kapitelle: F. W. Deichmann, Die Spolien in der spätantiken Architektur (Bayer. Ak. d. Wiss., SitzBer. Phil.-hist. Kl. 1975 Nr. 6) S. 31; zu den stationierten *numeri* G. Ravegnani, Le unità dell'esercito bizantino del VI secolo, in: Alto medioevo mediterraneo, hg. von S. Gasparri (Firenze 2005), S. 195 f. – Torcello: L. Leciejewicz (Hg.), Torcello. Nuove ricerche archeologiche (Roma 2000), und zuletzt Bassani/Molin (s. o). – S. Lorenzo di Ammiana: S. Gelichi/C. Moine, Isole fortunate? La storia della Laguna Nord di Venezia attraverso lo scavo di S. Lorenzo di Ammiana, in: Archeologia medievale 39 (2012), S. 9–56. – Zur frühen Siedlungs- und Baugeschichte von Venedig: E. Miozzi (Stadtbaumeister von Venedig), Venezia nei secoli, I (Venezia 1957), dort S. 113 der Plan Abb. 10; S. Muratori, Studi per una operante storia urbana di Venezia (Roma 1959); N. Huse, Venedig. Von der Kunst, eine Stadt im Wasser zu bauen (München 2005); S. Gelichi, La storia di una nuova città attraverso l'archeologia: Venezia nell'alto medioevo, in: Three empires, three cities: identity, material culture and legitimacy in Venice, Ravenna and Rome, 750–1000 (vol. offered to C. Wickham, hg. von V. West-Harling, Turnhout 2015), S. 51–89 mit Diskussion der verschiedenen Entstehungs-Hypothesen, Abb. 4–6 zu den frühesten Siedlungskernen. Jüngste Sondierungen unter S. Marco haben eine Siedlungsschicht schon des 7. Jhs. festgestellt; W. Wolters, S. Marco in Venedig (2014). – Zum Vergleich Ravenna: A. Augenti, Nascita, sviluppo e morte di una città tardoantica, in: Rendiconti della Pontificia Acc. rom. di Archeologia 84 (2011–12), S. 77–119. – Frühe Schreibkundigkeit: I. Fees, Eine Stadt lernt schreiben. Venedig vom 10. bis zum 12. Jahrhundert (Tübingen 2002).

IV. Die Stadtlandschaft des mittelalterlichen Rom

Zum Thema wichtige Beiträge in den Sammelbänden: P. Delogu (Hg.), Roma medievale. Aggiornamenti (Firenze 1998); S. Ensoli (Hg.), Aurea Roma. Dalla città pagana alla città cristiana (Roma 2000); Roma nell'alto medioevo. Settimane di studio del Centro ital. di studi sull'alto medioevo 48 (Spoleto 2001); Der Neue Pauly XV 2 (2002): Rom, I Grundzüge der Stadtgeschichte (A. Esch), III Kaiserforen (E. La Rocca); Ph. Pergola/R. Santangeli Valenzani/R. Volpe (Hgg.), Suburbium. Il suburbio di Roma dalla crisi del sistema delle ville a Gregorio Magno (Roma 2003); Soprintendenza Archeologica di Roma (Hg.), Roma dall'antichità al medioevo, I: Archeologia e storia (Milano 2001); II: Contesti tardoantichi e altomedievali (Milano 2004). Mein Beitrag in: D. Mertens (Hg.), Stadtverkehr in der antiken Welt. Internat. Kolloquium zur 175-Jahrfeier des Deutschen Archäol. Instituts Rom 2004 (Palilia 18, 2008), S. 213–237 (dem ich hier stellenweise folge). – An Monographien sind hervorzuheben: R. Krautheimer, Rom. Schicksal einer Stadt, 312–1308 (München 1987); E. Hubert, Espace urbain et habitat à Rome du Xe à la fin du XIIIe siècle (Roma 1990); F. A. Bauer, Das Bild der Stadt Rom im Frühmittelalter. Papststiftungen im Spiegel des Liber Pontificalis von Gregor III. bis zu Leo III. (Palilia 14, 2004). – *Zur Topographie der Übergangszeit*: L. Pani Ermini, Forma Urbis. Lo spazio urbano tra VI e IX secolo, in: Roma nell'alto medioevo cit., S. 255–323; R. Meneghini/R. Santangeli Valenzani, Roma nell'Altomedioevo (Roma 2004). – *Bevölkerungszahl*: die Schätzungen sind alle hypothetisch, die vorsichtigste ist die von L. Gatto in: Delogu cit., S. 143–157. – *Crypta Balbi*: D. Manacorda, Crypta Balbi, archeologia e storia di un paesaggio urbano (Milano 2001); *Kaiserforen*: R. Meneghini/R. Santangeli Valenzani, I Fori Imperiali: gli scavi del Comune di Roma 1991–2007 (Roma 2007), S. 115–166. – Zu der (in ihrem Ausmaß in der Forschung umstrittenen) *kirchlichen Getreideversorgung*: J. Durliat, De la ville antique à la ville byzantine. Le problème des subsistances (1990), S. 145–163. – *Straßen und näheres Umfeld*: mehrere Beiträge in Suburbium cit.; kirchlicher Grundbesitz: F. Marazzi, I Patrimonia Sanctae Romanae Ecclesiae nel Lazio, sec. IV-X (Nuovi Studi Storici 37, 1998); *Katakomben*: V. Fiocchi Nicolai/F. Bisconti/D. Mazzoleni, Roms christliche Katakomben (Regensburg 1998). – *Um St. Peter*: P. Liverani, La topografia antica del Vaticano (Città del Vaticano 1999); *Lateran*: R. Luciani, Il complesso lateranense (Roma 2009), Kap. 1. – *Pompejustheater*: A. M. Capoferro Cencetti in Rivista di Archeologia 3 (1979), S. 72–85; zur Umnutzung allgemein: A. Esch, Wiederverwendung von Antike im Mittelalter. Die Sicht des Archäologen und die Sicht des Historikers (Hans Lietzmann-Vorlesungen 7, 2005). Kaiserforen: Meneghini, Santangeli Valenzani, La Rocca cit. und ihre Berichte in: Mélanges de l'École française de Rome und Römische Mitteilungen 1999–2002. Palatin: A. Augenti, Il Palatino nel Medioevo. Archeologia e topografia, sec. VI–XIII (Roma 1996). – *Paleofossi*: A. Corazza in: Ecosistema Roma (Atti dei Convegni Lincei 218, 2005). – *Zustand um 1400*: A. Esch, Rom. Vom Mittelalter zur Renaissance (München 2016), S. 36 ff. Zum *disabitato* vortrefflich R. Krautheimer S. 340–356, auf dessen Belege S. 397–399 ausdrücklich verwiesen sei. Aquädukte und Stadtmauer verwechselt: s. Kap. VII; zur Stadtmauer R. Mancini, Le Mura Aureliane di Roma (Roma 2001); in den damaligen Urkunden erwähnt: Hubert S. 64 ff. – Auswertung von Grenzbeschreibungen: s. Kap. XIX. – *Ruinenvegetation*: R. Deakin, Flora of the Colosseum of Rome (London 1855); Caneva/Ceschin (wie S. 354); Lucchese-Pignatti, La vegetazione (wie S. 338). – Das Ewige am ewigen Rom: A. Esch, *Rome. Histoire d'une ville, histoire du monde,* in *Europa, notre histoire,* sous la direction de E. François et Th. Serrier, Paris 2017, S. 340–348.

V. Fremde Landschaft und vertraute Landschaft in Reiseberichten des späten Mittelalters

Erweiterte Fassung meines Vortrags aus Anlaß von Richard Krautheimers 90. Geburtstag in der Bibliotheca Hertziana: Anschauung und Begriff. Die Bewältigung fremder Wirklichkeit durch den Vergleich in Reiseberichten des späten Mittelalters, in: Historische Zeitschrift 253 (1991), S. 281–312; ebda die einzelnen Stellenbelege (z. B. Vergleich Geländerelief Hl. Land: Florenz S. 295 f.; Begegnung mit der Mongolei S. 290 f. u. 303; Landschafts-Erwartung S. 292 f.). – Ergiebige *Reiseberichte* (weitere im eingangs genannten Artikel): Pietro Casola, Viaggio a Gerusalemme, a cura di A. Paoletti (Alessandria 2001); Felix Fabri, Evagatorium in Terrae Sanctae, Arabiae et Egypti peregrinationem, hg. v. K. D. Hassler, 3 Bde (Stuttgart 1843–49); Le voyage de Pierre Barbatre à Jérusalem en 1480, hg. v. P. Tucoo-Chala et N. Pinzuti, in: Annuaire-Bulletin de la Société de l'histoire de France, 1972. Neuere Quellensammlung zum spätmittelalterlichen Reisen: F. Reichert (Hg.), Quellen zur Geschichte des Reisens im Spätmittelalter (Darmstadt 2009); zu den Parallelberichten A. Esch, Gemeinsames Erlebnis, individueller Bericht. Vier Parallelberichte aus einer Reisegruppe von Jerusalempilgern 1480, in: Zeitschrift für historische Forschung 11 (1984), S. 385–416. – Michalsky (wie S. 343); für die nachmittelalterliche Zeit anregende Beobachtungen in: D. Drexler, Landschaft und Landschaftswahrnehmung. Untersuchung des kulturhistorischen

Bedeutungswandels von Landschaft anhand eines Vergleichs von England, Frankreich, Deutschland und Ungarn (Diss. TU München 2009). – Antoine de la Sale: s. o. 102 ff. – Für die *griechische Inselwelt* liegt zugrunde: A. Esch, Das Erlebnis der griechischen Inselwelt in der Renaissance, in: Ders., Landschaften der Frührenaissance (München 2008), S. 69–109, mit den Belegen; E. W. Bodnar, Cyriac of Ancona, Later Travels (The I Tatti Renaissance Library, Cambridge Mass. 2003). – Der Vergleich in der mittelalterlichen *Architekturbeschreibung*: grundlegend R. Krautheimer, Introduction to an ‹Iconography of Medieval Architecture›, in: Journal of the Warburg and Courtauld Institutes 5 (1942), S. 1–33; jetzt in deutscher Übersetzung in Ders., Ausgewählte Aufsätze zur europäischen Kunstgeschichte (Köln 1988), S. 142–197, mit wichtigen Postskripten. Beschreibung von Amphitheatern: s. u. S. 108 f.

VI. Landschaft der Frührenaissance. Auf Ausflug mit Pius II.

Überarbeitete Fassung meines Beitrags: Das Erlebnis der Landschaft bei Enea Silvio Piccolomini/Pius II., in: Das Mittelalter 16 (2011), S. 149–160; vgl. A. Esch, Landschaften der Frührenaissance. Auf Ausflug mit Pius II. (München 2008), ebda die einzelnen Belege. – Zum Thema Landschaft zuletzt die Sammelschriften: Landschaften im Mittelalter, hg. von K. H. Spiess (Stuttgart 2006); ‹Landschaft› im Mittelalter? Augenschein und Literatur, hg. von J. Pfeiffer (Das Mittelalter 16, 2011). – *Literarische Abhängigkeit*: etwa N. Seeber, *Enea Vergilianus*. Vergilisches in den ‹Kommentaren› des E. S. Piccolomini (Innsbruck 1997), S. 68 das Zitat. – *Hauptquelle* sind die *Commentarii* Pius' II., ed. A. van Heck (Studi e Testi 312–313, Città del Vaticano 1984). *Archivalische Quellen* zum Kurien-Alltag (*Spese minute di palazzo, Tesoreria segreta*) C. Märtl, Alltag an der Kurie. Papst Pius II. im Spiegel zeitgenössischer Berichte, in: Pius II. ‹el più expeditivo pontifice›. Selected Studies on Aeneas Silvius Piccolomini 1405–1464, hg, von Z. von Martels u. A. Vanderjagt (Leiden 2003), S. 107–145. – Zur *Gonzaga-Korrespondenz* (Mantova, Archivio Gonzaga, besonders buste 841 u. 842) D. S. Chambers, The Housing Problems of Cardinal Francesco Gonzaga, in: Journal of the Warburg and Courtauld Institutes 39 (1976), S. 21–58. – Petrarca: *Familiares* IV 1. Zum Wandel in der Auffassung von Landschaft K. Stierle, Die Entdeckung der Landschaft in Literatur und Malerei der italienischen Renaissance, in: Vom Wandel des neuzeitlichen Naturbegriffs, hg. von H.-D. Weber (Konstanz 1989), S. 33–52; T. Michalsky, Zum Verständnis von Land und Landschaft in verschiedenen Medien des italienischen Spätmittelalters, in: Spiess cit. S. 237–265. Fernblick und gerahmter Blick: G. Blum, *Fenestra prospectiva*. Das Fenster als symbolische Form bei Leon Battista Alberti und im Herzogspalast von Urbino, in: Leon Battista Alberti. Humanist, Architekt, Kunsttheoretiker, hg. von J. POESCHKE u. C. SYNDIKUS (Münster 2008) S. 77–122. – Als konkreter historischer Beitrag O. REDON, L'espace d'une cité. Sienne et les pays siennois, XIIIe–XIVe siècle (Rome 1994); M. WARNKE, Politische Landschaft. Zur Kunstgeschichte der Natur (München 1992); Antoine de la Sale s. o. S. 102 ff. – Zum Verhältnis von Landschaftsmalerei und Kartographie die Überlegungen von T. MICHALSKY, Das Wissen der Kunst. Ein Plädoyer für den visuellen Diskurs in Landschaftsmalerei und Kartographie, in: W. GEHRING (Hg.), Die Entdeckung der Ferne (Paderborn 2014), S. 17–39. Zur Augenscheinkarte: TH. HORST, Augenscheinkarten – eine Quelle für die Kulturgeschichte, in: Akademie aktuell 2010, S. 38–41. – Blick vom Monte Cavo *Commentarii* S. 708–710, Ostia S. 693–699, Aniene S. 406. Parallelberichte s. Esch (wie S. 342). Brief Biondos in: B. NOGARA, Scritti inediti e rari di Biondo Flavio (Studi e Testi 48, 1927) Nr. 18. Die Klagen in zahlreichen Briefen aus mehreren Archiven s. ESCH, Landschaften der Frührenaissance, S. 58–66.

VII. Zur Identifizierung gemalter italienischer Landschaft des 18. und 19. Jahrhunderts

Der erste Teil beruht auf meinem Beitrag: Zur Identifizierung von italienischen Veduten des 19. Jahrhunderts, in: *Ars naturam adiuvans.* Festschrift für M. Winner, hg. von V. v. FLEMMING u. S. SCHÜTZE (Mainz 1996), S. 645–661: ebda die Belege (z. B. Fehlbestimmungen: S. 645 ff.; Goethe-Zeichnungen S. 647 f.; *disabitato* verkannt S. 649 ff.; Standortbezeichnungen durch die Maler S. 655 f.). Zu den wichtigsten zitierten Malern aller Nationen hervorzuheben der Querschnitt in: Un paese incantato. Italia dipinta da Thomas Jones a Corot (Ausstellung Paris u. Mantua 2001), hg. v. A. OTTANI CAVINA (Milano 2001); zu den deutschen zuletzt G. MAURER, Italien als Erlebnis und Vorstellung. Landschaftswahrnehmung deutscher Künstler und Reisender (Regensburg 2015). – Daneben für unsere Zwecke unter anderem M. ROETHLISBERGER, Claude Lorrain. The Drawings (Berkeley 1968), bes. 664v; P. CHESSEX et al., A.-L. Ducros: un peintre suisse en Italie (Lausanne 1998); Johann Christian Reinhart. Ein deutscher Landschaftsmaler in Rom, hg. v. H. W. ROTT u. A. STOLZENBURG (München 2012); Johann Christoph Erhard. Der Zeichner (Nürnberg 1996); Achille-Etna Michallon, hg. v. V. POMARÊDE (Paris 1994); C. POWELL, Turner in the South (London 1987); P. GALASSI, Corot in Italien (deutsch München 1991); Corot und Fries im Norden Roms: A et R. JULLIEN, Les campagnes de Corot au nord de Rome, in: Gazette des Beaux-Arts 99 (1982), S. 179–202; Carl Blechen, Zwischen Romantik und Realismus, hg. von P.-K. SCHUSTER (München 1990), S. 152. – Liste «schöner Standpunkte»: A. u. D. ESCH, Die römischen

Jahre des Basler Landschaftsmalers Samuel Birmann (1815–17), in: Zeitschrift für schweizerische Archäologie und Kunstgeschichte 43 (1986), S. 151–166. Zu Olevano zuletzt D. Riccardi, Olevano e i suoi pittori (Roma 2003). – Zur etruskischen Tuscia s. a. Kap. XIII; zu den Aquädukten s. Kap. XXI; Aniene-Tal jenseits von Subiaco s. Kap. XV.

VIII. Italien-Wahrnehmung im 19. Jahrhundert. Ferdinand Gregorovius, *Wanderjahre in Italien*

Ferdinand Gregorovius, Wanderjahre in Italien, zitiert nach der Ausgabe München 4. Aufl. 1986, mit Einführung von H.-W. Kruft (die im Text eingerückt zitierten Stellen finden sich auf S. 167; 241 f.; 460; 401, 412 f.; 282, 290, 308; 142 ff.). Weitere Zitate aus: Römische Tagebücher 1852–1889, hg. von H.-W. Kruft u. M. Völkel (München 1991): Montecassino 3.10.1859; Troja 4.11.1866. Auf Sizilien: s. a. Kap. XVII. Die Zeichnungen aus dem Nachlaß (Bayerische Staatsbibliothek, Gregoroviusiana 7–12, Skizzenbücher) finden sich sämtlich digitalisiert im Internet. – Zu Person und Werk: Ferdinand Gregorovius und Italien. Eine kritische Würdigung, hg. von A. Esch u. J. Petersen (Tübingen 1993); darin etwa A. Forni zur Rezeption in Italien, J. Petersen zur italienischen Gegenwart in den *Wanderjahren*; der Wortlaut des Index-Gutachtens ebda S. 250–252; N. Miller, Poetisch erschlossene Geschichte. F. Gregorovius' «*Wanderjahre in Italien*» und seine Dichtung über den Garten von Ninfa, in: Quellen u. Forsch. aus ital. Archiven u. Bibl. 96 (2016), S. 389–411. – Gregorovius als Historiker: A. Esch, Ferdinand Gregorovius (1821–1891). Ewiges Rom: Stadtgeschichte als Weltgeschichte, in: Denker, Forscher und Entdecker. Eine Geschichte der Bayerischen Akademie der Wissenschaften in historischen Portraits, hg. von D. Willoweit (München 2009), S. 149–162. – Als Journalist: J. Petersen (s. o.); F. G., Europa und die Revolution. Leitartikel 1848–1850, hg. von D. Fugger u. K. Lorek (München 2017). – Ranke: H. Wolf/D. Burkard/U. Muhlack, Rankes «Päpste» auf dem Index (Paderborn u. a. 2003). Dahn: A. Esch, Ein Kampf um Rom, in: Deutsche Erinnerungsorte, hg. von E. François u. H. Schulze (München 2000), I, S. 27–40. – Zum historischen Rahmen: Storia d'Italia. Annali 22, Il Risorgimento, hg. von A. M. Banti u. P. Ginsborg (Torino 2007) (und zahlreiche italienische Publikationen zur 150. Wiederkehr der Einigung Italiens 2011); N. Mirko, Das Ende des Kirchenstaates (4 Bde Wien 1962–70); G. Martina, Pio IX (Roma 1974–1990).

IX. Landschaft und Zeitgeschichte. Die ‹Thermopylen Italiens› in literarischer und militärischer Wahrnehmung

Erweiterte Fassung des Beitrags in der FAZ vom 20.4.2016 (italienisch in Nuova Antologia 618 fasc. 2282, 2017, S. 183–190). – Die zugrunde liegenden Quellen: Alberto MORAVIA, La Ciociara (Milano 1957, deutsch Reinbek 1964 als ‹Cesira›; Verfilmung 1960 u. 1989); zu Raum und Zeit ein Convegno ‹Alberto Moravia e La Ciociara› (Fondi 2010). – Bundesarchiv, Abt. Militärarchiv, Freiburg/Br.: Bestand RH 24–14 (Generalkommando XIV. Panzerkorps), Bd 137–145 (Tätigkeitsberichte Abt. Ic), RH 24–14/102–103 (Taktische Meldungen Abt. Ia). Ich danke den Archivaren für freundliche Hilfe. – Erinnerungsbuch der 94. Infanteriedivision an die Kriegsjahre 1939–1945, Lief. 4, Einsatz in Italien (Hannover 1973) S. 4–17, dort Anlage 10 die gen. Landschaftsskizze Scauri. – Karte: Istituto Geografico Militare, Carta d'Italia 1: 25 000, 159 II S. E. (von 1938). – Genannte Stellen: S. Agata/S. Eufemia: 41° 23′ 48″/13° 22′ 50″; Pfarrkirche östl. S. Magno: 41° 22′ 40″/13° 23′ 40″. – Deutsches Historisches Institut in Rom, Online-Datenbank: Die Präsenz deutscher militärischer Verbände in Italien 1943–1945, mit 16 000 Einträgen (C. Gentile). Ich danke Carlo GENTILE und Lutz KLINKHAMMER für nützliche Hinweise. Hilfe für flüchtende Kriegsgefangene: R. ABSALOM, L'alleanza inattesa. Mondo contadino e prigionieri alleati in fuga in Italia 1943–1945 (Bologna 2011). – Im einzelnen: ‹Banden›, Razzien 137 f. 215, 327 (Nov. 1943); unerlaubtes Requirieren ebda; keine Kritik am Faschismus 140 f. 141, 141 f. 143; Abhören durch ‹Marie› (oft), Zitat 138 f. 298, hallosity 137 f. 229, verfluchte Hoehen 138 f. 228, viel 145 f. 193–319 (Mai 1944); Planquadratschlüssel, Topographisches 140 nach f. 100, 141 f. 351, 145 f. 124, 140; Geländebeschreibungen, Kapellen etwa 103 f. 2, 11, 13, 17, 76, 88, 92, 96; Zusammenbruch 102 f. 165, 145 f. 277 ff., Vallecorsa f. 154. – Goethe: Ital. Reise 23. u. 24.2.1787, Corpus der Goethezeichnungen Nr. 78. Unveränderliche Konturen: Charles-Victor DE BONSTETTEN, Voyage sur la scène des six derniers livres de l'Énéide (Lausanne 1971), S. 153. – Zu Geschichte und Topographie der Talebene von Fondi L. QUILICI u. St. QUILICI GIGLI in: Atlante tematico di topografia antica 22 (2012), S. 155–310; DIES., Per la Via Appia tra i Monti Ausoni e Aurunci (Foggia 2017).

X. Auf der Via Francigena von Lucca zum Arno

Zur Via Francigena/Francisca vor allem die Zeitschrift *De strata Francigena* mit vielen wichtigen Beiträgen, für unsere Strecke bes. 6/1 (1998), und die Publikationen von R. STOPANI, darunter Guida ai percorsi della Via Francigena in Toscana (Firenze 1995), und Le grandi vie di pellegrinaggio del medievo. Le strade per Roma (Firenze 1986) mit den Itineraren; W. GOEZ, Von Pavia über Parma-Lucca-San Gimignano-Siena-Viterbo nach Rom (Köln 1972); S. PATITUGGI UGGERI, La Via Francigena e altre strade della Toscana medievale (Sesto Fiorentino 2004). – Les *Chansons de geste* et les routes d'Italie, in: J. BÉDIER, Les légendes epiques. Recherches sur la formation des Chansons de geste, II (Paris 1908), S. 139–278; Rolands-Toponyme s. o. S. 288. – Zum *Straßensystem* TH. SZABÒ, Comuni e politica stradale in Toscana e in Italia nel medioevo (Bologna 1992); A. ESCH, Auf der Straße nach Italien, in: Straßen- und Verkehrswesen im hohen und späten Mittelalter, hg. von R. C. SCHWINGES (Ostfildern 2007), S. 19–48. – *Lucca*: H. SCHWARZMAIER, Lucca und das Reich bis zum Ende des 11. Jahrhunderts (Tübingen 1972); R. SAVIGNI, Episcopato e società cittadina a Lucca (Lucca 1996); Kommune und Bischof, K. und Adel, K. und Umland H. KELLER, Il laboratorio politico del Comune medievale (Napoli 2014); A. MEYER, Der Volto Santo in der Luccheser Gesellschaft des 13. Jahrhunderts, in: Il Volto Santo in Europa, hg. von M. C. FERRARI u. A. MEYER (Lucca 2005), S. 229–336; Hospitäler zuletzt K. DORT, Armenfürsorge in Lucca im frühen und hohen Mittelalter. Hospitäler in Stadt und Bistum (Trier 2015). – *Lucchesia*: C. WICKHAM, Comunità e clientele nella Toscana del XII secolo. Le origini del comune rurale nella Piana di Lucca (Roma 1995); die Ausführungen zu Agrarwirtschaft und Landschaft nach A. ESCH, Lucca im 12. Jahrhundert. Beobachtungen über das Verhältnis zwischen Stadt und Land (Habilitationsschrift Göttingen 1974, ungedruckt); römische Zenturiation, Amphitheater: P. SOMMELLA/F. GIULIANI CAIROLI, La pianta di Lucca romana (Roma 1974); Lo sguardo di Icaro (wie S. 352) S. 457 f.; *Landschaft in den Quellen der Zeit*: zuletzt G. PICCINNI, Paesaggi raccontati, in: I paesaggi agrari d'Europa (sec. XIII–XV). Centro italiano di studi di storia e d'arte, Pistoia (Roma 2015), S. 67–100; B. ANDREOLLI, Selva, boschi, foreste tra alto e basso medioevo, ebda S. 385–431. – *Altopascio*: A. SPICCIANI et al., Altopascio una storia millenaria (Lucca 2011). Zur folgenden Strecke (Verlauf und Einrichtungen) die Beiträge von A. VANNI DESIDERI und A. MALVOLTI in De strata Francigena 1998; *Hospitäler*: Pellegrinaggio e ospitalità nelle Cerbaie medievali, hg. von S. SODI (Pisa 2001); Zeugenaussagen zum Cerbaia-Spital: S. NELLI, Notizie circa l'ospedale nuovo di Cerbaia, in: Actum Luce 24 (1995), S. 89–114; K. DORT cit.; Großer St. Bernhard: ESCH, Auf der Straße cit., S. 28–30; Siena: G. PICCINNI/L. TRAVAINI, Il libro del pellegrino, Siena 1382–1446 (Napoli 2003), S. 67–81. – *Cadolingi*: H. SCHWARZMAIER in Dizionario biogr. ital. 16 (1973); Fucecchio: MALVOLTI cit. – Ogier: STOPANI, Grandi vie, S. 33–37. – Brückenzoll: De strata Francigena 6/1 (1998) S. 133.

XI. Im oberen Tibertal. Kulturlandschaft zwischen Toskana, Umbrien, Marken, Romagna

Überarbeitete Fassung des Beitrags in der FAZ vom 20.2.2013. – C. Plinius Secundus, ep. V 6,7 (*amphitheatrum*); VI, 2 (*alio saeculo*). Villa (43° 32′ 01″/12° 13′ 19″): Grabungen durch die Soprintendenza P. Braconi, La villa di Plinio il Giovane a San Giustino. Primi risultati di una ricerca in corso (Perugia 1999). – [*Borgo*] *Sansepolcro*: A. Tafi, Immagine di Borgo San Sepolcro (Cortona 1994). – *Caprese Michelangelo*: Geburtsnotiz durch den Vater: Maddalena di Tommaso dal Borgo in Castel Durante 28 Okt. 1562 an Michelangelo in Rom (Firenze, Archivio Buonarroti VII n. 150), ed. Il carteggio di Michelangelo, ed. postuma di Giovanni Poggi, a cura di P. Barocchi e R. Ristori (Firenze 1983) IV S. 296. – *La Verna* und der Empfang der Wundmale: die Quellen in H. Feld, Franziskus von Assisi und seine Bewegung (Darmstadt 1994), S. 256–277, insbes. die *Fioretti* in ihrem letzten Teil (etwa in: Fonti francescane, editio minor, Assisi 1986, S. 982 ff.; Felsklüfte S. 990 f., Vögel S. 988, Buche S. 989). – *La Città del diario*: s. Website des Archivio diaristico nazionale. *Gotenlinie*: B. Ghigi, La guerra sulla linea gotica dal Metauro al Senio al Po (Rimini 2003). – Tiberinus als *Pater aquarum* CIL VI 773.

XII. Die Sibylle, Tannhäuser und Pilatus. Der Zauberberg in den Monti Sibillini zwischen Latium, Umbrien, den Marken

Überarbeitete Fassung des Beitrags in der FAZ vom 21.4.2011 (italienisch in: Strenna dei Romanisti 2015, S. 237–248). – *Antoine de La Sale*: Edition des Textes (mit ital. Übersetzung) und Überblick über die Forschung bei P. Romagnoli, Le Paradis de la reine Sibille/Il Paradiso della regina Sibilla (Verbania 2001), mit Miniaturen der Handschrift Chantilly, Musée Condé, ms. 653. Zu Antoine auch: E. Auerbach, Mimesis (Bern 1946), Kap. X. – Zur italienischen *Sibyllen*-Legende F. Neri, Le tradizioni italiane della Sibilla, in: Studi medievali 4 (1912/13), S. 213–230. Zur Entstehungsgeschichte der *Tannhäuser*-Sage O. Löhmann, Die Entstehung der Tannhäusersage, in: Fabula 3 (1960), S. 224–253; J. M. Clifton-Everest, The Tragedy of Knighthood: Origins of the Tannhauser Legend (Oxford 1979). Zur *Pilatus*-Legende: A. Scheitgen, Die Gestalt des Pontius Pilatus in Legende, Bibelauslegung und Geschichtsdeutung vom Mittelalter bis in die frühe Neuzeit (Frankfurt 2002). – *Guerrin Meschino*: von Andrea da Barberino (um 1410), ed. M. Cursietti (Padova 2005); Arnold von Harff, Pilgerfahrt hg. von E. von Groote (Köln 1860), S. 37 f. – *Pönitentiarie*: Beispiele in A. Esch, Die Lebenswelt des europäischen Spätmittelalters. Kleine Schicksale selbst erzählt in Schreiben an den Papst (München 2014), Kap. VIII. – Die *Gerichtsurkunde*: Montemonaco, Archivio Comunale, perg. n. 40, Transkription in: Sulle tracce della Sibilla. Un documento del XV secolo, a cura di Mons. G. Ghilarducci (Montemonaco 1998); *Graffiti*: Antoines Devise in Spoleto, S. Gregorio Maggiore (an der Tür zur Sakristei); Assisi, S. Francesco (am südwestl. Aufgang von der Unter- in die Oberkirche), vgl. D. Kraak, Monumentale Zeugnisse der spätmittelalterlichen Adelsreise. Inschriften und Graffiti des 14.-16. Jahrhunderts (Göttingen 1997), S. 280–283 u. 400–402. – *Rituale* am Pilatus-See (Predigt): A. Graf, Miti, leggende e superstizioni nel medio evo (nuova ed. Milano 2002), S. 300 f.; speleologische Untersuchungen mit Geo-Radar der Universität Camerino in der Veröffentlichung des Convegno ‹Sibilla Sciamana della montagna e la grotta appenninica› (a cura del progetto Elissa, 2001). – Benvenuto Cellini, Vita, I 64 und 65; Faust 10 439–40. Montemonaco als erdichteter Ort: Pabst zit. bei Löhmann Anm. 10.

XIII. In den Schluchtwegen des südlichen Etrurien

Erweiterte Fassung des Beitrags in der FAZ vom 24.8.2016. – Zum historischen und geographischen Rahmen: M. Pallottino, Storia della prima Italia (Milano 1984, deutsch München 1987); L'Etruria meridionale rupestre. Atti del Convegno Internazionale L'Etruria rupestre dalla Protostoria al medioevo. Insediamenti, necropoli, monumenti, confronti (Roma 2014). – G. Dennis, The Cities and Cemeteries of Etruria (1848, 3. Aufl. 1883). Guter lokaler Führer, auch auf deutsch: C. Rosati/C. Moroni, Die Etrusker und die Hohlwege (Grosseto 2013); zu Castro: H. Giess, Die Stadt Castro und die Pläne von Antonio da Sangallo d. J., in: Röm. Jahrbuch f. Kunstgeschichte 17 (1978), S. 47–88. – Kein Sujet der Landschaftsmalerei: s. Kap. VII. – Zu Lucien Bonaparte: Lucien Bonaparte archeologo. Catalogo della mostra Orvieto, Museo Claudio Faina, hg. von G. M. Della Fina (Roma 2004), S. 69 u. 78; V. Noerskov, The Affairs of Lucien Bonaparte and the Impact on the Study of Greek Vases, in: Analecta Romana Instituti Danici, Suppl. XLI (Roma 2009), S. 63–76.

Lokalisierung der Schluchtwege (jeweils der Anfang der Via Cava):

Via Cava di S. Sebastiano	42° 39′ 21.5″/11° 38′ 14.5″
Il Cavone	42° 39′ 34″/11° 38′ 07″
Via Cava di S. Rocco	42° 41′ 07″/11° 42′ 36″
Via Cava di S. Carlo	42° 41′ 08″/11° 42′ 55″
Via Cava di S. Giuseppe	42° 38′ 03″/11° 39′ 26″

XIV. Klein wie ein Dorf und doch eine Stadt. Mugnano in Teverina

Mugnano im Archivio di Stato Roma: Camerale III, Comuni, busta 1460, dort auch die *visita* von 1808; Catasto Gregoriano, Blatt Viterbo 279, mit dem zugehörigen *brogliardo*, im Staatsarchiv. Im Archivio Orsini (Archivio Capitolino): E. Mori, Le carte di Mugnano e di Bomarzo nell'Archivio Storico Capitolino, in: Bomarzo, il Sacro Bosco, hg. von S. Frommel (Milano 2009), S. 20–26 (mehrere Archivalien «esportate illegalmente» und heute in Los Angeles, aber mit gutem Inventar im Internet). – Zum Palazzo: F. T. Fagliari Zeni Buchicchio ebda S. 28–37, bes. 34 f.; Peruzzi nicht belegt: nach freundlicher Auskunft von C. L. Frommel. Ringraziamo Elsa e Gabriella Barberini e i loro mariti per l'accoglienza generosa e la squisita ospitalità. – Zum politischen und wirtschaftlichen Rahmen dieser Zone zuletzt A. Cortonesi/ A. Lanconelli, La Tuscia pontificia nel medioevo (Trieste 2016). – Nördliche Wahrnehmung südlicher Siedlungsformen: A. Esch, La società urbana. Italia e Germania a confronto, in: L'Italia alla fine del medioevo: i caratteri originali nel quadro europeo, hg. von P. Salvestrini (Firenze 2006), S. 57–74, dort auch zu Nikulas von Munkathvera (s. a. Kap. X) und Otto von Freising. Zum *incastellamento*: s. o. S. 41 f.. Die Uhr von Orte: Le riformanze del Comune di Orte, I (Orte 1990), S. 135.

XV. Die Wasser des Aniene. Nero und der Hl. Benedikt in der Berglandschaft von Subiaco

Überarbeitete Fassung des Beitrags in der FAZ vom 23.10.2013. – Zu Neros Villa und den Stauseen L. Quilici, I *Simbruina Stagna* di Nerone nell'alta valle dell'Aniene, in: Uomo, acqua e paesaggio (Atlante tematico di topografia antica, II. Suppl., Roma 1997), S. 99–142, mit Karte und guten topographischen Aufnahmen (Staumauerreste bei S. Mauro fig. 17–20, Brücke der *Carceri* S. 126–130); zum Kloster in den *Carceri*: M. G. Fiore Cavaliere, La villa di Nerone a Subiaco e la fondazione del monastero benedettino di S. Clemente, in: Il Lazio tra antichità e medioevo. Studi in memoria di Jean Coste, a cura di Z. Mari et al. (Roma 1999), S. 341–367. – Rocca Canterano: Toubert (wie S. 353) S. 379 f. – Wasserreichtum: Pius II., *Commentarii*, VI 20. – Sommerlager Innozenz' III.: K. Hampe, Eine Schilderung des Sommeraufenthalts der römischen Kurie unter Innozenz III. in Subiaco 1202, in: Historische Vierteljahrsschrift 8 (1905), S. 509–535. – Frühdruck in Subiaco zuletzt: Subiaco, la culla della stampa. Atti dei convegni Abbazia di S. Scolastica 2006–2007 (Subiaco 2010). – SS. Trinità di Vallepietra: Santuari del Lazio, a cura di S. Boesch Gajano et al. (Santuari d'Italia VII, Roma 2010), S. 265–267.

XVI. Auf den Spuren der Transhumanz im Molise. Die historischen Wege des Viehtriebs zwischen Apulien und den Abruzzen

Überarbeitete Fassung des Beitrags in der FAZ vom 3.9.2014. – Zu den tratturi zuletzt umfassend die beiden Sammelbände: Abruzzo sul tratturo magno, hg. von L. Ermini Pani (Roma 2015), darin z. B. E. Ceccaroni zu den römischen Straßen, F. Redi zu den tratturi selbst, St. Del Lungo zur Toponomastik der Transhumanz. Im Kontext der Landwirtschaft: Allevamento transumante e agricoltura, in: Mélanges de l'École française de Rome, Antiquité 128–2 (2016), Antike bis Neuzeit. – *Frühe Organisation*: J.-M. Martin, Les débuts de la transhumance: économie et habitat en Capitanate, in: Bullett. dell'Ist. stor. ital. per il medio evo 109 (2007), S. 117–137. Staatliche Regelung und Zählung E. Sakellariou, Southern Italy in the Late Middle Ages (Leiden-Boston 2012), S. 271–296. Regelungen der *Dohana delle pecore* s. R. Delle Donne, Burocrazia e fisco a Napoli tra XV e XVI sec. (Firenze 2012), z. B. S. 330, 344, 348, 350, 366–369 usw. – *Kastelle und feudale Herrschaft* längs der tratturi: Le fortificazioni del Molise nel tratturo Pescasseroli-Candela. Catalogo della mostra Campobasso 2010. – Daneben viel gute Lokalforschung zu den tratturi und ihren unscheinbaren Bauten, etwa E. Micati, s. Internet (im Internet zahlreiche sites zum Thema: Führer, Routen-Vorschläge, Trekking-Angebote usw.). – *Antike Steindenkmäler* zur Transhumanz: Saepinum CIL IX 2438, Peltuinum L. Migliorati in Rendiconti della Pontif. Acc. rom. di archeologia 84 (2011–12), fig. 8–11; Zollstelle im Westtor von Peltuinum: 42° 17′ 09″/13° 37′ 11″.

XVII. Ummauerte Landschaft. Das Gelände von Syrakus als historischer Schauplatz

Zur Befestigung der *Epipolai* jetzt grundlegend H.-J. Beste/D. Mertens, Die Mauern von Syrakus. Das Kastell Euryalos und die Befestigung der Epipolai (Wiesbaden 2015) (ich danke beiden Autoren für weitere Informationen); zur weiteren Topographie H.-P. Drögemüller, Syrakus. Zur Topographie und Geschichte einer griechischen Stadt (Heidelberg 1969). – *Sizilische Expedition* von 415–413: Thukydides Buch VI 62 ff. und Buch VII (Epipolai VI 97, Seeschlacht VII 70, Latomien VII 87). – Zur Umwandlung von Tempeln in Kirchen: F. W. Deichmann, Frühchristliche Kirchen in antiken Heiligtümern, in: Jahrbuch des Deutschen Archäologischen Instituts 54 (1939), S. 105–136 (darin

Syrakus S. 112, 135); G. CANTINO WATAGHIN, *...ut haec aedes Christo domino in ecclesiam consecretur.* Il riuso cristiano di edifici antichi tra tarda antichità e alto medioevo, in: Ideologie e pratiche dell'reimpiego nell'alto medioevo (Settimane di studio del Centro italiano di studi sull'alto medioevo XLVI, Spoleto 1999), S. 673–750; erstes Interesse für Mauern auch in freier Landschaft: A. ESCH, Mauern bei Mantegna, in: Zeitschrift für Kunstgeschichte 47 (1984), S. 293–319. – Für die weitere Geschichte von Syrakus im Rahmen Siziliens: M. I. FINLEY/D. MACK SMITH/C. DUGGAN, Geschichte Siziliens und der Sizilianer (München [4]2010).

XVIII. Landschaft mit römischer Straße

Der Beitrag faßt die Ergebnisse meiner Straßen-Publikationen zusammen: A. ESCH, Römische Straßen in ihrer Landschaft. Das Nachleben antiker Straßen um Rom, mit Hinweisen zur Begehung im Gelände (Mainz 1997); DERS., Zwischen Antike und Mittelalter. Der Verfall des römischen Straßensystems in Mittelitalien und die Via Amerina (München 2011) (sowie mehrere Artikel in italienischer Sprache): ebda die Belege im einzelnen und weitere Literatur, vor allem: R. CHEVALLIER, Les voies romaines (Paris 1997); Atlante tematico di topografia antica (hg. von L. QUILICI u. St. QUILICI GIGLI), straßenbezogen vol. 1 (Tecnica stradale), 2 (Percorsi e infrastrutture), 5 (Ponti e viadotti), 7, 11, u. a. Einige der geschilderten Elemente in Abbildung bei ESCH, Zwischen Antike u. Mittelalter: z. B. Pflasterung im Anschnitt Abb. S. 21, 82, 83, 85, 95, 145, 149, 152, 154, 175; Brücken intakt S. 11, 28 (!), 63, 115; Grabkammern genutzt S. 44, 45, 127, 148, 158; Abarbeitung S. 11, 65, 92, 93, 111; usw. – *Luftaufnahmen* (Royal Air Force 1944 u. spätere) von antiken Straßen und Orten: Lo sguardo di Icaro. Le collezioni dell'Aerofototeca Nazionale per la conoscenza del territorio, hg. von M. GUAITOLI (Roma 2003); straßenbezogene *Toponyme*: S. GENDRON, La toponymie des voies romaines et médiévales: les mots des routes anciennes (Paris 2006); Repertorium der römischen Straßenbrücken V. GALLIAZZO, I ponti romani (Treviso 1994). – Im frühen Mittelalter: mehrere Beiträge in *Mercator placidissimus.* The Tiber Valley in Antiquity. New Research in the Upper and Middle Tiber Valley, hg. von H. PATTERSON und F. COARELLI (Rome 2004); im hohen Mittelalter: Th. SZABÒ, Die Entdeckung der Straße im 12. Jahrhundert, in: Studi in onore di C. Violante II (Spoleto 1994), S. 913–929; *incastellamento* s. Kap. II. – Am Beispiel der *Via Amerina* J. B. WARD PERKINS/M. W. FREDERIKSEN, The Ancient Road Systems of the Central and Northern *Ager Faliscus*, in: Papers of the British School at Rome 25 (1957), S. 67–203 (im Unterschied zu manchen neueren Straßenbeschreibungen in Latium systematisch die Trasse im Gelände abgehend). – *Nachleben* am Beispiel der Via Appia

J. Coste, La via Appia nel Medio Evo e l'incastellamento, in: Ders., Scritti di topografia medievale, hg. von C. Carbonetti et al. (Roma 1996), S. 489–501; der nach Norden führenden Straßen: Il corridoio bizantino e la via Amerina in Umbria nell'alto medioevo, hg. von E. Menestò (Spoleto 1999); der Via Cassia/Via Francigena R. Stopani, La Via Francigena (Firenze 1988). – *Spolienverwendung* an den Straßen: A. Esch, *Spolia minora.* Il reimpiego dell'antico lungo le strade romane nell'Italia centrale, in: Rendiconti della Pontificia Accademia Romana di Archeologia 85 (2012–13), S. 89–110. – Zur mittelalterlichen Wahrnehmung antiker Überreste L. Clemens, *Tempore Romanorum constructa.* Zur Nutzung und Wahrnehmung antiker Überreste nördlich der Alpen während des Mittelalters (Stuttgart 2003), ad indicem ‹Straße›.

XIX. Archäologie aus dem Archiv. Antike Monumente in frühmittelalterlichen Grenzbeschreibungen um Rom

Dem Kapitel liegt zugrunde mein Beitrag: Antike in der Landschaft. Römische Monumente in mittelalterlichen Grenzbeschreibungen um Rom, in: Architectural Studies in Memory of Richard Krautheimer, ed. by C. L. Striker (Mainz 1996), S. 61–65. – Zur historischen Landeskunde Latiums weiterhin G. Tomassetti, La Campagna Romana, I-IV (Roma 1910–26, Neubearbeitung Firenze 1979). Zur archäologischen Toponomastik um Rom: La toponomastica archeologica della Provincia di Roma, a cura di S. Del Lungo (Roma 1996); am Beispiel von *balneum* M. Greenhalgh, The Survival of Roman Antiquities in the Middle Ages (London 1989), S. 111–116, s. a. S. 27–30; *parcitatem accusans*: Chronique des comtes d'Anjou, hg. von P. Marchégay et A. Salmon (Paris 1866–71), S. 336 (zu 1149). – *Die Urkunden der Sabina*: Regesta, Chronicon und Liber largitorius von Farfa, s. P. Toubert, Les structures du Latium médiéval (Rome 1973), S. 50 ff. Zur Benennung antiker Reste s. a. A. Sommerlechner, Urkunden als Quellen zu Stellenwert und Verwendung antiker Reste im mittelalterlichen Rom, in: Römische Historische Mitteilungen 43 (2001) S. 311–354. – Antike Ruinen in *Heiligen-Viten*: L. Clemens, *Tempore Romanorum* (wie oben) S. 154 ff., 185 ff., 248 ff., 383 ff.; Baccano: Esch, Zwischen Antike und Mittelalter (wie S. 352), S. 77. – Zu den Grenzbeschreibungen in der Sabina, an der Via Appia und in Portus im einzelnen Esch, Antike in der Landschaft cit.; Statuenvilla an der Via Salaria: Esch, Römische Straßen (wie S. 352) S. 104–106. – *Agrimensoren*: O. A. W. Dilke, The Roman Land Surveyors (Newton Abbot 1971); S. Del Lungo, La pratica agrimensoria nella tarda antichità e nell' alto medioevo (Spoleto, CISAM, 2004). – Die gefälschte Schenkung (angeblich 603) jetzt in: Il regesto del monastero dei SS. Andrea e Gregorio ad clivum Scauri, ed. A. Bartola (Roma 2003), Nr. 11.

XX. Unausgegrabene Amphitheater als Bestandteil der Landschaft

Konstruktion und Typologie: J.-C. Golvin, L'amphithéâtre romain (2 Bde Paris 1988); K. E. Welch, The Roman Amphitheatre (Cambridge 2007), jeweils mit weiterer Literatur. – *Spätantike und Nachleben*: B. Ward-Perkins, From Classical Antiquity to the Middle Ages. Urban Public Building in Northern and Central Italy, A. D. 300–850 (Oxford 1984), S. 92–118, 203–229; P. Pinon, Approches typologiques des modes de réutilisation des amphithéâtres de la fin de l'Antiquité au XIXe siècle, in: Gladiateurs et Amphithéâtres, hg. von C. Domerque et al. (Lattes 1990), S. 103–127; L. Clemens, *Tempore Romanorum constructa*. Zur Nutzung und Wahrnehmung antiker Überreste nördlich der Alpen während des Mittelalters (Stuttgart 2003), S. 82–111. – *Luftaufnahmen*: Atlante aerofotografico delle sedi umane in Italia, II (Firenze 1970); Lo sguardo di Icaro. Le collezioni dell'Aerofototeca Nazionale per la conoscenza del territorio, hg. von M. Guaitoli (Roma 2003); die Luftaufnahmen der Royal Air Force sind in der Aerofototeca deponiert und einzusehen. – *Zitate*: Labyrinth Verona: MGH Poetae latini I 1 S. 119; Luni Wikinger: Migne, Patrologia latina 141, col. 625; Barbarossa: MGH DD Fr. I 911. – *Vergleich Pula-Verona*: A. Esch, Staunendes Sehen, gelehrtes Wissen. Zwei Beschreibungen römischer Amphitheater aus dem letzten Jahrzehnt des 15. Jahrhunderts, in: Zeitschrift für Kunstgeschichte 50 (1987), S. 385–393. – *Ruinenflora*: G. Caneva/S. Ceschin in: Frondose arcate. Il Colosseo prima dell'archeologia (Roma 2001), S. 91–105; Amphitheater als «Felsenhöhle»: Deutsche Romantik. Handzeichnungen, I, hg. von M. Bernhard (München 1973) Nr. 730 u. 733.

Die behandelten Amphitheater werden im folgenden mit ihren Koordinaten lokalisiert (auf eine Beschreibung des Zugangs kann daher verzichtet werden), so daß sie auch an entlegener Stelle aufgefunden und bei Google Earth aus der Luft besichtigt werden können (es sei darauf hingewiesen, daß dort jeweils auch frühere Luftaufnahmen – andere Jahreszeit, anderer Sonnenstand – zu finden sind). Dazu im folgenden für alle weiteren Informationen (Maße, Strukturen, Erbauungszeit, nachantikes Schicksal der zugehörigen Stadt, Forschungsgeschichte) der Hinweis auf Spezialliteratur. Hier geht es nur um die Einbettung in die Landschaft.

Bolsena/Volsinii: 42° 39′ 01″/11° 59′ 01″; A. Timperi (Bolsena e il suo lago, Roma 1994), S. 60–62 legte ein Segment frei. – *Cales*: 41° 12′ 06″/14° 08′ 17″; Welch S. 213–216. – *Carsulae*: 42° 38′ 22″/12° 33′ 33″; A. Morigi, Carsulae. Topografia e monumenti (Roma 1997), S. 54–60 mit Abb. 7. – *Cumae*: 40° 50′ 31″/14° 03′ 22″; P. Caputo in: Cuma. Atti del 48° Convegno di studi sulla Magna Grecia (Taranto 2009), S. 719–739; Welch S. 204–208. – *Fabrateria Nova*: 41° 31′ 08″/13° 33′ 11″; L. Crescenzi, L'anfiteatro di S. Giovanni in Carico, in: Archeologia Laziale VII 1 (Roma 1985) S. 109–111; seit 2007 Erforschung der ganzen römischen Kolonie, vgl. zuletzt H. J. Beste, dem ich für freundliche Auskunft danke; s. a. H. J. Beste, Th. Fröhlich et al. in: www.fastionline.org/docs/FOLDER-it-2010-211.pdf. – *Falerii Novi*: 42° 18′ 10″/12° 21′ 40″; Lo sguardo di Icaro S. 394–402; Esch, Zwischen Antike und Mittelalter (wie S. 352), Abb. 144. – *Ferento*: 42° 29′ 31″/12° 08′ 20″; Welch S. 249–252; zuletzt M. Spanu und L. Lanteri in Atlante tematico di topografia antica 24 (2014), S. 121–150, hier S. 131 f. – *Peltuinum*: 42° 17′ 13″/13° 37′ 24″; kein Amphitheater (so noch in Guide archeologiche Laterza: Abruzzo Molise, 1984, S. 29 f.) nach freundlicher Auskunft von Paolo Sommella. – *Telesia*: 41° 13′ 26″/14° 30′ 02″; Lo sguardo di Icaro, S. 430 f. – *Tusculum*: 41° 47′ 54″/12° 42′ 08″; L. e S. Quilici Gigli, Tusculum ed il parco archeologico (Roma 1991), S. 50 f. – *Venafro*: 41° 28′ 58″/14° 02′ 47″; Lo sguardo di Icaro S. 431–433. – *Florenz*: 43° 46′ 09″ /11° 15′ 35″.

XXI. Landschaft mit Aquädukten

Zu Konstruktion, Verlauf, Gefälle immer noch am besten Th. Ashby, The Aqueducts of Ancient Rome (Oxford 1935); italienische Neuausgabe: Gli Acquedotti dell'antica Roma (Roma 1991); dort im einzelnen auch zu den Aquäduktbrücken, mit den Maßen. Zum Bau römischer Stollen K. Grewe, Licht am Ende des Tunnels. Planung und Trassierung im antiken Tunnelbau (Mainz 1998), bes. S. 70 ff.; wichtige Beiträge in Katalog bzw. Sammelband Il trionfo dell'Acqua (Roma 1986); Frühmittelalter: R. Coates-Stephens, The Walls and Aqueducts of Rome in the Early Middle Ages, A. D. 500–1000, in: Journal of Roman Studies 88 (1998) S. 166–178, bes. S. 171 ff.; Brief Biondos in Nogara (wie S. 344) bes. S. 196–198. Unter den lokalen Führern hervorzuheben (bes. für die Strecken bei Gallicano, s. S. 356): Z. Mari, Gallicano e i suoi acquedotti (Roma 1993); M. Placidi, Archäologie unter Tage. Die antiken Aquädukte in der römischen Campagna, in: Wasserhistorische Forschungen, Schwerpunkt Antike, hg. von C. Ohlig (Siegburg 2003), S. 193–212, erweitert in: Lazio e Sabina, hg. von G. Ghini (Roma 2009), S. 179–191. – *Cippi* am Beispiel der Marcia (mit den Schwierigkeiten der Berechnung) Ashby, Acquedotti, S. 114 f.; das Gefälle der einzelnen Leitungen zusammengestellt ebda S. 377–381. – Zu den mittelalterlichen Kastellen und Türmen dieser Zone G. M. De Rossi, Torri e castelli medievali della Campagna romana (Roma 1969), Nr. 301–306 mit Abb. 427–443; zur Via Prenestina L. Quilici, La Via Prenestina (Roma 1977).

Kurzer Hinweis auf die anschließenden Aquäduktstücke bei Gallicano.
Man beginne im Felseinschnitt von S. Maria di Cavamonte südwestl. Gallicano, durch den die Via Praenestina (die Kapelle steht auf dem römischen Pflaster), Aqua Claudia und Anio Novus (und ursprünglich auch Aqua Marcia) verliefen. In der Nordwand ein von der Straße angeschnittener Einstiegsschacht erkennbar an den Trittlöchern, an der Südwand zwei weitere sichtbar vom Pfad der alten Straße. Die folgende Straßenbrücke (gegen Gallicano, parallel zum Ponte Amato der antiken Straße) benutzte – nicht mehr erkennbar – die Brücke der beiden Aquädukte. – Hinter der Brücke links hinein ins Tal des Fosso Collafri. Nach 1050 m Weges der Ponte della BULICA (41° 52′ 30.2″/12° 48′ 08.7″), der die Aqua Marcia – wohl erst als kaiserzeitliche Begradigung – über den schmalen Bacheinschnitt führte; der Eintritt des *specus* in den Gegenhang ist gut sichtbar. Gleich darüber im Hang ein (erst 1987 erkannter) imposanter Stollen (Länge 236 m, Breite 2,5 m, Höhe 3–4 m!) zu Wartung und Entlüftung des Aquädukts darunter (PLACIDI cit. S. 185–191 mit Abb.). – Nach weiteren 600 m stillen Weges rechts ein Einstiegsschacht mit Trittlöchern (41° 52′ 43.7″/12° 47′ 52.6″), kurz darauf ein weiterer; beide gehören zum Anio Vetus; ebenso (bei dem am Ende erreichten verfallenen Haus, 41° 52′ 48.5″/12° 47′ 45.3″) in einer Tuffgrotte rechts im Dunkeln ein Schacht, durch den man in den Kanal des Anio Vetus hinabsieht. – Endlich im Waldrand an der Brücke vor dem kleinen Gutsbetrieb der Ponte PISCHERO (41° 52′ 50.9″/12° 47′ 44.2″), ein besonders schöner und lohnender Platz: tief unter den Resten einer römischen Brücke, die den Anio Vetus über diesen Fosso Caipoli führte, wird der den Anio kreuzende Bach durch einen halb weggebrochenen Felsstollen in den Fosso di Collafri geleitet (doch kann die komplexe Situation hier nicht erläutert werden, s. ASHBY, MARI, PLACIDI cit.). – Nächste voraufgehende und nachfolgende Aquäduktbrücken: Ponte CAIPOLI (41° 52′ 46″/12° 48′ 08″) der Aqua Marcia, erreichbar vom Ponte PISCHERO ca. 600 m bachaufwärts. Der Ponte TAULELLA des Anio Vetus (41° 53′ 10″/12° 47′ 45″, eine besonders anziehende Stelle), zu erreichen von der Straße Gallicano-Tivoli, nach 3,5 km rechts hinab (Hinweisschild, auch sonst hier gute Hinweise der Umwelt-Associazione von Gallicano), beim Abstieg der auf S. 326 genannte *cippus*. Die imposante Doppelbrücke Ponte BARUCELLI (oder DIRUTO) der Aqua Claudia und des Anio Novus (41° 52′ 00″/12° 47′ 32″) zu erreichen von der Via Praenestina.

Bildnachweis

Abb. 1 (S. 17): Nach: Bauer, Heinzelmann, Martin, Schaub u.a., 1999.

Abb. 2a-d (S. 20f.); 4 (S. 44); 5 (S. 45); 6 (S. 47); 7 (S. 54); 9 (S. 63); 17 (S. 119); 26 (S. 171); 27 (S. 173); 29 (S. 195); 31 (S. 207); 33 (S. 213); 35 (S. 226); 36 (S. 227); 37 (S. 232); 38 (S. 234); 39 (S. 244); 40 (S. 249); 41 (S. 252); 44 (S. 268); 46 (S. 277); 48 (S. 284); 49 (S. 285); 50 (S. 286); 51 (S. 293); 54 (S. 306); 55 (S. 311); 58 (S. 325); 59 (S. 328): Fotos Arnold Esch.

Abb. 3 (S. 31): Nach: O. Testaguzza, Portus, 1999.

Abb. 8 (S. 61); 42 (S. 256); 43 (S. 258); 56 (S. 315): Google Earth.

Abb. 10 (S. 75): Nach: Miozzi, Venezia nei secoli, 1957.

Abb. 11 (S. 84): Nach: Krautheimer, 2004.

Abb. 12 (S. 87): Soprintendenza archeologica di Roma.

Abb. 13 (S. 94): Nach: S. Borsi, Roma di Sisto V, Roma, officina edizioni, 1986.

Abb. 14 (S. 101): akg-images / Erich Lessing.

Abb. 15 (S. 103); Abb. 34 (S. 234): Museé Condé de Chantilly.

Abb. 16 (S. 113): Rom, Archivio di Stato.

Abb. 18a (S. 121): London, National Gallery.

Abb. 18b (S. 121): Berlin, bpk / Gemäldegalerie, SMB / Jörg P. Anders.

Abb. 19 (S. 132): Katalog Antico Caffè Greco.

Abb. 20 (S. 133); 23 (S. 140): London, Tate Gallery.

Abb. 21 (S. 135): London, British Museum.

Abb. 22 (S. 138): Arnold Esch.

Abb. 24 (S. 155); 25 (S. 156): Gregorovius, Römische Tagebücher, hg. von Kruft / Völkel.

Abb. 28 (S. 187): Macgurk, An eleventh-century Anglo-Saxon illustrated miscellany. Brit. Libr. Cotton Tiberius B. V. part I; together with leaves from Brit. Libr. Cotton Nero D. II *(1983)*

Abb. 30 (S. 197): Nach: Dort, 2015.

Abb. 32 (S. 209): Von Mattana – Eigenes Werk, CC BY-SA 3.0, https://commons.wikimedia.org/w/index.php?curid=15620645

Abb. 45 (S. 271): Ettore De Maria Bergler – http://siracusae.it/, Public Domain, https://commons.wikimedia.org/w/index.php?curid=27848979

Abb. 47 (S. 282): Nach: Esch, Zwischen Antike und Mittelalter, 2011, Abb. 11.

Abb. 52 (S. 302): Collage aus den gen. Umzeichnungen.

Abb. 53 (S. 304): Umzeichnung Esch aus einer Karte

Abb. 57 (S. 322): Peter Palm, nach Ashby, Acquedotti.

Abb. 60 (S. 335): Ashby, Gli Acquedotti dell'antica Roma, Roma 1991.

Personenregister

Ortsregister